CODE

FORESTIER.

AVIS.

On trouve à la Librairie de CHARLES-BÉCHET les ouvrages ci-après publiés, à différentes époques, par M. le baron Favard de Langlade:

LA CONFÉRENCE DU CODE CIVIL, avec les discussions *particulières* du Conseil d'État et du Tribunat avant la rédaction définitive de chaque projet de loi, 8 vol. in-12. Prix ...... 22 fr.

LES MOTIFS DU CODE CIVIL, avec les rapports, opinions, et discours qui en ont précédé l'adoption. 10 vol. in-12. Prix .... 27 fr. 50 c.

SUPPLÉMENT AU CODE CIVIL, ou Collection raisonnée des lois et décrets rendus depuis 89 jusqu'en 1814, qui se rattachent à ce code. 1 vol. in-12. de 620 pages. Prix............... 5 fr.

RÉPERTOIRE DE LA LÉGISLATION DU NOTARIAT. La première édition étant épuisée depuis long-temps, il en paraîtra incessamment une seconde en harmonie avec la jurisprudence actuelle.

MANUEL POUR L'OUVERTURE ET LE PARTAGE DES SUCCESSIONS. 1 vol. in-8°. Prix .... 7 fr.

TRAITÉ DES PRIVILÈGES ET HYPOTHÈQUES, avec le rapprochement des lois et décrets rendus sur cette matière. 1 vol. in-8°. Prix .... 7 fr.

RÉPERTOIRE DE LA NOUVELLE LÉGISLATION CIVILE, COMMERCIALE ET ADMINISTRATIVE. 5 vol. in-4° à 2 colonnes. Prix, 18 fr. le volume.

IMPRIMERIE DE H. FOURNIER,
RUE DE SEINE, N° 14.

CODE FORESTIER,

AVEC

L'EXPOSÉ DES MOTIFS,
LA DISCUSSION DES DEUX CHAMBRES,
DES OBSERVATIONS SUR LES ARTICLES,
ET L'ORDONNANCE D'EXÉCUTION;

PUBLIÉ

PAR M. BROUSSE,

AVOCAT, CHEF DU BUREAU DES AFFAIRES CONTENTIEUSES
AU MINISTÈRE DE LA MAISON DU ROI,

SOUS LA DIRECTION

DE M. LE BARON FAVARD DE LANGLADE,

RAPPORTEUR DE LA COMMISSION DE LA CHAMBRE DES DÉPUTÉS
CHARGÉE DE L'EXAMEN DU PROJET DE CE CODE.

PARIS,
CHARLES BÉCHET, LIBRAIRE,
QUAI DES AUGUSTINS, N° 37.

M DCCC XXVII.

PRÉFACE.

Lorsque le Code civil fut promulgué, M. le baron Favard de Langlade, qui, comme tribun, avait concouru à sa confection, conçut l'heureuse idée de rassembler et de publier les discussions dont cette loi fondamentale avait été l'objet dans le sein du conseil-d'Etat, du tribunat et du corps législatif. Ce recueil eut tout le succès qu'il ne pouvait manquer d'obtenir, et personne n'ignore combien il a servi et sert encore à l'intelligence de notre législation nouvelle. Quel commentaire, en effet, expliquerait mieux la loi, que celui qui émane du législateur lui-même? Les motifs qui l'ont dictée, les changemens qu'elle a subis dans des élaborations successives, ne sont-ils pas le guide le plus sûr que l'on puisse consulter?

L'ouvrage que j'offre au public est le résultat d'un semblable travail appliqué au Code forestier. Entrepris sous les auspices de M. Favard, qui a bien voulu en diriger et en revoir toutes les parties, j'aime à espérer qu'il ne sera pas reçu avec moins de bienveillance que celui que j'ai pris pour modèle, puisqu'il présente les mêmes garanties et le même but d'utilité réelle.

J'ai ramené et classé sous chaque article, en remontant à sa rédaction première, tout ce qui, dans les discours des orateurs du gouvernement, dans les rapports des commissions, et dans la discussion des deux chambres, m'a paru propre à en développer le sens. J'y ai joint, pour rendre mon travail plus complet, des *observations* où la disposition ancienne est rapprochée de la nouvelle toutes les fois qu'elle peut en faciliter l'application. Les passages de l'exposé des motifs et des rapports des commissions qui ne sont pas spécialement relatifs à un article, mais qui au contraire traitent d'une manière générale de la matière contenue dans un titre ou dans une section, ont dû être naturellement placés en tête de ce titre ou de cette section. Quant à ceux qui embrassent le Code tout entier, je les ai réunis au commencement du volume, sous le titre de *Considérations sur l'ensemble de la loi.*

Je publie en même temps l'*ordonnance d'exécution,* préparée et rédigée par les hommes même qui ont pris le plus de part à la loi dont elle forme le complément. Je l'ai accompagnée de quelques notes destinées à en coordonner les dispositions avec celles du Code.

On aura ainsi, dans un seul volume, toute la législation forestière, expliquée par les discussions auxquelles elle a donné lieu. Une table alphabétique des matières, faite avec une rigoureuse exactitude, terminera ce volume, et rendra les recherches faciles et promptes.

Les magistrats et les jurisconsultes; les préfets, sous-préfets et conseillers de préfecture, auxquels le Code confère d'importantes attributions; les officiers de l'administration forestière, les maires des communes propriétaires de forêts, enfin les particuliers qui possèdent des bois, ou qui ont des terres limitrophes des forêts, trouveront dans cet ouvrage toute la pensée du législateur reproduite avec indépendance et fidélité.

CODE FORESTIER.

CONSIDÉRATIONS SUR L'ENSEMBLE DE LA LOI.

M. de Martignac, commissaire du roi, présente le projet de code à la chambre des députés, et en expose les motifs. Il s'exprime en ces termes : « La conservation des forêts est l'un des premiers intérêts des sociétés, et, par conséquent, l'un des premiers devoirs des gouvernemens. Tous les besoins de la vie se lient à cette conservation : l'agriculture, l'architecture, presque toutes les industries, y cherchent des alimens et des ressources que rien ne pourrait remplacer. Nécessaires aux individus, les forêts ne le sont pas moins aux états : c'est dans leur sein que le commerce trouve ses moyens de transport et d'échange ; c'est à elles que les gouvernemens demandent des élémens de protection, de sûreté et de gloire. Ce n'est pas seulement par les richesses qu'offre l'exploitation des forêts sagement combinée, qu'il faut juger de leur utilité ; leur existence même est un bienfait inappréciable pour les pays qui les possèdent ; soit qu'elles protègent et alimentent les sources et les rivières, soit qu'elles soutiennent et raffermissent le sol des montagnes, soit qu'elles exercent sur l'atmosphère une heureuse et salutaire influence. La destruction des forêts est souvent devenue, pour les pays qui en furent frappés, une véritable calamité et une cause prochaine de décadence et de ruine. Leur dégradation, leur réduction au-dessous des besoins présens et à venir, est un de ces malheurs qu'il faut prévenir, une de ces fautes que rien ne saurait excuser, et qui ne se réparent que par des siècles de persévérance et de privation. Pénétrés de cette vérité, les législateurs de tous les âges ont fait de la conservation des forêts l'objet de leur sollicitude particulière. Malheureusement les intérêts privés, c'est-à-dire ceux dont l'action directe et immédiate se fait sentir avec le plus de puissance et d'empire, sont fréquemment en opposition avec ce grand intérêt du pays, et les lois qui le protègent sont trop souvent impuissantes. Pendant plusieurs siècles les efforts de nos rois luttèrent contre les abus auxquels les forêts de l'Etat étaient exposées, et contre les spéculations imprudentes de la propriété privée; mais ces efforts ne furent pas constamment heureux. Le désordre toujours croissant, et la nécessité d'y porter un prompt remède, fixèrent l'attention de Louis XIV; et l'ordonnance de 1669, fruit d'un long travail et des méditations de conseillers habiles, prit rang parmi les monumens d'un règne illustré par tous les genres de gloire. Les éloges qui ont été donnés à ce Code étaient justes et mérités : ses dispositions furent sagement et judicieusement combinées, pour satisfaire à la fois aux besoins des forêts et à ceux de la société, telle qu'elle se présentait aux regards du roi législateur. Les règles qu'il traçait étaient sévères, mais cette sévérité était devenue une nécessité absolue; et l'expérience l'a long-temps justifiée. Quelques-unes des dispositions adoptées étaient trop restrictives de l'exercice du droit de propriété; mais à l'époque où elles furent publiées, il était permis au gouvernement de croire qu'il servait l'intérêt des particuliers eux-mêmes, en les astreignant à profiter des lumières qu'il avait acquises, et à marcher avec lui dans une voie de conservation et de prospérité.

« Le temps et les événemens ont fait prendre à l'industrie, à l'agriculture, à l'économie publique, un aspect tout différent; ils ont, dans l'intervalle écoulé, rendu difficile et embarrassée l'application à notre pays d'une grande partie du système de gêne et de prohibition établi par l'ordonnance. Cette difficulté s'est fait ressentir successivement dans un grand nombre de ses dispositions. Les peines qu'elles prononcent ont cessé d'être en proportion avec les délits qu'elles étaient destinées à punir, et en harmonie avec nos mœurs : il a dû en résulter souvent une déplorable impunité. Ces inconvéniens se faisaient déjà sentir avant la révolution; et la législation forestière réclamait, dès cette époque, de nombreuses modifications : elle ne tarda pas à être frappée dans sa base.

« La loi du 25 décembre 1790 supprima la juridiction des eaux et forêts, et renvoya devant les tribunaux ordinaires toutes les actions introduites dans cette matière. Vous savez, Messieurs, que l'ordonnance de 1669 avait lié ensemble l'administration et la juridiction; que ses dispositions de police, de répression et de conservation, avaient pour base l'existence des maîtrises qu'elle employait à la fois et comme tribunaux judiciaires et comme instrumens administratifs. La suppression de la juridiction laissait l'organisation incomplète, et l'action sans force et sans lien. Le système tout entier se trouva ainsi détruit et anéanti. On reconnut aisément ce résultat de la loi du 25 décembre 1790, et on essaya de donner à l'administration des forêts, avec une organisation nouvelle, une force et une activité dont de graves et fréquens désordres faisaient reconnaître la nécessité. La loi du 29 septembre 1791 établit quelques règles générales sur le régime des bois de l'État; quelques dispositions timides et incomplètes sur ceux des communes et des établissemens publics; elle créa une administration nouvelle et détermina le mode des poursuites à exercer pour les délits forestiers.

« Cette organisation, quoique faite avec soin, était néanmoins imparfaite; elle ne pouvait être que le prélude d'une législation forestière. Ses auteurs le reconnurent, car ils annoncèrent dans le dernier article qu'il serait fait incessamment une loi sur les aménagemens ainsi *que pour fixer les règles de l'administration*, et que jusque-là, l'ordonnance de 1669 et les autres réglemens en vigueur continueraient d'être exécutés en tout ce à quoi il n'était pas dérogé.

« Cette loi promise ne fut pas donnée; il n'est intervenu, depuis cette époque, que des réglemens partiels sur des objets spéciaux. Nous nous trouvons donc aujourd'hui entre les restes incohérens d'une ancienne législation dont la base a été renversée, et les commencemens d'une législation nouvelle qui en est restée à son ébauche et n'a jamais reçu son complément.

« L'administration à qui est confiée notre richesse forestière a fait ses efforts pour la conserver et l'accroître, et pour y maintenir l'ordre et les règles. Elle espère que les détails qu'elle aura occasion de vous fournir pendant la durée de la discussion qui se prépare vous convaincront que ses efforts n'ont pas été infructueux, et que souvent, affaiblie et désarmée en présence d'une législation en débris, elle a fait tout ce qu'on était en droit d'attendre et d'exiger d'elle. L'administration a été puissamment secondée par la sagesse éclairée des tribunaux et particulièrement de la cour de cassation, qui n'a négligé, pour réprimer la licence, aucune des ressources que laissent aux juges les dispositions éparses et incohérentes des anciennes ordonnances. Ces ressources sont aujourd'hui tout-à-fait insuffisantes. D'ailleurs, et sous d'autres rapports, un tel état de choses ne peut pas durer parce qu'il n'est nullement conforme à l'esprit de nos institutions. Il faut pour nous des dispositions précises et formelles; il faut que la loi commande dans des termes positifs et qui soient entendus de tous; que chacun connaisse clairement ce qui lui est permis, ce qui lui est défendu, et quelles sont les peines que doit appeler sur lui l'infraction des règles qui lui sont prescrites. Un code forestier était donc devenu une nécessité qu'il fallait satisfaire, et on a dû s'occuper avec un soin particulier de la préparation d'un travail qui offrait des difficultés sérieuses, et qui demandait de longues méditations. Rien n'a été oublié de ce qui pouvait fournir au gouvernement d'utiles lumières.

« Dès 1823, des essais furent préparés dans le sein de l'administration forestière par des hommes en qui on était sûr de trouver la connaissance des besoins et des règles et l'expérience des faits. Des membres du conseil d'état et des agens de la marine furent appelés à concourir avec l'administration à ce travail préparatoire. Plus tard, ce premier essai fut soumis à une commission composée de magistrats, de jurisconsultes et d'administrateurs. Cette commission se livra à l'accomplissement de sa mission avec zèle et avec persévérance. Elle comprit qu'elle devait concilier les besoins de tous avec les droits de chacun; qu'il lui fallait assurer par des mesures fortes et sages la conservation de notre richesse forestière, premier objet de sa sollicitude, et ne soumettre toutefois l'indépendance de la propriété privée qu'à des restrictions commandées par un intérêt général évident, et dont chacun pût être le juge. Après un long examen et une discussion renouvelée à plusieurs reprises, le projet de code fut provisoirement arrêté. Mais cette première garantie ne suffit point et ne devait point suffire. On voulut appeler tous les avis, entendre tous les intérêts, provoquer toutes les critiques. Le projet fut imprimé à la fin de la session de 1825; il fut remis à chacun de vous, Messieurs, ainsi qu'à MM. les membres de la chambre héréditaire. Il fut adressé à la cour de cassation, à toutes les cours du royaume, aux conseils généraux des départemens, aux préfets et aux conservateurs des forêts. Des observations furent sollicitées et accueillies avec empressement. Les cours de justice furent invitées à se réunir pour délibérer sur la communication qui leur avait été donnée, et pour rédiger leur avis. Les procès-verbaux de la cour de cassation et des cours royales ont été transmis à la commission. Cette immense collection de matériaux a été classée, divisée, appliquée à chaque partie du code projeté; une nouvelle discussion s'est établie sur chacune de ces dispositions, et d'importantes modifications ont été faites au premier projet. La rédaction nouvelle, soumise ensuite à des conseils nombreux, a subi à son tour l'épreuve des plus graves débats, et a reçu encore des modifications essentielles.

« C'est ainsi qu'a été exécuté le travail qui vous est aujourd'hui présenté. Rien ne devait être négligé, mais rien ne l'a été, en effet, pour faciliter vos délibérations et pour vous offrir un ouvrage complet et régulier sur cette matière importante et hérissée de difficultés. Le projet qui vous est présenté ne contient, ainsi que vous le concevez aisément, aucune des dispositions réglementaires et de pure administration qui sont du domaine de l'ordonnance. Un grand nombre de dispositions de cette nature se trouvent dans l'ordonnance de 1669 et même dans la loi du 29 septembre 1791, mais il est facile d'en reconnaître les causes. En 1669, le pouvoir législatif et la haute administration de l'Etat étaient réunis dans la personne du Roi. Au mois de septembre 1791, l'assemblée législative avait déjà usurpé une partie considérable du pouvoir exécutif au préjudice de l'autorité royale. Il était simple et naturel alors, que, dans ces deux actes, les dispositions législatives fussent confondues avec les mesures administratives et de pure exécution. Aujourd'hui, il n'en peut être ainsi : la limite est clairement tracée entre les pouvoirs par nos institutions. La loi devra intervenir partout où il s'agit de la propriété appartenant à l'Etat et qui ne peut être aliénée sans elle. Elle sera nécessaire partout où il y aura des intérêts particuliers à régler, des prohibitions à établir, des peines à prononcer, une procédure à suivre, partout enfin où des tiers se trouveront en point de contact avec l'administration. Tout le reste, tout ce qui touche au mode de régie des bois de l'Etat, à la justice intérieure de leur administration, à leur exploitation, à leur aménagement, forme la matière d'une ordonnance déjà préparée et qui doit compléter, avec la loi, le système forestier du royaume. Cette division, qui est commandée par nos lois fondamentales, a ici cet avantage particulier qu'en donnant à ce qui doit être stable et permanent le caractère stable et permanent de la loi, elle laisse au gouvernement la faculté de modifier et d'améliorer l'administration intérieure des forêts et de profiter ainsi chaque jour des utiles leçons de l'expérience.

« Vous remarquerez encore, Messieurs, que le projet de Code ne contient aucune disposition relative *au régime des eaux* et aucun titre qui concerne *la chasse*. Peu de mots suffiront pour expliquer la cause de ces deux omissions.

« Les règles sur le régime des eaux ou *la pêche* ont pu et dû se trouver dans l'ordonnance de 1669. L'ordonnance avait créé ou conservé une juridiction spéciale qui s'étendait sur le sol entier de la France. Elle attribua à cette juridiction le régime des eaux, en même temps que celui des forêts ; et dès lors, les règles relatives à ces deux régimes divers purent et durent être confondues dans la même loi. La même raison ne se retrouve plus aujourd'hui. D'une part, il n'existe plus de tribunal d'exception. Les actions judiciaires relatives à la pêche, comme celles qui concernent les forêts, sont portées devant les tribunaux ordinaires. De l'autre, l'administration des forêts n'agit pour la police des eaux que dans les lieux où elle a des agens : il existe un grand nombre de départemens dépourvus de forêts et d'agens forestiers, et dans ceux-là, la police des eaux est exercée par les autorités locales. Il n'y a donc aujourd'hui entre les règles applicables aux deux régimes aucune connexité nécessaire ni naturelle, et il a paru convenable de les séparer. Les dispositions relatives à la *pêche fluviale* sont l'objet d'une loi particulière qui vous sera proposée plus tard.

« Des raisons plus graves encore ont empêché de considérer les règles *sur la chasse* comme formant aujourd'hui une dépendance naturelle du Code forestier. Les points que doit résoudre une loi sur la chasse touchent aux plus grandes questions sociales, au droit de propriété et aux facultés qui en résultent, à l'intérêt de l'agriculture, à la sécurité publique elle-même. De pareilles questions, qui sont d'un ordre général, et qui ressortissent de la haute administration de l'Etat, ne pouvaient être traitées accessoirement à l'occasion d'un Code tout-à-fait spécial préparé pour une administration financière. Quelle que soit la loi particulière qui pourra régir la chasse et le port d'armes, les gardes forestiers devront veiller à son exécution dans les bois : c'est là tout ce qui peut leur être attribué ; et cette attribution est de plein droit, puisqu'ils y exercent les fonctions d'officiers de police judiciaire.

« Le projet de Code se renferme donc dans les matières qu'indique son titre : il ne s'applique qu'aux forêts, à leur conservation, à leur police, aux mesures qui peuvent en éviter la destruction ou la dégradation, aux délits et aux contraventions commis à leur préjudice. Nous ne fatiguerons pas inutilement votre attention, Messieurs, en faisant passer sous vos yeux les dispositions nombreuses dont a dû se composer un travail complet sur cette matière : ces détails ne pourraient être clairement reproduits dans une analyse rapide. Nous nous bornerons à vous en faire connaître l'esprit, et à vous en exposer le plan et la division. Nous vous indiquerons seulement ses dispositions principales, moins pour vous donner à leur égard des explications étendues qui seront plus utilement placées dans la discussion, que pour appeler votre attention particulière sur les points qui nous paraissent les plus dignes de la fixer. Les forêts, soit à cause de leur importance, soit à cause de l'extrême facilité des délits dont elles ont à souffrir, ont besoin d'une protection particulière et de mesures répressives plus actives et plus efficaces que les autres natures de propriété. Aussi leur a-t-on appliqué en tout temps une législation exceptionnelle et spéciale. Un coup d'œil sur notre situation forestière en fera reconnaître aujourd'hui l'absolue nécessité.

« Malgré la sévérité des anciens réglemens, les forêts n'ont cessé en France de perdre de leur étendue, parce que l'augmentation de la population tend constamment à les resserrer dans des limites plus étroites. A cette cause, toujours agissante, se sont jointes, depuis quarante ans, d'autres causes dont la puissance était au moins égale. Les ordonnances antérieures à la révolution avaient porté trop loin la gêne imposée à la propriété particulière. Les lois nouvelles tombèrent brusquement dans l'abus contraire, et rendirent aux propriétaires la libre et absolue disposition de leurs bois. Une destruction considérable fut la suite de cette imprudente transition de l'excès de la gêne à l'exès de la liberté. Cet abus déplorable, dont on fut effrayé, ne fut tardivement arrêté ou suspendu que quelques années après. Pendant que les bois des particuliers étaient ainsi sacrifiés, les communes profitèrent de leur côté des désordres de la révolution et de l'insuffisance d'une législation irrégulière, pour anticiper les coupes de leurs bois, pour les livrer aux désastreux abus du pâturage, et pour effectuer aussi de nombreux défrichemens. Les bois de l'Etat eux-mêmes n'ont pas été préservés de toute atteinte. Des circonstances extraordinaires ont fait ordonner des coupes extraordinaires, et des besoins impérieux ont obligé à des aliénations.

« Dans ce moment, Messieurs, le sol forestier du royaume se compose d'environ 6,500,000 hectares de bois. Cette étendue paraît considérable, mais elle doit éprouver une forte réduction si l'on en ôte les landes, les bruyères et les terrains dépouillés qui s'y trouvent renfermés; et, au surplus, pour être fixé sur les ressources réelles qu'on doit attendre de cette masse de propriétés forestières, il faut en connaître la distribution. 1,100,000 hectares seulement appartiennent à l'Etat ou à la couronne. 1,900,000 hectares forment la propriété des communes et établissemens publics. Le reste, c'est-à-dire plus de la moitié, est possédé par des particuliers. Cette dernière partie ne peut être considérée comme offrant pour le présent, et encore moins pour l'avenir, des ressources assurées à la consommation, et surtout aux constructions navales.

« Les bois des particuliers sont divisés en un grand nombre de parcelles. Leur aménagement n'est, ni ne peut être, sans porter une atteinte grave au droit de propriété, assujetti à aucune règle générale. Leurs coupes sont et doivent être libres : aussi sont-elles habituellement très-rapprochées. Ce système d'exploitation convient mieux à l'intérêt particulier et aux besoins renaissans des familles, mais il est en opposition manifeste avec l'intérêt général de la consommation, et cela se conçoit aisément, puisqu'il n'offre aucune ressource utile aux besoins maritimes, et qu'il ne donne que des produits bien inférieurs en quantité et en quantité à ceux qu'on obtiendrait d'un aménagement mieux entendu.

« Il faut donc tenir pour certain que la division actuelle de la propriété forestière en France ne permet pas d'y trouver des ressources comparables à celles que pourrait offrir une masse égale, si elle était possédée soit par le Gouvernement, soit par de grands propriétaires, parce qu'ils sont les seuls qui peuvent différer les coupes jusqu'au moment où les arbres ont atteint le maximum de leur croissance.

« C'est dans une pareille situation, Messieurs, que le projet de code a dû être préparé, et il n'était pas inutile de vous la faire connaître pour vous mettre en mesure d'apprécier justement les dispositions proposées. »

Après avoir passé en revue les divers titres dont se compose le projet de loi, M. de Martignac termine ainsi son discours : « Tel est, Messieurs, dans son ensemble et dans ses principales dispositions, le Code que nous venons soumettre à vos délibérations, et qui, réuni à l'ordonnance d'exécution, complétera le travail que réclament nos forêts. Nous avons tâché de ne pas perdre les fruits de la sagesse des générations qui nous ont précédés en nous efforçant de ne blesser aucun des intérêts, et de ne négliger aucun des besoins de l'époque à laquelle nous appartenons. Vous remarquerez des différences notables entre le projet que nous apportons et celui qui vous fut communiqué à la fin de l'avant-dernière session des chambres. Nous nous plaisons à le reconnaître et à le déclarer; les améliorations opérées sont dues en très-grande partie aux judicieuses observations de la magistrature française. Lorsque Louis XIV voulut donner sur l'importante matière qui nous occupe une législation régulière et complète, il appela à lui toutes les expériences et s'entoura de toutes les lumières qui pouvaient rendre son ouvrage digne de la France et de lui. Appelé, après un siècle et demi, à remplacer cette législation célèbre, le roi a voulu aussi consulter le savoir, interroger les théoriciens, entendre l'expérience, afin que la loi nouvelle pût, à son tour, régir dignement les générations qui vont suivre. Mais, Messieurs, cette loi qu'il a préparée aura, de plus que l'ordonnance de son auguste aïeul, une grande et noble garantie : c'est le précieux concours de ces deux grands corps politiques que nos heureuses institutions appellent à la confection de nos lois. »

M. Favard de Langlade, rapporteur de la commission, dit à son tour : « La commission que vous avez chargée d'examiner le projet d'un nouveau code forestier a rempli sa tâche avec le zèle et la sérieuse attention qu'exigent en général les communications du gouvernement, mais que commandait plus impérieusement encore une loi qui se rattache aux plus graves intérêts de la société : je viens vous rendre compte du résultat de son travail, et vous offrir le tribut de ses observations.

« L'ordonnance de 1669 était sans doute un monument remarquable du règne d'un grand prince; mais le long espace de temps qui s'est écoulé depuis sa publication, les grands changemens qui se sont opérés dans nos mœurs et dans notre législation, ont fait tomber en désuétude beaucoup de ses dispositions. La loi de 1791, quoique améliorée par des réglemens ultérieurs, n'aurait que faiblement remédié à cet inconvénient, si la sagesse et la fermeté des tribunaux n'étaient venues suppléer à son insuffisance. Il était donc urgent de faire cesser cet état de choses par une loi nouvelle sur la conservation des forêts du royaume. Pénétré de cette vérité, le gouvernement s'est occupé d'un code complet sur cette matière. En conservant avec soin ce que l'ordonnance de Louis XIV avait encore de bon et d'utile, il s'est appliqué à mettre ce code en harmonie avec notre législation moderne, et à concilier tous les intérêts avec les besoins de la civilisation actuelle.

« La commission a d'abord applaudi au mode suivi pour préparer et perfectionner ce grand ouvrage, avant de le soumettre à la délibération des chambres. Les bonnes lois, vous le savez, Messieurs, ne s'improvisent pas; elles sont le fruit de la méditation, si nécessaire pour leur imprimer le caractère de sagesse et de perfection sans lequel elles ne sauraient être durables. Cette réflexion est surtout incontestable, lorsqu'il s'agit de combiner et de coordonner une série de dispositions nombreuses. Si, malgré quelques défauts, dont les conceptions de l'esprit humain sont trop rarement exemptes, notre code civil a obtenu d'unanimes suffrages, sans doute ils sont dus aux élaborations successives auxquelles il fut soumis, et au concours de lumières qui jaillirent de toute part lors de sa confection. La même marche a été heureusement suivie pour la préparation du projet de code forestier; il ne vous a été présenté qu'après avoir subi les mêmes épreuves et les mêmes perfectionnemens. En effet, Messieurs, vous n'ignorez pas qu'un projet a d'abord été communiqué aux premières autorités de l'ordre judiciaire et administratif; que toutes se sont empressées de soumettre au gouvernement les améliorations qu'elles ont jugées utiles; que ces diverses améliorations ont été appréciées par une commission spéciale, et fondues dans un second projet, qui lui-même a subi la révision d'un conseil privé de Sa Majesté. A toutes ces garanties, si vous joignez les considérations puissantes que l'orateur du gouvernement vous a exposées; si vous y joignez aussi les discussions lumineuses qui ont eu lieu dans nos bureaux, l'empressement de la commission dont j'ai l'honneur d'être l'organe à recueillir vos observations et à les convertir en amendemens, nous osons espérer que vous recevrez avec une égale bienveillance, et le projet de loi, et les améliorations que, de concert avec vous, Messieurs, nous avons cherché à y introduire. »

M. Favard, après avoir discuté les divers articles du projet, et justifié les amendemens de la commission, termine son rapport par cette réflexion : « S'il est vrai, Messieurs, comme on n'en saurait douter, que les bonnes lois font la gloire des princes, en même temps que le bonheur des nations, il nous est permis d'espérer que cette grande et utile mesure signalera le règne de S. M. Charles X, et lui donnera de nouveaux droits à l'amour de ses sujets. On n'oubliera jamais qu'il en conçut la pensée au moment même de son avénement au trône, et que deux années entières ont été consacrées à l'exécution d'un monument qui doit l'associer à la gloire de ses augustes prédécesseurs. »

M. de Martignac, commissaire du roi, chargé de porter à la chambre des pairs le projet de loi adopté par la chambre des députés, reproduit l'analyse de la législation forestière et le détail des formes suivies pour la préparation du code. Il ajoute ensuite : « C'est ainsi qu'a été médité, mûri, exécuté, le travail que le roi a fait présenter à la chambre des députés à l'ouverture de cette session.

« Après une discussion approfondie dans les bureaux, la commission à laquelle le projet a été renvoyé, s'est livrée avec l'attention à la fois la plus réfléchie et la plus éclairée à l'accomplissement de la mission qui lui avait été confiée. Quelques changemens ont été apportés par elle et adoptés par la chambre. Ces changemens, que nous aurons l'honneur de vous faire connaître, ont eu généralement pour objet d'étendre et d'assurer l'exercice du droit de propriété, et de rentrer, autant qu'il est possible sur cette matière, dans les règles du droit commun.

« Nous venons aujourd'hui, Messieurs, vous présenter ce projet soumis déjà à tant d'épreuves diverses. Nous le faisons avec quelque confiance, d'abord parce que nous avons eu pour guide et pour base, en le préparant, le grand œuvre de Louis XIV ; ensuite, parce que les importantes modifications que le temps a rendues nécessaires ne sont pas seulement notre ouvrage, mais celui de la magistrature française, des hommes habiles dont le roi a réclamé les lumières, et de ceux dont nos institutions nous ont assuré le concours. »

CHARLES, par la grace de Dieu, ROI DE FRANCE ET DE NAVARRE, à tous présens et à venir, SALUT :

Nous avons proposé, les chambres ont adopté, NOUS AVONS ORDONNÉ ET ORDONNONS ce qui suit :

TITRE PREMIER.

Du Régime forestier.

ART. 1.

Sont soumis au régime forestier, et seront administrés conformément aux dispositions de la présente loi,

1° Les bois et forêts qui font partie du domaine de l'Etat ;

2° Ceux qui font partie du domaine de la couronne ;

3° Ceux qui sont possédés à titre d'apanage et de majorats reversibles à l'Etat ;

4° Les bois et forêts des communes et des sections de communes ;

5° Ceux des établissemens publics ;

6° Les bois et forêts dans lesquels l'Etat, la couronne, les communes ou les établissemens publics ont des droits de propriété indivis avec des particuliers.

DISCUSSION A LA CHAMBRE DES DÉPUTÉS.

La commission avait proposé de substituer, dans le n° 2 de

l'article, au mot *domaine*, celui de *dotation*, consacré par la loi du 8 novembre 1814; mais cet amendement a été écarté sur la demande de M. *Descordes*, qui a présenté comme préférable l'ancienne dénomination de *domaine de la couronne*, que, selon lui, on entend très-bien par opposition au domaine de l'Etat, et au moyen de laquelle les propriétés réservées au roi ne se trouvent pas sur la même ligne que *la dotation du sénat*.

Dans le projet, le n° 3 du même article ne parlait que des bois et forêts possédés à titre d'apanage. La commission propose d'y ajouter : *et de majorats reversibles au domaine de l'état*. Elle motive cette addition sur l'analogie des deux genres de possession. « Qu'est-ce en effet qu'un majorat, dit dans son rapport M. Favard de Langlade ? c'est, comme l'apanage, une distraction du domaine public, destinée à y faire retour dans les cas prévus par les lois et réglemens. L'expectative de la réversion étant la même pour l'état, il est essentiel qu'elle soit assurée par les mêmes garanties et les mêmes précautions. »

L'article est adopté avec cet amendement.

DISCUSSION A LA CHAMBRE DES PAIRS.

M. de Martignac, commissaire du roi, dit, dans l'exposé des motifs : « Le projet commence par établir une distinction importante, sur laquelle repose tout son système. Il classe les différentes propriétés forestières, et fait connaître, d'une part, celles qui doivent être soumises d'une manière plus ou moins absolue au régime forestier, et de l'autre, celles qui, en étant affranchies, ne sont assujetties qu'à des restrictions peu nombreuses. Dans la première classe se trouvent rangés : 1° les bois et forêts qui font partie du domaine de l'état; 2° etc. La seconde classe se compose seulement des bois des *particuliers*. Telle est la division établie par le titre Ier du projet, et qui annonce déjà la distribution naturelle de l'ouvrage. »

OBSERVATIONS.

Les articles 1, 2, 3, 4 et 5 du titre Ier de la loi du 29 septembre 1791 spécifiaient aussi les bois et forêts soumis au régime forestier.

ART. 2.

Les particuliers exercent sur leurs bois tous les droits résultant de la propriété, sauf les restrictions qui seront spécifiées dans la présente loi.

OBSERVATIONS.

Le titre XXVI de l'ordonnance de 1669 était relatif aux bois appartenant aux particuliers. Il les soumettait à plusieurs restrictions, telles que l'obligation de régler la coupe des bois taillis au moins à dix années, celle de laisser seize baliveaux par arpent dans cette nature de bois, et dix dans les ventes de futaie, la nécessité d'observer pour l'exploitation les formalités prescrites à l'égard des forêts royales, etc.

L'article 6 du titre Ier de la loi du 29 septembre 1791 substitua à ce régime prohibitif et conservateur une liberté indéfinie. « Les bois appartenant aux particuliers, y est-il dit, » cesseront d'être soumis *à l'administration forestière*, et » chaque propriétaire sera libre de les administrer et d'en disposer à l'avenir comme bon lui semblera. »

Le système adopté par le Code forestier fait cesser les inconvéniens d'une liberté sans limites, et ne gêne pas, comme celui de l'ordonnance, l'exercice du droit de propriété. (*Voyez ci-après les titres VIII et XV.*)

TITRE II.

De l'Administration forestière.

ART. 3.

Nul ne peut exercer un emploi forestier, s'il n'est âgé de vingt-cinq ans accomplis ; néanmoins les élèves sortant de l'école forestière pourront obtenir des dispenses d'âge.

DISCUSSION A LA CHAMBRE DES DÉPUTÉS.

L'article du projet était ainsi conçu : « Nul ne peut exercer un emploi forestier, s'il n'a vingt-un ans accomplis. »

Mais la commission a proposé de modifier cet article et d'en changer la rédaction. Voici les motifs qu'en a donnés son rapporteur, M. Favard de Langlade : « Sous l'empire de l'ordonnance de 1669, il fallait avoir accompli sa vingt-cinquième année pour exercer l'emploi de maître particulier, de lieutenant, de garde-marteau, de greffier des maîtrises; et de précédens édits non abrogés exigeaient le même âge pour les gardes. La loi du 22 septembre 1791 n'a point changé cette fixation. Le nouveau projet n'exige plus que vingt-un ans. Cette innovation a paru importante; la commission a dû la méditer. En 1791, comme en 1669, la majorité étant réglée à vingt-cinq ans, c'était une conséquence juste et naturelle qu'on ne pût, avant cet âge, remplir des fonctions publiques. Il est vrai qu'en 1792 la majorité fut fixée à vingt-un ans, et que le code civil a adopté le même principe; mais il ne s'ensuit pas que l'individu, majeur quant à ses intérêts, à l'administration de ses biens, et en général aux actes ordinaires de la vie, soit apte à occuper tous les emplois. La plupart des fonctions publiques ne peuvent être exercées que par des citoyens ayant complété leur vingt-cinquième année. Il en est de même des notaires, greffiers, huissiers, et en général de tous les officiers ministériels. Pourquoi créer une exception pour les agens forestiers? L'expérience leur est-elle moins nécessaire que dans une autre profession? D'ailleurs, il ne faut pas perdre de vue que les gardes sont officiers de police judiciaire, et qu'en cette qualité ils doivent présenter les garanties que l'on exige de ces sortes d'agens. Nous avons donc pensé que la condition de vingt-cinq ans d'âge devait être maintenue. Mais, en adoptant ce principe, nous avons reconnu l'avantage d'en tempérer l'inflexible rigueur par une exception qui, sans doute, obtiendra votre assentiment. Le roi a créé une école forestière, dans laquelle les jeunes gens pourront puiser de bonne heure l'instruction et les connaissances de l'état auquel ils se destinent. Les garanties qu'offrent, sous tous les rapports, ces études premières nous ont paru pouvoir compenser avec avantage le défaut d'âge : et nous vous proposons, en conséquence, d'autoriser le gouvernement à accorder des dispenses aux élèves qui sortiront de l'école forestière, et qui auront mérité cette honorable exception. »

Cette proposition, combattue par MM. de Farcy et Descordes, est appuyée par MM. Saladin et Chifflet, membres de la commission.

M. *de Bertier* dit que la commission exige l'âge de vingt-cinq ans, principalement par le motif que les gardes doivent être crus jusqu'à inscription de faux, et il demande si cet âge sera aussi nécessaire pour les gardes particuliers qui ne jouissent pas de ce privilège. Il demande en outre à quel âge les élèves de l'école forestière seront admis, et s'ils pourront l'être à vingt-un ans.

M. *Favard, rapporteur,* répond : « La commission a senti toute l'importance de la mission des gardes forestiers, soit pour la conservation des bois, soit pour le caractère d'officier de police judiciaire qui leur appartient. En les considérant par rapport à leurs procès-verbaux, vous sentez quelle est l'importance de leurs fonctions : leurs actes font foi comme ceux des notaires; c'est dire assez qu'il est nécessaire qu'ils aient vingt-cinq ans, puisque tous les officiers publics qui peuvent faire des actes de cette espèce, sont obligés d'avoir cet âge. Remarquez, Messieurs, dans quelle contradiction vous tomberiez si vous n'adoptiez pas l'amendement que nous vous proposons. D'après la loi de 1791, les gardes champêtres sont obligés d'avoir au moins vingt-cinq ans. Ne serait-il pas ridicule que les gardes forestiers pussent exercer à vingt-un ans des fonctions plus importantes que celles des gardes champêtres ? On a cherché à trouver de la contradiction dans la dispense d'âge que nous proposons d'accorder aux jeunes gens sortant de l'école de Nancy. Je prie la chambre de faire attention à la différence qui existe entre ces élèves et les gardes forestiers. Ces derniers n'ont pas besoin de posséder les connaissances qui sont nécessaires aux officiers de l'administration civile. Leurs fonctions se bornent à constater des délits. Quant aux élèves de l'école de Nancy, ils sont destinés à devenir un jour gardes généraux; ils ont fait un surnumérariat de deux ou trois ans, qui a pu mettre l'administration à même de juger de leur moralité. Il est vrai qu'en certains cas ils dressent des procès-verbaux; mais c'est moins en cette qualité qu'ils doivent agir que comme sous-inspecteurs. Nous avons pensé que ces jeunes gens donnant des garanties par leur instruction, par leur moralité, que l'administration a pu apprendre à connaître pendant leur surnumérariat, étaient dans le cas d'obtenir des dispenses. D'ailleurs, il ne faut pas croire que ces dispenses seront toujours accordées. L'administration ne les délivrera qu'à ceux qu'elle en aura reconnus dignes. Je prie la chambre de bien se pénétrer de l'importance des fonctions des gardes forestiers. Croirait-elle que ces fonctions puissent être remplies convenablement par des jeunes gens de vingt-un ans? N'est-il pas plus facile de se laisser séduire à cet âge qu'à un âge plus avancé? La commission a considéré aussi qu'en fixant à vingt-cinq ans l'âge nécessaire, elle mettrait l'administration dans le cas de choisir une bonne partie des gardes forestiers parmi les soldats libérés, qui donneront toujours des garanties suffisantes, parce qu'on les connaîtra avant de les avoir choisis. »

M. *Bonnet de Lescure* demande à quel âge les élèves sont admis à l'école forestière, et combien de temps ils y restent.

M. *de Bouthillier, commissaire du roi*, répond qu'ils y entrent à 19 ans, et qu'ils peuvent en sortir à 21, mais qu'il est possible qu'ils n'en sortent qu'à 23.

M. *Méchin* voudrait que les simples gardes à pied ou à cheval fussent admis à 21 ans, mais qu'à partir du grade de garde général on exigeât 25 ans. Sa proposition est rejetée.

M. *Sébastiani* vote pour l'article proposé par le gouvernement. « A 18 ans, dit-il, on peut être nommé officier; on peut commander un détachement sur lequel repose le sort de l'armée, sur lequel repose souvent le sort d'une bataille, et l'on veut vous faire déclarer qu'un jeune homme de vingt-un ans n'est pas en état de remplir les fonctions de garde forestier! »

L'article amendé par la commission est adopté.

DISCUSSION A LA CHAMBRE DES PAIRS.

M. *de Martignac, commissaire du roi*, après s'être occupé de l'ensemble des articles du titre II, ajoute, dans l'exposé des motifs : « Une seule de ces dispositions légales est de nature à appeler votre attention ; c'est celle qui détermine l'âge auquel un emploi forestier peut être conféré. Les ordonnances antérieures le portaient à vingt-cinq ans, et l'âge de vingt-cinq ans était alors l'époque de la majorité. Le gouvernement proposait de le fixer à vingt-un ans, époque déterminée pour la majorité par nos lois actuelles. Il était porté à cette modification par le désir d'ouvrir aux jeunes gens la carrière forestière à l'âge où ils sentent le besoin de se créer un état. La chambre des députés a été retenue par cette considération, que, les agens et gardes forestiers étant appelés à dresser des procès-verbaux destinés à faire foi en justice, il pourrait être imprudent de confier un tel pouvoir à des hommes de vingt-un ans : elle a maintenu l'âge de vingt-cinq ans ; mais elle a permis d'accorder des dispenses aux élèves de l'école forestière, dont on aura pu reconnaître les principes, et qui auront puisé dans cet utile établissement les connaissances nécessaires à leur nouvel état. Ce parti moyen a paru de nature à tout concilier. »

Quelques pairs sembleraient préférer l'âge de vingt-un ans.

M. *le duc de Praslin* propose même de le décider ainsi par amendement ; mais sa proposition n'est pas appuyée, et la chambre admet l'article tel qu'il lui a été présenté.

OBSERVATIONS.

L'article 1er du titre III de la loi du 29 septembre 1791 portait : « Tous les agens de l'administration forestière devront être âgés de vingt-cinq ans accomplis, avoir prêté le serment civique, être instruits des lois concernant le fait de leur emploi, et avoir les connaissances forestières nécessaires. »

Le code se borne à poser le principe de l'âge ; il laisse le surplus au régime de l'ordonnance d'exécution.

Quant à l'école forestière, formée à Nancy, voici l'ordonnance du 1er décembre 1824, qui en contient l'organisation.

« ART. 1er L'école royale forestière créée par l'ordonnance

du 26 août 1824 sera établie à Nancy. Les cours commenceront au 1er janvier 1825.

« 2. Le nombre des élèves sera de vingt-quatre. Ils auront le rang de garde à cheval, et seront nommés par nous, sur la présentation de notre ministre des finances.

« 3. Nul ne sera admis à l'école forestière, s'il ne remplit toutes les conditions exigées par les articles 4 et 5 de la présente ordonnance.

« 4. Chaque aspirant à une place d'élève devra adresser au directeur général des forêts les justifications suivantes, savoir: 1° un acte de naissance constatant qu'il a dix-neuf ans accomplis et qu'il n'a pas plus de vingt-deux ans; 2° un certificat, signé d'un docteur en médecine ou en chirurgie, attestant qu'il est d'une bonne constitution et qu'il a été vacciné; 3° une obligation par laquelle ses parens s'engagent, en cas d'admission, à lui fournir pendant son séjour à l'école forestière une pension de douze cents francs, et une de six cents francs jusqu'à ce qu'il ait atteint l'âge nécessaire pour exercer des fonctions actives, ou la preuve qu'il possède lui-même un revenu égal; 4° un certificat en forme, constatant qu'il a terminé son cours d'humanités.

« 5. Avant leur admission, les aspirans aux places d'élèves seront examinés sur les objets ci-après, savoir: l'écriture, la grammaire française, la traduction d'un morceau d'un poète et d'un historien latin, les élémens de géométrie et de dessin.

« 6. Les examinateurs seront nommés par notre ministre des finances, sur la présentation du directeur général des forêts.

« 7. Les élèves seront choisis parmi les aspirans qui auront satisfait aux conditions prescrites.

« 8. Les élèves seront vêtus d'un uniforme qui consistera dans l'habit, le gilet et le pantalon de drap vert, avec bouton de métal blanc, portant pour exergue, *école royale forestière.* Deux feuilles de chêne et un gland seront brodés en argent au haut de l'angle de l'habit, qui sera boutonné sur la poitrine. Le chapeau sera à trois cornes avec une ganse blanche.

« 9. L'enseignement dans l'école aura pour objet, l'histoire naturelle appliquée aux forêts; l'économie forestière, en ce qui concerne spécialement la culture, l'aménagement et l'exploitation des forêts; les mathématiques nécessaires pour opérer la mesure des solides et la levée des plans; la jurisprudence forestière dans ses rapports judiciaires et administratifs; la langue allemande; le dessin.

« 10. Les cours seront divisés en deux années : ils commenceront le 1er novembre de chaque année, et se termineront le 1er septembre suivant. Ils seront faits par trois professeurs nommés par nous, sur la présentation du ministre des finances, savoir: un professeur d'histoire naturelle; un professeur de mathématiques; un professeur d'économie forestière, qui sera chargé d'enseigner la jurisprudence forestière. Il sera en outre attaché à l'école un maître d'allemand, un maître de dessin. L'un des trois professeurs remplira les fonctions de directeur de l'école.

« 11. Chaque année, aux époques qui seront déterminées par le directeur général, les élèves seront conduits en forêts pour faire l'application des connaissances théoriques qu'ils auront acquises.

« 12. Après deux années d'étude dans l'école, les élèves subiront un nouvel examen. Ceux qui justifieront des connaissances nécessaires pour entrer dans le service actif, seront, s'ils ont l'âge requis par les lois, nommés aux premières places de garde général vacantes, mais sans que le nombre puisse excéder moitié des places à nommer chaque année, l'autre moitié demeurant réservée pour les gardes à cheval en activité.

« 13. Dans le cas où les élèves, après avoir terminé les cours, n'auraient pas l'âge requis pour exercer des fonctions dans le service actif, ils jouiront du traitement de garde à cheval, et seront provisoirement employés, soit près de l'administration centrale à Paris, soit près des conservateurs ou des inspecteurs dans les arrondissemens les plus importans.

» 14. Les élèves qui, après les deux années révolues, n'auront point été jugés avoir acquis l'instruction nécessaire pour exercer des fonctions, seront admis à suivre les cours pendant une troisième année; mais, si après cette troisième année ils sont de nouveau rejetés, ils seront rayés du tableau des élèves. Seront également rayés du tableau des élèves ceux qui, d'après les comptes périodiques qui seront rendus au directeur général par le directeur de l'école, ne suivraient pas exactement les cours, ou n'auraient pas une conduite régulière.

« 15. Nul ne sera admis, à l'avenir, à remplir les fonctions de garde général ou d'agent forestier, si préalablement il n'a fait partie de l'école forestière, ou s'il n'a exercé pendant deux ans au moins les fonctions de garde à cheval.

« 16. Il sera affecté à l'école forestière une maison où le directeur de l'école sera logé, et un terrain destiné à former une pépinière forestière.

« 17. Les dépenses de l'école royale forestière sont fixées à vingt-quatre mille francs, et elles seront réglées par notre ministre secrétaire d'état des finances, sur la proposition du directeur général des forêts.

« 18. Notre ministre secrétaire d'état des finances est chargé de l'exécution de la présente ordonnance. »

Art. 4.

Les emplois de l'administration forestière sont incompatibles avec toutes autres fonctions, soit administratives, soit judiciaires.

DISCUSSION A LA CHAMBRE DES DÉPUTÉS.

M. *Favard de Langlade, rapporteur,* fait observer que la commission ne voit, dans cet article, que « le renouvellement d'une ancienne disposition dont la nécessité n'a pas besoin d'être justifiée. Rien ne doit distraire les agens des forêts de la surveillance active et continue que leur impose le devoir de leur place. »

M. *Bourdeau* sait bien que les gardes forestiers ne seront pas appelés à des fonctions de judicature, ni à de hautes fonctions administratives; mais il remarque une lacune dans l'article proposé, et il désirerait qu'il y eût incompatibilité entre les fonctions de gardes et tout autre service salarié.

M. *de Martignac, commissaire du roi*, répond : « L'art. 4 du projet est entièrement conforme aux dispositions de l'ordonnance de 1669 et de la loi de 1791. Cet article est conçu dans des termes généraux, et de manière à comprendre tout ce qu'il est nécessaire de prévoir. Je ne crois pas qu'il soit possible de trouver des expressions plus générales et plus précises. La loi doit se renfermer dans des termes généraux. Les dispositions préexistantes ont suffi jusqu'à ce jour : je ne vois pas de motif pour ne pas continuer à s'en contenter. »

M. *Méchin* dit qu'il est difficile de composer, dans les départemens, les conseils municipaux, les conseils d'arrondissement, et même les conseils généraux. « Je ne demanderais pas, ajoute-t-il, que les agens forestiers pussent être membres des conseils communaux, parce qu'ils sont souvent appelés à juger dans les débats de commune à commune, et que naturellement ils seraient partiaux pour les communes qu'ils représenteraient. Mais il y aurait inconvénient à les exclure des conseils d'arrondissement et de département. Je sais bien que le gouvernement chargé de nommer les conseils généraux n'y appellera pas des gardes forestiers; mais, dans quelques départemens riches en forêts, on peut tirer un grand profit des lumières des officiers supérieurs des forêts. Je sais, pour mon compte, que pendant douze ans, dans le département de l'Aisne, le conservateur a été l'un des membres les plus distingués du conseil général. Je voudrais donc qu'on exceptât les conseils d'arrondissement et les conseils généraux de département. »

Cet amendement, mis aux voix, est rejeté, et l'article du projet adopté.

OBSERVATIONS.

Dans le procès-verbal officiel des délibérations de la commission de la chambre des députés, on lit ce qui suit : « Il a été demandé par un membre si le directeur général et les administrateurs généraux ne se trouvaient point par cet article exclus du conseil d'État. Il a été observé que les emplois du conseil d'état n'étaient point de l'ordre administratif, puisqu'ils avaient toujours été compatibles avec les fonctions judiciaires, et celles des comptables. L'art. 4 est adopté. »

ART. 5.

Les agens et préposés de l'administration forestière ne pourront entrer en fonctions qu'après avoir prêté serment devant le tribunal de première instance de leur résidence, et avoir fait enregistrer leur commission et l'acte de prestation de leur serment au greffe des tribunaux dans le ressort desquels ils devront exercer leurs fonctions.

Dans le cas d'un changement de résidence qui les placerait dans un autre ressort en la même qualité, il n'y aura pas lieu à une nouvelle prestation de serment.

OBSERVATIONS.

L'art. 12 du titre III de la loi de 1791 exigeait la même prestation de serment. « C'est, dit Loyseau, ce serment qui attribue et accomplit en l'officier l'ordre, le grade, et, s'il faut ainsi parler, le caractère de son office. »

Cette loi gardait le silence sur la question de savoir si un nouveau serment devenait nécessaire lorsque les agens allaient exercer leurs fonctions dans le ressort d'un autre tribunal. La cour de cassation décidait la négative à l'égard des gardes forestiers, avant la promulgation du code d'instruction criminelle; mais elle changea depuis sa jurisprudence, en se fondant sur l'art. 16 de ce code, qui ne charge les gardes champêtres et les gardes forestiers, considérés comme officiers de police judiciaire, de rechercher les délits et les contraventions, que *dans le territoire pour lequel ils ont été assermentés*.

Le code forestier ne laisse plus d'incertitude : un nouveau serment ne doit pas avoir lieu.

Une loi du 16 thermidor an IV autorisait les gardes forestiers qui ne résidaient pas dans la commune où le tribunal civil était établi, à prêter serment devant le juge de paix du canton dans lequel ils exerçaient leurs fonctions. Mais elle a été abrogée par l'art. 7 de la loi du 16 nivôse an IX, qui exigeait la prestation de serment de tous les agens forestiers devant le tribunal civil de leur résidence, et le nouveau code maintient ce dernier état de choses.

ART. 6.

Les gardes sont responsables des délits, dégâts, abus et abroutissemens qui ont lieu dans leurs triages, et passibles des amendes et indemnités encourues par les délinquans, lorsqu'ils n'ont pas dûment constaté les délits.

DISCUSSION A LA CHAMBRE DES DÉPUTÉS.

M. *de Cuny* propose d'ajouter la disposition suivante : « Les gardes forestiers et les gardes à cheval, prévenus de crimes ou délits commis dans l'exercice de leurs fonctions, seront poursuivis et traduits dans les formes communes à tous les autres particuliers, sans autorisation préalable. Seulement, lorsque le juge d'instruction aura décerné un mandat de dépôt, il sera tenu d'en informer dans les vingt-quatre heures l'inspecteur forestier de l'agent poursuivi. »

Il dit dans le développement de sa proposition que ce serait un grand pas vers un meilleur ordre de choses que d'ôter à tous les agens inférieurs des administrations cette garantie d'impunité qu'ils trouvent dans la nécessité d'une autorisation préalable pour qu'on puisse les traduire en justice ; que, s'il faut mettre les gardes à l'abri du ressentiment, il vaut encore mieux mettre les particuliers à l'abri des injustices ; que déjà la loi du 8 octobre 1814 a retiré ce privilège aux employés des contributions indirectes, dont les fonctions sont plus rigoureuses et les exposent davantage à la haine et au mécontentement; que, depuis 1816, une semblable disposition a toujours figuré dans les budgets de l'état à l'égard des employés des finances accusés de concussion; qu'il importe d'adopter le même principe pour les gardes forestiers.

M. *Agier* combat l'amendement. Il lui paraît juste de donner aux agens du gouvernement les moyens de remplir leurs fonctions avec cette sécurité qu'un galant homme doit toujours avoir. « J'ai été à même, ajoute-t-il, de voir de fréquens exemples du danger qui résulterait de la proposition de mon honorable ami, et je me suis déterminé, bien à regret, à la combattre. Son amendement, quoique restreint, ne tendrait à rien moins qu'à renverser les dispositions du code d'instruction criminelle ; car on sait que les agens forestiers peuvent se trouver dans le cas des agens de police judiciaire. Il y a dans cette chambre beaucoup de propriétaires de bois; ils ne doivent pas ignorer que plus un garde remplit ses fonctions avec exactitude et sévérité, plus il est exposé aux traits de la calomnie et aux tracasseries des vengeances particulières. Souvent les plaintes qui s'élèvent contre un garde qui remplit strictement ses devoirs ne peuvent soutenir un examen sérieux. Il importe donc qu'un garde ne soit pas exposé à être mis légèrement en jugement. L'autorisation qui est demandée à cet effet au gouvernement sera en définitive jugée par le conseil d'Etat, ce qui doit rassurer contre la crainte qu'on pourrait avoir que l'administration ne cherchât à soustraire ses agens à l'action des tribunaux. Ainsi, l'autorisation, non-seulement n'offre aucun danger, mais elle est à la fois une garantie pour les agens forestiers et pour les particuliers qui auraient à s'en plaindre. Voilà les motifs qui m'ont déterminé à combattre à regret l'amendement de mon honorable et très-savant collègue. »

La proposition de M. de Cuny, appuyée par M. Delhorme, est mise aux voix et rejetée. L'article 6 est adopté.

OBSERVATIONS.

Cet article est tiré de l'art. 9, titre X de l'ordonnance de 1669, portant : « Les sergens répondront des délits, dégâts, abus et abroutissemens, qui se trouveront en leurs gardes, et seront condamnés en l'amende, restitution, et aux intérêts, comme le seraient les délinquans, faute d'en avoir fait leur rapport, et icelui mis au greffe de la maîtrise ou gruerie deux jours au plus tard après le délit commis, et faute de nommer dans leurs rapports les délinquans, et d'exprimer les lieux où les bois et arbres de délit auront été trouvés, le nombre et la qualité de bêtes surprises en faisant le dommage, et déclarer ceux à qui elles appartiendront. »

La loi du 29 septembre 1791 soumettait les gardes à une semblable responsabilité, par les art. 1 et 2 du titre XIV.

L'art. 75 de la constitution du 22 frimaire an VIII porte : « Les agens du gouvernement, autres que les ministres, ne peuvent être poursuivis pour des faits relatifs à leurs fonctions, qu'en vertu d'une décision du conseil d'Etat. »

Cette disposition, consacrée par des lois ultérieures, est considérée comme n'ayant point cessé d'être en vigueur. Toutefois, il y a été dérogé par des arrêtés ou décrets spéciaux qui ont établi qu'à l'égard des préposés de l'administration de l'enregistrement, des forêts, des douanes, etc., la décision du conseil d'Etat pourrait être remplacée par l'autorisation des chefs de ces administrations respectives.

En ce qui concerne les agens forestiers, l'arrêté du gouvernement du 28 pluviôse an XI dispose en ces termes : « L'administration générale des forêts est autorisée à traduire devant les tribunaux sans avoir recours à la décision du conseil d'Etat, les agens qui lui sont subordonnés. »

Cela posé, il importe de savoir dans quel cas l'autorisation est nécessaire, et comment elle s'accorde.

1° Comme elle est une exception au droit commun, le privilège qu'elle constitue doit être circonscrit dans les termes mêmes de la loi, c'est-à-dire que les employés du gouvernement ne sont fondés à l'invoquer que *pour des faits relatifs à leurs fonctions.*

Aussi une ordonnance royale du 13 mars 1822, rendue sur l'avis du comité du contentieux du conseil d'Etat, a-t-elle décidé, conformément à ce principe, qu'il n'y avait pas lieu à une demande en autorisation de poursuivre un garde forestier accusé d'enlèvement de perches et copeaux appartenant à des particuliers, attendu *que ces faits étaient étrangers aux fonctions de garde.*

La destitution d'un agent ou la cessation de ses fonctions pour toute autre cause le prive-t-elle de la garantie assurée par l'acte consulaire de l'an VIII, s'il vient à être poursuivi à raison de faits relatifs à l'emploi qu'il occupait?

Deux arrêts de la cour de cassation des 9 nivôse an XII et 15 janvier 1808 ont jugé que, même dans ce cas, l'autorisation était nécessaire. Deux autres arrêts plus récens, le premier du 28 septembre 1821, le second du 5 juin 1823, sembleraient avoir adopté un système différent.

Mais, d'après la jurisprudence constante du conseil d'Etat, l'autorisation préalable est nécessaire, même après la cessation des fonctions; et quatre ordonnances, l'une du 24 octobre 1821, et trois autres du 14 novembre suivant, l'ont ainsi décidé. Ces ordonnances sont rapportées dans le *Répertoire de la nouvelle législation,* au mot *mise en jugement,* § III, n° 17, où M. Favard de Langlade s'exprime en ces termes : « La garantie couvre les *fonctions* et non le *fonctionnaire;* elle n'est pas un privilège de la personne, mais de la place. La loi n'a pas voulu que, pendant l'exercice de ses fonctions, le fonctionnaire fût troublé par la crainte de subir un procès injuste aussitôt qu'il aurait cessé d'être en exercice; sans cela, le but de garantie eût été manqué. Ainsi, les fonctionnaires *destitués,* et, à plus forte raison, les fonctionnaires *démissionnaires,* ne peuvent être poursuivis, pour faits concernant leurs fonctions, sans autorisation préalable. »

2° Une instruction première est d'abord essentielle, pour qu'on puisse délibérer sur la demande d'autorisation, ainsi que l'ont décidé deux ordonnances royales des 12 mai 1820 et 5 juin 1822. Il existe d'ailleurs, à cet égard, un décret du 9 août 1806, dont l'art. 3 est ainsi conçu : « La disposition de l'art. 75 de l'acte de l'an VIII ne fait point obstacle à ce que les magistrats chargés de la poursuite des délits, informent et recueillent tous les renseignemens relatifs aux délits commis par nos agens dans l'exercice de leurs fonctions; mais il ne peut être, en ce cas, décerné aucun mandat, ni subi aucun interrogatoire juridique sans l'autorisation préalable du gouvernement. »

Après l'examen de l'instruction préparatoire, l'administration forestière accorde ou refuse l'autorisation de mettre en jugement l'agent inculpé. Dans ce dernier cas, le conseil d'Etat est appelé à statuer définitivement.

Outre la garantie résultant de l'art. 75 de l'acte du 22 frimaire an VIII, les gardes forestiers jouissent d'un privilège qui dérive des fonctions d'officiers de police judiciaire dont les investit l'art. 9 du code d'instruction criminelle. Ce privilège, qui leur est propre et ne s'étend point aux autres agens de l'administration forestière, leur est conféré par les art. 479, 483 et 484 du même code. Il consiste en ce que s'ils commettent, dans l'exercice de leurs fonctions, un crime ou un délit, ils ne peuvent être jugés que par la cour royale.

ART. 7.

L'empreinte de tous les marteaux dont les agens et les gardes forestiers font usage tant pour la marque des bois de délit et des chablis, que pour les opérations de balivage et de martelage, est déposée au greffe des tribunaux, savoir :

Celle des marteaux particuliers dont les agens et gardes sont pourvus, aux greffes des tribunaux de première instance dans le ressort desquels ils exercent leurs fonctions ;

Celle du marteau royal uniforme, aux greffes des tribunaux de première instance et des cours royales.

OBSERVATIONS.

Les art. 3, titre II de l'ordonnance de 1669, et 9, titre V de la loi du 29 septembre 1791, contenaient des dispositions analogues.

TITRE III.

Des bois et forêts qui font partie du domaine de l'Etat.

DISCUSSION A LA CHAMBRE DES DÉPUTÉS.

M. *de Martignac, commissaire du roi,* dit, en exposant les motifs du code : « Le titre III s'applique aux bois et forêts qui font partie du domaine de l'État, et qui sont dès lors soumis à la plénitude du régime forestier. Il est nécessaire de vous en exposer rapidement les parties principales :

« La loi règle d'abord les opérations relatives à la *délimitation* et au *bornage*. Ces opérations sont importantes, parce qu'elles touchent par tous les points à la propriété de l'État par opposition avec celle des particuliers. Toutes les précautions sont prises pour assurer les droits et les intérêts de chacun; mais si ces précautions paraissent insuffisantes, s'ils jugent leurs droits méconnus, tout rentre sous l'empire du droit commun, et c'est devant les tribunaux que leurs prétentions sont portées.

« Après la délimitation, on s'est occupé de l'*aménagement*, des *adjudications des coupes*, des *exploitations* des coupes adjugées et des *réarpentages et récolemens*. Ces dispositions combinées forment un ensenble qui s'explique avec facilité. La loi déclare que les bois et forêts de l'État sont assujettis à un aménagement; elle ne règle pas cet aménagement, parce que ce réglement est un acte matériel d'administration qui n'est pas du domaine de la loi, mais elle prononce qu'il sera déterminé par une ordonnance royale. Les coupes dont l'aménagement permet l'exploitation doivent être adjugées. Ces coupes sont une branche importante des revenus publics : il était du plus grand intérêt de les placer à l'abri de la fraude, de la connivence et même de l'erreur. C'est ce qu'on a cherché à faire. Les mesures les plus sévères sont prises pour assurer la publicité des adjudications, la concurrence et la liberté des enchères. Par ce moyen, on a la certitude d'obtenir, pour l'adjudication des coupes, des produits égaux à la valeur réelle des bois adjugés. Il faut, outre ces premières précautions, s'assurer, dans l'intérêt de la conservation des bois, que les exploitations seront régulièrement faites, qu'elles ne deviendront pas un prétexte ou un moyen pour commettre avec facilité des abus et des délits; il faut s'assurer encore que ces exploitations n'auront compris que les coupes adjugées et ne se seront pas étendues au-delà. Le projet paraît pourvoir avec prudence à toutes ces nécessités. On a conservé dans l'ensemble des mesures adoptées ce que l'ordonnance de 1669 contenait de bon, d'utile et d'éprouvé, et on y a ajouté ce que l'expérience a fait juger propre à remédier aux inconvéniens reconnus.

« Le même soin a été apporté pour ce qui concerne les adjudications *de glandée* et *de panage* qui présentent bien moins d'importance par elles-mêmes, mais qui peuvent devenir, si elles ne sont entourées de sages précautions, une source grave d'abus et de dommages.

« Il reste, pour compléter le titre relatif au régime forestier, appliqué aux bois de l'État, deux sections particulières, et celles-là méritent une attention spéciale et exigent quelques explications. La première traite *des affectations*, et la deuxième *des droits d'usage.* » (*Voyez ci-après la discussion de l'art.* 58, *et ce qui est dit en tête de la section VIII du présent titre.*)

SECTION I.

De la Délimitation et du Bornage.

DISCUSSION A LA CHAMBRE DES PAIRS.

M. *de Martignac*, *commissaire du roi*, en exposant les motifs du projet dit : « La loi détermine d'abord ce qui touche à la *délimitation* et au *bornage*. Tout est important dans ces opérations, parce qu'elles offrent un point de contact continuel entre la propriété de l'État et celle des particuliers. Le projet du gouvernement présentait de grandes précautions, destinées à avertir les intéressés et à assurer tous leurs droits. La chambre des députés en a ajouté de nouvelles en étendant les délais, et en exigeant des significations directes et personnelles, indépendamment de la publicité proposée. Ce mode offre quelques difficultés de plus dans l'exécution; mais la matière est trop grave pour se refuser à accorder, au prix de quelques difficultés, une garantie qui paraît nécessaire. »

Art. 8.

La séparation entre les bois et forêts de l'Etat et les propriétés riveraines pourra être requise, soit par l'administration forestière, soit par les propriétaires riverains.

DISCUSSION A LA CHAMBRE DES DÉPUTÉS.

M. *Favard de Langlade*, dans le rapport fait au nom da la commission dit: « Les propriétaires riverains peuvent, comme l'administration elle-même, provoquer le bornage, qui se fait à frais communs; les tribunaux sont chargés de juger les difficultés auxquelles il donne lieu : tout y est réciproque, tout rentre dans les principes du droit commun; rien n'est plus conforme à l'esprit de nos lois. Ainsi se trouve abrogée cette disposition sévère de l'ordonnance de 1669, portant (titre XXVII, article 4) : *Tous les riverains possédant bois joignant nos forêts et buissons, seront tenus de les séparer des nôtres par des fossés ayant quatre pieds de largeur et cinq de profondeur, qu'ils entretiendront en cet état, à peine de réunion.*

L'article est d'ailleurs adopté sans discussion.

Art. 9.

L'action en séparation sera intentée, soit par l'Etat,

soit par les propriétaires riverains, dans les formes ordinaires.

Toutefois, il sera sursis à statuer sur les actions partielles, si l'administration forestière offre d'y faire droit dans le délai de six mois, en procédant à la délimitation générale de la forêt.

DISCUSSION A LA CHAMBRE DES DÉPUTÉS.

Cet article est, comme le précédent, adopté sans discussion. M. *Favard de Langlade*, *rapporteur de la commission*, s'exprime ainsi : « En reconnaissant toutefois le droit égal des parties à provoquer la séparation des immeubles limitrophes, il a paru dans l'intérêt de la justice d'autoriser l'Etat à suspendre le cours des actions partielles en bornage, pourvu qu'il offre d'y faire droit dans un délai déterminé, au moyen d'une délimitation générale de la forêt. Il ne faut pas, en effet, que des instances particulières puissent entraver la marche d'une grande opération, souvent propre à les prévenir : c'est l'intérêt privé qui cède à l'intérêt de tous. »

ART. 10.

Lorsqu'il y aura lieu d'opérer la délimitation générale et le bornage d'une forêt de l'Etat, cette opération sera annoncée deux mois d'avance par un arrêté du préfet, qui sera publié et affiché dans les communes limitrophes, et signifié au domicile des propriétaires riverains ou à celui de leurs fermiers, gardes ou agens.

Après ce délai, les agens de l'administration forestière procéderont à la délimitation en présence ou en l'absence des propriétaires riverains.

DISCUSSION A LA CHAMBRE DES DÉPUTÉS.

Dans le projet, le premier paragraphe de cet article était ainsi rédigé : « Lorsqu'il y aura lieu d'opérer la délimitation générale et le bornage d'une forêt de l'Etat, cette opération sera annoncée par un arrêté du préfet, publié et affiché dans les communes limitrophes, un mois d'avance, pour tenir lieu de signification à domicile. » Le deuxième paragraphe commençait par ces mots : « Après cet avertissement, etc. »

La commission trouve le délai d'un mois trop court, et elle regarde comme dangereux d'admettre en principe que la publication et l'affiche de l'arrêté du préfet puissent tenir lieu de signification à domicile.

M. Favard de Langlade dit à ce sujet, dans son rapport : « Une pareille disposition a paru contraire aux principes de la propriété, en ce que les formes qu'elle indique ne donnent pas aux riverains une garantie suffisante. Il faut qu'un citoyen ne puisse jamais être dépouillé d'une portion quelconque de sa propriété, par l'emploi de moyens administratifs, dont il pourrait très-facilement, surtout dans les campagnes, n'être pas instruit en temps utile. La commission a pensé que, pour prévenir de si graves inconvéniens, il était nécessaire de modifier la rédaction de l'article 10, en supprimant les mots *un mois d'avance, etc.*, et en leur substituant ceux-ci : *Lequel sera signifié deux mois d'avance au domicile des propriétaires riverains, ou à celui de leurs fermiers, gardes ou agens.*

M. *Descordes* obtient la parole contre cette proposition : il dit : « Le motif de la commission est sans doute louable; mais il me semble qu'elle a poussé trop loin les précautions, par son respect pour la propriété. Elle propose de faire signifier à tous les propriétaires riverains des forêts l'arrêté du préfet, sans faire attention que cette mesure pourrait entraver l'administration au point de l'empêcher d'arriver à une délimitation. Il peut se trouver sur la lisière d'une forêt deux à trois mille propriétaires. Messieurs, cette assertion n'est pas exagérée ; il existe en France des provinces où la propriété est tellement divisée qu'elle tombe pour ainsi dire en poussière. Je ne me trompe pas quand je vous assure qu'il y aura deux à trois mille significations pour arriver à la délimitation de certaines forêts. Il en résulterait une dépense énorme pour l'administration forestière. Remarquez en outre, que si vous obligez l'administration à faire faire ces significations par exploits d huissier, vous donnerez occasion à une foule de procès puisés dans des vices de formes. On ne manquera pas d'en trouver lorsqu'on voudra résister à la délimitation. Je trouve suffisant le mode indiqué par le projet du gouvernement. Je suis intimement convaincu que lorsque l'arrêté du préfet aura été publié et affiché pendant deux mois, dans les communes limitrophes, il n'y aura aucun propriétaire intéressé qui puisse alléguer cause d'ignorance. Il est donc inutile d'exiger que le procès-verbal soit signifié par exploit. »

M. *Favard*, *rapporteur*, répond : « On peut voir par l'article 173 de la loi que nous discutons, que les frais de signification se réduiront à peu de chose, puisque d'après cet article, les gardes forestiers ont autorité pour faire toutes ces significations. Vous sentez d'ailleurs combien il importait de protéger les propriétés particulières contre toute espèce d'empiètement. Il faut que tous les propriétaires puissent être avertis. Celui qui est à 200 lieues de sa propriété peut-il être averti par une simple affiche qu'il doit se présenter pour veiller à ses droits, par rapport à la délimitation? Si l'opération se faisait hors sa présence, qu'en résulterait-il? C'est que venant après revendiquer ses droits, il pourrait s'élever une foule de contestations qui seraient bien plus onéreuses à l'administration qu'une simple signification. Au contraire, dans le système de la commission, les propriétaires auront été avertis, et ils auront pu assister en grand nombre à l'opération de la délimitation, qui, par conséquent, ne donnera plus lieu aux contestations que leur absence pourrait faire craindre. Messieurs, c'est un des amendemens que la commission vous présente avec le plus de confiance, comme exprimant le vœu de tous les bureaux. »

M. *Delhorme* appuie vainement les observations de M. *Descordes* : l'article amendé par la commission est adopté.

OBSERVATIONS.

Voici ce que contient, sur l'art. 10, le procès-verbal officiel des délibérations de la commission de la chambre des députés, séance du 24 janvier 1827. « Il a été observé relativement à l'art. 10, que le mode de publication proposé par le projet présentait de graves inconvéniens. D'abord la négligence des maires, qui malheureusement n'est que trop commune dans les campagnes, inspire la crainte fondée sur l'expérience, que les publications ne soient négligées ou faites sans solennité; que par conséquent les parties intéressées pourront n'être pas prévenues d'une opération où elles ont tant d'intérêt à assister; qu'ensuite les propriétaires de biens limitrophes des forêts pouvant les avoir affermés et demeurer fort loin, ils ignoreraient entièrement ces publications, car il se pourrait encore que leurs gardes, fermiers ou agens fussent résidans dans d'autres communes. Enfin il est de droit commun que tout individu doit être légalement prévenu de toute opération par laquelle ses intérêts peuvent être lésés. Il a été objecté que le projet de loi avait eu pour objet d'éviter les frais et la longueur de significations à domicile, qui entraveraient considérablement les opérations.

« La commission, après avoir considéré que l'art. 10 ne fixant par les formes de ces significations, il resterait du ressort de l'ordonnance royale de les faire faire au moins de frais et le plus expéditivement possible ; sur l'observation qu'il n'était aucun propriétaire qui n'eût à quelques lieues au plus de sa propriété, un fermier, garde ou agent quelconque, il a été arrêté qu'il y aurait des significations, soit au domicile des propriétaires, soit à celui de leurs fermiers ou agens. »

Telles sont les considérations qui ont déterminé les changemens qu'a subis l'art. 10 du projet, et dont M. Favard de Langlade a donné l'analyse dans son rapport.

Art. 11.

Le procès-verbal de la délimitation sera immédiatement déposé au secrétariat de la préfecture, et par extrait au secrétariat de la sous-préfecture, en ce qui concerne chaque arrondissement. Il en sera donné avis par un arrêté du préfet, publié et affiché dans les communes limitrophes. Les intéressés pour ront en prendre connaissance, et former leur opposition dans le délai d'une année, à dater du jour où l'arrêté aura été publié.

Dans le même délai, le gouvernement déclarera s'il approuve ou s'il refuse d'homologuer ce procès-verbal en tout ou en partie.

Sa déclaration sera rendue publique de la même manière que le procès-verbal de délimitation.

DISCUSSION A LA CHAMBRE DES DÉPUTÉS.

La disposition finale de cet article portait, dans la rédaction du gouvernement : « La déclaration sera rendue publique de la manière prescrite par l'art. 10 pour l'arrêté du préfet. »

La commission propose une nouvelle rédaction de ce paragraphe, et la chambre l'adopte avec l'article ainsi amendé. Cette nouvelle rédaction est celle qui se trouve dans l'article de la loi.

ART. 12.

Si, à l'expiration de ce délai, il n'a été élevé aucune réclamation par les propriétaires riverains contre le procès-verbal de délimitation, et si le gouvernement n'a pas déclaré son refus d'homologuer, l'opération sera définitive.

Les agens de l'administration forestière procéderont, dans le mois suivant, au bornage, en présence des parties intéressées, ou elles dûment appelées par un arrêté du préfet, ainsi qu'il est prescrit par l'art. 10.

ART. 13.

En cas de contestations élevées, soit pendant les opérations, soit par suite d'oppositions formées par les riverains en vertu de l'art. 11, elles seront portées par les parties intéressées devant les tribunaux compétcns, et il sera sursis à l'abornement jusqu'après leur décision.

Il y aura également lieu au recours devant les tribunaux de la part des propriétaires riverains, si, dans le cas prévu par l'art. 12, les agens forestiers se refusaient à procéder au bornage.

ART. 14.

Lorsque la séparation ou délimitation sera effectuée par un simple bornage, elle sera faite à frais communs.

Lorsqu'elle sera effectuée par des fossés de clôture, ils seront exécutés aux frais de la partie requérante, et pris en entier sur son terrain.

DISCUSSION A LA CHAMBRE DES DÉPUTÉS.

La disposition suivante terminait l'article du projet : « Dans le cas où le fossé exécuté de cette manière dégraderait les arbres de lisière des forêts, l'administration pourra s'opposer à ce mode de clôture. »

M. *Favard de Langlade* dit dans son rapport : « La commission approuve le premier et le second paragraphes de l'art. 14, d'après lesquels la partie qui, au lieu de se contenter d'un simple bornage, veut un fossé de séparation, est tenue de creuser le fossé sur son propre terrain, et de supporter tous les frais d'une clôture extraordinaire que l'autre partie ne juge pas utile à la conservation de ses droits. Mais elle croit juste de supprimer le troisième paragraphe, qui donne à l'administration seule la faculté de s'opposer à la clôture, lorsque le fossé, exécuté de la manière indiquée, dégraderait les arbres de lisière. Ce privilège accordé à l'administration serait une atteinte portée aux droits des propriétaires riverains; la commission a pensé que l'administration et les simples propriétaires devaient être soumis aux mêmes règles, et que les contestations qui pourraient s'élever sur l'exécution des fossés devaient être jugées, de part et d'autre, d'après les principes du droit commun. »

M. *Avoine de Chantereine* s'oppose à ce retranchement.

« Quelque hommage que j'aime à rendre, dit-il, au zèle éclairé des membres qui la composent (la commission), aux observations judicieuses, aux vues sages et profondes que vous a soumises en son nom son honorable et savant rapporteur, je me vois forcé de combattre l'amendement qu'elle propose. »

Il ne pense pas que le droit de former à un genre de clôture dangereux pour les forêts, une opposition dont la justice aurait à apprécier le mérite, soit un privilège attentatoire aux droits des propriétaires riverains, ou que des contestations de cette nature doivent être jugées suivant les règles du droit commun. « Que les tribunaux, ajoute-t-il, protecteurs-nés de la propriété, puissent et doivent accueillir les justes plaintes des riverains contre des opérations contraires à leurs droits; que l'administration ne puisse les priver arbitrairement d'un genre de clôture conforme à leurs intérêts, c'est ce qui est raisonnable et juste. Mais sera-t-elle forcée de laisser dégrader et dépérir par les racines la plus belle portion de nos forêts, et ne lui sera-t-il pas même permis de soumettre aux tribunaux les motifs d'une résistance fondée sur un préjudice réel et grave pour l'État? Voilà, Messieurs, ce qu'il est important de bien examiner. Cette question, sous le rapport des principes qui doivent la résoudre, rentre dans celle relative à l'élagage des arbres de lisière; mais avec cette différence que si l'élagage des principales branches de ces arbres les déshonore et peut les mettre en danger de périr, ils périssent infailliblement par la destruction de leurs principales racines. Si l'intérêt public pouvait permettre de prendre pour règle en cette matière les dispositions du code civil, j'observerais qu'encore bien que l'art. 671 ne permette de planter des arbres de haute tige qu'à la distance déterminée, soit par les réglemens locaux, soit par le code lui-même, c'est-à-dire à deux mètres de la ligne séparative des héritages; néanmoins, lorsque les arbres placés hors de la distance légale ont été soufferts de la part du voisin pendant trente années, il ne serait plus recevable à en demander la destruction.

« Ainsi quand votre commission, sur l'art. 150, propose en faveur des arbres de lisière qui ont plus de trente ans, une exception qu'elle n'a point étendue à l'art. 14, cette concession n'est que le résultat de la jurisprudence générale. Mais il s'agit de savoir si les questions que présentent les art. 14 et 150 du projet sont de nature à trouver leur solution dans les règles ordinaires du droit civil, ou dans les principes conservateurs de ce droit éminent qui a pour objet principal et direct l'avantage de tous. Pour moi, Messieurs, je pense qu'il ne faut pas résoudre par les dispositions du droit privé ces grandes questions que domine et régit le droit public, et que l'intérêt social, quand il parle avec force, doit être écouté et obéi toutes les fois qu'il ne devient pas une source d'oppression. Le code forestier a pour objet de conserver à l'État un des biens les plus précieux que la nature, dans sa marche lente, produise pour les besoins de la société, et l'une des meilleures ressources qu'une politique prévoyante puisse réserver pour des circonstances extraordinaires. Il appartient donc essentiellement au droit public. Un pareil code doit prescrire ce qui est éminemment utile, permettre tout ce qui ne blesse pas l'ordre public et les droits des tiers, défendre tout ce qui est injuste ou nuisible, rester dans le droit commun toutes les fois que le besoin d'une législation spéciale ne force pas de s'en écarter, et modifier enfin les dispositions générales des lois par les exceptions qu'exigent impérieusement la conservation et la prospérité des forêts.»

M. *Favard, rapporteur,* répond : « Mon honorable collègue n'a pas bien saisi les motifs qui ont déterminé la commission à vous proposer la suppression du troisième paragraphe. La commission n'entend pas interdire à l'État la faculté de former telle action qu'il jugera à propos, contre un particulier qui pourrait nuire par son fait aux lisières des forêts ; elle a pensé que l'État était propriétaire comme le simple particulier, et que chacun devait rentrer dans le droit commun ; c'est-à-dire, que si l'État faisait faire des fossés nuisibles à la propriété des particuliers, ceux-ci pourraient le poursuivre devant les tribunaux, et, d'un autre côté, si quelque particulier faisait chez lui quelque chose qui nuisît à l'État, l'État pourrait aussi le poursuivre devant les tribunaux ; et que de cette manière chacun obtiendrait justice. La commission n'a pas pensé que l'État comme propriétaire, dût être privilégié. Elle a voulu que tout fût égal de part et d'autre. C'est par ce motif qu'elle vous a proposé la suppression du troisième paragraphe; j'espère que vous partagerez son opinion. »

Le retranchement proposé par la commission est adopté.

OBSERVATIONS.

Voici l'extrait du procès-verbal officiel des délibérations de la commission de la chambre des députés, séance du 25 janvier 1827, en ce qui concerne le retranchement du troisième paragraphe de l'art. 14.

« Il a été observé par plusieurs membres que ce paragraphe était contraire au droit qu'a chacun, d'user et d'abuser de sa propriété, de l'empêcher d'y faire des fossés où bon lui semble; que ce serait un malheur sans doute de perdre une partie des lisières des forêts; mais que leur existence, dans le cas prévu, est d'autant plus préjudiciable au riverain, que ces arbres prennent leur substance dans une terre étrangère au sol où ils sont plantés, et la détériorent inévitablement; que les fossés deviennent souvent indispensables tant en raison des eaux qui peuvent descendre des forêts sur les terrains inférieurs, que par d'autres causes faciles à prévoir; que les terres des riverains souffrent déjà assez du voisinage des forêts; et enfin que, dans tous les cas même, il eût été juste d'accorder aux propriétaires qui avaient des bois limitrophes des forêts de l'Etat, le droit de réciprocité.

« D'autres membres ont fait valoir l'intérêt de la conservation des bois de l'Etat, et ont représenté qu'en faisant des fossés au bord des forêts, on ferait indubitablement périr les arbres qui y sont plantés, et surtout les bois de chêne, dont on couperait les racines; que les lisières en général étaient les parties où il se trouvait le plus de bois propre au service de la marine; qu'il ne serait pas impossible, dans la plupart des localités, de suppléer aux fossés par d'autres moyens de clôture.

« Un autre membre de la commission a proposé d'en revenir au projet distribué précédemment par le gouvernement, ou même à la rédaction proposée dans les observations de la cour de cassation. Dans ce cas l'Etat aurait le droit de faire faire les fossés, plus loin des limites des forêts, sur le terrain des propriétaires, en les indemnisant de la perte qu'ils éprouveraient, perte qu'on pourrait faire estimer par experts.

« Il a été objecté à cette proposition que souvent les parcelles de propriétés particulières étant fort petites dans le voisinage des forêts, ce serait détruire presque en totalité la valeur de ces biens, que d'en prendre une partie qui s'étendrait jusqu'au point où il n'y aurait plus de racines des arbres de la forêt.

« La commission, après avoir été aux voix, a rejeté le troisième paragraphe de l'art. 14, et arrêté qu'il serait simplement retranché. »

La discussion ayant été ramenée sur cet article à l'occasion de l'art. 150, on lit dans le même procès-verbal, séance du 12 février 1827 : « Un de MM. les commissaires (*du roi*) a observé que la commission, en conservant l'art. 150 qui déroge à l'art. 672 du code civil, quant à l'élagage, il était conséquent de maintenir la même dérogation quant aux racines; que c'est faire autant de tort et plus peut-être aux arbres des lisières d'en couper les racines que d'en abattre les branches. Il a été répondu qu'une dérogation n'obligeait pas à une autre, et qu'il avait paru à la commission qu'il y avait une espèce de prescription contre l'élagage; que l'art. 672 du code civil s'exprimait d'une manière bien plus absolue au sujet des racines que par rapport aux branches; que les racines, jusqu'à l'ouverture du fossé, étaient la plupart du temps inaperçues; que l'ordonnance de 1669 avait ordonné de faire ces fossés, qui conséquemment doivent déjà exister sur le terrain des riverains; qu'enfin les fossés étaient non-seulement une clôture des propriétés, mais encore un moyen d'écoulement des eaux nuisibles aux terres voisines. »

L'article 12 du projet communiqué aux cours du royaume contenait cette disposition : « Les fossés de clôture auront au moins deux mètres d'ouverture et quinze décimètres de profondeur; ils seront exécutés à frais communs, et pris par moitié sur le terrain des forêts et sur celui du propriétaire riverain. »

La cour de cassation a proposé d'y substituer une autre disposition : c'est celle qui forme aujourd'hui le deuxième paragraphe de l'art. 14 du code.

Elle proposait en même temps de rédiger ainsi le dernier paragraphe du même art. 12 : « Dans le cas où le fossé exécuté de cette manière dégraderait les arbres de lisière des forêts, l'administration pourra le faire creuser entièrement sur le terrain du propriétaire riverain ; mais l'Etat devra préalablement payer au propriétaire une indemnité égale à la valeur du terrain occupé par le fossé, qui *ne pourra excéder deux mètres d'ouverture et quinze décimètres de profondeur.* »

Mais cette disposition finale n'a pas été admise dans le projet présenté aux chambres, et le troisième paragraphe de l'art. 14 de ce projet, qui en rappelait le commencement, d'ailleurs modifié, a été supprimé par la chambre des députés.

Il résulte de là que les propriétaires riverains des forêts de l'Etat, qui veulent se clore par un fossé, sont libres de lui donner les dimensions qu'ils jugent convenable.

SECTION II.

De l'Aménagement.

DISCUSSION A LA CHAMBRE DES PAIRS.

M. *de Martignac, commissaire du roi*, expose les motifs du code et dit : « La loi déclare que les bois et forêts de l'Etat, sont assujettis à un *aménagement.* Elle ne le règle point, parce que ce règlement est un acte d'administration qui n'appartient pas à la loi ; mais elle prononce qu'il sera déterminé par des ordonnances royales : elle ajoute qu'il ne pourra être fait aucune coupe extraordinaire dans les bois aménagés et dans les réserves, sans une ordonnance spéciale du roi, à peine de nullité des ventes. La chambre des députés a ajouté à ces dispositions du projet l'obligation expresse d'insérer au bulletin des lois les ordonnances spéciales qui autoriseraient des coupes de cette nature.»

M. *le comte Roy*, *rapporteur de la commission*, s'exprime ainsi : « L'aménagement des bois est la plus importante partie de leur administration. Dans l'acception actuelle de ce mot, c'est l'art de diviser une forêt en coupes successives, et de régler l'étendue ou l'âge des coupes annuelles dans le plus grand intérêt de la conservation de la forêt, de la consommation en général, dans celui enfin du propriétaire, et, s'il s'agit des forêts de l'Etat, dans le plus grand intérêt de la société. »

Art. 15.

Tous les bois et forêts du domaine de l'Etat sont assujettis à un aménagement réglé par des ordonnances royales.

DISCUSSION A LA CHAMBRE DES DÉPUTÉS.

M. *Favard de Langlade*, dans le rapport fait au nom de la commission, dit sur cet article, d'ailleurs adopté sans discussion : « Après le bornage, vient *l'aménagement*. C'est là que commence, dans le projet, une importante distinction qui se reproduit dans plusieurs autres dispositions. Une loi délibérée en 1827 ne doit être entièrement semblable, ni à l'ordonnance émanée d'un monarque qui réunissait le pouvoir exécutif au pouvoir législatif, ni au décret d'une assemblée qui tendait à empiéter sur les prérogatives de l'autorité royale. Dans l'ordre actuel des choses, la loi ne doit renfermer que des principes, que des règles stables; tout ce qui prend le caractère de dispositions réglementaires et d'exécution, tout ce qui est mobile et variable, rentre dans le domaine des ordonnances. Nul doute que l'aménagement ne soit une mesure de cette dernière espèce. Il ne saurait en effet se plier à des règles absolues; il demande des modifications qui tiennent à la nature des lieux, à l'âge et à l'essence des bois, et il est incontestablement un acte d'administration. Nous ne doutons donc pas, Messieurs, que vous ne donniez, comme nous l'avons fait, votre approbation à l'art. 15 du projet, portant que l'aménagement des forêts de l'État sera réglé par des ordonnances royales. »

DISCUSSION A LA CHAMBRE DES PAIRS.

M. *le duc de Praslin* demande, par voie d'amendement, qu'il soit ajouté à l'article un paragraphe ainsi conçu : « Les coupes ordinaires ne seront mises en exploitation que d'après le procès-verbal d'assiette, balivage et martelage, conformément aux divisions des coupes et aménagemens. »

Mais la proposition n'étant pas appuyée, l'article est adopté.

OBSERVATIONS.

L'ordonnance de 1669 n'exigeait pas moins de garanties que le nouveau code, sous le rapport des ventes. Elle portait, titre XV, art. 1er : « Il ne sera fait aucune vente dans nos forêts, bois et buissons, soit de futaie ou de taillis, que suivant le réglement qui en sera arrêté en notre conseil ou sur lettres-patentes bien et duement registrées en nos cours de parlement et chambre des comptes ; à peine de restitution du quadruple de la valeur des bois vendus contre les adjudicataires, et contre les ordonnateurs de perte de leurs charges. »

Art. 16.

Il ne pourra être fait dans les bois de l'Etat aucune coupe extraordinaire quelconque, ni aucune coupe de quarts en réserve ou de massif réservés par l'aménagement pour croître en futaie, sans une ordonnance spéciale du Roi, à peine de nullité des ventes ; sauf le recours des adjudicataires, s'il y a lieu, contre les fonctionnaires ou agens qui auraient ordonné ou autorisé ces coupes.

Cette ordonnance spéciale sera insérée au Bulletin des lois.

DISCUSSION A LA CHAMBRE DES DÉPUTÉS.

La seconde disposition de cet article ne se trouvait pas dans le projet. La chambre adopte d'abord la disposition proposée par le gouvernement et approuvée par la commission.

Après cette adoption, M. *Casimir Perrier* demande l'addition suivante : *Lorsque dans l'intervalle d'une session il aura été fait dans les bois de l'Etat des coupes extraordinaires quelconques ou des coupes de quarts en réserve ou de massif réservés par l'aménagement pour croître en futaie, l'ordonnance spéciale du Roi en vertu de laquelle ces coupes auront été faites, devra être présentée aux chambres dans la plus prochaine session, pour être convertie en loi.*

Il justifie sa proposition en ces termes : « Il est de principe que les domaines de l'Etat sont inaliénables autrement que par une loi. M. le ministre d'état qui a présenté le projet de code l'a reconnu en disant : « La loi devra intervenir partout » où il s'agit de la propriété de l'Etat, qui ne peut être alié- » née sans elle. » Eh bien, Messieurs, si, après avoir adopté l'art 16, vous n'y joigniez pas mon amendement, il en résulterait que vous laisseriez à la volonté de l'administration le droit d'aliéner une portion importante du domaine de l'Etat. S'il m'avait été possible de prendre hier la parole, je vous aurais fait sentir l'inconvénient de cet article, et mon amendement serait en ce moment inutile. Je vous aurais dit que cet article confère au gouvernement le droit d'aliéner par ordonnance des propriétés qui ne peuvent être aliénées qu'en vertu d'une loi. Qu'est-ce en effet que le fonds d'une futaie ou d'une réserve, comparativement à la superficie, qui est un véritable immeuble? Le fonds d'un hectare de bois ne vaut souvent que 200 fr., tandis que la superficie vaut 12 ou 15,000 fr. Ainsi, il résulterait de la disposition que vous avez adoptée, que le gouvernement, qui n'a pas le droit d'aliéner ce fonds de 2 ou 300 fr. pourrait par ordonnance aliéner pour 15, 20 ou 30 millions de bois appartenant à l'Etat. Indépendamment de ce vice, l'article donnerait au gouvernement le droit de détruire vos forêts et d'empêcher les améliorations que vous voulez introduire par le nouveau système. Dans cette position, je crois que la chambre doit remédier aux inconvéniens de l'article qu'elle a adopté hier, en y joignant l'amendement que j'ai l'honneur de lui présenter. »

M. *le ministre des finances* combat cet amendement. « On

suppose, dit-il, que le gouvernement peut avoir un intérêt quelconque à dilapider les forêts en les coupant par avance pour se faire une recette extraordinaire. Mais, en admettant qu'il pût en être ainsi, on serait obligé de vous rendre compte de cette recette extraordinaire, et vous auriez tous les moyens possibles de blâmer la coupe de bois qui aurait été faite prématurément. Ainsi, le résultat que l'orateur se propose par son amendement ressort naturellement de nos institutions; il ressort de la présentation des comptes qui vous est faite chaque chaque année; de sorte qu'il ne reste à la proposition que ses inconvéniens. Examinons-les. Il faut que la chambre sache que les aménagemens des bois de l'Etat ne sont pas tellement bien établis qu'on ne soit obligé de procéder successivement à leur amélioration, et que notamment les ventes qui ont été ordonnées par des lois ont apporté dans cet aménagement des désordres plus ou moins grands. A mesure que l'administration marchera vers l'amélioration et la conservation des forêts, elle se trouvera nécessairement et journellement amenée à faire pour de petites parcelles, des opérations du genre de celles pour lesquelles on veut lui imposer la nécessité de faire convertir en loi l'ordonnance qui aura ordonné la vente, c'est-à-dire qu'on veut appeler la chambre à prononcer sur une multitude de détails qui ne peuvent être convenablement appréciés que par l'administration. »

M. *Casimir Perrier* réplique à M. de Villèle. Il n'est pas rassuré sur la conduite du gouvernement par l'obligation où il est de rendre compte des ventes. « Le ministère, en faisant le même raisonnement, pourrait vous dire qu'il est inutile que vous votiez les dépenses, attendu qu'après avoir perçu les impôts, l'administration est obligée de vous en rendre compte. Cependant il est de principe que les recettes et les dépenses sont votées par les chambres. Il est de principe aussi que le domaine de l'Etat est inaliénable. Par conséquent vous ne pouvez donner à MM. les ministres le droit d'aliéner par ordonnance une quantité considérable de forêts. »

M. *de Martignac, commissaire du roi,* s'oppose avec force à l'amendement.

M. *Casimir Perrier* dit que ce qu'il demande se trouve dans la loi de 1791.

M. *de Martignac*, après que MM. *Benjamin Constant* et *Sébastiani* ont été entendus en faveur de l'amendement, répond à cette assertion : « Cette loi de 1791, qui a été signalée avec raison comme ayant réuni des dispositions administratives aux dispositions législatives, parce que le pouvoir législatif d'alors avait usurpé une partie considérable du pouvoir exécutif, cette loi de 1791 ne contenait pas même la proposition qu'on vous fait, aujourd'hui que l'autorité royale est établie sur des bases beaucoup plus positives. On admettait la possibilité que des besoinsextraordinaires et imprévus fissent naître la nécessité de coupes extraordinaires, et l'on autorisait l'administration à y pourvoir. Lui imposait-on l'obligation de demander la conversion de l'ordonnance en loi? Non; on disait seulement qu'elle serait tenue d'en rendre compte à la session suivante. Ainsi, l'on reconnaissait en 1791 qu'à l'autorité royale seule appartenait le droit de régler les coupes extraordinaires; on voulait seulement que le corps législatif en fût informé. Et en 1827, en présence de la charte, de l'autorité royale rétablie dans ses attributions constitutionnelles, on veut imposer à l'autorité royale l'obligation de demander une disposition législative qu'on n'avait pas même songé à exiger en 1791! »

M. *Hyde de Neuville* sous-amende l'article additionnel de M. Casimir Perrier. Il demande seulement qu'il soit rendu compte aux chambres, à la prochaine session, des motifs de l'ordonnance royale; il retranche la conversion en loi.

M. *de Bertier* propose le renvoi à la commission de l'article additionnel et du sous-amendement.

M. *Hyde de Neuville* appuie ce renvoi.

M. *Casimir Perrier* se réunit au sous-amendement de M. Hyde de Neuville, et il parle aussi en faveur du renvoi à la commission.

M. *de Bouthillier, commissaire du roi*, et M. *le ministre des finances*, combattent de nouveau les modifications proposées.

M. *de Kergariou* pense que le but serait suffisamment rempli en ajoutant à l'art. 16 que *chaque ordonnance spéciale sera insérée au Bulletin des lois;* mais il est d'avis du renvoi à la commission.

Le renvoi à la commission est rejeté.

Le sous-amendement de M. Hyde de Neuville, auquel s'est réuni M. Casimir Perrier, est pareillement rejeté.

La disposition additionnelle de M. de Kergariou est adoptée.

DISCUSSION A LA CHAMBRE DES PAIRS.

M. *le comte Roy, rapporteur de la commission*, dit, dans son rapport, en parlant des précautions prises par l'article 16: « Ces précautions sont conformes à ce qui s'est précédemment pratiqué. Il était même interdit de couper les baliveaux anciens et modernes sans une autorisation du conseil du roi, et il ne pouvait être fait aucune vente de futaies non aménagées qu'en vertu de lettres patentes enregistrées aux parlemens et aux chambres des comptes. De semblables lettres étaient également exigées pour couper des quarts de réserve des arbres de futaie et des baliveaux sur taillis, dans les bois des usufruitiers, des communautés et des établissemens publics ou ecclésiastiques.

« Ces formalités ont dû être modifiées d'après les changemens survenus dans nos institutions politiques. D'abord, c'est à l'autorité qui règle les aménagemens qu'il appartient de reconnaître et d'autoriser les exceptions qui, suivant les circonstances, peuvent être apportées à l'ordre qu'ils ont établi. La formalité des lettres patentes et de leur enregistrement avait principalement pour objet d'empêcher les abus, de prévenir les surprises, et de provoquer les observations et les remontrances sur des objets d'administration qui se liaient à de grands intérêts publics. Les mêmes motifs ont déterminé la disposition qui prescrit *l'insertion au* Bulletin des lois *des ordonnances spéciales qui autoriseront les coupes de futaie, ou les coupes extraordinaires.* »

SECTION III.

Des Adjudications des Coupes.

ART. 17.

Aucune vente ordinaire ou extraordinaire ne pourra avoir lieu dans les bois de l'Etat que par voie d'adjudication publique, laquelle devra être annoncée, au moins quinze jours d'avance, par des affiches apposées dans le chef-lieu du département, dans le lieu de la vente, dans la commune de la situation des bois, et dans les communes environnantes.

DISCUSSION A LA CHAMBRE DES DÉPUTÉS.

M. *Devaux* propose de substituer à ces mots : *dans les communes environnantes*, ceux-ci : *aux deux marchés les plus voisins.*

Cet amendement est rejeté.

ART. 18.

Toute vente faite autrement que par adjudication publique sera considérée comme vente clandestine, et déclarée nulle. Les fonctionnaires et agens qui auraient ordonné ou effectué la vente seront condamnés solidairement à une amende de trois mille francs au moins, et de six mille francs au plus, et l'acquéreur sera puni d'une amende égale à la valeur des bois vendus.

DISCUSSION A LA CHAMBRE DES DÉPUTÉS.

M. *Devaux* propose l'amendement suivant : *L'acquéreur sera puni d'une amende égale à celle qui aura été prononcée contre lesdits fonctionnaires et agens.* Il ne voit pas pourquoi, dans le cas d'une adjudication clandestine, on punirait plus sévèrement l'adjudicataire que l'agent forestier qui a prévariqué dans ses fonctions.

M. *de Bouthillier, directeur général des forêts*, répond : « L'amende portée contre l'adjudicataire paraît excessive, et on ne fait pas attention qu'il s'agit ici d'un délit très-grave. L'ordonnance de 1669 avait porté l'amende à dix mille francs. Remarquez que c'est l'adjudicataire qui profite des bénéfices de l'adjudication clandestine ; l'agent forestier n'aurait pas transigé avec ses devoirs s'il n'avait pas trouvé un adjudicataire. Il est naturel de punir davantage l'adjudicataire que l'agent forestier, parce qu'il recueille les plus forts bénéfices. »

M. *Sébastiani* parle en faveur de l'amendement.

M. *de Farcy* exprime la même opinion. Il lui semble qu'il manque quelque chose à l'article du projet. L'acquéreur ne doit pas profiter du prix des bois qui lui ont été vendus clandestinement, et s'il l'a touché, il doit le restituer.

M. *de Martignac, commissaire du roi*, dit que le préopinant se prévaut d'une omission, sans faire attention que le cas a été prévu par l'article 205. Il remarque qu'il ne peut être question ici que de ventes d'un médiocre intérêt ; car les ventes considérables ne peuvent être faites clandestinement ; que l'agent forestier qui fait une vente clandestine, manque à son devoir et commet un délit punissable ; que la loi le condamne à une amende de 3000 fr. au moins et de 6,000 fr. au plus. « Si la vente est minime, ajoute-t-il, comme cela arrivera le plus souvent, et que vous assimiliez l'acquéreur au fonctionnaire, quant à l'application de l'amende, il n'y aura plus de proportion entre l'objet vendu et la peine qui lui sera appliquée. Il est donc nécessaire qu'en ce qui touche l'acquéreur, la peine soit relative, c'est-à-dire d'une amende égale à la valeur des bois vendus. Cette disposition est moins contraire à l'acquéreur que celle qu'on voudrait lui substituer. »

L'amendement de M. Devaux est rejeté, et l'article du projet adopté.

OBSERVATIONS.

Le titre xv de l'ordonnance de 1669 contenait des dispositions analogues à celles des art. 17 et 18 du nouveau code.

« Toutes adjudications de nos bois, porte l'art. 3, soit futaie ou taillis, seront faites dans les auditoires où se tient la justice ordinaire des eaux et forêts, et ne le pourront être ailleurs, à peine de nullité, et de dix mille livres d'amende contre le grand-maître, ou autre qui aura contrevenu. »

Selon les art. 17, 18 et 19, les adjudications devaient être annoncées par des publications, et il fallait qu'il y eût au moins huitaine franche entre la dernière publication et l'adjudication.

ART. 19.

Sera de même annulée, quoique faite par adjudication publique, toute vente qui n'aura point été précédée des publications et affiches prescrites par l'art. 17, ou qui aura été effectuée dans d'autres lieux ou à un autre jour que ceux qui auront été indiqués par les affiches ou les procès-verbaux de remise de vente.

Les fonctionnaires ou agens qui auraient contrevenu à ces dispositions seront condamnés solidairement à une amende de mille à trois mille francs; et une amende pareille sera prononcée contre les adjudicataires, en cas de complicité.

DISCUSSION A LA CHAMBRE DES PAIRS.

Un pair observe que les affiches indicatives des adjudications fixent ordinairement l'heure à laquelle les enchères commenceront. On conçoit que si l'adjudication avait lieu avant l'heure indiquée, quoique le même jour, le préjudice causé à l'État serait le même que si l'adjudication avait eu lieu un autre jour, puisque les enchérisseurs pourraient n'être pas tous arrivés. L'article 19 aurait donc dû prononcer la nullité des adjudications dans le cas où elles auraient été faites à une heure différente de celle que l'affiche aurait indiquée. Le noble pair ne proposera pas néanmoins d'amendement à cet égard, mais il a dû signaler cette lacune, afin que, dans l'ordonnance d'exécution, il soit pourvu aux moyens de prévenir les inconvéniens qui pourraient en résulter.

Le ministre d'état, commissaire du roi, répond que l'ordonnance de 1669 n'avait aucune disposition pour ce cas; mais que l'observation qui vient d'être faite n'en est pas moins juste, et qu'elle ne manquera pas d'être prise en considération dans la rédaction de l'ordonnance.

L'article est mis aux voix et adopté.

Art. 20.

Toutes les contestations qui pourront s'élever pendant les opérations d'adjudication, sur la validité des enchères ou sur la solvabilité des enchérisseurs et des cautions, seront décidées immédiatement par le fonctionnaire qui présidera la séance d'adjudication.

OBSERVATIONS.

L'art. 18 du projet communiqué aux cours du royaume correspondait à l'art. 20 du code actuel, et il était rédigé dans les mêmes termes, avec cette différence qu'il se terminait par ces mots : *sauf recours, s'il y a lieu, à l'autorité administrative supérieure,* que la cour de cassation avait proposé de remplacer par ceux-ci : *sauf la faculté du recours à l'autorité administrative supérieure.*

Ni l'une ni l'autre de ces deux dispositions finales n'a passé dans le code.

Du reste, le droit conféré au fonctionnaire qui préside la vente, de décider toutes les contestations élevées pendant les opérations d'adjudication, était autrefois une des attributions des grands-maîtres, qui, selon l'art. 2, titre XV de l'ordonnance de 1669, avaient le pouvoir de faire les adjudications. L'art. 1er du titre III de cette ordonnance, intitulé *grands-*

maîtres, porte en effet qu'ils « connaîtront en première instance, à la charge de l'appel, de toutes actions qui seront intentées par-devant eux, en procédant aux visites, *ventes*, etc. »

Il faut toutefois remarquer entre la disposition ancienne et la nouvelle que, selon la première, il y avait appel de la décision du grand-maître, tandis que, d'après la seconde, aucun recours n'est accordé. (*Voyez la discussion à la chambre des pairs sur l'art.* 26.)

ART. 21.

Ne pourront prendre part aux ventes, ni par eux-mêmes, ni par personnes interposées, directement ou indirectement, soit comme parties principales, soit comme associés ou cautions :

1° Les agens et gardes forestiers et les agens forestiers de la marine, dans toute l'étendue du royaume, les fonctionnaires chargés de présider ou de concourir aux ventes, et les receveurs du produit des coupes, dans toute l'étendue du territoire où ils exercent leurs fonctions;

En cas de contravention, ils seront punis d'une amende qui ne pourra excéder le quart ni être moindre du douzième du montant de l'adjudication, et ils seront en outre passibles de l'emprisonnement et de l'interdiction qui sont prononcés par l'art. 175 du code pénal;

2° Les parens et alliés en ligne directe, les frères et beaux-frères, oncles et neveux des agens et gardes forestiers et des agens forestiers de la marine, dans toute l'étendue du territoire pour lequel ces agens ou gardes sont commissionnés;

En cas de contravention, ils seront punis d'une

amende égale à celle qui est prononcée par le paragraphe précédent :

3° Les conseillers de préfecture, les juges, officiers du ministère public et greffiers des tribunaux de première instance, dans tout l'arrondissement de leur ressort ;

En cas de contravention, ils seront passibles de tous dommages-intérêts, s'il y a lieu.

Toute adjudication qui serait faite en contravention aux dispositions du présent article, sera déclarée nulle.

DISCUSSION A LA CHAMBRE DES DÉPUTÉS.

M. *Reboul* demande que les mots *oncles et neveux* soient retranchés du n° 2 de l'article.

M. *de Martignac*, *commissaire du roi*, combat l'amendement, qui est rejeté.

L'article est adopté.

DISCUSSION A LA CHAMBRE DES PAIRS.

M. *le comte d'Argout* « insiste sur une observation qu'il a déjà présentée au sujet de cet article, dans le cours de la discussion générale, et à laquelle il lui semble qu'il n'a pas été répondu d'une manière satisfaisante. Il avait exprimé le vœu qu'une disposition réglementaire décidât qu'aucun agent forestier ne pourrait être commissionné pour l'arrondissement où un de ses parens, au degré prohibé, ferait le commerce de bois. Le commissaire du roi a répondu qu'il y aurait injustice à éloigner ainsi, sans aucun motif personnel, un agent forestier d'une résidence où un intérêt légitime peut lui faire désirer d'être employé. Mais l'injustice ne serait-elle pas au contraire à priver le marchand de bois d''une industrie exercée depuis long-temps pour raison d'un fait qui lui serait étranger ? »

L'orateur trouve « la rédaction de l'article telle, que, contre le vœu même du gouvernement et des auteurs du projet, les incapacités établies pourraient s'étendre à des cas où elles deviendraient vraiment injustes. Le noble pair n'en citera que deux exemples : il existe certaines usines exploitées en commandite et par des sociétés anonymes. Les actions de ces sociétés peuvent être prises par tous les fonctionnaires des départemens où elles sont établies. Si les administrateurs d'une semblable société se rendent adjudicataires d'une coupe de l'État, cette adjudication ne pourra-t-elle pas être annulée parce que l'un des fonctionnaires compris au § III de l'article se trouvera propriétaire d'une action, et aura pris ainsi une part indirecte dans l'adjudication? ne pourra-t-il pas en être de même lorsque l'un de ces fonctionnaires se verra obligé, à défaut d'autre marchand de bois établi dans ce canton, d'acheter, pour ses besoins personnels, de l'adjudicataire des bois de l'État, une partie des bois exploités? Cette interprétation de l'article serait sans doute contraire à toute raison. Le noble pair le répète, elle ne peut être dans l'intention des rédacteurs du projet. Mais enfin, elle pourrait abusivement s'induire du texte littéral. Il est donc utile qu'une explication lève à cet égard tous les doutes possibles. »

M. *le vicomte de Martignac, commissaire du roi*, obtient la parole. « Quant à l'incapacité prononcée contre les parens des agens forestiers, il observe qu'une disposition semblable existait dans l'ordonnance de 1669; la prohibition était même bien plus sévère, puisqu'elle s'étendait jusqu'au degré de cousin-germain. Mais, dit-on, une pareille prohibition peut, dans certains cas, gêner le commerce ; et pour obvier à cet inconvénient, on propose de décider d'une manière générale qu'aucun agent forestier ne pourra être commissionné pour un ressort où son parent ferait le commerce des bois. La chambre jugera sans doute qu'il serait impossible d'établir comme règle générale une disposition aussi rigoureuse, qui, si elle était admise, devrait entraîner même le déplacement des agens déjà commissionnés, et dans le ressort desquels un parent viendrait s'établir pour faire le commerce. Cet objet ne peut convenablement être réglé par une ordonnance générale ; mais c'est à l'administration forestière qu'il appartient de prendre toutes les mesures convenables pour diminuer autant que possible les fraudes de ce genre, et, sous ce rapport, elle devra souvent prendre en considération les relations de famille de ses agens; mais il est impossible de statuer sur ce point d'une manière générale. Quant aux incapacités prononcées à l'égard des fonctionnaires compris dans le n° 3 de l'article, il faut bien remarquer encore que la prohibition est moins sévère que sous le régime de l'ordonnance de 1669, en ce qu'elle comprend moins de personnes, et qu'elle ne prononce à leur égard que la nullité de l'adjudication et des dommages-intérêts, s'il y a lieu, tandis que les peines de l'ordonnance étaient plus rigoureuses; mais telle qu'elle est, la disposition ne peut être comprise que dans son sens raisonnable. Il est évident que le propriétaire d'une action dans une société en commandite ne pourrait être considéré comme ayant pris une part indirecte à l'adjudication qu'autant qu'il y aurait fraude prouvée de sa part; hors ce cas, ce sont les seuls gérans de la société qui peuvent être considérés comme prenant part à l'adjudication. Il en est de même du cas où un fonctionnaire achète pour ses besoins des bois provenant de l'adjudication; il est évident que s'il agit de bonne foi et sans collusion avec l'adjudicataire, la disposition ne saurait lui être applicable; qu'elle ne le deviendrait qu'autant qu'il y aurait fraude, qu'il serait prouvé, par exemple, que l'adjudication aurait été faite dans son intérêt; et qu'ainsi l'adjudicataire ne serait qu'une personne interposée. Le commissaire du roi espère que cette explication aura levé tous les scrupules du noble pair. »

L'auteur de l'observation n'insistant pas, l'article est mis aux voix et adopté.

OBSERVATIONS.

Les prohibitions plus étendues de l'ordonnance de 1669 se trouvent dans le titre XV, art. 21 et 22.

ART. 22.

Toute association secrète ou manœuvre entre les marchands de bois ou autres, tendant à nuire aux enchères, à les troubler ou à obtenir les bois à plus bas prix, donnera lieu à l'application des peines portées par l'art. 412 du Code pénal, indépendamment de tous dommages-intérêts; et si l'adjudication a été faite au profit de l'association secrète ou des auteurs desdites manœuvres, elle sera déclarée nulle.

DISCUSSION A LA CHAMBRE DES DÉPUTÉS.

M. *Devaux* demande une explication. « Par ces mots, *association secrète*, l'administration entend-elle proscrire les comptes en participation? Vous savez que les comptes en participation sont autorisés par le code de commerce; vous savez également que les sociétés en participation ne sont pas constatées par écrit. Il est très-favorable aux adjudications d'admettre des comptes en participation, parce que cela favorise la réunion de plusieurs enchérisseurs, qui n'ayant pas individuellement les moyens nécessaires pour se rendre adjudicataires d'une masse de bois, mettent un fonds en commun, ce qui facilite l'adjudication. Il est à craindre qu'ils ne soient écartés par la disposition de l'article. Si les mots *association secrète* étaient ainsi entendus, cela nuirait aux adjudications. Je demande qu'on s'explique sur ce point. »

M. *de Martignac, commissaire du roi*, répond : « Association secrète ou manœuvre frauduleuse tendant à nuire aux enchères : c'est ainsi que s'expliquent les mots *association secrète.* »

L'article est adopté.

OBSERVATIONS.

L'art 23, titre XV de l'ordonnance de 1669 portait : « Les marchands adjudicataires, ni autres particuliers de quelque qualité que ce soit, ne pourront faire aucunes associations secrètes, ni empêcher par voies indirectes les enchères sur nos bois; et où ils se trouveraient convaincus de monopole ou complot concerté entre eux par parole ou par écrit, de ne point enchérir les uns sur les autres : voulons qu'outre la confiscation des ventes, ils soient condamnés en une amende arbitraire, qui ne pourra être au-dessous de mille francs, et bannis des forêts. »

ART. 23.

Aucune déclaration de command ne sera admise, si elle n'est faite immédiatement après l'adjudication et séance tenante.

ART. 24.

Faute par l'adjudicataire de fournir les cautions exigées par le cahier des charges dans le délai prescrit, il sera déclaré déchu de l'adjudication par un arrêté du préfet, et il sera procédé, dans les formes ci-dessus prescrites, à une nouvelle adjudication de la coupe à sa folle-enchère.

L'adjudicataire déchu sera tenu, par corps, de la différence entre son prix et celui de la revente, sans pouvoir réclamer l'excédant, s'il y en a.

ART. 25.

Toute personne capable et reconnue solvable sera admise, jusqu'à l'heure de midi du lendemain de l'adjudication, à faire une offre de surenchère, qui ne pourra être moindre du cinquième du montant de l'adjudication.

Dès qu'une pareille offre aura été faite, l'adjudicataire et les surenchérisseurs pourront faire de semblables déclarations de simple surenchère, jusqu'à l'heure de midi du surlendemain de l'adjudication, heure à laquelle le plus offrant restera définitivement adjudicataire.

Toutes déclarations de surenchère devront être faites au secrétariat qui sera indiqué par le cahier des charges, et dans les délais ci-dessus fixés; le tout sous peine de nullité.

Le secrétaire commis à l'effet de recevoir ces déclarations sera tenu de les consigner immédiatement sur un registre à ce destiné, d'y faire mention expresse du jour et de l'heure précise où il les aura reçues, et d'en donner communication à l'adjudicataire et aux surenchérisseurs, dès qu'il en sera requis; le tout sous peine de trois cents francs d'amende, sans préjudice de plus fortes peines en cas de collusion.

En conséquence, il n'y aura lieu à aucune signification des déclarations de surenchère, soit par l'administration, soit par les adjudicaires et surenchérisseurs.

DISCUSSION A LA CHAMBRE DES DÉPUTÉS.

M. *Devaux* propose de substituer aux mots *jusqu'à l'heure de midi du lendemain de l'adjudication*, ceux-ci : *jusqu'à l'heure du soleil couché du lendemain de l'adjudication.*

Cet amendement n'est pas même appuyé.

L'article est adopté.

Art. 26.

Toutes contestations au sujet de la validité des surenchères seront portées devant les conseils de préfecture.

DISCUSSION A LA CHAMBRE DES PAIRS.

M. *le comte d'Argout* observe « qu'à l'égard des enchères, les contestations auxquelles elles peuvent donner lieu sont jugées, aux termes de l'art. 20, par le fonctionnaire qui préside à l'adjudication. L'article 26, au contraire, attribue au conseil de préfecture le jugement des contestations élevées sur les surenchères. Si ce changement de jurisdiction doit être maintenu, ne serait-il pas utile d'ajouter que le conseil de préfecture jugera en appel les contestations élevées sur les enchères ? »

M. *le duc de Praslin* « remarque que la nécessité du changement de jurisdiction résulte d'une manière évidente de ce qu'au moment des surenchères, le fonctionnaire chargé de présider à l'adjudication n'est plus présent, et ne peut par conséquent être constitué juge d'une difficulté dont il n'a pas connaissance. »

M. *le comte d'Argout* « insiste sur l'utilité que présenterait, dans son opinion, le recours au conseil de préfecture, accordé contre les décisions du fonctionnaire qui préside à l'adjudication. Autrement, ce fonctionnaire, constitué juge souverain de la validité des enchères, se trouverait de fait le maître de l'adjudication, puisqu'il pourrait en écarter tous les concurrens en annulant leurs enchères, ce qui pourrait porter le plus grand préjudice aux intérêts de l'État. Sans doute l'administration aura soin de ne confier cette mesure qu'à des hommes dignes de toute confiance; mais enfin il peut n'être pas inutile de prévoir le cas où elle aurait été trompée, et de placer dans la loi un remède aux fraudes possibles, ainsi qu'aux erreurs où le fonctionnaire dont il s'agit aurait pu se laisser entraîner. L'enchère, en effet, devient définitive quand il n'y a pas de surenchère. S'il y a appel pour la surenchère, il doit y en avoir un pour l'enchère, quand celle-ci est définitive. »

Le ministre d'état, commissaire du roi, répond « qu'il est en toute matière des nécessités auxquelles la force des choses oblige à se soumettre dans la pratique. En matière d'adjudication et d'enchères tout est urgent, tout doit être prompt et définitif. Le devoir de l'administration est de ne confier qu'à des fonctionnaires qui présentent des garanties suffisantes une mission aussi délicate; mais une fois ce devoir rempli, il faut bien s'en remettre à la prudence et à l'intégrité du fonctionnaire choisi pour tout ce qui est relatif à l'adjudication en elle-même. Ainsi la loi veut qu'aucun enchérisseur ne soit admis, s'il ne justifie de sa solvabilité. C'est celui qui préside à l'enchère qui peut seul être juge de la solvabilité, et l'appel contre la décision est inadmissible, parce que rien de ce qui touche à une adjudication ne peut être laissé en suspens, et qu'une fois consommée, l'adjudication doit être irrévocable. Quant aux surenchères, on conçoit qu'il en doit être autrement. En effet, elles sont reçues hors la présence du fonctionnaire qui présidait à l'adjudication ; les difficultés auxquelles elles peuvent donner lieu ne peuvent donc être jugées par lui. D'ailleurs ces difficultés ne sauraient présenter le même degré d'urgence, puisque l'adjudication est consommée et qu'elle subsiste si la surenchère est déclarée nulle. Enfin les surenchères ayant pour résultat de dépouiller l'adjudicataire d'un droit acquis, les questions qui s'élèvent à leur sujet ont toujours un caractère contentieux qui les attribue tout naturellement au juge ordinaire des questions de contentieux administratif, c'est-à-dire au conseil de préfecture. »

L'article est adopté à la suite de cette discussion.

OBSERVATIONS.

(*Voyez les observations sur l'art.* 20.)

ART. 27.

Les adjudicataires et surenchérisseurs sont tenus, au moment de l'adjudication ou de leurs déclarations de surenchère, d'élire domicile dans le lieu où l'adjudication aura été faite ; faute par eux de le faire, tous actes postérieurs leur seront valablement signifiés au secrétariat de la sous-préfecture.

ART. 28.

Tout procès-verbal d'adjudication emporte exécution parée et contrainte par corps contre les adjudicataires, leurs associés et cautions, tant pour le paiement du prix principal de l'adjudication que pour accessoires et frais.

Les cautions sont en outre contraignables, solidairement et par les mêmes voies, au paiement des dommages, restitutions et amendes qu'aurait encourus l'adjudicataire.

SECTION IV.

Des Exploitations.

ART. 29.

Après l'adjudication, il ne pourra être fait aucun changement à l'assiette des coupes, et il n'y sera ajouté aucun arbre ou portion de bois, sous quelque prétexte que ce soit, à peine, contre l'adjudicataire, d'une amende égale au triple de la valeur des bois non compris dans l'adjudication, et sans préjudice de la restitution de ces mêmes bois ou de leur valeur.

Si les bois sont de meilleure nature ou qualité, ou plus âgés que ceux de la vente, il paiera l'amende comme pour bois coupé en délit, et une somme double à titre de dommages-intérêts.

Les agens forestiers qui auraient permis ou toléré ces additions ou changemens, seront punis de pareille amende, sauf l'application, s'il y a lieu, de l'art. 207 de la présente loi.

OBSERVATIONS.

Cet article est pris dans les art. 13 et 14, titre XV, de l'ordonnance de 1669.

ART. 30.

Les adjudicataires ne pourront commencer l'exploitation de leurs coupes, avant d'avoir obtenu, par écrit, de l'agent forestier local, le permis d'exploiter, à peine d'être poursuivis comme délinquans pour les bois qu'ils auraient coupés.

DISCUSSION A LA CHAMBRE DES DÉPUTÉS.

M. *Devaux* demande que l'on mette les mots *du garde général*, à la place de ceux-ci : *de l'agent forestier local.*

Cet amendement, qui n'est pas appuyé, est l'objet de l'observation suivante de la part de M. le directeur général des forêts : « Je crois utile de donner ici une explication. On confond souvent la dénomination d'*agent* avec celle de *garde*, qui n'est pourtant pas la même chose : les procès-verbaux des agens forestiers ne sont pas affirmés ; tandis que ceux des gardes doivent l'être. Ainsi, dans le cas dont il est question ici, on doit entendre par agent forestier local, un inspecteur, un sous-inspecteur, un garde-général. Si nous nous étions servis, comme le propose le préopinant, de l'expression *garde-général*, les inspecteurs et les sous-inspecteurs ne s'y trouveraient pas compris. Voilà pourquoi nous avons employé le mot générique d'*agent*. »

DISCUSSION A LA CHAMBRE DES PAIRS.

M. *le comte d'Argout* observe « que le cahier des charges doit indiquer l'époque à laquelle l'exploitation doit commencer. Pourquoi donc astreindre l'adjudicataire à demander un permis d'exploiter, lorsque son droit résulte de l'adjudication même qui lui a été faite ? Ne peut-il pas résulter pour lui un grand préjudice du refus qui lui serait fait d'accorder le permis ? »

M. *de Martignac*, *ministre-d'état*, *commissaire du roi*, rappelle « qu'aux termes de l'article 24, l'adjudicataire est assujetti à fournir, dans un délai déterminé, la caution exigée par le cahier des charges. Il faut donc, avant tout, qu'il justifie de l'accomplissement de cette condition, et des autres obligations que le cahier des charges aurait imposées comme préalables à la mise en exploitation. Ce n'est qu'après cette justification faite, qu'il doit lui être permis d'exploiter; et c'est pour cela qu'est établie la formalité prescrite par l'article 30. »

M. *le duc de Praslin* « demande comment l'adjudicataire devra agir et quels dédommagemens il pourra réclamer si le permis lui est refusé malgré l'accomplissement de toutes les conditions imposées. »

M. *le directeur-général des forêts, commissaire du roi*, observe « que, dans ce cas, comme dans tous les cas semblables, l'adjudicataire aura le droit de se pourvoir devant l'autorité supérieure, sans préjudice de l'action en dommages-intérêts, s'il y a lieu d'en demander par les voies judiciaires. »

L'observation faite n'ayant pas d'autre suite, l'article est mis aux voix et adopté.

ART. 31.

Chaque adjudicataire sera tenu d'avoir un facteur ou garde-vente, qui sera agréé par l'agent forestier local, et assermenté devant le juge de paix.

Ce garde-vente sera autorisé à dresser des procès-verbaux, tant dans la vente qu'à l'ouïe de la cognée. Ses procès-verbaux seront soumis aux mêmes formalités que ceux des gardes-forestiers, et feront foi jusqu'à preuve contraire.

L'espace appelé l'*ouïe de la cognée* est fixé à la distance de deux cent cinquante mètres, à partir des limites de la coupe.

ART. 32.

Tout adjudicataire sera tenu, sous peine de cent francs d'amende, de déposer chez l'agent forestier local et au greffe du tribunal de l'arrondissement l'empreinte du marteau destiné à marquer les arbres et bois de sa vente.

L'adjudicataire et ses associés ne pourront avoir plus d'un marteau pour la même vente., ni en marquer d'autres bois que ceux qui proviendront de cette vente, sous peine de cinq cents francs d'amende.

OBSERVATIONS.

Ces dispositions sont tirées de l'ordonnance de 1669, titre XV, article 37.

ART. 33.

L'adjudicataire sera tenu de respecter tous les arbres marqués ou désignés pour demeurer en réserve, quelle que soit leur qualification, lors même que le nombre en excéderait celui qui est porté au procès-verbal de martelage, et sans que l'on puisse admettre en compensation d'arbres coupés en contravention, d'autres arbres non réservés que l'adjudicataire aurait laissés sur pied.

ART. 34.

Les amendes encourues par les adjudicataires, en vertu de l'article précédent, pour abattage ou déficit d'arbres réservés, seront du tiers en sus de celles qui sont déterminées par l'art. 192, toutes les fois que l'essence et la circonférence des arbres pourront être constatées.

Si, à raison de l'enlèvement des arbres et de leurs souches, ou de toute autre circonstance, il y a impossibilité de constater l'essence et la dimension des arbres, l'amende ne pourra être moindre de cinquante francs ni excéder deux cents francs.

Dans tous les cas, il y aura lieu à la restitution des arbres, ou, s'ils ne peuvent être représentés, de leur valeur, qui sera estimée à une somme égale à l'amende encourue.

Sans préjudice des dommages-intérêts.

DISCUSSION A LA CHAMBRE DES DÉPUTÉS.

La commision propose de supprimer le mot *essence* dans les deux premiers paragraphes, attendu que sur l'art. 192, auquel ils se réfèrent, elle a demandé qu'on n'admît qu'une seule classe d'arbres.

M. *de Bouthillier*, *directeur général des forêts*, s'oppose à ce retranchement. Il lui paraît important, dans l'intérêt de la justice et de la répression des délits, de maintenir pour la fixation des amendes les distinctions commandées par la différence de valeur des essences ou espèces d'arbres.

Il demande au surplus que la discussion de l'article soit ajournée jusqu'au moment où la chambre s'occupera de l'article 192. Cet ajournement est prononcé.

Par suite de la résolution prise ultérieurement sur cet article 192, le mot *essence* est conservé dans sa rédaction, comme dans celle de l'art. 34. (*voyez la discussion de l'art.* 192).

Un amendement de M. Gillet est écarté sans être appuyé. Il consistait à ajouter, dans le second paragraphe, après les mots, *impossibilité de constater la dimension des arbres*, ceux-ci : « On aura recours, pour l'application de l'amende au pied de tour, au procès-verbal de martelage, qui devra énoncer le nombre et la circonférence des arbres réservés. »

Art. 35.

Les adjudicataires ne pourront effectuer aucune coupe ni enlèvement de bois avant le lever ni après le coucher du soleil, à peine de cent francs d'amende.

OBSERVATIONS.

L'ordonnance de 1669, titre xv, art. 49, portait : « Nul marchand, ou autre personne, ne pourra faire travailler nuitamment, ni les jours de fête, dans les ventes et coupes, ni y prendre et enlever des bois; sous peine de cent livres d'amende. »

Les expressions du code, *avant le lever ni après le coucher du soleil*, répondent à l'adverbe *nuitamment*, employé dans l'ordonnance. La nuit n'est en effet que l'intervalle qui s'écoule entre le moment où le soleil cesse de se montrer sur l'horizon, et celui où il y reparaît.

Quant à la prohibition d'exploiter les jours fériés, si le code ne la contient pas, c'est qu'il se réfère à la loi du 18 novembre 1814, dont l'art 1er est ainsi conçu : « Les travaux ordinaires seront interrompus les dimanches et jours de fêtes reconnues par la loi de l'État. »

Art. 36.

Il leur est interdit, à moins que le procès-verbal d'adjudication n'en contienne l'autorisation expresse, de peler ou d'écorcer sur pied aucun des bois de leurs ventes, sous peine de cinquante à cinq cents francs d'amende; et il y aura lieu à la saisie des écorces et bois écorcés, comme garantie des dommages-intérêts, dont le montant ne pourra être inférieur à la valeur des arbres indûment pelés ou écorcés.

Art. 37.

Toute contravention aux clauses et conditions du cahier des charges, relativement au mode d'abattage des arbres et au nettoiement des coupes, sera puni d'une amende qui ne pourra être moindre de cinquante francs ni excéder cinq cents francs, sans préjudice des dommages-intérêts.

DISCUSSION A LA CHAMBRE DES DÉPUTÉS.

Les mots *sans préjudice des dommages-intérêts*, qui terminent l'article, ne se trouvaient pas dans le projet. Ils sont ajoutés sur la demande de la commission, qui a pensé qu'ils devaient être insérés dans l'art. 37, comme ils le sont dans l'art. 198.

Art. 38.

Les agens forestiers indiqueront, par écrit, aux adjudicataires, les lieux où il pourra être établi des fosses ou fourneaux pour charbon, des loges ou des ateliers; il n'en pourra être placé ailleurs sous peine, contre l'adjudicataire, d'une amende de cinquante francs pour chaque fosse ou fourneau, loge ou atelier établi en contravention à cette disposition.

DISCUSSION A LA CHAMBRE DES DÉPUTÉS.

La chambre adopte cet article après avoir rejeté un amendement de M. *Devaux* tendant à faire ajouter : *sauf le recours de l'adjudicataire au conseil de préfecture.*

ART. 39.

La traite des bois se fera par les chemins désignés au cahier des charges, sous peine, contre ceux qui en pratiqueraient de nouveaux, d'une amende dont le minimum sera de cinquante francs et le maximum de deux cents francs, outre les dommages-intérêts.

ART. 40.

La coupe des bois et la vidange des ventes seront faites dans les délais fixés par le cahier des charges, à moins que les adjudicataires n'aient obtenu de l'administration forestière une prorogation de délai; à peine d'une amende de cinquante à cinq cents francs, et, en outre, des dommages-intérêts, dont le montant ne pourra être inférieur à la valeur estimative des bois restés sur pied ou gisans sur les coupes.

Il y aura lieu à la saisie de ces bois, à titre de garantie pour les dommages-intérêts.

DISCUSSION A LA CHAMBRE DES DÉPUTÉS.

M. *Devaux* propose cette disposition : *et en outre la confiscation des bois restés sur pied, ou gisant sur coupe.* Il invoque l'autorité de l'ordonnance de 1669, suivant laquelle les bois qui restaient après le délai d'un an appartenaient à l'administration.

L'amendement est rejeté, et l'article adopté.

OBSERVATIONS.

Cet article diffère en plusieurs points du système admis par l'ordonnance de 1669. D'abord il renvoie au cahier des charges la fixation des délais nécessaires pour la coupe des bois et la vidange des ventes, tandis que, selon l'art. 40, titre XV, de l'ordonnance, les bois devaient être abattus *dans le quinzième d'avril, et le temps des vidanges réglé par le grand-maître.* En second lieu, il prononce des peines moins sévères, et écarte toute idée de confiscation. Enfin l'administration forestière est autorisée à accorder une prorogation de délai, tandis que l'ordonnance voulait, titre XV, art. 41, que cette prorogation fût demandée au conseil du roi, et qu'il y fût statué par S. M., sur l'avis du grand-maître, et le rapport du contrôleur général des finances.

Art. 41.

A défaut, par les adjudicataires, d'exécuter, dans les délais fixés par le cahier des charges, les travaux que ce cahier leur impose, tant pour relever et faire façonner les ramiers, et pour nettoyer les coupes des épines, ronces et arbustes nuisibles, selon le mode prescrit à cet effet, que pour les réparations des chemins de vidange, fossés, repiquement de places à charbon et autres ouvrages à leur charge, ces travaux seront exécutés à leurs frais, à la diligence des agens forestiers, et sur l'autorisation du préfet, qui arrêtera ensuite le mémoire des frais et le rendra exécutoire contre les adjudicataires pour le paiement.

DISCUSSION A LA CHAMBRE DES DÉPUTÉS.

La chambre adopte l'article, après avoir rejeté un amendement de M. Devaux qui proposait d'ajouter à la suite des mots, *le mémoire de frais*, ceux-ci : *après communication à l'adjudicataire.*

Art. 42.

Il est défendu à tous adjudicataires, leurs facteurs et ouvriers, d'allumer du feu ailleurs que dans leurs loges ou ateliers, à peine d'une amende de dix à cent francs, sans préjudice de la réparation du dommage qui pourrait résulter de cette contravention.

DISCUSSION A LA CHAMBRE DES PAIRS.

M. *le duc d'Escars* observe « que, dans certaines localités, on appelle atelier l'espace livré à chaque bûcheron pour sa tâche, de sorte que la réunion des divers ateliers forme la coupe tout entière. Il pourrait résulter de cette circonstance quelque doute sur le véritable sens de l'art. 42. Le but de cet article étant précisément d'empêcher que l'on n'allume du feu dans les ventes; il eût été préférable de ne faire exception que pour les loges, et au moins faudrait-il que l'ordonnance d'exécution s'en expliquât, afin de lever toute incertitude. »

Le commissaire du roi, directeur général des forêts, « estime que l'article ne peut donner lieu à aucune incertitude, et que, d'après le sens donné au mot *atelier* dans les articles précédens, il ne saurait avoir dans celui-ci les significations étendues que l'on redoute. La disposition du projet de loi est d'ailleurs textuellement copiée sur celle de l'ordonnance de 1669, dont l'interprétation n'a jamais été controversée. »

OBSERVATIONS.

La prohibition contenue dans cet article correspond à celles dont il est mention dans les art. 19, 20 et 21, titre XXVI, de l'ordonnance de 1669.

Art. 43.

Les adjudicataires ne pourront déposer dans leurs ventes d'autres bois que ceux qui en proviendront, sous peine d'une amende de cent à mille francs.

OBSERVATIONS.

L'art. 48, titre XV, de l'ordonnance de 1669 était bien plus sévère. « Ne pourront, y est-il dit, les marchands adjudicataires retenir dans leurs ventes d'autres bois que ceux qui en proviendront; à peine d'être punis comme s'ils avaient volé les bois ainsi retirés contre notre prohibition. »

ART. 44.

Si, dans le cours de l'exploitation ou de la vidange, il était dressé des procès-verbaux des délits ou vices d'exploitation, il pourra y être donné suite sans attendre l'époque du récolement.

Néanmoins, en cas d'insuffisance d'un premier procès-verbal, sur lequel il ne sera pas intervenu de jugement, les agens forestiers pourront, lors du récolement, constater par un nouveau procès-verbal les délits et contraventions.

ART. 45.

Les adjudicataires, à dater du permis d'exploiter, et jusqu'à ce qu'ils aient obtenu leur décharge, sont responsables de tout délit forestier commis dans leurs ventes et à l'ouïe de la cognée, si leurs facteurs ou gardes-ventes n'en font leurs rapports, lesquels doivent être remis à l'agent forestier dans le délai de cinq jours.

DISCUSSION A LA CHAMBRE DES DÉPUTÉS.

M. *Devaux* propose d'ajouter après les mots, *à l'agent forestier*, ceux-ci : *sous son récépissé*.

« Les motifs de mon amendement, dit-il, sont faciles à saisir. Il faut bien qu'il y ait une pièce qui constate que le rapport a été remis à l'agent forestier local, puisque cette constatation est si importante pour l'adjudicataire. La pièce que je demande est d'autant plus nécessaire que l'administration peut se tromper et poursuivre injustement un adjudicataire. Comment celui-ci fera-t-il pour établir qu'il n'est pas dans le cas de la poursuite, s'il n'a pas de récépissé à produire pour prouver que le rapport a été fait par le facteur ou par le garde-vente, mais que l'agent forestier a négligé de le faire parvenir à ses supérieurs? Mon amendement pare à cet inconvénient. Je crois que la chambre doit l'adopter. »

M. *de Martignac, commissaire du roi*, répond : « L'amendement est inutile; le récépissé est de plein droit. Le rapport ne sera remis à l'agent forestier qu'autant que celui-ci en donnera le récépissé. »

L'amendement est rejeté et l'article adopté.

OBSERVATIONS.

Cette disposition est prise de l'art. 39, titre XV de l'ordonnance de 1669.

Art. 46.

Les adjudicataires et leurs cautions seront responsables et contraignables par corps au paiement des amendes et restitutions encourues pour délits et contraventions commis, soit dans la vente, soit à l'ouïe de la cognée, par les facteurs, gardes-ventes, ouvriers, bûcherons, voituriers, et tous autres employés par les adjudicataires.

OBSERVATIONS.

Les adjudicataires et leurs cautions demeurent responsables même des *amendes*, quoique, dans la discussion relative aux art. 192 et 206, la chambre des députés ait refusé d'étendre aux *amendes* la responsabilité civile. Ils sont ici en quelque sorte coupables ou complices des délits dont les facteurs ou garde-vente n'ont pas fait leur rapport, et, en se portant adjudicataires, ou en se rendant cautions, ils se sont volontairement soumis à cette condition exprimée dans le cahier des charges. Au contraire, dans le cas des deux art. 192 et 206, les maris, pères, tuteurs, maîtres et commettans ne prennent aucune part au fait à l'égard duquel ils se trouvent tout à coup frappés d'une responsabilité purement civile. Ainsi, les positions sont différentes, et il n'y a point de contradiction entre les trois articles cités.

SECTION V.

Des Réarpentages et Récolemens.

Art. 47.

Il sera procédé au réarpentage et ou récolement de chaque vente, dans les trois mois qui suivront la jour de l'expiration des délais accordés pour la vidange des coupes.

Ces trois mois écoulés, les adjudicataires pourront mettre en demeure l'administration par acte extrajudiciaire signifié à l'agent forestier local; et si, dans le mois après la signification de cet acte, l'administration n'a pas procédé au réarpentage et au récolement, l'adjudicataire demeurera libéré.

DISCUSSION A LA CHAMBRE DES DÉPUTÉS.

Cet article est adopté; mais il donne lieu aux observations suivantes de MM. Sébastiani, de Bouthillier et de Martignac:

M. *Sébastiani.* « L'art. 47 parle avec raison du réarpentage et du récolement; mais cette opération en suppose une autre qui doit la précéder; c'est l'arpentage, c'est l'assiette, c'est le martelage; et aucune disposition de ce genre ne se trouve dans la loi. D'un autre côté, le premier paragraphe renferme une disposition trop vague. Les époques fixées pour débarrasser les bois l'ont toujours été au 15 avril ou au 15 mai; cette fixation est éminemment conservatrice, et elle n'est pas faite dans l'article. »

M. *de Bouthillier.* « L'ordonnance de 1669 avait dû régler tout ce qui était de l'administration en même temps qu'elle réglait ce qui était de la loi, parce qu'alors le pouvoir législatif et le pouvoir administratif étaient tout entiers dans les mains du roi. Il n'en est plus de même aujourd'hui. Quand la loi sera promulguée, il y aura une ordonnance d'exécution. C'est alors qu'interviendront les dispositions pour les assiettes, pour les coupes, pour les adjudications. Au surplus, il y a dans l'art. 29 une disposition qui suffit pour rassurer l'orateur auquel je réponds. Cet article dit qu'après l'adjudication il ne pourra être fait aucun changement à l'assiette des coupes. Ainsi il est bien établi qu'il y aura des assiettes et tout ce que l'orateur demande; le cahier des charges expliquera les conditions de l'adjudication. J'ajoute qu'on ne peut déterminer dans la loi les époques des vidanges comme cela avait été déterminé dans l'ordonnance de 1669; c'est là une affaire d'administration et qui se trouvera dans l'ordonnance d'exécution.»

M. *de Martignac* rappelle l'art. 40, qui dit «que la coupe des bois et la vidange des ventes seront faites dans les délais fixés par le cahier des charges. C'est en effet dans le cahier des charges que ce délai doit être établi, parce qu'il doit varier suivant les localités. On sent bien que ces époques ne doivent pas être les mêmes dans le nord et dans le midi.»

OBSERVATIONS.

L'ordonnance de 1669, titre XVI, art. 1er, fixait le délai du récolement à six semaines.

Art. 48.

L'adjudicataire ou son cessionnaire sera tenu d'assister au récolement ; et il lui sera, à cet effet, signifié, au moins dix jours d'avance, un acte contenant l'indication des jours où se feront le réarpentage et le récolement : faute par lui de se trouver sur les lieux ou de s'y faire représenter, les procès-verbaux de réarpentage et de récolement seront réputés contradictoires.

ART. 49.

Les adjudicataires auront le droit d'appeler un arpenteur de leur choix pour assister aux opérations du réarpentage : à défaut par eux d'user de ce droit, les procès-verbaux de réarpentage n'en seront pas moins réputés contradictoires.

OBSERVATIONS.

Cet article est pris de l'art. 3, titre XVI, de l'ordonnance de 1669.

ART. 50.

Dans le délai d'un mois après la clôture des opérations, l'administration et l'adjudicataire pourront requérir l'annulation du procès-verbal pour défaut de forme ou pour fausse énonciation.

Ils se pourvoiront, à cet effet, devant le conseil de préfecture, qui statuera.

En cas d'annulation du procès-verbal, l'administration pourra, dans le mois qui suivra, y faire suppléer par un nouveau procès-verbal.

ART. 51.

A l'expiration des délais fixés par l'art. 50, et si l'administration n'a élevé aucune contestation, le préfet délivrera à l'adjudicataire la décharge d'exploitation.

ART. 52.

Les arpenteurs seront passibles de tous dommages-intérêts par suite des erreurs qu'ils auront commises, lorsqu'il en résultera une différence d'un vingtième de l'étendue de la coupe.

Sans préjudice de l'application, s'il y a lieu, des dispositions de l'art. 207.

SECTION VI.

Des Adjudications de glandée, panage et paisson.

Art. 53.

Les formalités prescrites par la sect. III du présent titre, pour les adjudications des coupes de bois, seront observées pour les adjudications de glandée, panage et paisson.

Toutefois, dans les cas prévus par les art. 18 et 19, l'amende infligée aux fonctionnaires et agens sera de cent francs au moins, et de mille francs au plus, et celle qui aura été encourue par l'acquéreur sera égale au montant du prix de la vente.

OBSERVATIONS.

La *glandée* est la faculté d'introduire des porcs dans une forêt pour manger le gland qui tombe naturellement des chênes. Le *panage* a plus d'étendue ; il consiste dans le droit de faire manger par les porcs les glands, faînes et autres fruits. Quant au mot *paisson*, il a à peu près le même sens que les deux autres réunis.

L'ordonnance de 1669, titre XVIII, art. 2, voulait aussi la publicité des adjudications de glandée, panage et paisson.

Art. 54.

Les adjudicataires ne pourront introduire dans les forêts un plus grand nombre de porcs que celui qui sera déterminé par l'acte d'adjudication, sous peine d'une amende double de celle qui est prononcée par l'art. 199.

ART. 55.

Les adjudicataires seront tenus de faire marquer les porcs d'un fer chaud, sous peine d'une amende de trois francs par chaque porc qui ne serait point marqué.

Ils devront déposer l'empreinte de cette marque au greffe du tribunal, et le fer servant à la marque au bureau de l'agent forestier local, sous peine de cinquante francs d'amende.

ART. 56.

Si les porcs sont trouvés hors des cantons désignés par l'acte d'adjudication, ou des chemins indiqués pour s'y rendre, il y aura lieu, contre l'adjudicataire, aux peines prononcées par l'art. 199. En cas de récidive, outre l'amende encourue par l'adjudicataire, le pâtre sera condamné à un emprisonnement de cinq à quinze jours.

ART. 57.

Il est défendu aux adjudicataires d'abattre, de ramasser ou d'emporter des glands, faînes ou autres fruits, semences ou productions des forêts, sous peine d'une amende double de celle qui est prononcée par l'art. 144.

DISCUSSION A LA CHAMBRE DES PAIRS.

M. *le comte Lecouteulx* demande pourquoi l'on n'a pas compris au nombre des prohibitions portées par cet article, celle d'enlever du plant, dont la conservation cependant importe encore plus aux forêts que celle des fruits ou des semences.

M. *de Martignac, ministre d'état, commissaire du roi*, répond que le fait de l'enlèvement du plant est prévu par un article spécial, l'article 195, qui le qualifie de délit, et le punit de peines sévères; qu'il était donc inutile d'en faire mention ici.

L'article est mis aux voix et adopté.

SECTION VII.

Des affectations à titre particulier dans les bois de l'Etat.

Art. 58.

Les affectations de coupes de bois ou délivrances, soit par stères, soit par pieds d'arbre, qui ont été concédées à des communes, à des établissemens industriels ou à des particuliers, nonobstant les prohibitions établies par les lois et les ordonnances alors existantes, continueront d'être exécutées jusqu'à l'expiration du terme fixé par les actes de concession, s'il ne s'étend pas au-delà du 1er septembre 1837.

Les affectations faites au préjudice des mêmes prohibitions, soit à perpétuité, soit sans indication de termes, ou à des termes plus éloignés que le 1er septembre 1837, cesseront à cette époque d'avoir aucun effet.

Les concessionnaires de ces diverses affectations qui prétendraient que leur titre n'est pas atteint par les prohibitions ci-dessus rappelées, et qu'il leur confère des droits irrévocables, devront, pour y faire statuer, se pourvoir devant les tribunaux, dans l'année qui suivra la promulgation de la présente loi, sous peine de déchéance.

Si leur prétention est rejetée, ils jouiront néanmoins des effets de la concession, jusqu'au terme fixé par le second paragraphe du présent article.

Dans le cas où leur titre serait reconnu valable par

les tribunaux, le gouvernement, quelles que soient la nature et la durée de l'affectation, aura la faculté d'en affranchir les forêts de l'Etat, moyennant un cantonnement qui sera réglé de gré à gré, ou, en cas de contestation, par les tribunaux, pour tout le temps que devait durer la concession. L'action en cantonnement ne pourra pas être exercée par les concessionnaires.

DISCUSSION A LA CHAMBRE DES DÉPUTÉS.

L'article du projet était ainsi conçu :

« Les affectations de coupes de bois ou délivrances, soit par stères, soit par pieds d'arbre, qui ont été concédées à des communes, à des établissemens industriels ou à des particuliers, nonobstant les dispositions prohibitives des ordonnances et lois existantes, continueront d'être effectuées jusqu'au 1er septembre 1837, et cesseront d'avoir leur effet à l'expiration de ce terme.

« Ceux des concessionnaires qui prétendraient que leur titre n'est pas atteint par les prohibitions ci-dessus rappelées et qu'il leur confère des droits irrévocables, pourront se pourvoir, dans les six mois qui suivront la promulgation de la présente loi, par-devant les tribunaux pour en réclamer l'exécution.

« En cas de pourvoi, les jugemens et arrêts à intervenir seront exécutés selon leur forme et teneur, sans que le concessionnaire qui l'aura exercé puisse se prévaloir de la prorogation de dix années accordée par le paragraphe premier du présent article. Le défaut de pourvoi dans le délai de six mois équivaudra à une déclaration d'option en faveur de cette prorogation. »

M. *de Martignac, commissaire du roi,* justifiait ces dispositions en disant, dans l'exposé des motifs : « Vous savez, Messieurs, que dans diverses provinces de France et dans les anciens États des ducs de Lorraine, il a été fait, en faveur de certains établissemens industriels, des concessions de bois. Ces concessions, connues sous le nom d'*affectations,* consistaient dans des livraisons annuelles d'une quantité déterminée de bois, moyennant une rétribution qui n'était en aucune proportion réelle avec la valeur des matières livrées. Quelques-unes de ces concessions contenaient la stipulation d'un terme : mais la durée des autres est indéterminée ou stipulée à perpétuité. Il a paru indispensable de régler par la loi le sort des actes de cette nature qui touchent à la propriété de l'État, et à une de ses propriétés les plus précieuses. Pour arriver à ce réglement d'une manière juste et légale, il a suffi de leur appliquer les principes de notre législation forestière et domaniale. L'ordonnance de 1669 contient une disposition dont voici les termes : « Ne sera » fait à l'avenir aucun don ni attribution de chauffage, *pour » quelque cause que ce soit*, et si, par importunité ou autrement, » aucunes lettres ou brevets en avaient été accordés ou expé- » diés, *défendons* à nos cours de parlement, chambres des » comptes, grands-maîtres et officiers, d'y avoir égard. » Jamais le langage de la loi ne fut plus clair et plus énergique ; jamais disposition prohibitive ne fut conçue dans des termes plus absolus et plus sévères, et il paraît impossible de ne pas reconnaître la nullité d'une concession qui aurait été faite au mépris de cette prohibition.

« Sous un autre rapport, la nullité des actes dont il s'agit paraît encore évidente. Les affectations sans terme sont de véritables aliénations, car c'est bien incontestablement aliéner un immeuble que d'en céder les produits à perpétuité. Or, depuis le quatorzième siècle, le domaine royal était inaliénable en France, et l'ordonnance de 1566 contenait à ce sujet la disposition la plus expresse. Le même principe était établi en Lorraine ; il était consacré dans les termes les plus formels par l'édit du 21 décembre 1446, et par plusieurs édits postérieurs.

« Les affectations actuellement existantes ne peuvent donc être valables si on les considère comme accordées à perpétuité. Dans ce cas, leur nullité serait évidente, car elles auraient été concédées en violation des dispositions prohibitives qui formaient le droit commun. Elles ne peuvent avoir de validité et d'effet que si l'on reconnaît que le souverain en les accordant, sans en déterminer la durée, se réservait le droit d'en fixer le terme et d'en modifier les conditions. Après avoir consulté les principes, on a dû considérer les inconvéniens graves qui devaient résulter du maintien prolongé de cet état de choses. Ces inconvéniens sont de diverses natures. D'abord, le prix stipulé, qui ne représentait dans l'origine qu'une très-faible portion de la valeur réelle, est tombé aujourd'hui, par l'élévation progressive du prix des bois, dans une disproportion déraisonnable. D'un autre côté, il résulte de ces livraisons forcées et sans prix réel, faites ainsi chaque année, d'une grande quantité de bois à certains établissemens industriels, un véritable privilège inconciliable avec cette libre concurrence qui enrichit le pays, et que toutes les industries pareilles ont en France le droit de réclamer et d'attendre. Il était donc juste et nécessaire de mettre un terme à un état de choses évidemment abusif. Il fallait, toutefois, apporter dans les dispositions à intervenir des ménagemens conformes à l'équité. Il eût été d'une rigueur qui eût touché à l'injustice, d'enlever tout à coup à des établissemens importans et dignes d'intérêt un de leurs principaux élémens de prospérité. L'équité voulait qu'on leur accordât le temps nécessaire pour se préparer à ce grand changement.

« C'est, Messieurs, ce qui est fait par le projet de loi. Il porte que les affectations concédées nonobstant les dispositions prohibitives des ordonnances et loi continueront d'être exécutées jusqu'au 1er septembre 1837, et cesseront d'avoir leur effet à l'expiration de ce terme. C'est une prorogation de dix ans que la loi accorde aux concessionnaires. Telle est la règle que le projet contient; mais ses auteurs ont senti que vous ne pouviez voter que sur des dispositions législatives et non statuer sur des titres particuliers; ils vous ont donc proposé d'ajouter que ceux des concessionnaires qui prétendront que les actes dont ils sont porteurs ne sont pas atteints par les prohibitions rappelées et leur confèrent des droits irrévocables, pourront se pourvoir dans les six mois par-devant les tribunaux pour en réclamer l'exécution, en renonçant toutefois au bénéfice du délai de dix ans que le projet accorde. Ainsi, Messieurs, vous aurez accompli votre devoir de législateur en posant des principes et des règles, et en laissant aux tribunaux le soin de les appliquer aux actes. »

M. *Favard de Langlade* fait connaître, dans son rapport,

que la commission n'adopte pas l'article du gouvernement. Il s'exprime en ces termes : « Nous arrivons, Messieurs, à des questions qui touchent à de graves intérêts; nous voulons parler des concessions connues sous le nom d'*affectations*.

« Le projet de loi paraît supposer que ces concessions sont révocables comme ayant été faites contrairement à l'ordonnance de 1669; et il déclare, en conséquence, qu'elles cesseront d'avoir leur effet à compter du 1er septembre 1837 : mais il ne juge point les titres constitutifs des diverses affectations, et il laisse aux concessionnaires, qui croiraient avoir des droits irrévocables, la faculté de se pourvoir devant les tribunaux. Les affectations, vous le savez, Messieurs, consistent en général dans la faculté attribuée à des établissemens industriels, de prendre dans une forêt le bois nécessaire à leur alimentation: les unes sont à perpétuité, d'autres pour un temps limité; toutes ont été accordées dans le double but de favoriser le développement de l'industrie, et de créer des moyens nouveaux de consommation pour des forêts qui en manquaient. C'est plus particulièrement dans les anciennes provinces de la Lorraine, de la Franche-Comté et de l'Alsace, que ces affectations ont eu lieu. Ainsi caractérisées, elles diffèrent, sous plusieurs rapports, des simples droits d'usage en bois. D'abord elles ont une origine moderne, par cela seul qu'elles se rattachent aux progrès de l'industrie, tandis que les usages remontent aux époques les plus reculées; elles portent sur des coupes déterminées ou sur des quantités de cordes de bois fixées par les actes de concession, tandis que les usages s'exercent dans toute l'étendue de la propriété; enfin, elles sont en si petit nombre, que l'administration forestière n'en compte pas plus de onze à *perpétuité* et de six à *terme* dans tout le royaume, au lieu qu'il y a une multitude d'usages.

« Malgré ces différences, les affectations ne peuvent-elles pas être considérées comme une espèce de droit d'usage? L'ordonnance des eaux et forêts semble permettre de le croire ainsi, puisqu'elle les comprend sous la dénomination générale d'*attribution de chauffage*.

« Cependant l'exposé des motifs n'envisage pas sous le même

point de vue les droits des concessionnaires à titre d'affectation, et ceux des usagers. Nous avons dû examiner, avec une sérieuse attention, le principe de cette distinction, et les conséquences qui en dérivent pour les affectations.

« L'invalidité dont on frappe ce genre de concessions est puisée dans la prohibition de l'ordonnance de 1669 et dans l'inaliénabilité de l'ancien domaine de la couronne. On la fortifie par le double inconvénient qui résulte du prix déraisonnable auquel les bois sont livrés aux affouagistes, et du privilège dont ceux-ci sont investis au préjudice de la concurrence que toutes les industries pareilles sont en droit de réclamer.

« Nous avons d'abord écarté ces dernières considérations. Ce ne peut jamais être une raison de casser un contrat, que d'alléguer que l'exécution en est nuisible à l'une des parties, et qu'il attribue à l'autre des droits trop étendus et trop exclusifs. Quant à la prohibition de l'ordonnance, qui forme l'art. 11 du titre XX, elle porte : « Ne sera fait à l'avenir aucun don *ni attribution de » chauffage*, pour quelque cause que ce soit ; et si, par importunité ou autrement, aucunes lettres ou brevets en avaient » été accordés et expédiés, défendons à nos cours de parlement, chambre des comptes, grands-maîtres et officiers, d'y » avoir égard. » Mais vous remarquerez, Messieurs, que rien n'indique qu'une telle disposition soit exclusivement applicable aux affectations, dans le sens restreint que leur donne le projet de code ; qu'au contraire elle embrasse, d'une manière absolue, tous les genres de droits de chauffage, et que dès-lors tous devraient être également maintenus ou frappés d'une même suppression. D'un autre côté, les concessionnaires disent : C'est le gouvernement lui-même qui a enfreint ses propres défenses, et qui les a enfreintes, tantôt pour protéger de grandes et utiles entreprises, tantôt pour assurer la vente de produits forestiers qui peut-être auraient péri dans ses mains. Le même pouvoir qui avait interdit les affectations, en a établi de nouvelles ; et s'il a dérogé à une loi, il l'a fait dans une forme légale. Enfin les concessions sont appuyées d'une possession plus ou moins ancienne, mais réelle. A l'égard de l'inaliénabilité du domaine public, elle était constante ; mais doit-on voir une aliénation contraire aux lois domaniales dans une affectation qui, comme le droit d'usage, n'est qu'une concession de fruits? Cette question, il n'appartient pas à la chambre de la résoudre. Le législateur n'est appelé qu'à poser des principes, et il doit s'abstenir de descendre dans les détails de leur application. Il proclame des règles, des maximes générales; il ne juge point les actes. Le pouvoir qui fait les lois se garde avec soin de tout empiètement sur les attributions du pouvoir judiciaire, qui les interprète et les applique. Il évite surtout d'enfreindre cette grande et salutaire vérité, que les lois n'ont jamais d'effet rétroactif, et que les actes doivent toujours être appréciés d'après celles sous l'empire desquelles ils ont été faits.

« Le projet de loi rend hommage à ces principes, puisqu'il autorise les concessionnaires qui croiraient avoir des droits irrévocables à recourir à la justice des tribunaux. Mais la rédaction de l'art. 58 pourrait faire craindre que ce recours ne fût illusoire. Car que décideraient les tribunaux, en présence d'une loi nouvelle qui aurait elle-même déclaré toutes les affectations contraires aux lois antérieures, et qui en aurait prescrit la cessation à partir d'une époque déterminée, sans aucune distinction? La commission, pénétrée de la pensée du projet, et désirant conserver aux concessionnaires l'efficacité du recours qui leur est réservé, a cru qu'il était nécessaire de retrancher du premier paragraphe de l'article tout ce qui pourrait établir un préjugé contre leurs droits. En ce qui concerne le délai pendant lequel le pourvoi devant les tribunaux devra avoir lieu à peine de déchéance, nous avons jugé convenable de l'étendre à un an. Enfin, il nous a paru utile de donner à l'État tous les moyens justes et raisonnables d'affranchir ses forêts des affectations nuisibles à leur conservation, et nous avons été d'avis de l'investir du droit d'user de la voie du cantonnement. La cour de cassation avait indiqué l'avantage de cette mesure, comme propre à concilier les intérêts opposés et à faire cesser les difficultés. Rien en cela ne blesse les principes de la matière; les affectations pouvant être considérées comme des droits d'usage en bois, il est naturel de les soumettre au cantonnement dont ces usages sont passibles.

« D'après ces considérations, l'article 58 serait ainsi rédigé:
» Les affectations de coupes de bois ou délivrances, soit par
» stères, soit par pieds d'arbres, qui ont été concédées à des
» communes, à des établissemens industriels ou à des parti-
» culiers, continueront d'être effectuées jusqu'au 1er septembre
» 1837, et cesseront d'avoir leur effet à l'expiration de ce
» terme.

» Ceux des concessionnaires qui prétendraient que leur titre
» n'est pas atteint par les prohibitions résultant des lois et
» ordonnances existantes, et qu'il leur confère des droits irré-
» vocables, devront, à peine de déchéance, se pourvoir dans
» l'année qui suivra la promulgation de la présente loi, par-
» devant les tribunaux, pour en réclamer l'exécution.

» Le gouvernement pourra affranchir les forêts de l'État des
» affectations de toute nature, moyennant un cantonnement qui
» sera réglé de gré à gré, ou, en cas de contestation, par les
» tribunaux. L'action en cantonnement n'appartiendra qu'au
» gouvernement, et non aux concessionnaires d'affectations. »

Après la lecture du rapport, et au moment où la chambre s'occupe des affectations, la commission modifie encore sa rédaction, et présente enfin l'art. 58, tel qu'il a passé dans le code.

Cette rédaction définitive est généralement préférée; cependant elle donne lieu à diverses observations.

M. *Hyde de Neuville* dit : « Je comptais combattre l'article du gouvernement et l'amendement de la commission, parce que, dans mon opinion, la proposition du gouvernement était une injustice que l'amendement ne fait qu'affaiblir ; mais la nouvelle rédaction laissera du moins aux propriétaires un moyen de se pourvoir devant les tribunaux, d'y faire valoir leurs titres, que je crois sacrés, et que les tribunaux valideront comme tels, puisque ces affectations ont été faites pour un but d'utilité publique, pour des industries qui ont concouru à vivifier le pays. Je ne viens donc faire qu'une observation sur la rédaction du second paragraphe. Les mots *titre irrévocable* s'entendent, dans notre langue, d'un titre perpétuel. On dit dans cet article : « Les concessionnaires qui prétendraient que leur titre leur confère des droits irrévocables. » Bien certainement on n'a pas entendu par là dire des droits perpétuels. Je demande donc que les mots : *et qui leur confère des droits irrévocables*, soient supprimés. Puisque par l'article précédent nous donnons à tous ceux qui ont des titres, la faculté de les faire valoir, je ne vois pas pourquoi on exigerait ici que les titres fussent perpétuels. »

M. *Pardessus* répond : « L'orateur a fait une confusion de principes : un titre qui n'est pas perpétuel, qui est pour un temps, est irrévocable s'il n'est pas frappé d'un vice qui puisse le faire révoquer avant le temps auquel il devrait naturellement cesser. Il est facile de comprendre pourquoi la commission a mis le mot *irrévocable*. L'État a des bois qui lui viennent de diverses origines, et auxquels s'appliquaient des législations différentes. Par exemple, dans la Lorraine, la législation sur les domaines n'était pas la même qu'en France. La fameuse ordonnance de 1669 que votre code va finir par adopter en partie n'était pas loi pour la Lorraine, parce que cette province ne faisait pas partie de la France lorsque l'ordonnance fut rendue. Dès lors si un concessionnaire avait des droits antérieurs à la réunion de la Lorraine à la France, il pourrait aujourd'hui avoir un titre irrévocable, quoiqu'il fût dans la même position qu'un homme appartenant à l'ancienne France et dont le titre n'aurait pas la même valeur. Ainsi un titre irrévocable est un titre qui n'est entaché d'aucun vice qui puisse le rendre nul, et donner à l'État le droit de reprendre sa chose. Ce titre sera irrévocable, s'il est jugé qu'il a été fait conformément aux lois. Il sera au contraire déclaré révocable s'il est reconnu qu'il n'est pas fait dans les formes légales. Ainsi la rédaction du gouvernement et de la commission se justifie très-bien, et je crois que la chambre doit l'adopter. »

M. *Avoyne de Chantereine* rappelle les principes d'inaliénabilité de l'ancien domaine de la couronne. Il se demande ensuite si les affectations doivent être considérées comme des aliénations prohibées ou comme de simples usages. Il fait observer que les tribunaux jugeront cette question; qu'ils examineront si telle ou telle affectation est dans le cas de la disposition générale, qui veut que les concessions cessent d'avoir leur effet à une époque déterminée, ou si elle est placée dans une exception favorable; que rien n'est jugé à cet égard dans le système du projet, et que les droits des concessionnaires restent entiers.

M. *Saladin, membre de la commission*, parle en faveur des affectations qu'il cherche à disculper du vice d'illégitimité et d'injustice qu'on leur suppose. « Et d'abord, dit-il, l'art. 11 du titre XX de l'ordonnance de 1669 que M. le commissaire du roi a cité pour établir que les *affectations* sont interdites, y est absolument inapplicable : 1° parce que cette ordonnance de France n'a pu régir la province de Lorraine et les actes qui y ont été faits antérieurement à sa réunion à ce royaume; 2° parce que l'article cité ne s'applique qu'au *don et attribution de chauffage qu'il interdit à l'avenir et pour quelque cause que ce soit*; et qu'on ne pourrait en induire ici l'interdiction ni la révocation des *affectations*, qui n'ont rien de commun avec les chauffages dont traite le titre XX de l'ordonnance de 1669. »

Député d'un département où il existe des concessions de ce genre, l'honorable membre en explique le but et l'origine. Il dit que le duc Léopold, restaurateur de la Lorraine, voulut y rappeler les habitans, les arts, l'industrie et le commerce que trente années de guerre en avaient bannis; que des terres en friches, des bois sans valeur et périssant sur souche furent affectés à des établissemens d'usines, de verreries et de forges, à la confection de routes, de ponts et de canaux, à la fondation de villages et de hameaux; que ce n'est pas contre de telles concessions qu'ont été faits les édits de révocation; qu'elles n'ont été accordées ni à la *faveur* ni à l'*importunité*; qu'elles sont moins des aliénations du domaine de l'État, que des actes d'une administration à la fois politique et paternelle, que les bons princes ont toujours la volonté et le pouvoir de faire; qu'elles n'ont point les caractères d'une aliénation proprement dite, puisque la propriété des bois affectés demeure à l'État, qui continue à les administrer, en livrant les quantités de bois qu'il est obligé de fournir; qu'aussi, malgré toutes les lois de révocation intervenues depuis l'ordonnance de 1669 en France, et depuis celle de 1707 en Lorraine, jusqu'à la loi du 14 ventôse an VII, aucune n'a atteint les affectations.

Après avoir exposé ces considérations, l'orateur est rassuré par les amendemens de la commission, dont l'objet est de laisser aux parties tous les droits qu'elles peuvent avoir et aux tribunaux toute leur indépendance.

Il vote en conséquence pour l'article tel qu'il est amendé par la dernière rédaction.

M. *de Martignac, commissaire du roi*, revient sur les principes qui prohibaient l'aliénation du domaine public, et il ajoute, à l'égard du cantonnement dont la commission a fait la matière d'un paragraphe : « La commission, dans son rapport, a énoncé que les affectations avaient une analogie approximative avec les droits d'usage en bois. Cette doctrine, soutenue par le rapporteur, se trouvant en harmonie avec le dernier paragraphe de l'art. 58, serait de nature à induire en erreur les tribunaux qui auraient trouvé dans le rapport la preuve que le législateur avait considéré les droits d'affectation comme devant être réglés par les principes établis pour les droits d'usage. Nous avions pensé qu'une disposition établie d'une manière si générale n'était pas sans quelque danger lorsqu'elle était rapprochée des principes énoncés dans le rapport ; mais la modification qui est apportée dans sa rédaction ne tend plus qu'à créer pour le gouvernement une faculté, dans le cas où les tribunaux auront prononcé en faveur des concessionnaires. Cette rédaction permet de penser que les tribunaux ne se trouveront pas liés par l'analogie établie entre les droits d'usage et les droits d'affectation. Voilà ce que j'ai cru devoir expliquer en ne m'opposant nullement à la nouvelle rédaction. »

Le résultat de la discussion est l'adoption de la dernière rédaction proposée par la commission.

DISCUSSION A LA CHAMBRE DES PAIRS.

M. *de Martignac, commissaire du roi*, présentant le projet de code déjà adopté par la chambre élective, rappelle les principes relatifs à l'aliénation des propriétés de l'État, ainsi que les dispositions prohibitives de l'ordonnance de 1669, et en conclut, comme à la chambre des députés, que le code devait prononcer la nullité de tout ce qui avait été fait au mépris des lois existantes. « Toutefois, ajoute-t-il, en se rapprochant des principes développés par M. le rapporteur de la commission de la chambre des députés, le gouvernement a reconnu que la loi ne devait contenir que des dispositions de principe et non des jugemens : il pourrait arriver que, par des circonstances particulières dont nous ne pouvons être juges, les titres de quelques-uns des concessionnaires ne fussent pas atteints par les prohibitions de nos lois; dans ce cas, il est juste et nécessaire de leur accorder un recours. En conséquence, le projet déclare que les affectations concédées nonobstant les prohibitions des lois et ordonnances, et dont le terme s'étendrait au-delà du 1er septembre 1837, cesseront à cette époque d'avoir leur effet ; il ajoute que les concessionnaires qui prétendraient que leur titre leur confère des droits légaux et irrévocables pourront se pourvoir devant les tribunaux pendant le délai d'une année, sous peine de déchéance.

« Nous avions proposé de déclarer que le pourvoi devant les tribunaux entraînait la renonciation au délai de dix années accordé par la première disposition : la chambre des députés a trouvé la proposition trop rigoureuse; et a décidé que ceux dont la prétention serait rejetée jouiraient néanmoins du délai; mais elle a, par un second amendement, réservé à l'État, dans le cas où le titre serait reconnu valable, la faculté d'affranchir ses forêts de l'affectation maintenue, moyennant un cantonnement.

« Quoique le cantonnement n'ait jamais été appliqué qu'aux *droits d'usage*, et que nous soyons loin de reconnaître des *usages* dans les *affectations*, nous n'avons trouvé aucun motif de repousser une faculté qui peut avoir des avantages et qui n'offre aucun inconvénient. »

M. *le comte Roy*, dans le rapport fait au nom de la commission, commence par analyser l'article 58, et il dit ensuite: « Nous avons d'abord cherché à déterminer la nature de ces concessions. Ce ne sont pas des *engagemens ;* car l'engagement autorisé par l'ordonnance de Moulins de 1566 avait lieu *à de-*

niers comptans, pour la nécessité de la guerre, après lettres patentes pour ce décernées et publiées dans les parlemens, avec faculté de rachat perpétuel. L'engagement n'était autre chose que la concession d'un domaine de l'État pour gage de la restitution de la somme qui lui avait été prêtée, avec délaissement et délégation des fruits, pour acquitter l'intérêt de l'argent prêté. La possession de l'objet engagé passait nécessairement dans les mains du concessionnaire, auquel les produits en appartenaient, pour en disposer à son gré, sans aucune affectation spéciale. Rien de semblable n'a eu lieu dans les concessions à titre d'affectations. Elles ne peuvent non plus être considérées comme des concessions de droits d'usage de la nature de celles auxquelles se réfèrent les lois et ordonnances: car celles-là, comme nous l'avons déjà dit, remontent aux temps les plus reculés; et c'est par cette raison même qu'elles ont été respectées et maintenues. Les affectations, au contraire, sont des concessions modernes: ce sont des concessions à longs termes de fruits et de produits qui n'ont jamais été exceptées des dispositions des lois qui ont prohibé les aliénations du domaine de l'État, ou de celles qui en ont prononcé la révocation. L'ordonnance de 1566, dont les dispositions n'ont pas cessé d'être exécutées, et à laquelle se sont toujours référées toutes les lois intervenues depuis, prohibe expressément l'aliénation du domaine de la couronne. L'article 5 de cette loi célèbre est ainsi conçu : « Défendons à nos cours de » parlement et chambres des comptes d'avoir aucun égard aux » lettres patentes contenant aliénation de notre domaine *et* » *fruits d'icelui*, hors les deux cas d'apanage et d'engagement » pour quelque cause et temps que ce soit, encore que ce fût » pour un an ; et leur est inhibé de procéder à l'intérinement » et vérification d'icelles. » L'article 4 de la même ordonnance porte : « Ne pourra notre domaine être baillé à ferme ou à » louage, sinon au plus offrant ou dernier enchérisseur; et ne » pourront les fruits des fermes ou louages dudit domaine être » donnés à quelques personnes, ni pour quelque cause que ce » soit ou puisse être. » L'ordonnance de Blois de 1579 contient des dispositions aussi sévères. L'article 337 porte : « Ne voulons » aussi, à l'avenir, être fait aucun don dans les bois de nos

» forêts, ou deniers provenant de la vente d'iceux, à quelque » personne que ce soit, ni semblablement être fait vente et » coupe par pieds de nosdits bois, défendant à nos officiers, » tant de nos cours souveraines qu'autres, d'avoir égard aux » lettres qui, au contraire, en pourraient être ci-après expé- » diées. » Enfin, l'ordonnance de 1669 a renouvelé de la manière la plus expresse les prohibitions des précédentes ordonnances. « Réitérons, porte l'article 1er du titre XXVII, la prohi- » bition faite par l'ordonnance de Moulins, de faire aucune » aliénation, à l'avenir, de quelque partie que ce soit de nos » forêts, bois et buissons, à peine, contre les officiers, de » privation de leurs charges, et de 10,000 livres d'amende » contre les acquéreurs, outre la réunion à notre domaine et » confiscation, à notre profit, de tout ce qui pourrait avoir été » semé, planté ou bâti sur les places de cette qualité »

« Les dispositions du projet de loi d'après lesquelles les affectations qui auraient été faites au préjudice des dispositions prohibitives des lois et ordonnances doivent cesser d'avoir aucun effet au 1er septembre 1837, sont donc conformes aux principes de notre droit public : elles sont d'ailleurs très-favorables aux concessionnaires, auxquels elles accordent encore une prolongation de jouissance de dix années.

« Néanmoins, les lois qui régissent le domaine de l'État ne doivent être exécutées, à l'égard des provinces réunies à la France postérieurement à l'ordonnance de 1566, qu'en ce qui concerne les aliénations faites depuis la date des réunions ; celles qui auraient été faites antérieurement aux réunions doivent être réglées suivant les lois qui s'observaient dans ces provinces. Quoique, dans ces provinces, le domaine de l'État fût, comme en France, inaliénable, le projet de loi a dû, comme il le fait, laisser le droit de se pourvoir par-devant les tribunaux, aux concessionnaires qui prétendraient le contraire, ou qui prétendraient, en général, que leurs titres leur ont conféré des droits irrévocables. La loi régit le domaine, soit que l'État en ait la possession et la jouissance actuelle, soit qu'il ait seulement le droit d'y rentrer de quelque manière que ce soit : mais des droits qui auraient été légalement et irrévocablement détachés du domaine n'en feraient plus partie; et il suffit que le détenteur élève la prétention d'une propriété irrévocable, pour qu'elle doive être renvoyée devant les tribunaux.

« Le projet de loi eût pu cependant, comme le gouvernement l'avait proposé, ne pas accorder la faveur de dix années de jouissance à ceux qui auraient préféré au forfait qu'il offrait à tous, l'exercice rigoureux de leurs droits, dans le cas où leurs demandes seraient rejetées par les tribunaux. Cette faveur devient, pour tous, une prime pour plaider.

« Un autre amendement qui a été fait au projet de loi exige aussi quelques explications : c'est celui par lequel il est dit que, dans le cas où le titre serait reconnu valable, le gouvernement aurait la faculté d'affranchir de l'affectation les forêts de l'État, *par un cantonnement pour tout le temps que l'affectation devait durer*. Il y a beaucoup d'inexactitude, et même du danger, à confondre ce qu'on appelle *affectation*, avec un droit de servitude, et à introduire dans la loi une espèce de cantonnement d'une nature toute différente de celle du cantonnement qui a lieu pour le rachat des droits d'usage : l'effet du cantonnement est toujours d'attribuer à l'usager la propriété entière et perpétuelle de la portion qui lui est abandonnée. C'est par l'abandon d'un droit de propriété qu'il n'avait pas, que se trouve compensée la privation de la plus ample portion de fruits à laquelle il avait droit. Mais on ne sait pas ce que serait un cantonnement qui ne devrait avoir qu'une durée limitée, et qui aurait probablement toujours pour résultat de faire rentrer dans le domaine de l'État, lors de la cessation de la jouissance, la forêt qui en aurait fait l'objet, dans un état de complète dégradation. D'ailleurs, dans tous les cas, l'affectation doit cesser de plein droit et sans retour, si le roulement de l'usine pour laquelle elle aurait eu lieu, est arrêté pendant deux années consécutives. Que deviendrait alors un cantonnement qui aurait été fait à perpetuité, ou pour un grand nombre d'années? »

M. *le comte d'Argout* parle en faveur des affectations. Il pense que l'industrie qui crée a plus de droits à la protection que l'usage qui dévore et détruit. Il remarque cependant que le projet de loi traite plus sévèrement les concessionnaires que les usagers. Le noble pair ne voit pas d'aliénation proprement dite dans une affectation; c'est, selon lui, un contrat synallagmatique qui mérite l'intérêt du gouvernement.

M. *le vicomte de Martignac, commissaire du roi*, répond que les affectations sont toutes postérieures aux lois prohibitives; que c'est là une différence essentielle entre ces concessions et les droits d'usage, dont la création, au contraire, précède les ordonnances de prohibition; qu'il y a donc toute raison d'être plus sévère envers les affectations qu'envers les usages. « Mais, ajoute-t-il, le projet est-il donc rigoureux à leur égard? La loi générale les prohibait; on pouvait donc, à la rigueur, les considérer comme nulles, et cependant on accorde une durée de dix années à celles-là même dont la nullité devra être reconnue, et l'on réserve à tous ceux qui en sont en possession la faculté de prouver que leurs titres leur donnent des droits irrévocables. Est-ce là rompre des contrats sacrés; est-ce être injuste; et cette disposition n'est-elle pas au contraire toute favorable? Toute latitude est laissée aux tribunaux, en cette matière comme en matière de droits d'usage; la seule règle que la loi leur prescrive, et que la conscience des juges leur aurait dictée, alors même qu'elle n'eût pas été écrite, est de se conformer aux lois. »

M. *le comte Roy, rapporteur*, dit, dans le résumé de la discussion générale, qu'au lieu de trouver trop rigoureuses les dispositions relatives aux affectations, on devrait peut-être les trouver, au contraire, trop favorables aux concessionnaires. « Comment les concessionnaires, dans les cas de concessions prohibées et nulles, pourraient-ils se plaindre de dispositions qui leur laissent tous les avantages d'une longue jouissance dans le passé, et leur accordent encore les avantages d'une longue jouissance pour l'avenir? Le projet de loi ne porte aucune atteinte aux concessions qui auraient transféré des droits irrévocables et qui seraient dans des cas d'exception, soit parce qu'elles auraient été faites sous l'empire d'une législation qui les aurait autorisées, soit parce qu'elles seraient maintenues par des traités politiques. »

M. *le comte d'Argout*, prenant de nouveau la défense des concessionnaires, entre dans une discussion de principes, qui confirme la doctrine professée par la commission de la chambre des députés. Il observe « qu'en supposant évidente la doctrine établie tant par le rapporteur que par le commissaire du roi, il était parfaitement inutile de le préjuger par le code; car on ne doit ni on ne peut supposer que les tribunaux ignorent les lois, et qu'ils ne sachent pas en faire une application judicieuse. De deux choses l'une : ou l'interprétation donnée aux lois anciennes de la matière est exacte et certaine, alors les tribunaux jugeront dans le sens du projet, et sa disposition est superflue; ou l'interprétation est douteuse, et alors c'est aux tribunaux que la question doit nécessairement être renvoyée, et la loi ne devait nullement la trancher. En réalité, il faut bien le reconnaître, la question est douteuse; car l'opinion de M. le commissaire du roi et de M. le rapporteur, quelque imposante qu'elle soit, est contre-balancée en ce point par celle qu'a émise la cour de cassation lorsque le projet de code fut soumis à son examen; cette cour, en effet, loin de regarder les affectations comme proscrites par les lois fondamentales de la monarchie, loin de les regarder comme de véritables aliénations, les a considérées au contraire comme des contrats qui devaient être respectés, alors même que leur durée était illimitée. »

Le noble pair rappelle ce que la législation a fait, à diverses époques, à l'égard des aliénations domaniales; mais il demande « pourquoi les affectations qui ne touchent point au fonds, et qui ne sont que des concessions de fruits, seraient traitées plus défavorablement que les aliénations du fonds lui-même; pourquoi tous les détenteurs de domaines aliénés ou engagés ont fini par être reconnus propriétaires incommutables, tandis que les possesseurs d'affectations seraient seuls dépossédés. Mais, dit-on, l'ordonnance de 1566 défendait expressément d'aliéner les fruits, fût-ce même pour un an. Le noble pair ne saurait croire que l'on voulût appliquer cette disposition dans un sens qui, si on l'admettait, pourrait aller jusqu'à proscrire les adjudications annuelles de coupes, et qui, dans tous les cas, serait contraire aux dispositions de l'ordonnance de 1669, qui réglent les délivrances de bois d'affouage. En supposant d'ailleurs que la prohibition fût absolue pour la France, comment appliquer les mêmes principes à une province qui se trouvait régie à l'époque des concessions par des lois toutes différentes; à la Lorraine, où se trouvent établies un grand nombre d'affectations ? »

M. *le comte Roy*, *rapporteur*, reproduit en partie, pour répondre au préopinant, les argumens qu'il a déjà présentés.

M. *le baron Pasquier* ne croit pas que les affectations puissent être considérées comme des aliénations. « Les aliénations, dit le noble pair, emportent toujours l'idée du détournement du domaine public, et c'est pour cette raison que notre ancienne législation les avait proscrites. Les affectations, au contraire, ont toujours un but réel d'utilité publique; l'établissement d'une industrie profitable au canton, à la province, et quelquefois à l'État tout entier. Cependant on a été amené à confirmer même les aliénations, tant on a senti qu'il était difficile de toucher à des droits acquis. Le but du législateur doit être de défendre le présent et l'avenir; mais, en général, il doit être fort circonspect à l'égard de ce qui se rattache au passé. Or, que fait ici le projet ? tout en admettant pour les concessionnaires le recours aux tribuna x, il pose contre eux le principe de l'assimilation entre les affectations et les aliénations, ce qui change considérablement la position des choses au préjudice des concessionnaires. »

Il trouve que c'est un grave inconvénient d'appliquer à une province (*la Lorraine*) des prohibitions qui n'y ont jamais été établies, des lois antérieures à la réunion à sa France, et de remettre ainsi en question des droi s deux fois confirmés par des traités solennels.

M. le vicomte de Martignac, commissaire du roi, insiste sur les principes qu'il a déjà présentés.

Après cette discussion, qui ne donne lieu à la proposition d'aucun amendement, l'article 58 est adopté.

OBSERVATIONS.

Le système adopté dans le projet de code communiqué aux

cours du royaume était tout différent de celui que présentait le projet soumis à la délibération des chambres. Il était déclaré, par l'art. 58, que les affectations à terme continueraient d'être exécutées pendant tout le temps qui resterait à courir, et, par l'art. 59, que celles dont la durée n'était pas déterminée, conserveraient leur effet pendant trente ans, sous certaines conditions exprimées dans l'article.

La cour de cassation adopta la première disposition; mais elle crut devoir proposer de rejeter la seconde, et de dire, au contraire, que les affectations faites à perpétuité, *seraient également exécutées suivant leur forme et teneur, sauf au gouvernement à se libérer de ses obligations envers les concessionnaires, soit par un cantonnement, soit par une juste et préalable indemnité.*

On aura sans doute remarqué que le rapport fait au nom de la commission de la chambre des députés annonce l'existence de dix-neuf affectations seulement, tandis que le rapport fait à la chambre des pairs en reconnaît quatre-vingt-sept. Cette différence vient de ce que l'administration forestière n'avait d'abord fourni que des renseignemens incomplets, qu'elle a rectifiés plus tard dans les communications données à la chambre des pairs.

Art. 59.

Les affectations faites pour le service d'une usine cesseront en entier, de plein droit et sans retour, si le roulement de l'usine est arrêté pendant deux années consécutives, sauf les cas d'une force majeure dûment constatée.

Art. 60.

A l'avenir, il ne sera fait dans les bois de l'Etat aucune affectation ou concession de la nature de celles dont il est question dans les deux articles précédens.

DISCUSSION A LA CHAMBRE DES DÉPUTÉS.

Le rapport de la commission dit sur cet article, adopté d'ailleurs sans discussion : « A l'égard de l'article 60, qui interdit pour l'avenir toute affectation ou délivrance de bois du genre de celles dont nous venons de parler, nous n'avons pu qu'applaudir au renouvellement d'une salutaire prohibition, qui, nous l'espérons, sera exécutée avec plus de rigueur que celle de l'ordonnance de 1669. »

SECTION VIII.

Des Droits d'usage dans les bois de l'Etat.

DISCUSSION A LA CHAMBRE DES DÉPUTÉS.

M. *de Martignac, commissaire du roi*, expose ainsi les motifs qui ont déterminé l'ensemble de cette section : « Après les affectations viennent *les droits d'usage* de toute espèce exercés dans les bois de l'Etat, soit par les communes, soit par les particuliers. Ces droits forment, pour la propriété publique comme pour la propriété privée, le plus redoutable des dangers et la source la plus féconde de dommages et d'abus. De nombreux et puissans efforts ont été faits pour les supprimer ou pour les réduire ; mais ces efforts n'ont produit que de bien faibles résultats. L'ordonnance de 1669 avait abrogé la plus grande partie des droits d'usage, et avait ordonné le remboursement en argent de ceux qu'elle n'abrogeait pas; elle avait ensuite interdit pour l'avenir, dans les termes généraux et prohibitifs que vous venez de voir, toute concession pareille *pour quelque cause que ce fût*. Malgré l'étendue et la sévérité de ces mesures, les droits d'usage se sont maintenus; d'une part, la liquidation n'a pas été opérée; de l'autre, l'Etat a acquis des bois grevés de ces dévorantes servitudes; enfin, les abus attaqués par l'ordonnance se sont reproduits avec une force nouvelle à l'époque des désordres enfantés par la révolution. Des usurpations sans nombre vinrent se joindre alors à des titres irréguliers ou annulés, et les forêts de l'Etat furent menacées d'une dévastation complète.

« Lorsque l'ordre commença à renaître, on sentit le besoin de mettre un terme à d'aussi funestes abus. Une loi du 19 mars 1803 (28 ventôse an XI) ordonna à tous les usagers de produire leurs titres devant l'administration dans un délai déterminé, qui fut prorogé par une seconde loi du 5 mars 1804 (14 ventôse an XII). Cette dernière loi déclarait déchus de tout droit d'usage ceux qui n'auraient pas produit leurs titres avant l'expiration du délai fixé. L'exécution de cette mesure a été à peu près arbitraire. Un grand nombre d'usagers, et surtout de communes, ont négligé de se présenter pendant la durée du délai. Tantôt la déchéance a été rigoureusement appliquée, tantôt il a été accordé des relevés de déchéance et des autorisations de produire. Plusieurs instances administratives et judiciaires existent encore aujourd'hui. Il fallait prendre un parti, et substituer un ordre régulier et positif à cet état d'incertitude et d'arbitraire. »

M. *Favard de Langlade*, dans le rapport fait au nom de la commission, dit sur cette même section : « Les dispositions relatives aux droits d'usage dans les forêts de l'Etat ne sont pas moins dignes de votre attention que celles qui concernent les affectations. Ces usages sont d'une très-ancienne origine, et c'est même une des causes qui les ont rendus si nombreux et si nuisibles. Lorsque la France possédait une quantité de bois bien supérieure aux besoins de sa consommation, les produits forestiers n'ayant qu'un prix médiocre, on multipliait avec facilité des concessions qui n'entraînaient que des dommages pourainsi dire inaperçus. En 1669, les abus, dont on sentit alors la gravité, étaient poussés si loin, que les sages sévérités de l'ordonnance n'apportèrent qu'un remède inefficace et tardif à des maux trop profondément invétérés. Ces servitudes dévorantes, comme on les appelle justement, ont continué d'exister, et jamais le danger n'en a été plus grand et plus généralement reconnu qu'à l'époque actuelle, où l'on s'effraie avec raison de la destruction toujours croissante des bois du royaume. C'est au milieu de ces circonstances qu'ont été conçus les articles du nouveau Code qui s'appliquent aux droits d'usage. »

ART. 61.

Ne seront admis à exercer un droit d'usage quelconque dans les bois de l'Etat, que ceux dont les droits auront été, au jour de la promulgation de la présente loi, reconnus fondés, soit par des actes du gouvernement, soit par des jugemens ou arrêts définitifs, ou seront reconnus tels par suite d'instances administratives ou judiciaires actuellement engagées, ou qui seraient intentées devant les tribunaux, dans le délai de deux ans, à dater du jour de la promulgation de la présente loi, par des usagers actuellement en jouissance.

DISCUSSION A LA CHAMBRE DES DÉPUTÉS.

Après les mots *actuellement engagées*, l'article du projet se terminait ainsi : « lesquelles seront jugées conformément aux dispositions de l'ordonnance de 1669 et des lois des 19 mars 1803 (28 ventôse an XI) et 5 mars 1804 (14 ventôse an XII). »

La commission a modifié cette rédaction.

M. *Favard de Langlade* dit, dans son rapport : « L'article 1er du titre XX de l'ordonnance révoquait et supprimait tous droits de chauffage, sauf à dédommager pécuniairement les usagers porteurs de titres réguliers ou appuyés d'une possession antérieure à 1560. L'article 61 du projet actuel, renouvelant cette disposition et la généralisant, n'admet à exercer un droit d'usage quelconque dans les bois de l'Etat, que ceux dont les droits auront été, au jour de la promulgation de la présente loi, reconnus fondés, soit par des actes du gouvernement, soit par des jugemens ou arrêts définitifs, ou seront reconnus tels par suite d'instances administratives ou judiciaires actuellement engagées, *lesquelles seront jugées conformément aux dispositions de l'ordonnance de* 1669, *et des lois des* 19 *mars* 1803 *et* 5 *mars* 1804.

« La commission a pensé qu'il ne fallait pas enchaîner les tribunaux, en les obligeant à prononcer d'après telle ou telle loi, et qu'il fallait, au contraire, leur laisser la liberté de se déterminer d'après toutes les lois applicables à la matière, et par les considérations qu'ils croiraient devoir accueillir. Elle vous propose donc de supprimer la fin de l'article, à compter de ces mots, *lesquelles seront jugées*, *etc.*

« Les lois dont nous vous proposons de supprimer l'indication ne conservent pas moins tout leur effet; mais la commission a pensé qu'il serait trop sévère de laisser peser la déchéance qu'elles prononcent, sur les usagers que le gouvernement n'a point troublés dans l'exercice de leurs droits, et qui en ont encore la jouissance paisible. Il est juste et convenable de les relever de cette déchéance, et de les autoriser, par une prorogation de délai, à intenter toute action utile à la conservation de leurs intérêts. Par ces motifs, la commission vous propose d'ajouter après les mots, *actuellement engagées*, ceux-ci : *ou qui seraient intentées devant les tribunaux*, *dans le délai de deux ans à dater du jour de la promulgation de la présente loi*, *par des usagers actuellement en jouissance.* »

M. *Devaux* demande qu'au lieu des mots : *à dater du jour de la promulgation de la présente loi*, on dise : *à dater du jour où l'administration aura refusé de reconnaître leurs droits.*

M. *de Martignac*, *commissaire du roi*, s'oppose à cet amendement, qui est rejeté.

M. *Martin de Villers* prend la parole en faveur des usagers dont les droits ont été restreints, selon l'ancienne jurisprudence, par ce qu'on appelait *réglement* ou *aménagement*, c'est-à-dire par un acte qui assignait à l'exercice du droit d'usage une circonscription déterminée pour en libérer le reste de la forêt, sans que le canton désigné cessât d'appartenir au propriétaire. Il termine son discours en disant : « Je suis loin de me plaindre de ce que le projet de loi ne porte aucune disposition relative à ces usagers : cela prouve que le ministère a pensé que leur position était déterminée d'une manière immuable par le *réglement* ou *l'aménagement* auquel ils ont été soumis ; que le contrat qui fixe la nature et l'étendue de leurs droits est inviolable. Toutefois j'ai pensé qu'il n'était pas inutile, pour prévenir des contestations qui pourraient s'élever entre l'administration forestière et ces mêmes usagers, de prier M. le commissaire du roi ou M. le rapporteur de donner à la chambre quelques explications sur ce point. »

M. *de Martignac* répond : « Nous pouvons rassurer entièrement l'orateur sous un point de vue général. Les usagers dont il parle ont pour eux des décisions souveraines. Nul doute que les arrêts rendus en leur faveur devront être exécutés, et que leurs droits sont à l'abri de toute contestation. Cela résulte de l'article en délibération. Cela résultera plus positivement encore d'un des derniers articles du projet, portant que toutes les contestations sur les anciens titres devront être jugées d'après les contrats dont les usagers seront porteurs. »

D'après cette réponse, M. *Martin de Villers* dit : « Les explications de M. le commissaire du roi mettant tout-à-fait à couvert les intérêts dont j'ai parlé, je n'ai rien à ajouter. »

L'article est adopté avec les amendemens de la commission.

DISCUSSION A LA CHAMBRE DES PAIRS.

M. *de Martignac, commissaire du roi,* après avoir analysé la législation sur la matière, comme il l'a déjà fait à l'autre chambre, dit, dans l'exposé des motifs : « C'est dans cet état qu'intervient le projet de loi. Nous avions proposé d'admettre seulement ceux dont les droits auraient été reconnus fondés, ou le seraient par suite d'instances actuellement engagées : la chambre des députés a pensé qu'il y aurait trop de rigueur, et qu'il y aurait même injustice à repousser ceux qui, ayant joui sans trouble jusqu'à ce jour, avaient dû se croire dispensés de faire valoir des droits qui n'étaient pas contestés, et elle les a admis à produire leurs titres pendant le délai de deux années, à dater de la promulgation de la loi. »

M. *le comte Roy, rapporteur de la commission,* retrace les circonstances dans lesquelles se sont trouvés les usagers. « Ces circonstances, dit-il, ont déterminé les dispositions de l'article 61 du projet de loi, qui a pour objet de reconnaître ceux qui seront admis à exercer un droit d'usage quelconque dans les bois de l'Etat. Ils sont divisés en trois classes : ceux dont les droits auront été, au jour de la promulgation de la loi, reconnus fondés, soit par des actes du gouvernement, soit par des jugemens ou arrêts définitifs; ceux dont les droits seront reconnus tels par suite d'instances administratives ou judiciaires actuellement engagées; ceux enfin dont les droits seraient reconnus fondés par suite d'instances qui seraient intentées devant les tribunaux, dans le délai de deux ans, par des usagers actuellement en jouissance.

« Ces dispositions méritent toute votre attention. Elles confirment tous les relevés de déchéance; elles reconnaissent comme jugemens définitifs les décisions des conseils de préfecture approuvées par le gouvernement; elles relèvent de déchéance les usagers qui sont en instance administrative ou judiciaire, sans distinction de ceux qui ont produit leurs titres, et des époques où ils ont fait cette production. Enfin, elles accordent, pour se pourvoir, un nouveau délai de deux ans à ceux qui, sans être en instance, et sans avoir encore réclamé, sont actuellement en jouissance. »

Art. 62.

Il ne sera plus fait, à l'avenir, dans les forêts de l'Etat, aucune concession de droits d'usage, de quelque nature et sous quelque prétexte que ce puisse être.

Art. 63.

Le gouvernement pourra affranchir les forêts de l'Etat de tout droit d'usage en bois, moyennant un cantonnement qui sera réglé de gré à gré, et, en cas de contestation, par les tribunaux.

L'action en affranchissement d'usage par voie de cantonnement n'appartiendra qu'au gouvernement et non aux usagers.

DISCUSSION A LA CHAMBRE DES DÉPUTÉS.

Cet article est adopté sans discussion.

M. *Favard de Langlade* en explique les dispositions dans son rapport.

« Le gouvernement, dit l'honorable rapporteur, est autorisé, par l'art. 63, à affranchir les forêts de l'État des usages en bois, par la voie du cantonnement réglé de gré à gré ou fixé par les tribunaux. Cette disposition n'est pas susceptible d'objection; mais il n'en est pas ainsi de la seconde partie du même article, portant : « L'action en affranchissement d'usages par voie de « cantonnement n'appartiendra qu'au gouvernement et non aux « usagers. »

« La commission a examiné avec une sérieuse attention cette proposition, qui déroge aux principes actuellement en vigueur, puisqu'elle fait cesser le droit de réciprocité en matière de cantonnement, et elle a cherché à se rendre compte de cette innovation. On admettait très-anciennement un moyen de réduire l'étendue, non pas du droit d'usage en lui-même, mais du territoire sur lequel il s'exerçait, afin d'en débarrasser le surplus de la forêt, et on appelait cela *un réglement, un aménagement;* mais ce mode n'attribuait aucun droit de propriété à l'usager sur le sol de la circonscription qui lui était assignée. Ce ne fut que long-temps après la promulgation de l'ordonnance de 1669 que la jurisprudence seule introduisit le cantonnement, qui rend l'usager propriétaire incommutable du canton qui lui est abandonné. De la jurisprudence, le cantonnement passa dans la législation. La loi du 19 septembre 1790, qui prononça l'abolition du droit seigneurial de triage, déclara qu'il n'était point *préjudicié aux actions en cantonnement* de la part *des propriétaires, contre des usagers de bois.* Avant, comme après la publication de cette loi, l'action en cantonnement ne compétait qu'au propriétaire, et jamais à l'usager; mais le décret du 28 août 1792 établit la réciprocité, et déclara que *le cantonnement pourrait être demandé, tant par les usagers que par les propriétaires.*

« Telle est la législation qui nous régit encore aujourd'hui.

La chambre aura à décider entre le principe de la réciprocité et le droit exclusif demandé pour le gouvernement. Pour nous, Messieurs, nous avons cru devoir donner la préférence au système du projet de code, et voici les raisons par lesquelles la commission s'est déterminée. Le principe de la réciprocité a pu être pris, soit dans la maxime que nul n'est tenu de rester dans l'indivision, soit dans cette règle de droit, que l'une des parties ne peut, sans le concours de l'autre, changer la nature d'une convention. Mais l'état d'indivision ne s'applique qu'à une chose dont la substance même appartient en commun à plusieurs individus; il faut que les droits de chaque intéressé affectent l'objet possédé; en un mot, il faut qu'il y ait pour tous copropriété: or, comment reconnaître ces caractères dans le conflit des droits d'un propriétaire et des intérêts d'un usager? Loin que l'*usage*, qui n'est qu'un usufruit restreint, emporte l'idée de propriété, il l'exclut, au contraire: on ne saurait avoir un droit d'usage que sur le fonds d'autrui.

« D'un autre côté, c'est une vérité incontestable que lorsqu'une convention est formée, elle ne peut être résolue ou modifiée que du consentement des parties contractantes. Mais, toute générale qu'elle est, cette vérité n'en admet pas moins des exceptions. Par exemple, la faveur de la libération attribue souvent au débiteur des droits qui sont refusés au créancier. N'est-il pas certain que le débiteur d'une rente perpétuelle est autorisé à s'en affranchir, en remboursant le capital malgré le créancier, quoique ce dernier ne puisse jamais exiger ce remboursement. L'art. 701 du code civil ne confère-t-il pas au propriétaire du fonds grevé d'une servitude, la faculté d'en transporter l'exercice dans un autre endroit, si elle lui est devenue plus onéreuse, ou si elle l'empêche de faire des réparations avantageuses? Ne lui donne-t-il pas la liberté d'user de ce droit malgré le propriétaire du fonds auquel la servitude est due? On ne peut donc étayer la réciprocité du cantonnement, ni sur l'une ni sur l'autre des deux règles d'où nous la supposons tirée. Mais on peut l'exclure par les principes mêmes que nous venons de rappeler touchant la libération et les servitudes. Si, en effet, comme on n'en saurait douter, l'usage, ou, en d'autres termes, le droit de prendre une portion des fruits de la propriété d'autrui n'est qu'une servitude, celui qui en subit la charge doit être seul admis à s'en plaindre, et à en rendre l'exercice moins nuisible à son héritage.

« Le cantonnement d'ailleurs expose le propriétaire à diviser sa propriété, et à l'aliéner en partie ; lui imposer le cantonnement, le forcer à le subir, ce serait le contraindre à morceler son immeuble et à en vendre une portion. Or, les principes généraux du droit ne n'opposent-ils pas à une telle doctrine? N'est-il pas certain que nul ne peut être dépouillé malgré lui de sa propriété, hors le cas d'utilité publique ; et ce qui est vrai en thèse générale, ne l'est-il pas davantage encore en ce qui concerne le domaine de l'État? Voudriez-vous, Messieurs, que les usagers vinssent, selon leurs caprices, démembrer les forêts nationales? La commission ne l'a pas supposé ; elle a pensé que l'action en cantonnement devait être réservée à l'État. Elle n'a vu dans l'innovation de la loi de 1792 qu'une disposition que les circonstances d'alors pouvaient avoir dictée, mais que l'état actuel des choses ne saurait plus admettre. »

Art. 64.

Quant aux autres droits d'usage quelconques et aux pâturage, panage et glandée dans les mêmes forêts, ils ne pourront être convertis en cantonnement ; mais ils pourront être rachetés moyennant des indemnités qui seront réglées de gré à gré, ou, en cas de contestation, par les tribunaux.

Néanmoins le rachat ne pourra être requis par l'administration, dans les lieux où l'exercice du droit de pâturage est devenu d'une absolue nécessité pour les habitans d'une ou de plusieurs communes. Si cette nécessité est contestée par l'administration forestière, les parties se pourvoiront devant le conseil de préfecture, qui, après une enquête *de commodo et incommodo*, statuera, sauf le recours au conseil d'Etat.

DISCUSSION A LA CHAMBRE DES DÉPUTÉS.

L'article du projet ne contenait que cette disposition : « Quant au pâturage dans les mêmes forêts, il ne pourra être converti en cantonnement; mais il pourra être racheté moyennant une indemnité qui sera réglée de gré à gré, ou, en cas de contestation, par les tribunaux. »

M. *Favard de Langlade, rapporteur,* dit, dans son rapport : « L'art. 64 renferme deux dispositions bien distinctes ; d'une part, il interdit la conversion du pâturage en cantonnement, et, de l'autre, il autorise le rachat de ce droit d'usage à prix d'argent.

« Nous remarquerons d'abord qu'on a oublié d'y comprendre les droits de *panage,* de *glandée* et autres droits d'usage qui sont de la même nature que le pâturage, et nous proposons de les ajouter pour compléter la disposition.

« En considérant le véritable caractère de ces droits, on sent qu'il serait difficile de leur attribuer les mêmes effets qu'à ceux dont il est question dans l'art. 63. Ceux-ci, affectant les bois et consommant une partie des produits forestiers, ce n'est point, à proprement parler, en changer la nature que d'en resserrer l'exercice dans des limites plus étroites : le gouvernement aliène, il est vrai, une portion du fonds pour affranchir l'autre, et les usagers la reçoivent en compensation de la réduction du sol sur lequel ils en usaient; mais, à cela près, l'usage est toujours en bois. Les droits de pâturage, au contraire, ne portent point sur les arbres de la forêt, ils n'affectent que les fruits de ces arbres ou les herbages qui croissent sous leur ombrage. Il n'y a donc point les mêmes raisons pour leur appliquer le cantonnement par lequel l'État se dépouillerait d'une propriété forestière pour les racheter, et intervertirait tellement les droits des usagers, que ces derniers, ne pouvant plus trouver une pâture suffisante dans un territoire circonscrit par le cantonnement, auraient réellement du bois en échange du pâturage. Le projet repousse donc avec raison l'application du cantonnement à ces droits d'usage. Mais ces droits constituent une servitude toujours onéreuse; et si l'État n'a point la faculté de la faire cesser par le cantonnement, il faut qu'il puisse s'en rédimer d'une autre manière, autrement on lui enlèverait un moyen de conservation dont il serait dangereux de le priver. D'ailleurs la loi du 6 octobre 1791, titre 1er, section IV, art. 8, déclare rachetable, à dire d'experts, entre particuliers, le droit de vaine pâture, *même dans les bois*. La commission a pensé qu'on ne pouvait pas refuser aux bois de l'État l'application d'un principe admis pour ceux des particuliers.

« En adoptant la proposition du gouvernement pour le rachat des droits de pâturage, la commission ne s'est pas dissimulé que l'exercice rigoureux de cette faculté pourrait, dans certains cas, produire de fâcheuses conséquences. Il est, vous le savez, Messieurs, des localités où le pacage est tellement indispensable aux habitans, que ceux-ci n'ont d'autre revenu, d'autre ressource que le produit des bestiaux qu'ils élèvent; si vous leur enlevez cet unique moyen d'existence, vous les forcez à abandonner le sol qui les a vus naître, où ils mènent une vie laborieuse et paisible, où ils exercent un genre d'industrie utile, non-seulement à eux-mêmes, mais encore au commerce. Quelle compensation trouveraient-ils dans la somme d'argent que leur offrirait l'État? Quel emploi pourraient-ils en faire dans l'intérêt commun? Dans les lieux où le pacage n'est qu'un accessoire de la fortune communale, les usagers ont la facilité de le remplacer par des prairies artificielles; mais là où il est tout pour les habitans, il ne saurait y avoir de moyens de remplacement. Sans doute le gouvernement paternel de Sa Majesté n'userait point de la faculté de rachat contre des communes que cette mesure plongerait dans la misère; mais la loi, qui pose des principes stables, doit en fixer les exceptions; et elle le doit surtout lorsqu'il s'agit de donner à des populations intéressantes une garantie qui tient à leur repos et à leur existence.

« Nous avons donc pensé qu'il convenait d'ajouter à l'art. 64 la disposition suivante : *Néanmoins le rachat ne pourra être requis par l'administration dans les lieux où l'exercice du* droit de pâturage est devenu d'une *absolue nécessité pour les habitans d'une ou de plusieurs communes. Si cette nécessité est contestée par l'administration forestière, les parties se pourvoiront de-*

vant le conseil de préfecture, qui, après une enquête de commodo et incommodo, *statuera, sauf le recours au conseil d'État.*

« Cette addition doit rassurer pleinement les communes usagères, puisque les conseils de préfecture, qui connaîtront bien les localités, seront juges de la question de savoir s'il y a lieu au rachat. »

M. *Chifflet, membre de la commission,* développe, dans la discussion générale, les considérations qui ont déterminé l'exception proposée.

Dans la discussion sur l'article, M. *de Ricard* voudrait qu'on appliquât le cantonnement aux droits de pâturage, panage et glandée, et il en fait la proposition, qui est combattue par M. de Martignac, commissaire du roi, ainsi que par M. le ministre des finances.

M. *Favard de Langlade*, rapporteur, dit ensuite : « Je ne dois pas laisser ignorer à la chambre que cet article est un de ceux du projet qui a le plus fixé l'attention de la commission. Parmi les membres de la commission se trouvaient trois de nos collègues qui appartiennent aux départemens où des communes ont des droits de pâturage qui leur sont extrêmement nécessaires. Nous avons eu la satisfaction d'adopter à l'unanimité l'amendement dont il s'agit. Je me bornerai à faire une réflexion très-simple. M. le commissaire du gouvernement a très-bien établi que la disposition proposée n'était pas régie par le droit commun; qu'il fallait en aller chercher les règles dans des lois particulières. Remarquez que nous n'avions pas besoin de créer la disposition qui fait l'objet du second paragraphe, puisqu'elle existe déjà pour les particuliers. Ne serait-il pas singulier que les bois de l'État ne pussent jouir des mêmes avantages que ceux des particuliers? M. de Ricard vous a cité l'article 8 de la loi du 21 septembre 1791. S'il y avait fait bien attention, il aurait remarqué que cet article est étranger au droit de pâturage. Ne serait-il pas ridicule que, parce que j'ai le droit d'aller prendre des glands dans la forêt, on me rachetât ce droit avec des chênes! Le droit de pâturage et de glandée consiste à faire pacager l'herbe ou à ramasser des glands. Certes, on n'admettra jamais que le propriétaire soit obligé de désorganiser sa forêt pour dédommager ceux qui vont ramasser l'herbe ou les glands. Ainsi, la commission a fait une chose juste en admettant les forêts nationales à jouir des mêmes avantages que les forêts particulières. Nous avons senti qu'il était des communes où le droit de pâturage était devenu une nécessité absolue ; et nous avons fait une exception en leur faveur. Mais qui sera juge de cette nécessité ? Ce seront les juges mêmes du lieu, qui auront des connaissances locales. Les communes auront donc toutes les garanties qu'elles peuvent désirer pour la conservation de leurs droits. L'indemnité qui leur serait accordée aura servi à faire des prairies artificielles et à favoriser la régénération des forêts, qui ne pourra jamais s'opérer que par la suppression des droits de pacage. »

La compétence du conseil de préfecture, auquel la commission renvoie la question de la *nécessité absolue*, devient l'objet de la discussion.

M. *Sébastiani* voit dans le droit d'usage une véritable propriété, soit qu'on l'appelle servitude, soit qu'on lui donne tout autre nom. Dans les questions de rachat, le gouvernement n'est, selon lui, qu'un propriétaire en présence d'un autre propriétaire ; et toutes les contestations qui peuvent s'élever entre ces deux propriétaires doivent être jugées par les tribunaux. En renvoyant les parties devant le conseil de préfecture, on rend l'administration juge d'une question dans laquelle elle est intéressée. »

M. *Favard de Langlade, rapporteur*, répond : « Je déclare que la question que vient de soulever le préopinant a été discutée longuement par la commission ; la force de l'objection consiste à dire que le droit dont il s'agit tient à la propriété, et que les tribunaux sont seuls juges des questions de propriété. Cependant, on vient de remarquer qu'il s'agit d'un acte administratif, et qu'il serait peut-être à l'avantage des communes que ces contestations fussent portées devant le conseil de préfecture, qui pourra sans frais prendre les renseignemens qui le mettront à même de prononcer sur leurs intérêts. Mais il y a encore une autre considération : la décision du conseil de préfecture peut être attaquée devant le conseil d'Etat. Ainsi, le roi, en son conseil, examinera si la réclamation est ou non fondée. Il y a une très-grande analogie entre l'acte qu'exerce dans ce cas l'autorité royale, et celui qu'elle exerce dans une circonstance où il s'agit bien autrement de porter atteinte à la propriété. D'après la loi du 8 mars 1810, le roi peut rendre une ordonnance qui exproprie pour cause d'utilité publique. Quand cette expropriation est ainsi prononcée, les tribunaux statuent, mais seulement sur la quotité de l'indemnité due à celui qui est dépossédé. Dans le cas prévu par l'article que nous discutons, il s'agit de savoir si une commune a un besoin absolu de son pacage, et si l'administration forestière peut exercer le droit de rachat. Or, ce fait peut être constaté par le conseil de préfecture d'une manière moins dispendieuse pour la commune que par les tribunaux. D'ailleurs vous savez que les communes ne peuvent paraître devant les tribunaux sans en avoir reçu l'autorisation du conseil de préfecture. Le conseil de préfecture n'aurait donc qu'à refuser l'autorisation pour empêcher la commune de se présenter devant les tribunaux. Sans doute elle peut se pourvoir au conseil d'Etat contre la décision du conseil de préfecture ; mais le conseil d'Etat peut aussi refuser l'autorisation, et la commune se trouvera dans la même impuissance. »

M. *Bourdeau* parle dans le même sens que M. Sébastiani.

M. *de Martignac* le combat, en disant qu'il ne s'agit pas, comme dans le paragraphe premier de l'article, du rachat du droit de pacage qui est soumis aux tribunaux. Il ajoute : « Le droit de rachat est reconnu préexistant ; les tribunaux n'ont à prononcer que sur la quotité de l'indemnité : c'est la véritable attribution qui doit leur appartenir. Il ne s'agit donc de soumettre aux tribunaux que l'action en dédommagement d'un droit réel qui s'attache à la propriété. C'est aux tribunaux à déterminer le prix auquel il sera permis au propriétaire de se libérer du droit d'usage.

« Il se présente maintenant une question d'une nature tout-à-fait différente. Vous pensez qu'il est prudent et sage de soumettre à des considérations d'utilité et de convenance la question de savoir si la commune peut se passer du droit d'usage. Il y a donc ici un fait à constater, savoir si le droit de pâturage que le gouvernement veut racheter, est ou non d'une absolue nécessité pour les communes : c'est un fait de convenance administrative, de nécessité communale, qui ne touche point à la question de propriété. Il est possible que les termes dans lesquels le paragraphe deuxième est conçu aient laissé quelques doutes dans les esprits. Quant à nous, nous entendons que la vérification du fait d'absolue nécessité sera portée devant le conseil de préfecture, qui après une enquête *de commodo et incommodo*, statuera s'il y a lieu au remplacement. »

MM. Sébastiani et Bourdeau insistent, M. de Kergariou vote dans le sens de la commission ; et enfin M. de Martignac propose le renvoi de l'article 64 à la commission.

Le renvoi est prononcé.

La commission s'occupe de nouveau de la question, et le lendemain, 24 mars 1827, son rapporteur, M. *Favard de Langlade*, dit : « Nous avions pensé que la question de savoir si le droit de pâturage dont des communes jouissent dans les forêts était d'une nécessité absolue, étant un fait à vérifier, il était à la fois plus économique, et peut-être plus régulier de faire statuer sur ce point de fait par les conseils de préfecture. La chambre a renvoyé hier à la commission l'examen de la proposition faite de laisser aux tribunaux le soin de prononcer sur cette partie de la difficulté. La commission s'est empressée d'examiner cette proposition. La majorité a pensé qu'il ne pouvait y avoir deux juridictions différentes pour un fait identique, et que le projet de loi, par l'article 120, ayant attribué et dû attribuer à l'autorité judiciaire la connaissance du même fait lorsque la contestation s'élève entre particuliers, il était d'une bonne législation de laisser à cette autorité la même attribution lorsqu'une difficulté pareille s'élève entre l'État et des usagers. La commission a pensé, en outre, que la juridiction judiciaire étant la juridiction ordinaire du droit commun, et la juridiction administrative n'étant qu'exceptionnelle, il était plus convenable de rentrer dans le droit commun que d'étendre la juridiction exceptionnelle : en conséquence elle propose la nouvelle rédaction suivante : *Néanmoins, le rachat ne pourra être requis par l'administration, dans les lieux où l'exercice du droit de pâturage est devenu d'une absolue nécessité pour les habitans d'une ou de plusieurs communes. Si cette nécessité est contestée, les tribunaux prononceront sur la question préjudicielle.* »

M. *Blin de Bourdon* demande que le second paragraphe de l'article comprenne tous les droits d'usage dont il est question dans le premier, au lieu de ne s'appliquer qu'au pâturage.

Quant à la question de juridiction, MM. de Kergariou, Pavy, Delhorme et Dudon repoussent la compétence des tribunaux qu'appuient MM. Chifflet, Agier, Sébastiani, et le ministre des finances.

La nouvelle rédaction de la commission, qui renvoie les parties devant les tribunaux, est mise aux voix. Une première épreuve est douteuse, elle est rejetée à une seconde.

La chambre adopte l'amendement proposé en premier lieu par la commission, et l'article lui-même ainsi amendé.

DISCUSSION A LA CHAMBRE DES PAIRS.

M. *de Martignac, commissaire du roi*, s'occupe, dans l'exposé des motifs, de la restriction apportée par la chambre élective, au rachat du droit de pâturage, dans le cas où l'exercice de ce droit serait, pour une commune, d'une absolue nécessité, et ne pourrait être remplacé par une indemnité pécuniaire.

Reproduisant la pensée déjà exprimée à la chambre des députés, il dit : « La disposition prévoit deux difficultés de nature différente : l'une est relative à la fixation de l'indemnité, c'est-à-dire à l'appréciation du droit réel possédé par la commune usagère sur la propriété de l'Etat. Cette appréciation ne peut appartenir qu'aux tribunaux. L'autre est une simple question de convenance locale ; elle se rattache à un fait qui touche à l'état matériel de la commune ; elle se résout par une enquête *de commodo et incommodo*, et les actes de ce genre appartiennent au contentieux administratif. C'est donc au conseil de préfecture qu'il convient de les attribuer. »

M. *le comte Roy, rapporteur de la commission*, dit, dans

son rapport, que « toutes les considérations qui peuvent être présentées pour la restauration, pour la conservation, et même pour l'existence des forêts, ont commandé la disposition d'après laquelle les droits de pâturage, panage et glandée pourront être rachetés moyennant indemnité; que le pâturage est le plus grand fléau des bois; qu'il en amène nécessairement la destruction dans un temps plus ou moins éloigné, puisqu'en n'épargnant que les vieilles souches qui périssent, chaque jour, les bestiaux détruisent par le pied, ou par la dent, le jeune plant qui vient de semence, et qui est destiné à les remplacer; qu'avec le pâturage, il est impossible d'espérer des futaies, qui sont le but principal de la conservation, puisque les seules bonnes futaies sont celles qui viennent des brins de semences, et qu'en foulant et durcissant le sol, les bestiaux empêchent les faibles racines des semences de le pénétrer, écrasent ensuite ou dévorent les jeunes plants qui auraient pu échapper et s'élever. »

Du reste, il exprime l'opinion que l'amendement relatif au cas d'*absolue nécessité* n'était pas nécessaire, et il critique le renvoi au conseil de préfecture.

Mais, aucun changement n'est proposé, et l'article est adopté.

Art. 65.

Dans toutes les forêts de l'Etat qui ne seront point affranchies au moyen du cantonnement ou de l'indemnité, conformément aux articles 63 et 64 ci-dessus, l'exercice des droits d'usage pourra toujours être réduit par l'administration, suivant l'état et la possibilité des forêts, et n'aura lieu que conformément aux dispositions contenues aux articles suivans.

En cas de contestation sur la possibilité et l'état des forêts, il y aura lieu à recours au conseil de préfecture.

DISCUSSION A LA CHAMBRE DES DÉPUTÉS.

Le premier paragraphe de l'article se terminait par ces mots:

conformément aux dispositions suivantes. Sur la proposition de la commission, la chambre y substitue ceux-ci : *conformément aux dispositions contenues aux articles suivans.*

Le dernier paragraphe n'existait pas dans le projet. Il a été ajouté par la commission, qui a cru devoir donner aux usagers la même garantie que dans l'article 64.

M. *Favard de Langlade*, dans son rapport, justifie la compétence du conseil de préfecture en remarquant « qu'il ne s'agit ici que d'une modification au mode de jouissance de la propriété, et que sous ce rapport le conseil de préfecture doit en connaître. »

DISCUSSION A LA CHAMBRE DES PAIRS.

M. *de Martignac*, *commissaire du roi*, dit, dans l'exposé des motifs : « C'est aussi aux conseils de préfecture qu'a été confié le droit de statuer sur les contestations qui pourraient s'élever entre l'administration et les usagers sur *l'état* et la *possibilité des forêts*. Le projet conférait à l'administration forestière le droit de régler seule cet état, et de faire sur l'exercice des usages les réductions qui devaient en être la conséquence. On a pensé qu'il était juste de prévoir la possibilité d'un abus de ce pouvoir, et d'appeler l'autorité des conseils de préfecture à prononcer sur les réclamations que cet abus pourrait faire naître. »

M. le comte Roy, dans le rapport fait au nom de la commission, entrevoit quelques inconvéniens dans les dispositions de l'article ; mais il n'en propose pas moins l'adoption.

M. *le duc de Praslin* observe « que, dans certaines provinces, dans le Morvan, par exemple, l'exploitation des bois n'a pas lieu par grandes masses, mais de manière à couper çà et là les arbres qui sont arrivés à l'âge convenable, en laissant le reste du bois sur pied, et en recommençant cette opération à des époques peu éloignées ; ce qui s'appelle exploiter par furetage ou en jardinant. Le résultat de ce mode d'exploitation est que dans toutes les parties du bois il se trouve à la fois des arbres de tous les âges ; ce qui empêche que les bestiaux puissent y être introduits à aucune époque sans un grand préjudice pour les productions. Le noble pair voudrait que, dans l'ordonnance d'exécution, il fût réglé que les bois exploités de cette manière ne pourraient jamais être déclarés défensables. »

M. le *rapporteur de la commission* déclare « qu'en effet les bois exploités en jardinant et à des époques rapprochées, ne sont, par le fait, jamais défensables ; mais il est impossible que la loi ni même l'ordonnance s'explique à cet égard d'une manière générale. Il peut arriver, en effet, et il en est ainsi dans plusieurs provinces, que le jardinage n'ait lieu qu'à des époques assez éloignées pour que dans l'intervalle les parties de bois coupées redeviennent défensables au moins pendant quelques années; il serait donc injuste de priver les usagers de leurs droits d'une manière absolue, lorsqu'il peut se présenter des cas où ils les exerceraient sans préjudice pour la propriété. »

L'article est mis aux voix et adopté sans modification.

Art. 66.

La durée de la glandée et du panage ne pourra excéder trois mois.

L'époque de l'ouverture en sera fixée chaque année par l'administration forestière.

OBSERVATIONS.

Cet article est pris de l'art. 3, titre XVIII, de l'ordonnance de 1669, qu'il modifie.

Art. 67.

Quels que soient l'âge ou l'essence des bois, les usagers ne pourront exercer leurs droits de pâturage et de panage que dans les cantons qui auront été déclarés défensables par l'administration forestière, sauf le recours au conseil de préfecture, et ce nonobstant toutes possessions contraires.

DISCUSSION A LA CHAMBRE DES DÉPUTÉS.

La première rédaction de l'article était celle-ci « Quels que soient l'âge ou l'essence des bois, les usagers ne pourront exercer leurs droits de pâturage et de panage que dans les cantons qui auront été déclarés défensables par l'administration forestière, et ce, nonobstant toutes possessions contraires. »

La commission n'y voit pas de sanction, et elle propose d'ajouter ces mots : *sous les peines portées par l'article* 99; auxquels, dans l'errata de son rapport, elle a substitué ceux-ci : *à peine d'une amende de* 10 à 100 *francs.*

M. *Fumeron-d'Ardeuil, commissaire du roi,* combat l'amendement, en alléguant que la disposition pénale, qu'on croit omise, se trouve dans l'article 76.

M. *Favard de Langlade, rapporteur,* répond que « l'article 76 prononce une amende contre le pâtre; mais que cet article n'est pas applicable au cas dont il s'agit, qui est celui où l'usager conduit lui-même ses bestiaux dans le bois; que, pour que cette disposition ait une sanction, il faut bien prononcer, contre les usagers, une amende qui les empêchera de conduire leurs bestiaux dans des cantons qui n'auraient pas été déclarés défensables. Par ce motif, il persiste dans l'amendement. »

M. *de Martignac, commissaire du roi,* réplique : « Si la chambre adoptait la disposition proposée par la commission, il en résulterait une contradiction entre l'article 67 et l'article 76. En effet, l'article 67 contient la prohibition dont l'article 76 punit la violation. On prétend que cette peine ne pourra être appliquée aux usagers qui conduisent eux-mêmes leurs bestiaux, puisque l'article 76 ne s'est servi que du mot *pâtre.* Mais il est évident que la loi entend par là celui qui se trouve préposé à la garde du troupeau, et par conséquent l'usager s'il le conduit lui-même. »

L'amendement de la commission est rejeté.

M. *de Fussy* propose d'ajouter au projet d'article : *sauf, toutefois, de la part des usagers, en cas de contestations, le droit de recours au conseil de préfecture.*

M. *Devaux* propose aussi un amendement qui a le même objet, et qui consiste dans l'addition des mots : *sauf le recours au conseil de préfecture.*

Les deux honorables membres ont également la pensée qu'il ne faut pas laisser aux agens forestiers la faculté d'interdire à leur gré l'exercice des droits d'usage, en s'abstenant de déclarer les bois défensables.

MM. *de Martignac, de Bouthillier et Dudon* s'opposent aux amendemens proposés. M. de Bouthillier dit que le recours dont il s'agit ferait passer l'administration des forêts dans les mains du conseil de préfecture. Il explique comment les bois étaient autrefois déclarés défensables. « Le grand-maître, dit-il, faisait deux tournées ; les usagers étaient appelés devant lui ; on examinait si les bois étaient ou non défensables ; les autorités locales étaient consultées, et les états étaient dressés en conséquence. Aujourd'hui les états sont faits par les agens forestiers, et sont approuvés par l'administration. Le recours tout naturel des communes se fait par l'intermédiaire des préfets, qui sont les tuteurs-nés des communes. Quand les communes ont de justes sujets de plaintes, les préfets les font parvenir aux ministres, qui ne manquent pas de leur faire rendre justice par l'administration forestière. Ainsi, la protection qui doit être accordée aux communes vient naturellement de l'administration locale des préfets, qui est bien souvent en opposition avec l'administration forestière. »

M. *Boin* appuie les amendemens.

La discussion est fermée. M. le président met aux voix la rédaction proposée par M. de Fussy. Deux épreuves sont douteuses. On recourt à l'appel nominal : le scrutin est nul, la chambre n'étant plus en nombre suffisant pour délibérer.

Dans la séance du lundi, 26 mars 1827, M. le ministre des finances demande et obtient la parole. Il dit : « Il nous avait paru d'abord qu'il était inutile de répéter à l'article 67 un amendement qui avait été introduit à l'article 65. Mais, après avoir mieux relu et combiné les deux articles, nous croyons qu'il serait sans inconvénient d'ajouter à l'article 67 les mots que l'on propose d'y ajouter ; nous croyons même que ces mots doivent être ajoutés par suite du système dans lequel la commission a rédigé l'article 65. Seulement nous pensons que les mots, *sauf le recours au conseil de préfecture*, ne devraient pas être placés à la fin de l'article; nous croyons que pour plus de régularité il faudrait dire : « Quels que soient l'âge ou l'essence des bois, les usagers ne pourront exercer leurs droits de pâturage et de panage que dans les cantons qui auront été déclarés défensables par l'administration forestière, sauf le recours au conseil de préfecture, » parce que le recours a rapport à cette déclaration sur la qualité de défensables; on ajouterait ensuite la fin de l'article : « Et ce, nonobstant toutes possessions contraires. »

« Quelle que soit l'opinion des membres de la chambre sur l'amendement fait par la commission à l'article 65, il n'en est pas moins vrai que cet amendement une fois adopté, il y a lieu à appel devant le conseil de préfecture, pour toutes les déclarations de l'administration forestière sur le point de savoir si les bois sont ou ne sont pas défensables; car, sans cela, il résulterait de l'article 67 que l'administration pourrait annuler par sa déclaration ce que vous n'avez pas voulu qu'elle pût annuler de son propre droit. »

M. *Hyde de Neuville* croit, comme l'a déjà avancé M. de Martignac, que la question est décidée en faveur du recours par l'article 65, et qu'ainsi l'amendement est superflu.

M. de *Ricard* appuie la proposition de M. le ministre des finances.

M. *Mestadier* est aussi d'avis de l'adopter. L'article 67 ayant été jugé nécessaire malgré l'article 65, il lui semble indispensable d'y répéter la même disposition sur le recours au conseil de préfecture.

La chambre adopte la proposition et la rédaction de M. le ministre des finances, sans employer la voie du scrutin.

OBSERVATIONS.

Les dispositions de l'article 67 et de ceux qui suivent, jusqu'à la fin de la section qui traite des droits d'usage, sont empruntées, sauf quelques modifications, des titres XIX et XX de l'ordonnance de 1669.

Art. 68.

L'administration forestière fixera, d'après les droits des usagers, le nombre des porcs qui pourront être mis en panage et des bestiaux qui pourront être admis au pâturage.

DISCUSSION A LA CHAMBRE DES PAIRS.

M. *le comte Roy* dit, dans son rapport : « C'est aussi l'administration forestière qui fixera le nombre des bestiaux qui, *d'après les titres*, devront être envoyés au pâturage ; et comme, à cet égard, l'art. 68 ne détermine pas la juridiction qui, en cas de difficulté, devra en connaître, il faut bien penser que cette juridiction, malgré l'analogie avec les deux autres cas (*ceux des art.* 65 *et* 67), devra être celle des tribunaux ordinaires, seuls juges des droits de propriété, surtout lorsque l'article exprime formellement que la fixation sera faite d'après *les titres.* »

Art. 69.

Chaque année, avant le 1er mars pour le pâturage, et un mois avant l'époque fixée par l'administration forestière pour l'ouverture de la glandée et du panage, les agens forestiers feront connaître aux communes et aux particuliers jouissant des droits d'usage, les cantons déclarés défensables, et le nombre des bestiaux qui seront admis au pâturage et au panage.

Les maires seront tenus d'en faire la publication dans les communes usagères.

Art. 70.

Les usagers ne pourront jouir de leurs droits de pâturage et de panage que pour les bestiaux à leur propre usage, et non pour ceux dont ils font commerce, à peine d'une amende double de celle qui est prononcée par l'art. 199.

DISCUSSION A LA CHAMBRE DES DÉPUTÉS.

M. de *Montbel* demande la suppression des mots : *à leur propre usage, et non pour ceux dont ils font commerce*, et la substitution de ceux-ci : *qui seront reconnus leur appartenir*, de manière que l'article soit ainsi rédigé : « Les usagers ne pourront jouir de leurs droits de pâturage et de panage que pour les bestiaux qui seront reconnus leur appartenir, à peine, etc. »

Il dit, à l'appui de son amendement, que, dans les pays de petite culture, il n'existe, pour ainsi dire, aucune différence entre les bestiaux que l'article désigne comme étant *au propre usage des colons*, et ceux que le même article indique comme étant plus spécialement un objet de *commerce;* que, dans ces pays, tous les bestiaux, tant ceux qu'on emploie aux travaux aratoires, que ceux qu'on y destine ultérieurement ou qu'on entretient dans le domaine comme propres à y accroître les moyens d'engrais, peuvent, d'un moment à l'autre, être vendus, et devenir un objet de commerce; qu'ainsi la distinction du projet est inexacte, et qu'il importe dès lors de la remplacer par une énonciation plus claire et plus précise.

M. *de Bouthillier, directeur général des forêts*, considère cette proposition comme tout-à-fait contraire à l'intérêt des usagers, et il en demande le rejet. « Les bestiaux achetés dans le commerce appartiennent à ceux qui les ont achetés, tout aussi-bien que ceux qui sont à leur usage. Si l'on ne faisait pas cependant une distinction entre les bestiaux provenant du commerce et les bestiaux à l'usage de l'agriculture, il en résulterait que les bestiaux achetés dans le commerce feraient grand tort aux bestiaux des usagers. »

M. *Mestadier* combat cette assertion. Selon lui, les particuliers peuvent envoyer dans les forêts tous les bestiaux qui leur appartiennent : il n'y a de limites ni pour la nature, ni pour le nombre, ni pour l'espèce. Les chèvres seules ne peuvent y être introduites. « Dans une grande partie de la France, ajoute-t-il, il n'y a pas un seul propriétaire faisant valoir par lui-même, qui ne fasse plus ou moins le commerce des bestiaux. Ainsi, on achète à une foire des vaches ou des veaux; on les garde un mois, deux mois; mais c'est avec l'intention de les vendre et d'y gagner. Si vous laissiez l'article tel qu'il est, il en résulterait qu'on aurait le droit d'élever mille chicanes sur les bestiaux que les cultivateurs auraient depuis plus ou moins de temps. Je pense que l'article ne peut être voté tel qu'il est. Si vous n'adoptez pas l'amendement de M. de Montbel, au moins faudrait-il supprimer dans l'article les mots : *et non pour ceux dont ils font commerce*. Mais j'appuie l'amendement de M. de Montbel parce qu'il est plus franc. S'il est rejeté, je proposerai la suppression que je viens d'indiquer. »

M. *Dudon* rappelle que la disposition proposée par le gouvernement est prise dans l'art. 14, du titre XIX de l'ordonnance de 1669, portant : « Les habitans des maisons usagères jouiront du droit de pâturage et de panage pour leurs bestiaux, de leur nourriture seulement, et non pour ceux dont ils font trafic et commerce, à peine d'amende et de confiscation. » Il pense qu'étendre la faveur aux bestiaux achetés pour en faire le commerce, ce serait accorder aux uns un avantage qui tournerait au détriment des autres, ce qui serait injuste; que de plus l'exécution en serait difficile, puisqu'on est obligé de faire connaître le nombre d'animaux qu'on veut envoyer à l'usage, et que les bestiaux destinés au commerce variant sans cesse, l'habitant usager ignore le nombre de ceux qu'il a chez lui.

M. *de Montbel* réplique : « M, Dudon n'a parlé que des bestiaux qu'on aurait achetés avec l'intention d'en faire commerce, et j'ai voulu désigner à la chambre des bestiaux dont en effet on fait commerce, mais qui sont nés dans le domaine. »

M. *Dudon*, répond : « On ne considère jamais comme bétail destiné au commerce celui qui est né dans la ferme. On n'appelle de ce nom que celui qu'on achète à la foire pour le revendre. Il ne peut y avoir de doute à cet égard; si une ferme possède douze vaches, et que ces vaches viennent à produire des veaux, il est bien certain que ces veaux peuvent aller paître avec leur mère. »

M. *de Montbel* réunit son amendement à celui de M. Mestadier ; mais il reprend sa proposition, ce dernier ayant retiré la sienne d'après les explications qui ont été données.

L'amendement de M. de Montbel, mis aux voix, est rejeté. L'article 70 est adopté.

Art. 71.

Les chemins par lesquels les bestiaux devront passer pour aller au pâturage ou au panage et en revenir, seront désignés par les agens forestiers.

Si ces chemins traversent des taillis ou des recrus de futaies non défensables, il pourra être fait, à frais communs entre les usagers et l'administration, et d'après l'indication des agens forestiers, des fossés suffisamment larges et profonds, ou toute autre clôture, pour empêcher les bestiaux de s'introduire dans les bois.

DISCUSSION A LA CHAMBRE DES DÉPUTÉS.

Dans le projet, le second paragraphe de l'article portait : « Si ces chemins traversent des taillis ou des recrus de futaies non défensables, *il y sera fait préalablement*, *aux frais des usagers* et d'après l'indication des agens forestiers, des fossés, etc. »

M. *Favard de Langlade* dit dans son rapport : « Le premier paragraphe de l'article 71 a été adopté. On fait observer, sur le second, que l'obligation imposée aux usagers de faire des fossés des deux côtés des routes par lesquelles passeraient leurs bestiaux, serait une telle charge pour eux, que cette rigueur pourrait les contraindre, à leur grand préjudice, d'abandonner leurs droits : cette crainte est d'autant mieux fondée, qu'en indiquant aux usagers des chemins fort longs, qu'on pourrait changer chaque année, ce serait autoriser à ordonner arbitrairement des dépenses considérables. Pour parer à cet inconvénient, la commission propose de régler que les fossés seront faits à moitié frais par les deux parties : elle demande, en conséquence, qu'après les mots, *futaies non défensables*, on remplace ceux qui suivent par ceux-ci : *il pourra être fait à frais communs, entre les usagers et l'administration*, et *d'après l'indication des agens forestiers, des fossés*, etc. la suite comme à l'article. »

M. *de Fussy* se regardant comme étant sur le même terrain que lorsqu'il s'agissait de l'art. 67, propose de rédiger le premier paragraphe de l'art. 71 de la manière suivante : « Les chemins par lesquels les bestiaux devront passer pour aller au pâturage ou au panage, et en revenir, seront désignés par les agens forestiers. Si le passage a lieu à travers des taillis défensables, le plus court des chemins déjà ouverts sera, de droit, celui que les bestiaux pourront prendre, sauf recours à cet égard au conseil de préfecture, soit de la part de l'administration forestière, soit de celle des usagers. »

M. *de Martignac, commissaire du roi*, combat l'amendement en ces termes : « Je conçois très-bien que pour les dispositions importantes qui sont contenues dans les articles 65 et 67, on ait cru utile d'établir un juge entre les prétentions de l'administration forestière et celles des usagers. Mais il me semble que parvenue à l'article 71, la chambre ne peut reconnaître un recours sur des questions qui appartiennent tout-à-fait à l'intérieur de l'administration forestière. D'après l'ordonnance de 1669, le troupeau doit être conduit par un seul chemin désigné par les officiers forestiers, sans qu'il soit possible d'en prendre un autre. Nous avons conservé cette législation en adoucissant beaucoup les peines destinées à réprimer les contraventions. Il serait impossible de concevoir l'exercice de l'administration forestière, si l'on arrivait à ce résultat que toutes les fois qu'une discussion serait élevée par un usager sur la route à traverser, il y aurait lieu à recourir devant le conseil de préfecture, lequel entraîne nécessairement le recours devant le conseil d'Etat. La mauvaise volonté des usagers pourrait appeler incessamment le conseil d'Etat à décider des questions de ce genre. Je ne crois pas que la loi puisse consacrer une pareille disposition. »

L'amendement de M. de Fussy est rejeté.

La chambre rejette pareillement un amendement de M. Devaux dont l'objet est d'ajouter, à la fin du premier paragraphe de l'article en discussion, les mots : *sauf le recours au conseil de préfecture*, et de supprimer le second paragraphe de l'article ainsi que l'amendement de la commission.

M. *Reboul* approuve l'amendement de la commission en ce qu'il met à la charge de l'administration forestière la moitié des frais de clôture; mais il demande qu'au lieu des expressions *il pourra être fait*, on dise *il sera fait*. Il croit que si l'on n'adopte pas sa proposition, l'administration forestière pourra refuser de contribuer aux clôtures et aux fossés, bien sûre qu'elle sera, dit-il, de faire condamner les contrevenans.

M. *Favard de Langlade*, *rapporteur*, répond : « La commission a voulu que les usagers ne supportassent pas la totalité des frais nécessités par les fossés ou la clôture ; mais elle n'a pensé devoir faire de ces fossés une obligation à personne. Elle n'a pas voulu qu'on pût être forcé à en faire là où ce ne serait pas nécessaire; c'est pourquoi elle a mis *il pourra* et non *il sera*. »

La proposition de M. Reboul est rejetée.

L'article est adopté tel qu'il a été amendé par la commission.

DISCUSSION A LA CHAMBRE DES PAIRS.

M. *le comte de Saint-Roman* remarque que le recours au conseil de préfecture n'est pas réservé par l'art. 71, comme il l'est dans le cas prévu par les art. 65 et 67. Il cite un fait particulier. « Plusieurs propriétaires riverains d'une des principales forêts de l'Allier jouissaient depuis un temps immémorial d'un droit de glandée dans cette forêt. Sommés en vertu des lois de la révolution de produire leurs titres, ils avaient été maintenus dans leur possession, et depuis ils n'avaient essuyé aucun trouble, lorsqu'il y a environ un ou deux ans une mesure prise par les agens de l'administration forestière vint changer entièrement le mode d'exercice de leur droit. Jusqu'alors leurs bestiaux s'étaient rendus par un chemin direct dans la partie de la forêt soumise à la glandée, et qui n'est éloignée des métairies que de quelques cents mètres. Mais la fermeture de cette route les oblige maintenant à entreprendre, pour aller à la glandée, un véritable voyage qui commence au point du jour et finit à son déclin. Par suite de cette mesure arbitraire, les usagers se trouvent véritablement frustrés de leurs droits : ils demandent devant quelle autorité ils devront porter légalement leur plainte. »

Le conseiller d'état, directeur général des forêts, déclare « qu'il n'a point connaissance du cas particulier qui a motivé la réclamation du noble pair ; si les usagers s'étaient adressés à l'administration, elle se serait empressée de faire cesser les motifs de plainte qu'ont pu occasioner ses agens inférieurs. Quant à la question générale, le commissaire du roi observe que l'art. 71 ne fait que reproduire une disposition consacrée par l'ordonnance de 1669, qui disait, à l'article 6 du titre XIX, que le chemin à suivre par les bestiaux pour se rendre au pâturage, serait *désigné par les officiers de la maîtrise*, sauf le recours au grand maître. Bien que le directeur général des forêts ne soit pas investi de toutes les attributions confiées au grand-maître, on a pensé que, dans le cas de l'art. 71, le recours à l'administration supérieure était une garantie suffisante pour les usagers, et qu'il n'était point nécessaire d'ouvrir sur un objet aussi simple un pourvoi au conseil de préfecture, et de là au conseil d'Etat. »

L'article est adopté sans modification.

Art. 72.

Le troupeau de chaque commune ou section de commune devra être conduit par un ou plusieurs pâtres communs, choisis par l'autorité municipale; en conséquence, les habitans des communes usagères ne pourront ni conduire eux-mêmes ni faire conduire leurs bestiaux à garde séparée, sous peine de deux francs d'amende par tête de bétail.

Les porcs ou bestiaux de chaque commune ou

section de commune usagère formeront un troupeau particulier et sans mélange de bestiaux d'une autre commune ou section, sous peine d'une amende de cinq à dix francs contre le pâtre, et d'un emprisonnement de cinq à dix jours en cas de récidive.

Les communes et sections de commune seront responsables des condamnations pécuniaires qui pourront être prononcées contre lesdits pâtres ou gardiens, tant pour les délits et contraventions prévus par le présent titre, que pour tous autres délits forestiers commis par eux pendant le temps de leur service et dans les limites du parcours.

DISCUSSION A LA CHAMBRE DES DÉPUTÉS.

Les mots *et section de commune*, qui se trouvent dans les trois paragraphes de l'article, n'étaient pas dans le projet. Ils ont été ajoutés sur la demande de la commission. Le rapport de M. Favard de Langlade dit à ce sujet : « Il y a souvent des sections de communes qui jouissent séparément d'un droit de pacage dans des forêts de l'Etat ; il est dès lors nécessaire de les désigner dans l'article d'une manière spéciale, parce que leur droit est étranger au chef-lieu de la commune. »

Il en est de même des mots : *et dans les limites du parcours* qui terminent l'article.

M. *Favard de Langlade* en justifie l'addition en disant qu'il serait injuste que les communes fussent responsables des délits qui pourraient être commis ailleurs que dans les portions de forêt affectées au parcours.

La commission propose en outre de supprimer, dans le troisième paragraphe, le mot *amendes*, qui se trouvait dans le projet.

M. *le rapporteur* dit : « La commission a pensé que la responsabilité dont il s'agit en ce moment, devait se renfermer dans les dispositions du code civil ; c'est une question très-importante à examiner. Nous vous proposons en conséquence de renvoyer votre délibération à cet égard à l'époque où vous discuterez l'art. 206, parce qu'alors vous serez plus à même de prononcer en connaissance de cause. »

Cet ajournement est adopté.

Après avoir adopté, dans la séance du lundi 9 avril 1827, à la suite d'une discussion approfondie entre M. le commissaire du roi et M. le rapporteur de la commission, le retranchement du mot *amendes* dans la rédaction de l'art. 206, la chambre revient à l'art. 72, qu'elle adopte aussi, avec le même retranchement et avec les autres amendemens de la commission. (*Voyez la dicussion de l'art.* 206.)

DISCUSSION A LA CHAMBRE DES PAIRS.

M. *le comte Lecouteulx* observe « qu'il peut arriver qu'il existe dans une commune un ou plusieurs usagers à titre particulier : il demande si de pareils usagers seront assujettis aux règles établies par l'art. 72 pour les communes ou sections de communes usagères, s'ils devront, par exemple, avoir un pâtre commun, et s'il leur sera interdit de conduire leurs bestiaux eux-mêmes. »

Le ministre d'état, commissaire du roi, « estime que l'art. 72 ne saurait être applicable qu'au cas où le droit d'usage appartient à la commune ou à une section de la commune. S'il appartient au contraire à tel ou tel individu, en vertu d'un titre particulier, et non en sa qualité d'habitant de la commune, le mode de jouissance sera réglé par le titre et par les dispositions générales qui s'appliquent à tous les droits d'usage. »

Art. 73.

Les porcs et bestiaux seront marqués d'une marque spéciale.

Cette marque devra être différente pour chaque commune ou section de commune usagère.

Il y aura lieu, par chaque tête de porc ou de bétail non marqué, à une amende de trois francs.

La chambre adopte cet article avec l'addition des mots *et section de commune,* proposée par la commission.

Elle rejette un amendement de M. *Duhamel,* qui substituait à la rédaction du projet la rédaction suivante : « Les porcs et bestiaux seront marqués d'une marque spéciale. Pour les premiers, la marque sera faite avec un fer chaud, ainsi qu'il est prescrit par l'art. 55 de la présente loi. Pour les bestiaux, la marque sera faite avec une matière colorée et durable, dont l'empreinte sera connue de l'agent forestier local et aura été agréée par lui. Ces marques et empreintes devront être différentes pour chaque commune ou chaque section de commune usagère. » (*Le reste comme au projet.*)

M. *Chifflet* fait observer à cet égard que la manière de faire la marque prescrite est une chose purement administrative, que l'ordonnance peut régler, mais qui n'entre nullement dans le domaine de la loi.

Art. 74.

L'usager sera tenu de déposer l'empreinte de la marque au greffe du tribunal de première instance, et le fer servant à la marque au bureau de l'agent forestier local; le tout sous peine de cinquante francs d'amende.

Art. 75.

Les usagers mettront des clochettes au cou de tous les animaux admis au pâturage, sous peine de deux francs d'amende par chaque bête qui serait trouvée sans clochette dans les forêts.

Art. 76.

Lorsque les porcs et bestiaux des usagers seront trouvés hors des cantons déclarés défensables ou désignés pour le panage, ou hors des chemins indiqués pour s'y rendre, il y aura lieu contre le pâtre à une amende de trois à trente francs. En cas de récidive, le pâtre pourra être condamné à un emprisonnement de cinq à quinze jours.

DISCUSSION A LA CHAMBRE DES DÉPUTÉS.

Dans le projet, le *minimum* de l'amende était de *cinq francs*; la commission propose de le réduire à *trois francs*.

M. *Devaux* propose d'ajouter, après ces mots : *seront trouvés*, ceux-ci ; *à l'abandon ou à garde faite*. Il dit : « L'article du projet renferme une disposition pénale d'emprisonnement contre le pâtre dont *les porcs et les bestiaux seraient trouvés* dans les cantons non déclarés *défensables* : c'est une raison pour lui donner plus de précision dans les termes. Du texte, tel qu'il existe, résulterait que le fait seul d'avoir *trouvé* les bestiaux hors des limites constituerait le délit, sans exception. Cependant le pâtre n'est pas répréhensible quand les bestiaux sont *trouvés* en divagation, et que le gardien est en même temps occupé à les faire rentrer dans le canton déclaré défensable. Le pâtre n'est répréhensible que dans deux cas : celui où il abandonne ses bestiaux par négligence, et celui où il les tient hors des limites à *garde faite*, circonstance très-prononcée de culpabilité. Aussi, quand les procès-verbaux des gardes n'expriment pas l'un ou l'autre de ces deux cas, le pâtre s'excuse sur la divagation des bestiaux qu'il n'a pu réprimer, et cette excuse peut être vérifiée, parce qu'elle n'est pas contraire au rapport du garde, quand il est silencieux sur ce point. La rédaction que je propose, en caractérisant le délit par les deux circonstances d'*abandon* et de *garde faite*, termes usités dans les coutumes, forcera le garde à les exprimer dans son rapport, si elles sont vraies, et préviendra des difficultés et des erreurs. »

M. de Martignac, commissaire du roi, répond : « L'art. 76 est une conséquence nécessaire des articles que vous avez précédemment votés : c'est la sanction des dispositions prohibitives contenues dans ces articles. J'ai quelque peine à comprendre dans quel intérêt l'amendement est proposé ; il tend à généraliser la disposition de l'article, à faire prononcer d'une manière plus explicite la peine contre le pâtre. Je ne conçois pas comment on peut appuyer un tel amendement dans l'intérêt des pâtres, puisque dans la réalité il rend la mesure plus rigoureuse, et doit nécessairement faire condamner plus souvent les pâtres, qui, dans tous les cas, n'auront aucun prétexte à alléguer. »

L'amendement de M. Devaux n'étant pas appuyé, n'est pas mis aux voix.

Mais M. *Hyde de Neuville* monte à la tribune et dit : « Il me semble que M. Devaux a raison. Si l'article reste rédigé tel qu'il est, un malheureux pâtre pourra à chaque instant être mis en prison pour un fait fort innocent. Je propose de rédiger ainsi la dernière disposition : *En cas de récidive, le pâtre pourra être en outre condamné à un emprisonnement*, etc. »

Cet amendement est adopté, et la rédaction proposée par l'honorable membre remplace la disposition finale de l'article du projet, qui était ainsi conçue : « En cas de récidive, le pâtre *sera en outre* condamné à un emprisonnement de cinq à quinze jours. »

L'article, ainsi amendé par la commission et par M. Hyde de Neuville, est adopté.

ART. 77.

Si les usagers introduisent au pâturage un plus grand nombre de bestiaux ou au panage un plus grand nombre de porcs que celui qui aura été fixé par l'administration conformément à l'art. 68, il y aura lieu, pour l'excédant, à l'application des peines prononcées par l'art. 199.

ART. 78.

Il est défendu à tous usagers, nonobstant tout titre et possession contraire, de conduire ou faire conduire des chèvres, brebis ou moutons dans les forêts ou sur les terrains qui en dépendent, à peine contre les propriétaires, d'une amende qui sera double de celle qui est prononcée par l'art. 199, et contre les pâtres ou bergers, de quinze francs d'amende. En cas de récidive, le pâtre sera condamné, outre l'amende, à un emprisonnement de cinq à quinze jours.

Ceux qui prétendraient avoir joui du pacage ci-dessus en vertu de titres valables ou d'une possession équivalente à titre, pourront, s'il y a lieu, réclamer une indemnité, qui sera réglée de gré à gré, ou, en cas de contestation, par les tribunaux.

Le pacage des moutons pourra néanmoins être autorisé, dans certaines localités, par des ordonnances du roi.

DISCUSSION A LA CHAMBRE DES DÉPUTÉS.

L'article du projet était ainsi conçu : « Il est défendu à tous usagers, nonobstant tous titres et possessions contraires, de conduire ou faire conduire des chèvres, brebis ou moutons dans les forêts ou sur les terrains qui en dépendent, à peine, contre les propriétaires, d'une amende double de celle qui est prononcée par l'art. 199, et contre les pâtres ou bergers, de 15 fr. d'amende. En cas de récidive, le pâtre sera condamné, outre l'amende, à un emprisonnement de cinq à quinze jours. »

M. *Favard de Langlade*, *rapporteur*, dit sur cet article: « La commission a reconnu que la mesure d'empêcher les chèvres de pacager dans les bois est sage, et indispensable pour la conservation des forêts; mais cependant elle a jugé que si cet usage était fondé sur des titres positifs, il était impossible d'admettre que le possesseur du droit ne fût pas indemnisé; elle a également remarqué que, dans quelques provinces, et particulièrement dans le midi de la France, il y avait à peine d'autres bestiaux que des moutons, et pas d'autres lieux de pacage que les forêts; qu'alors il était important d'accorder au gouvernement, comme on l'a fait par l'art. 110, le droit de modérer la rigueur de l'art. 78, pour les lieux où il pourrait croire que ce serait sans danger. »

Par suite de ces observations, la commission propose la rédaction suivante : « Il est défendu à tous usagers, nonobstant tout titre et possession contraire, de conduire ou faire conduire des chèvres, brebis ou moutons, dans les forêts ou sur les terrains qui en dépendent, à peine contre les propriétaires, d'une amende, *s'il y a lieu, qui sera* double de celle qui est prononcée par l'art. 199. et contre les pâtres ou bergers, de 15 fr. d'amende. En cas de récidive, le pâtre sera condamné, outre l'amende, à un emprisonnement de cinq à quinze jours.

« *Ceux qui auront titres ou possessions contraires, pourront réclamer une indemnité, qui sera réglée de gré à gré, ou, en cas de contestation, par les tribunaux.*

« *Le pacage des moutons pourra néanmoins être autorisé dans certaines localités par des ordonnances du roi.* »

M. *de Ricard* demande le retranchement, dans le premier paragraphe, des mots *nonobstant tous titres et possessions contraires.*

M. *Dudon* s'oppose à ce retranchement.

M. *de Martignac, commissaire du roi*, le combat aussi. « L'état actuel de la législation, dit-il, prohibe indistinctement l'introduction des chèvres ou brebis et moutons dans les forêts de l'État, comme dans celles provenant des communautés religieuses et des établissemens publics. Cette prohibition a été plusieurs fois renouvelée. Cependant on ne peut se dissimuler qu'il y ait eu des abus, qu'il a été donné des titres, et que des possessions ont été acquises. La loi actuelle entend maintenir la prohibition d'une manière absolue; et voilà pourquoi on a ajouté : *nonobstant tous titres et possessions contraires.* Il est indispensable de maintenir cette disposition. »

La proposition de retranchement, faite par M. de Ricard, est rejetée.

La chambre adopte l'addition des mots : *s'il y a lieu, qui sera double*, que la commission a proposée sur le paragraphe premier.

On s'occupe ensuite du paragraphe relatif à l'indemnité que pourraient réclamer les usagers.

M. *Dudon* dit que la commission est entrée dans un système

qui n'est pas d'accord avec le principe qu'elle semble reconnaître; que s'il est vrai qu'on n'a jamais pu être autorisé à introduire des chèvres et des moutons dans les bois de l'Etat, ou dans ceux des communautés, il n'est pas possible de faire revivre aujourd'hui des droits semblables; que la possession dont il s'agit ne saurait jamais être invoquée, puisqu'elle ne peut être fondée que sur un délit ou sur une tolérance coupable de la part des agens forestiers; que c'est une possession contre la loi, une possession qui ne peut équivaloir à un titre.

M. *de Martignac*, se fondant sur les mêmes raisons, ajoute: «Il est de principe qu'on ne peut acquérir un titre au moyen d'une contravention, et encore moins d'un délit. L'ordonnance de 1669 défendait, sous les peines les plus sévères, d'introduire des bêtes à laine dans les forêts. Cette législation n'a pas changé; un grand nombre d'arrêts de la cour de cassation l'a formellement maintenue.»

M. *Favard de Langlade, rapporteur*, défend le travail de la commission. Il dit: «En répondant à M. de Ricard, M. le commissaire du gouvernement a soutenu avec raison qu'il était essentiel de conserver dans l'article les mots : *nonobstant tout titre et possession contraire;* mais ensuite il a pensé que la commission avait eu tort d'ajouter un second paragraphe; qu'elle s'était mise par là en contradiction avec la disposition précédente qu'elle adoptait. Messieurs, la commission a fait, dans cette circonstance, ce qu'elle a fait dans une plus grande encore : elle a respecté tous les titres, laissant aux tribunaux seuls la faculté de les juger; car nous n'exerçons pas ici le pouvoir judiciaire. Notre devoir est de renvoyer devant les tribunaux toutes les questions, bonnes ou mauvaises, qui peuvent se présenter sur l'exercice des droits d'usage. C'est en partant de ce principe que la commission a renvoyé devant les tribunaux pour accorder une indemnité, s'ils le jugent à propos. Si vous adoptez l'amendement de la commission, vous ferez ce que vous avez fait dans une circonstance plus sérieuse. Vous vous rappelez la discussion lumineuse qui a eu lieu sur les affectations. On vous avait dit : Les affectations sont nulles; l'ordonnance de 1669 les prohibe; on a fait ce qu'on ne pouvait pas faire; il faut donc annuler un titre qui est contraire à la législation : mais en même temps on accordait dix ans au titulaire. Quant à ceux qui prétendaient que leur titre leur conférait des droits irrévocables, on les a renvoyés devant les tribunaux. De même, dans l'espèce qui nous occupe, la commission reconnaît qu'il peut se faire qu'il y ait des titres et une possession; et, sans s'expliquer sur la nature de ces titres et de cette possession, elle se borne à respecter les droits de chacun. C'est guidée par ce principe, que la commission a cru devoir faire une proposition qui ne peut nuire à personne. »

M. *de Martignac* réplique : « C'est par la comparaison de ce que la chambre a fait par rapport aux affectations, et de ce qu'elle a à faire maintenant, en ce qui touche la prohibition dont il s'agit, que l'honorable rapporteur de la commission prétend soutenir le système adopté par elle. Je soutiens, moi, qu'il n'existe aucune sorte d'analogie entre les espèces, et que les termes mêmes dans lesquels l'amendement est conçu ne laissent pas aux tribunaux la faculté d'admettre ou de rejeter la réclamation d'indemnité. »

M. *Hyde de Neuville* pense qu'il faut faire pour les usages ce qu'on a fait pour les affectations, et il vote pour l'amendement de la commission.

M. *Sébastiani*, et M. *Chifflet, membre de la commission*, parlent dans le même sens.

M. *Mestadier* ne doute pas que, malgré l'ordonnance de 1669, des communes ou des particuliers ne puissent avoir acquis, par un titre légitime, un droit de pacage des moutons dans certains pays, et il pense qu'il est juste de leur réserver le droit de réclamer une indemnité. Il propose la rédaction suivante, qu'il annonce avoir improvisée : « Ceux qui prétendraient que leur titre n'est pas atteint par les dispositions prohibitives des lois existantes, ou avoir légalement acquis le droit par prescription, pourront se pourvoir devant les tribunaux pour faire juger la validité de leur titre, et dans ce cas ils auront droit à une indemnité. »

M. *le ministre des finances* voit une inconséquence dans la disposition additionnelle, et il propose le renvoi de l'article à la commission, renvoi qui est adopté par la chambre.

A la suite de ce renvoi, et le lendemain 27 mars 1827, M. *Favard de Langlade* dit au nom de la commission : « Vous avez renvoyé à l'examen de votre commission un sous-amendement proposé par M. Mestadier à l'amendement qu'elle a présenté sur l'art. 78 du projet. Nous avons reconnu que ce sous-amendement ne changeait en rien la proposition faite par la commission, et qu'il n'en différait que par la rédaction. Ainsi je ne fatiguerai pas, Messieurs, votre attention en rappelant les puissantes considérations qui nous ont déterminés à vous proposer de donner aux usagers la faculté de réclamer une indemnité, si le droit de conduire des chèvres, brebis ou moutons dans les forêts de l'État leur avait été concédé par un titre valable. Si l'intérêt général exige la suppression de ce droit, l'État ne doit pas moins une indemnité à celui qui est obligé par la loi d'en faire le sacrifice. Votre commission a toujours été dirigée dans son travail par le principe sacré que *les droits légalement acquis* doivent être respectés ; que les lois ne peuvent jamais y porter atteinte par un effet rétroactif, et que c'est aux tribunaux qu'il appartient d'apprécier les titres qui les constituent, d'après les lois sous l'empire desquelles ils ont été contractés. Ces principes, qui dominent heureusement dans toutes les dispositions du projet, ont été consacrés d'une manière formelle par son dernier article placé de manière à former la clef de la voûte de ce grand édifice. La commission a l'honneur de vous soumettre une nouvelle rédaction de son amendement, qui rentre dans celle de M. Mestadier ; elle est ainsi conçue :

« Ceux qui prétendraient avoir joui du pacage ci-dessus, en » vertu de titres valables ou d'une possession équivalente à titre, » pourront, s'il y a lieu, réclamer une indemnité qui sera ré- » glée de gré à gré, et, en cas de contestation, par les tri- » bunaux. »

Cet amendement de la commission est adopté.

La délibération s'établit sur le dernier paragraphe ajouté par la commission.

M. *Devaux* voudrait que le pacage des *chèvres* pût, comme

celui des moutons, être autorisé par des ordonnances royales.

M. *Boulard* propose une autre rédaction dont M. Favard de Langlade donne lecture.

En faisant connaître cette proposition, M. Favard la combat, ainsi que celle de M. Devaux. Il dit : « L'amendement de M. Boulard est ainsi conçu : « Les droits existans pour le pacage des moutons pourront néanmoins être maintenus dans certaines localités par ordonnances du roi. » La commission a pensé que cet amendement ne pouvait être adopté ; qu'il serait en contradiction avec le premier paragraphe de l'article en discussion, par lequel il est défendu à tous usagers de faire paître des chèvres, brebis ou moutons dans les forêts de l'État ou dans les terrains qui en dépendent. Adopter l'article, serait vouloir maintenir un droit qui a été aboli. La commission, en proposant de donner au gouvernement la faculté d'accorder dans certaines localités la permission de laisser pacager les moutons, n'a pas eu la pensée de rendre fréquentes les autorisations de cette nature ; mais elle a considéré que dans certains départemens où il y a beaucoup de moutons, il serait peut-être fâcheux de supprimer le pacage le lendemain de la promulgation de la loi ; elle a considéré aussi que dans les années où la sécheresse aurait été extrême, la sollicitude paternelle du gouvernement serait excitée, et qu'il fallait réserver au gouvernement, pour des circonstances pareilles, la faculté d'autoriser le pacage dans les forêts de l'État. La commission en cela n'a fait que suivre ce qui se pratique pour les bois des communes, et ce qui se trouve consigné à l'art. 110 du projet, où il est dit que le pacage des moutons pourra être autorisé dans certaines localités par des ordonnances spéciales de S. M. Quant à l'amendement de M. Devaux, qui tend à étendre aux chèvres la faculté accordée pour les moutons, vous savez, Messieurs, ce qui vous a été dit sur les dommages que causent les chèvres quand elles s'introduisent dans les bois ; il n'est pas besoin d'énumérer ces dommages que vous connaissez parfaitement ; nous nous bornons en conséquence à vous proposer le rejet de l'amendement. »

Les amendemens de MM. Boulard et Devaux sont rejetés.

Celui de la commission est adopté. L'article ainsi amendé est adopté.

ART. 79.

Les usagers qui ont droit à des livraisons de bois, de quelque nature que ce soit, ne pourront prendre ces bois qu'après que la délivrance leur en aura été faite par les agens forestiers, sous les peines portées par le titre XII pour les bois coupés en délit.

ART. 80.

Ceux qui n'ont d'autre droit que celui de prendre le bois mort, sec et gisant, ne pourront, pour l'exercice de ce droit, se servir de crochets ou ferremens d'aucune espèce, sous peine de trois francs d'amende.

ART. 81.

Si les bois de chauffage se délivrent par coupe, l'exploitation en sera faite, aux frais des usagers, par un entrepreneur spécial nommé par eux et agréé par l'administration forestière.

Aucun bois ne sera partagé sur pied ni abattu par les usagers individuellement, et les lots ne pourront être faits qu'après l'entière exploitation de la coupe, à peine de confiscation de la portion de bois abattu afférente à chacun des contrevenans.

Les fonctionnaires ou agens qui auraient permis ou toléré la contravention, seront passibles d'une amende de cinquante francs, et demeureront en outre personnellement responsables, et sans aucun recours, de la mauvaise exploitation et de tous les délits qui pourraient avoir été commis.

DISCUSSION A LA CHAMBRE DES DÉPUTÉS.

La commission propose une addition au premier paragraphe de l'article qui, dans le projet, était terminé par les expressions *entrepreneur spécial.*

M. *Favard de Langlade* dit à ce sujet, dans son rapport : « On a remarqué que s'il n'était pas réglé par qui serait nommé l'entrepreneur dont il est parlé, il pourrait l'être par l'administration forestière, et être tout-à-fait opposé à l'intérêt des communes, tandis qu'il serait payé par elles. Pour prévenir toute crainte à cet égard, la commission propose d'ajouter à la fin du premier paragraphe, après les mots, *entrepreneur spécial*, ceux-ci, *nommé par eux et agréé par l'administration forestière.* »

L'article est adopté avec cet amendement.

Art. 82.

Les entrepreneurs de l'exploitation des coupes délivrées aux usagers se conformeront à tout ce qui est prescrit aux adjudicataires pour l'usance et la vidange des ventes ; il seront soumis à la même responsabilité, et passibles des mêmes peines en cas de délits ou contraventions.

Les usagers ou communes usagères seront garans solidaires des condamnations prononcées contre lesdits entrepreneurs.

Art. 83.

Il est interdit aux usagers de vendre ou d'échanger les bois qui leur sont délivrés, et de les employer à aucune autre destination que celle pour laquelle le droit d'usage a été accordé.

S'il s'agit de bois de chauffage, la contravention donnera lieu à une amende de dix à cent francs.

S'il s'agit de bois à bâtir ou de tout autre bois non

destiné au chauffage, il y aura lieu à une amende double de la valeur des bois, sans que cette amende puisse être au-dessous de cinquante francs.

DISCUSSION A LA CHAMBRE DES DÉPUTÉS.

M. *Favard de Langlade* dit, dans son rapport : « En examinant l'article 83, la commission a trouvé trop rigoureux de prononcer une amende contre les délinquans, et de les priver en outre de leurs droits d'affouage : comme souvent la pauvreté aura pu les porter à vendre leur bois de chauffage pour acheter des objets de première nécessité, il y aurait de la cruauté à les priver, l'année suivante, de leur affouage; ce serait accroître leur misère et les porter peut-être à commettre de nouveaux délits forestiers. L'amende a paru suffire et sera plus proportionnée au délit. D'après ces motifs, la commission propose de supprimer, à la fin du deuxième paragraphe de l'article, ces mots, *et à la privation de l'affouage pendant une année.* »

L'article est adopté avec ce retranchement.

ART. 84.

L'emploi des bois de construction devra être fait dans un délai de deux ans, lequel néanmoins pourra être prorogé par l'administration forestière. Ce délai expiré, elle pourra disposer des arbres non employés.

DISCUSSION A LA CHAMBRE DES DÉPUTÉS.

L'article du projet disait simplement : « L'emploi des bois de construction devra être fait dans le délai de deux ans, à peine d'une amende de 50 francs. »

« La commission a pensé, dit M. Favard dans son rapport, qu'il pourrait arriver que les usagers, soit par force majeure, soit faute de moyens pécuniaires, ne pussent employer les bois qui leur auraient été délivrés, sans pour cela avoir la moindre culpabilité à se reprocher. Elle propose, au lieu de la peine portée au projet, de supprimer les mots, *à peine* etc., et de mettre à la place, *lequel pourra néanmoins être prorogé par l'administration forestière. Ce délai expiré, elle pourra disposer des arbres non employés.* »

L'article ainsi amendé est adopté.

Art. 85.

Les défenses prononcées par l'art. 57 sont applicables à tous usagers quelconques, et sous les mêmes peines.

TITRE IV.

Des Bois et Forêts qui font partie du domaine de la couronne.

DISCUSSION A LA CHAMBRE DES DÉPUTÉS.

M. *de Martignac, commissaire du roi*, se borne à dire dans l'exposé des motifs : « Les bois de *la couronne* sont assujettis aux mêmes règles que les bois de l'État; mais leur administration appartient uniquement au ministre de la maison du roi, et les agens et gardes institués par ce ministre y exercent les droits et les fonctions qui appartiennent aux agens de l'administration forestière dans les bois de l'État. Ce principe est déjà consacré par la loi du 8 novembre 1814. »

M. *Favard de Langlade, rapporteur de la commission*, expose les principes généraux de la matière. Il s'exprime en ces termes : « La dotation immobilière de la couronne est un démembrement du domaine de l'État, comme la liste civile est une portion distraite du trésor public. Mais ces deux institutions ont entre elles une grande différence. La liste civile, qui ne se compose que d'une somme fixe payée annuellement par le trésor royal, est essentiellement liée à la durée du règne, et, suivant la loi du 8 novembre 1814, elle doit être fixée de nouveau à chaque avénement au trône. La dotation, au contraire, est permanente et perpétuelle; elle n'est pas attachée à la personne du roi, comme la liste civile; elle est inhérente, ainsi que sa dénomination l'indique, à la couronne, qui ne périt point. Aussi la loi du 15 janvier 1825, qui règle la liste civile de Sa Majesté Charles X, n'a-t-elle, par aucune disposition, reconstitué la dotation; elle en a reconnu d'une manière positive la préexistence, puisqu'elle s'est bornée à y ajouter les immeubles acquis à titre singulier par le feu roi Louis XVIII. C'est par une conséquence de ce caractère de perpétuité et d'irrévocabilité que la loi du 8 novembre 1814 a conféré au ministre de la maison du roi la régie et l'exploitation des biens qui composent la dotation. Les agens de l'Etat n'interviennent et ne doivent intervenir en aucune manière dans cette administration : mais, comme la dotation est une fraction du domaine public, il est essentiel que les mêmes règles de conservation et d'exploitation s'appliquent aux forêts de l'Etat et à celles de la dotation, ainsi que la loi du 8 novembre en a posé le principe, sauf toujours l'entière indépendance du ministre et des agens de la maison du roi à l'égard de l'administration des forêts de l'Etat. La commission a reconnu que la rédaction du projet de code est conforme à cette doctrine, et elle vous propose en conséquence l'adoption pure et simple des articles 86, 87 et 88.

Art. 86.

Les bois et forêts qui font partie du domaine de la couronne, sont exclusivement régis et administrés par le ministre de la maison du roi, conformément aux dispositions de la loi du 8 novembre 1814.

Art. 87.

Les agens et gardes des forêts de la couronne sont en tout assimilés aux agens et gardes de l'administration forestière, tant pour l'exercice de leurs fonctions que pour la poursuite des délits et contraventions.

OBSERVATIONS.

Les agens et gardes des forêts de la couronne étant assimilés entièrement à ceux des forêts de l'Etat, ils participent à la garantie donnée par l'art. 75 de l'acte du 22 frimaire an VIII. Ainsi, il faut leur appliquer ce qui est dit dans les observations sur l'art. 6. Mais par qui la mise en jugement sera-t-elle autorisée?

L'administration forestière a le droit d'accorder l'autorisation pour ses agens; ce n'est qu'en cas de refus de sa part, que le conseil d'Etat est appelé à statuer. Il n'en est pas de même de l'administration des forêts de la couronne. Comme cette dernière n'a reçu d'aucune loi la délégation spéciale dont il est parlé dans les observations sur l'art. 6, il faut que, dans tous les cas, l'autorisation soit demandée directement au conseil d'Etat. On peut voir au *Répertoire de la nouvelle législation* de M. Favard de Langlade, au mot *mise en jugement*, une ordonnance du roi qui l'a ainsi décidé.

Art. 88.

Toutes les dispositions de la présente loi qui sont applicables aux bois et forêts du domaine de l'Etat, le sont également aux bois et forêts qui font partie du domaine de la couronne, sauf les exceptions qui résultent de l'art. 86 ci-dessus.

DISCUSSION A LA CHAMBRE DES DÉPUTÉS.

Dans le projet, l'article était terminé ainsi : *sauf les exceptions qui résultent des deux articles précédens.*

La commission propose, et la chambre adopte la substitution des mots : *sauf les exceptions qui résultent de l'article* 86.

M. *Casimir Périer* propose une disposition additionnelle conçue en ces termes : « Lorsque des coupes extraordinaires auront eu lieu dans les bois faisant partie du domaine de la couronne, en vertu d'une ordonnance spéciale, ainsi qu'il est dit dans l'article 16 de la présente loi, il en sera rendu compte aux chambres à la plus prochaine session. »

Il dit, à l'appui de cette proposition, que son amendement tient le milieu entre la proposition de M. de Kergariou et son premier amendement sur les bois de l'Etat; qu'il est ici d'autant plus indispensable qu'il s'agit, non pas seulement des bois de l'Etat, mais de ces bois possédés par la couronne *à titre d'usufruit*. L'orateur examine l'ordonnance de 1669 et la loi du 29 septembre 1791. Il y aperçoit des garanties qu'il s'étonne de ne pas trouver dans le Code.

« J'espère, ajoute-t-il, que l'on fera droit à ce que je demande, et que l'on ne viendra pas nous dire, comme dans la discussion de mon amendement sur les bois de l'Etat : Mais de quoi se plaint-on? est-ce que l'on n'a pas toutes les garanties que l'on peut désirer? le budget ne porte-t-il pas en recette les sommes provenant des coupes? et la loi des comptes ne vous en donne-t-elle pas l'emploi? Cet argument, Messieurs, qui n'était pas même spécieux relativement aux bois de l'Etat, ne pourrait pas nous être opposé pour les bois de la couronne. L'administration qui régit n'est pas celle de l'Etat : elle n'a aucun rapport avec lui; les fonds qui proviennent du produit des coupes n'entrent point dans les caisses du trésor. Ainsi, cette espèce de contrôle qui pourrait résulter et de la loi des comptes et du budget ne nous est pas même laissé pour les bois de la couronne. »

M. *le ministre des finances* répond à l'honorable membre, et combat l'amendement, appuyé par M. Benjamin Constant.

M. *de Martignac*, *commissaire du roi*, prend la défense du projet de loi contre les attaques de M. Casimir Périer.

M. *Hyde de Neuville* vote pour l'amendement, à moins qu'on ne déclare que le roi, comme usufruitier, ne peut faire des coupes extraordinaires dans les bois de la couronne.

M. *Casimir Périer* réfute M. le ministre des finances et M. de Martignac.

M. *le ministre des finances* réplique à son tour.

Le résultat de la discussion est le rejet de l'amendement de M. Casimir Périer.

TITRE V.

Des Bois et Forêts qui sont possédés à titre d'apanage ou de majorats réversibles à l'Etat.

ART. 89.

Les bois et forêts qui sont possédés par les princes à titre d'apanage, ou par des particuliers à titre de majorats réversibles à l'Etat, sont soumis au régime forestier, quant à la propriété du sol et à l'aménagement des bois. En conséquence, les agens de l'administration forestière y seront chargés de toutes les opérations relatives à la délimitation, au bornage et à l'aménagement, conformément aux dispositions des sections Ire et II du titre III de la présente loi. Les articles 60 et 62 sont également applicables à ces bois et forêts.

L'administration forestière y fera faire les visites et opérations qu'elle jugera nécessaires pour s'assurer que l'exploitation est conforme à l'aménagement, et que les autres dispositions du présent titre sont exécutées.

DISCUSSION A LA CHAMBRE DES DÉPUTÉS.

L'article du projet ne différait de celui de la loi qu'en ce qu'il n'y était point question de majorats.

M. *de Martignac, commissaire du roi*, dit que « le régime forestier porte également sur les bois constitués *à titre d'apanage*, mais seulement en ce qui touche *la propriété*. »

M. *Favard de Langlade* s'exprime ainsi dans son rapport : « Il n'en est pas des apanages comme de la dotation de la couronne : les bois et forêts qui les composent sont destinés à rentrer dans les mains de l'Etat, en cas d'extinction de la postérité mâle du prince apanagé. L'Etat est donc essentiellement intéressé aux mesures qui se rattachent à la conservation de la propriété. Ainsi le projet de code soumet avec raison ces bois et forêts au régime forestier, *quant à la propriété du sol et à l'aménagement des bois*. C'est avec raison encore qu'il charge les agens de l'administration forestière d'y faire toutes les opérations relatives *à la délimitation, au bornage et à l'aménagement*, et d'y exercer leur surveillance, pour s'assurer de la régularité de l'exploitation, ainsi que de la complète exécution des règles prescrites par le présent titre. Il a paru également juste de rappeler ici, comme le fait l'article 89, l'application des articles 60 et 62, qui interdisent toute nouvelle affectation ou concession d'usages. »

M. *le rapporteur* propose, au nom de la commission, d'insérer dans la disposition du projet, après les mots *à titre d'apanage*, ceux-ci : *ou par des particuliers à titre de majorats reversibles à l'Etat*, addition déjà adoptée à l'article 1er.

M. *Hyde de Neuville* s'oppose à cet amendement; il nie l'existence légale des majorats.

M. *Favard de Langlade* répond : « Les dispositions du Code civil ne doivent sans doute pas rester étrangères à ce qui se fait dans cette assemblée. En effet, l'article 896 de ce code reconnaît les majorats, et la Charte a confirmé toutes ses dispositions. Mais un motif plus puissant a dû déterminer la commission à vous proposer l'amendement qu'on vient de combattre; c'est que ces majorats sont composés de bois réversibles à l'Etat; il faut donc alors qu'ils soient administrés d'après les mêmes lois qui régissent les bois de l'Etat. La commission n'a été que l'écho de plusieurs bureaux, qui l'ont demandé de la manière la plus expresse; et le gouvernement en a tellement senti la nécessité, qu'il y a donné son approbation. Je suis étonné que le préopinant n'ait pas rendu hommage aux intentions de la commission, qui n'a fait que remplir un devoir et qui s'est conformée aux véritables principes. »

M. *Dudon* prétend qu'il n'y a pas de majorats composés comme ceux que suppose l'amendement de la commission.

M. *Favard de Langlade* et M. *le ministre des finances*

citent la princesse de Wagram, qui possède des bois de l'Etat constitués en majorat.

M. *Hyde de Neuville* ne s'oppose plus à l'amendement, qui est adopté.

M. *Borel de Bretizel* présente la disposition suivante : « Les opérations relatives à la délimitation et au bornage pourront être provoquées, soit par l'administration forestière, soit par les princes apanagistes et possesseurs de majorats; et il y sera procédé conformément aux dispositions de la section 1re du titre III de la présente loi, en présence et avec le concours de leurs agens forestiers. Les princes apanagistes et les possesseurs de majorats seront tenus, suivant les dispositions de la section II du titre III, de se conformer aux aménagemens existans. Il ne pourra y être fait de changement que par ordonnance royale, rendue sur la demande des princes apanagistes et des possesseurs de majorats, et avec le concours de l'administration forestière. Les articles 60 et 62 sont également applicables à ces bois et forêts. »

Il paraît naturel à l'honorable membre que les possesseurs de bois à titre d'apanage ou de majorat, en raison de l'intérêt qu'ils ont, concourent avec l'administration forestière, à la délimitation, au bornage et à l'aménagement. La rédaction du projet de loi et celle de la Commission lui semblent établir une exclusion de tout concours de la part des princes apanagistes et des possesseurs de majorats.

M. *le ministre des finances* et M. *le rapporteur* ne voient pas d'obstacle à ce que la disposition proposée soit insérée dans la loi, attendu qu'elle est conforme à la pensée du gouvernement, et que les choses se sont passées et se passent ainsi qu'on veut les régler.

Mais l'amendement est rejeté après une double épreuve.

Dans son rapport, la commission avait proposé de rappeler l'article 87, qui assimile les agens et gardes de la couronne à ceux des forêts de l'Etat, et de le déclarer applicable aux bois possédés à titre d'apanage ou de majorat, ainsi que cela se pratique depuis 1814 pour ce qui concerne les apanages.

Mais, abandonnant ensuite l'indication de cet article 87, elle demande l'addition de deux dispositions explicites dont voici les termes : « Les agens et gardes des forêts dépendantes des apanages et des majorats réversibles à l'Etat, seront assimilés aux agens et gardes de l'administration forestière, tant pour l'exercice de leurs fonctions que pour la poursuite des délits et contraventions.

« Ils seront nommés par les princes apanagés ou par les titulaires des majorats, et ne pourront toutefois entrer en fonctions qu'après avoir reçu l'institution de l'administration forestière. »

M. *Dudon* repousse cet amendement. Il dit que ce serait attribuer aux procès-verbaux de gardes particuliers le même effet qu'à ceux dressés par les gardes de l'Etat. « Mais, ajoute-t-il, ce n'est pas là le seul privilège que vous accorderiez aux agens et gardes des forêts dépendantes des apanages et des majorats; il y en aurait encore beaucoup d'autres. Ainsi, ils auraient en outre le droit de lancer des mandats d'amener, de procéder à des interrogatoires, de faire des perquisitions dans les domiciles, de siéger devant le tribunal, à côté du ministère public, de pouvoir conclure sans le ministère d'un officier ministériel, et d'interjeter appel en leur nom. Une loi du mois de mars 1806 porte que, dans les délits ou contraventions qui ont eu lieu dans l'intérieur des forêts, si, parmi les coupables ou les prévenus, se trouvent inculpés quelques agens de l'administration forestière, les conservateurs et les inspecteurs peuvent procéder à tous les actes du juge d'instruction, jusqu'au mandat de dépôt exclusivement. Vous voyez qu'il y a ici une espèce de juge instructeur, d'officier de police judiciaire. De telle sorte, qu'en suivant les conséquences de l'amendement de la commission, ce serait à la réquisition d'un officier institué par un simple particulier, qu'à l'avenir les actes judiciaires les plus importans pourraient être faits. C'est là un droit exorbitant auquel la Charte s'oppose, lorsqu'elle dit que la justice est administrée par des juges nommés et institués par le Roi. »

M. *Sébastiani* pense que les bois réversibles à l'Etat ont une grande partie des qualités qui appartiennent à ceux de la couronne, et il appuie l'amendement de la commission.

M. *de Ricard* partage le sentiment de M. Dudon, et dit que les agens qui jouissent des privilèges rappelés par cet orateur, ne peuvent être nommés que par l'autorité royale.

M. *le ministre des finances* propose de supprimer le mot *agens*, et de réduire la proposition à ceci : *Les gardes des forêts dépendantes des apanages et des majorats réversibles à l'Etat, seront assimilés aux gardes de l'administration forestière pour l'exercice de leurs fonctions.*

M. *Hyde de Neuville* n'examine pas ce qui se passait autrefois, mais seulement ce qui doit se passer aujourd'hui dans l'intérêt de nos libertés et du trône, base essentielle de ces mêmes libertés. Il trouve que l'amendement n'a pas d'utilité, et que la rédaction du gouvernement pourvoit à tout. Il ne veut point accorder de privilèges à des particuliers, tels que les possesseurs de majorats. Quant aux princes apanagés, tout en les entourant de respect et d'égards, il ne les considère que comme des sujets, et il pense qu'il ne faut pas perdre de vue la distance immense qui les sépare du trône. Il vote le rejet de l'amendement.

M. *Borel de Bretizel* parle en faveur de l'amendement.

M. *le président* dit : « On a proposé de retrancher de l'amendement de la commission le mot *agens*, et ceux-ci : *pour la poursuite des délits et contraventions.* Je mets aux voix ce sous-amendement. »

La chambre adopte ce sous-amendement ; mais elle rejette ensuite l'amendement de la commission ainsi sous-amendé.

Elle adopte donc l'article 89 du projet de code, avec la seule addition, proposée d'abord par la commission, des mots : *ou par des particuliers à titre de majorats réversibles à l'Etat.*

DISCUSSION A LA CHAMBRE DES PAIRS.

M. *de Martignac, commissaire du roi*, dit dans l'exposé des motifs : « Le gouvernement n'avait compris dans ce titre que les *apanages ;* la chambre des députés y a ajouté *les majorats réversibles à l'Etat ;* et il faut reconnaître qu'en effet les mêmes principes doivent régir les deux situations. »

M. *le comte Roy, rapporteur de la commission*, s'exprime ainsi dans son rapport : « Toutes les concessions d'apanages ont été révoquées par la loi du 21 septembre 1790. Mais un nouvel apanage a été constitué par la loi du 15 janvier 1825 relative à la fixation de la liste civile : il se compose des biens provenant d'un précédent apanage, et le nouvel apanage est constitué *aux mêmes titres et conditions*. C'est donc dans ce qui se pratiquait avant la suppression des apanages, c'est dans les édits de leur constitution, et particulièrement dans celui relatif à l'apanage rétabli, qu'il faut rechercher les motifs pour lesquels les bois et forêts qui en dépendent doivent être soumis au régime forestier.

« L'ordonnance de Moulins de 1566, qui prohibe l'aliénation du domaine de l'Etat, l'autorise néanmoins *pour apanage des puînés mâles de la maison de France; auquel cas*, dit-elle, *il y a retour à la couronne, en pareils état et conditions qu'était le domaine lors de la concession de l'apanage, nonobstant toute disposition, possession, acte exprès ou taisible fait ou intervenu pendant l'apanage.* Mais elle excepte les bois de haute futaie, qui ne pourront être coupés par les apanagistes, et elle déclare que les terres *aliénées et transférées à la charge de retour à la couronne, à défaut d'hoirs mâles ou autres conditions semblables*, ne cessent pas de faire partie du domaine de la couronne. La loi du 1er décembre 1790 dit également que le domaine public s'entend de toutes les propriétés foncières et de tous les droits réels ou mixtes qui appartiennent à l'Etat, soit qu'il en ait la possession et la jouissance actuelles, *soit qu'il ait seulement le droit d'y rentrer par la voie du rachat, de réversion ou autrement.*

« Lors de la suppression des apanages, trois apanages seulement existaient : celui de la maison d'Orléans, constitué par l'édit du mois de mars 1661 ; celui de M. le comte de Provence, constitué par édit du mois d'avril 1771, et celui de M. le comte d'Artois, constitué par édit du mois d'octobre 1773. Tous sont *donnés, octroyés et délaissés* par le roi, *à la charge du retour à la couronne, pour entretenement du prince apanagiste, selon la nature des apanages de la maison de France, et la loi du royaume toujours gardée à cet égard; et ce, jusqu'à concurrence de 200,000 livres de revenu, par chacun an, les charges préalablement acquittées; à la condition néanmoins, à l'égard des bois de futaie, d'en user en bons pères de famille, et de n'en couper que pour l'entretenement et réparations des édifices châteaux de l'apanage.* L'édit de 1661 ne contenait pas cette dernière condition en termes exprès ; mais elle y fut ajoutée par l'arrêt d'enregistrement du 7 mai. Si des coupes extraordinaires ou des coupes de futaie devenaient nécessaires dans les bois d'apanage, elles ne pouvaient avoir lieu qu'après qu'elles avaient été autorisées par des lettres patentes enregistrées dans les cours, lesquelles déterminaient l'emploi du prix qui en proviendrait, après qu'il aurait été versé dans les caisses publiques. Toutes les opérations et même les ventes et adjudications étaient faites par les officiers des maîtrises royales. Toutefois, dans les derniers temps, c'est-à-dire en 1751, 1772 et 1774, les princes apanagistes avaient obtenu des lettres patentes qui les autorisaient à faire leurs exploitations par économie, ou à faire les ventes, en leur conseil, de la manière qui leur paraîtrait le plus convenable, mais toujours après que la délivrance des coupes leur aurait été faite par les officiers de maîtrises, et en observant les formalités et les dispositions des ordonnances et des réglemens.

« Les détails dans lesquels nous venons d'entrer, Messieurs, justifient que c'est avec raison que les bois et forêts possédés à titre d'apanage sont assujettis, par le projet de loi, au régime forestier, pour toutes les opérations relatives à la délimitation, au bornage, à l'aménagement, à la prohibition de grever le sol d'aucun droit d'usage, puisque ces bois et forêts, en entrant dans une constitution d'apanage, ne cessent pas de faire partie du domaine de l'Etat.

« Ce que nous venons de dire s'applique naturellement aux bois des majorats réversibles à l'Etat. »

OBSERVATIONS.

On a vu, dans les observations sur l'art. 6, que les agens et gardes des forêts de l'Etat sont protégés par la garantie qui résulte de l'art. 75 de l'acte constitutionnel de l'an VIII. On a vu aussi, dans les observations sur l'art. 87, que les agens et gardes des forêts de la couronne ont droit à la même garantie.

La chambre des députés ayant écarté toute assimilation entre les agens et gardes des forêts apanagères et ceux des forêts de l'Etat et de la couronne, ces agens et gardes se trouvent dépouillés de la garantie de l'art. 75 de l'acte de l'an VIII, ainsi que des autres attributions que cette assimilation leur conférait.

Il en est de même, à plus forte raison, des gardes des forêts constituées en majorats réversibles au domaine de l'Etat, lesquels sont nommés par les possesseurs des majorats.

Toutefois, les gardes des apanages et ceux des majorats sont, comme ceux de l'Etat, officiers de police judiciaire, et jouissent des prérogatives attachées à ces fonctions. (*Voyez les observations sur l'art.* 6.)

TITRE VI.

Des Bois des communes et des établissemens publics.

DISCUSSION A LA CHAMBRE DES DÉPUTÉS.

M. *de Martignac, commissaire du roi*, dit dans l'exposé des motifs : « Plusieurs dispositions du régime forestier s'appliquent aussi aux bois des *communes et des établissemens publics*. La surveillance et la régie de ces bois sont attribuées à l'administration forestière.

« L'Etat ne peut espérer de ressources pour ses constructions de tout genre que dans ses propriétés, dont l'insuffisance est manifeste, et dans celles des communes. D'un autre côté, la bonne administration des bois des communes, et un aménagement régulier qui en assure la conservation et en élève les produits, sont du plus grand intérêt pour les communes elles-mêmes. Le projet a donc dû maintenir sur ce point le principe actuellement existant, mais il fait à son application toutes les modifications que le bien des communes pouvait réclamer. »

M. *Favard de Langlade*, dans le rapport qu'il fait au nom

de la commission, expose les considérations générales de la matière. Voici comment il s'exprime :

« Les biens que possèdent les communes et les établissemens publics, sont administrés par des mandataires légaux dont il serait imprudent que les pouvoirs ne fussent pas limités. La prospérité des agrégations diverses concourant au bien général de la grande communauté qui les réunit toutes, il importe au gouvernement d'imprimer une bonne direction à la gestion de leur fortune, et de les préserver des conséquences dangereuses d'une administration trop indépendante. La protection dont elles ont besoin a toujours pris sa source dans une sage fiction qui, les regardant comme mineures, justifie la prévoyance du législateur, et l'intervention tutélaire de l'autorité dans le maniément de leurs propres affaires. Mais, il ne faut pas le perdre de vue, cette protection ne doit s'exercer, et ne s'exerce en effet, que pour vérifier les opérations que les fonctionnaires de l'ordre administratif sont appelés à approuver ou à improuver. La loi du 14 décembre 1789, qui définit les fonctions propres au pouvoir municipal, déclare qu'elles consistent à régir, sous la *surveillance* et *l'inspection* des assemblées administratives, les biens et revenus communs : ainsi elle est conforme à ces principes qui ont continué de faire la base de cette législation spéciale. Quant aux établissemens publics, ils sont soumis à peu près aux mêmes règles, et on les trouve toujours confondus avec les communes, lorsqu'il s'agit de déterminer le mode de leur administration.

« Ces principes n'ont pas été oubliés dans le projet de loi qui vous est présenté. Nous avons reconnu, et vous reconnaîtrez sans doute avec nous, Messieurs, que ses rédacteurs leur ont rendu un juste hommage, en en faisant la base des dispositions concernant le régime des bois qui appartiennent aux communautés d'habitans et aux établissemens publics. Quoique convaincus de la nécessité de surveiller plus attentivement, dans l'intérêt même de l'Etat, la régie et l'exploitation de cette classe de propriétés, ils ont élargi, autant qu'ils ont cru pouvoir le faire, la part qu'il est convenable d'y laisser prendre aux représentans des établissemens et des communes. Le projet ne réserve au gouvernement, comme on vous l'a dit dans l'eposé des motifs, qu'une administration de précaution et de garantie, qui ne doit être exercée que pour le compte et au profit des communes. Votre commission s'est empressée d'applaudir à des mesures si sages. Elle a pensé que, dans le système du gouvernement représentatif, il importait de proclamer en quelque sorte l'émancipation des communes, quant à la gestion de leurs biens, et de ne borner la liberté de leur administration intérieure que là où elles pourraient en abuser au détriment de la chose publique ou d'elles-mêmes. Examinant donc cette partie du projet de code avec le même esprit de justice qui a présidé à sa rédaction, nous nous sommes appliqués à vérifier si les règles qui y sont tracées sont dans une entière harmonie avec les idées premières qui leur servent de fondement; nous allons vous rendre compte des observations qui nous ont été suggérées à ce sujet. »

DISCUSSION A LA CHAMBRE DES PAIRS.

M. *de Martignac, commissaire du roi,* dit dans l'exposé des motifs : « Les bois et forêts *des communes et des établissemens publics* sont aussi soumis au régime forestier, mais avec des modifications qui doivent résulter du droit de propriété absolue dont sont investis les détenteurs. C'est dans leur intérêt, comme dans celui de l'Etat, qu'ont dû être combinées les dispositions qui attribuent à l'administration forestière la surveillance et la haute régie de ces bois, sans ôter aux propriétaires la juste part qui doit leur appartenir dans toutes les opérations qui s'y rapportent. Cette partie du Code a dû, plus qu'aucune autre, appeler la sollicitude de la chambre des députés des départemens. Les droits et les intérêts des communes y ont été pesés avec soin et discutés avec chaleur; toutefois, peu de changemens ont été faits au projet primitif. »

M. *le comte Roy*, dans son rapport au nom de la commission, dit : « Les bois des communes et ceux des établissemens publics sont aussi du nombre de ceux qui sont, avec raison, soumis au régime forestier. Les bois qui appartiennent aux communes occupent environ un trentième du territoire entier de la France, et forment, à peu près, le tiers des bois qui en couvrent le sol; ils sont généralement aménagés à vingt-cinq ans, indépendamment du quart tenu en réserve : bien administrés, ils doivent être la plus précieuse ressource pour tous les besoins publics et particuliers. Les communes et les établissemens publics ont la propriété absolue de leurs bois; mais à peu près comme un grevé de substitution est plein propriétaire des biens substitués. Les communes et les établissemens publics sont d'ailleurs réputés toujours mineurs; et, sous ce rapport, les uns et les autres doivent être assujettis, dans leur régie, à la surveillance et à l'inspection de l'administration supérieure : cependant l'action du gouvernement sur leurs bois ne doit être qu'une action de précaution et de garantie, pour leur compte, dans leur intérêt, et dans l'intérêt des générations qui doivent suivre. Il ne faut pas confondre les bois des communes appelés *bois communaux*, qui leur appartiennent en propriété, avec les bois sur lesquels les communes n'exercent que des droits d'usage plus ou moins étendus : il s'agit, en ce moment, des bois *communaux*. Ces bois appartiennent bien, comme nous venons de le dire, quant à la propriété, au corps de la commune; mais, quant à l'usage dans les limites de la jouissance ordinaire, ils appartiennent aux habitans particulièrement. C'est aussi sous ce double rapport que les bois communaux sont considérés par le projet de loi. »

ART. 90.

Sont soumis au régime forestier, d'après l'art. 1er de la présente loi, les bois taillis ou futaies appartenant aux communes et aux établissemens publics, qui auront été reconnus susceptibles d'aménagement ou d'une exploitation régulière, par l'autorité administrative, sur la proposition de l'administration forestière, et d'après l'avis des conseils municipaux ou des administrateurs des établissemens publics.

Il sera procédé dans les mêmes formes à tout

changement qui pourrait être demandé, soit de l'aménagement, soit du mode d'exploitation.

En conséquence, toutes les dispositions des six premières sections du titre III leur sont applicables, sauf les modifications et exceptions portées au présent titre.

Lorsqu'il s'agira de la conversion en bois et de l'aménagement de terrains en pâturage, la proposition de l'administration forestière sera communiquée au maire ou aux administrateurs des établissemens publics. Le conseil municipal ou ces administrateurs seront appelés à en délibérer; en cas de contestation, il sera statué par le conseil de préfecture, sauf le pourvoi au conseil d'Etat.

DISCUSSION A LA CHAMBRE DES DÉPUTÉS.

L'art. 90 du projet ne contenait que les deux paragraphes suivans :

« Sont soumis au régime forestier, d'après l'art. 1er de la présente loi, les bois taillis ou futaies appartenant aux communes et aux établissemens publics, et reconnus par l'administration susceptibles d'aménagement ou d'une exploitation régulière.

« En conséquence, toutes les dispositions des six premières sections du titre III leur sont applicables, sauf les modifications et exceptions spécifiées au présent titre. »

M. *Favard de Langlade, rapporteur de la commission*, présente l'article comme incomplet et insuffisant. Il dit : « En se livrant à l'examen de cette disposition, la commission, pénétrée de la nécessité de repeuplemens qui puissent dans l'avenir réparer le mal des défrichemens passés, a chargé son rapporteur d'émettre le vœu que le gouvernement favorise par tous les moyens d'encouragement qui sont en son pouvoir, et surtout par des exemptions ou réduction d'impôt, les semis et la formation des futaies. Elle a ensuite trouvé que le même article appliquait d'une manière trop absolue aux bois des communes le système établi pour la conservation des forêts de l'Etat. Elle sait que dans plusieurs localités il existe des terrains communaux sur lesquels se trouvent quelques arbres épars, mais qui ne sont proprement que des pâturages parsemés d'arbres; que ces terrains sont mêmes connus sous la dénomination de *prés-bois;* qu'ils sont, pour diverses communes, l'occasion d'un genre d'industrie et même d'un moyen d'existence dont elles se trouveraient dépouillées par l'application des prohibitions forestières, et surtout de celles qui sont relatives aux droits d'usage; elle a d'ailleurs pris lecture de plusieurs pétitions du département du Doubs, et d'une autre que les habitans d'une commune de l'arrondissement de Nîmes ont adressée à la chambre, pour réclamer contre les prétentions de l'administration forestière, de convertir en bois des terrains communaux où il ne pousse que des broussailles; elle a enfin pris en considération le vœu exprimé dans les bureaux par plusieurs membres de la chambre pour que les communes soient maintenues dans le droit de jouir en pâturage des terrains qui depuis long-temps y ont été affectés. Mais, en même temps, elle a pris des précautions contre l'abus facile qu'on pourrait faire de la dénomination de prés-bois ou de pâturage, et elle indique le moyen de résoudre les difficultés qui s'élèveraient à cet égard. Elle propose donc d'ajouter à l'art. 90 la disposition suivante :

Lorsqu'il s'agira de la conversion en bois et de l'aménagement de terrains en pâturage, la décision de l'administration forestière sera communiquée au maire ou aux administrateurs des établissemens publics. Le conseil municipal ou ces administrateurs seront appelés à en délibérer; et, en cas de contestation, il sera statué par le conseil de préfecture, sauf le pourvoi au conseil d'Etat.

M. *Chifflet, membre de la commission,* dit sur cette disposition additionnelle, après avoir parlé, à l'occasion de l'article 64, de la nécessité du pacage pour certaines communes : « Les mêmes considérations de localité, la nécessité absolue de pâturage dans les hautes montagnes, ont engagé votre commission à prévoir, dans l'article 90, le cas où il s'agirait de convertir en bois et d'aménager des terrains aujourd'hui en pâturage. En cas de contestation, c'est aussi le conseil de préfecture qui y statuera. Je n'ajouterai que quelques mots sur les communaux en pâturage des montagnes du Jura. Partout où les coteaux sont moins rapides, on y trouve des pâturages entrecoupés d'arbres épars et de quelques bouquets de bois taillis; d'où leur a été donné le nom de *prés-bois*. Ce peu de bois y est nécessaire, autant pour donner de l'ombre aux bestiaux dans l'été, que pour entretenir la verdure, qui, sans cela, serait bientôt desséchée sur ces roches presque nues; le bois y est tellement indispensable dans une juste proportion, que le soin de ces pâturages consiste à en planter quand il en manque, et à l'empêcher d'envahir trop les parties en herbe. Cette culture des prés-bois est immémoriale; c'est là que l'on trouve les châlets pour y retirer le bétail, lorsque ces pâturages sont éloignés des villages ou existent sur des montagnes trop élevées. Les propriétaires de fermes emploient la même culture dans leurs propres pâturages; et ils se gardent bien de laisser le bois envahir leurs terrains en parcours; ils y plantent, ou ils y coupent, suivant le besoin de la place même, comme le font les communes dans leurs communaux. Cette opération, qu'ils appellent *nettoyer les prés-bois*, demande l'œil et l'expérience du maître, de l'homme de la campagne, de l'habitant de ces montagnes. Elle n'a jamais été faite, dans les communaux, par des agens forestiers, mais par ordre des maires autorisés par les préfets. Il est évident qu'on ne peut pas regarder les parties en bois qui coupent ces pâturages par bandes irrégulières, comme le principal de ces propriétés, elles n'en sont que l'accessoire. Si elles étaient placées sous la surveillance des agens forestiers, ils chercheraient à réunir ces parties éparses aux bois voisins. Il ne serait plus possible d'y lâcher un bétail nombreux et de l'empêcher de nuire à ces bouquets de bois qui ne sont placés là que pour le bétail, et non comme produit forestier. Vous sentez, Messieurs, la nécessité de cet amendement. Il ne faut pas laisser la possibilité d'une interprétation de termes généraux qui entraînerait la ruine, et par suite la dépopulation de vastes contrées. Le parlement autrefois, les tribunaux et les conseils-généraux aujourd'hui, n'ont jamais varié d'opinion et de conduite sur cette question. Une population importante attend votre décision avec anxiété, mais confiance; car c'est une justice qu'elle réclame. »

Trois autres amendemens sont successivement proposés.

Le premier est celui de M. Devaux; il tend à substituer, dans le second paragraphe, aux mots : *toutes les dispositions des six premières sections*, ceux-ci : *toutes les dispositions des sections* II, III, IV, V *et* VI *du titre* III. Il n'est pas appuyé.

Le deuxième est de M. de Montbel; il consiste dans la proposition d'ajouter, après le second paragraphe : *L'administration forestière réservera toujours, dans les coupes de ces bois, un nombre de balivaux et d'arbres de tout âge, approprié aux convenances locales.*

Il est rejeté, sur l'observation de M. le directeur-général des forêts que, par l'art. 15 précédemment adopté, tous les bois et forêts du domaine de l'Etat sont assujettis à un aménagement réglé par des ordonnances royales; que dans les bois soumis au régime forestier sont compris ceux des communes; qu'ainsi ce qu'on demande est tout-à-fait un objet d'ordonnance.

Enfin, le troisième amendement, proposé par M. de Ricard, s'applique à la disposition additionnelle de la commission, laquelle il voudrait commencer par ces mots : *dans le cas prévu par le premier paragraphe du présent article, comme lorsqu'il s'agira de la conversion en bois, etc.*

L'honorable membre exprime d'ailleurs la crainte que le mot *administration* ne présente de l'obscurité et ne s'entende de l'administration forestière.

M. *le directeur général des forêts* s'oppose à l'amendement de M. de Ricard, dont il dit que les craintes ne sont pas fondées au sujet de l'emploi du mot *administration;* qu'en effet, dans tous les cas où il est question de l'administration forestière, on y désigne nommément *l'administration forestière*, et que par conséquent il ne peut y avoir aucune espèce de confusion.

M. *Agier* appuie l'amendement.

M. *de Martignac, commissaire du roi*, parle dans le même sens, et propose de dire *l'administration publique.*

M. *Mestadier* appuie l'addition de l'adjectif *publique* au mot *administration*, et propose de réduire le dernier paragraphe de l'article à ces termes : *Dans le cas prévu par le premier paragraphe du présent article, comme lorsqu'il s'agira de la conversion en bois et de l'aménagement des terrains en pâturage, le conseil municipal*, etc. Il vote aussi pour l'amendement de M. de Ricard, en faisant la suppression que sa rédaction indique.

M. *Favard de Langlade, rapporteur*, donne les explications suivantes : « Il faut bien distinguer, dit-il, dans l'article que nous discutons, deux choses absolument différentes. Il y a dans le premier paragraphe un mot qui a donné lieu à quelque incertitude. On a cru que par *administration* on pouvait entendre l'administration forestière. Je dois déclarer que ce mot *administration* a été entendu par la commission dans le sens d'autorité administrative, ou, si vous voulez, d'administration publique; ainsi la commission ne voit pas d'inconvénient à ce que cela soit expliqué, et qu'on dise : *par l'autorité administrative, sur la demande de l'administration forestière.*

« Vient ensuite une question sur laquelle je réclame toute l'attention de la chambre, parce qu'il ne s'agit plus seulement d'une discussion de mots : je veux parler de l'amendement de M. de Ricard, qui tend à vous faire considérer comme matière contentieuse un aménagement proposé par l'adminitration forestière sur des bois de communes. Vous sentez que cet acte, purement administratif, purement de surveillance, ne peut être de la compétence d'un conseil de préfecture, et encore moins du conseil d'Etat, qui n'aurait pas les connaissances locales nécessaires pour rendre une décision.

« Cet inconvénient qui résulte de l'amendement de M. de Ricard, ne se présente nullement dans l'amendement de la commission. On sait qu'il y a une certaine espèce de terrains qu'on appelle *prés-bois*, qui sont de quelque rapport, et qu'ordinairement les communes préfèrent conserver en nature de pacage, parce qu'elles y trouvent plus d'avantage. L'administration, au contraire, qui est bien aise d'augmenter les produits forestiers, propose souvent de mettre en nature de bois, ce qui se trouve en nature de pacage. Il y a alors division entre l'administration forestière et la commune. Comme c'est une matière contentieuse, la commission, pour donner aux communes toutes les garanties possibles, a proposé de soumettre cette contestation aux conseils de préfecture, sauf le recours au conseil d'Etat. Vous voyez par là la différence qui existe entre l'aménagement dont il est parlé au premier paragraphe, et qui est un acte de pure administration, et la conversion en bois ou l'aménagement des terrains qui sont en pacage. Dans le premier cas, il s'agit d'un objet que l'administration seule doit régler; dans le second, il s'agit d'un objet litigieux, à l'égard duquel les communes ont, d'après notre amendement, toutes les garanties qu'elles peuvent désirer.

« D'après ces motifs, je crois que la chambre doit adopter l'amendement que nous lui avons présenté, sauf à remplacer dans le premier paragraphe le mot *administration*, par ceux-ci : *l'autorité administrative, sur la proposition de l'administration forestière.* »

M. *de Ricard* donne de nouvelles explications, à la suite desquelles il dit que son amendement serait ainsi rédigé : *Dans le cas prévu par le premier paragraphe du présent article, comme lorsqu'il s'agira d'une conversion en bois et de l'aménagement des terrains en pâturage, le conseil municipal ou les administrateurs seront appelés à en délibérer; et en cas de contestation, il sera statué par le conseil de préfecture, sauf le pourvoi au conseil d'Etat.*

M. *de Martignac* répond à l'orateur.

M. *Dudon* propose aussi une rédaction.

Enfin, M. *Boin* fait observer que la question se complique tellement, qu'il est impossible de conserver la rédaction présentée par le gouvernement, et de la corriger à la tribune; qu'en adoptant le premier paragraphe, beaucoup de membres ont exprimé le désir que l'article fût rédigé de manière à ce qu'il fût bien entendu que les conseils municipaux seraient consultés; que lui-même a un amendement à proposer; mais qu'il est indispensable de renvoyer à l'examen de la commission l'article et les amendemens en discussion.

Ce renvoi est prononcé.

La commission propose une nouvelle rédaction, et M. *Favard de Langlade*, son rapporteur, s'exprime en ces termes : « Messieurs, vous avez renvoyé hier, à l'examen de votre commission, les amendemens proposés sur l'art. 90 par nos honorables collègues MM. Ricard, Boin et Dudon. Deux de ces amendemens s'appliquent particulièrement au paragraphe premier de l'article; ils ont pour objet de remplacer le mot *administration* qui s'y trouve, par ceux *autorité administrative*, afin qu'il ne puisse pas y avoir d'équivoque et que l'on sache bien que c'est à l'autorité administrative et non à l'autorité forestière qu'il appartient de reconnaître que les bois taillis ou futaies sont susceptibles d'aménagement ou d'une exploitation régulière; l'administration forestière ne doit en effet intervenir que pour faire la proposition qu'elle juge convenable pour la meilleure exploitation des bois des communes ou des établissemens publics, qui doivent eux-mêmes donner leur avis sur cette proposition. C'est d'après tous ces éclaircissemens que l'autorité administrative prononcera sur toutes les contestations qui pourront s'élever, soit sur l'aménagement des bois dont il s'agit, soit sur le mode de leur exploitation. Cette marche simple et naturelle garantira tous les intérêts; elle résultait déjà de la disposition du projet; mais pour la rendre plus précise, la commission vous propose d'y faire un changement de rédaction qui rentrera dans celle de M. Boin.

« Quant à l'amendement proposé sur le troisième paragraphe de l'article, la commission a pensé que, s'agissant de convertir en bois des terrains que des communes ou des établissemens publics voudraient conserver en pâturages, il fallait leur donner toutes les garanties convenables pour que le parti pris à cet égard ne pût jamais nuire à leurs véritables intérêts. C'est aussi le but que s'est proposé la commission, en soumettant au conseil de préfecture les contestations qui pourront s'élever entre l'administration forestière et les communes ou les établissemens publics.

« L'amendement de M. Dudon tend à faire juger la question par le préfet, sauf le pourvoi au conseil d'Etat contre la décision ministérielle qui aurait approuvé son arrêté ; mais il a paru à votre commission qu'il valait mieux donner cette attribution au conseil de préfecture : elle leur est déjà accordée par la loi du 9 ventôse an XII, et par le décret du quatrième jour complémentaire an XIII, pour ce qui concerne le partage des communaux. Il s'agit, dans ce cas, comme dans celui qui nous occupe, des intérêts des communes : la compétence du conseil de préfecture doit dès lors être la même.

« Voici la nouvelle rédaction de l'article que la commission me charge de vous présenter. »

Cette rédaction est adoptée sans opposition ; c'est celle qui forme l'article actuel du code.

DISCUSSION A LA CHAMBRE DES PAIRS.

M. *le comte Roy* dit au nom de la commission : « L'établissement d'un aménagement, ou le changement de celui qui était établi, détermine ou change le mode et l'étendue de la jouissance : c'est une véritable disposition de propriété, relativement à une nature de biens dont les fruits ne tombent en jouissance qu'à de longs intervalles, et font la principale valeur du sol. De telles opérations, qui d'ailleurs intéressent l'ordre public et l'économie politique, ne peuvent être abandonnées aux communes, toujours disposées à abuser, qui ne voient rien au-delà de la jouissance du moment, et incapables de porter jamais un regard de prévoyance sur l'avenir. »

OBSERVATIONS.

Les bois des établissemens publics et des communautés d'habitans étaient régis par les titres XXIV et XXV de l'ordonnance de 1669, par quelques réglemens ultérieurs, et par le titre XII de la loi du 29 septembre 1791.

ART. 91.

Les communes et établissemens publics ne peuvent faire aucun défrichement de leurs bois, sans une autorisation expresse et spéciale du gouvernement; ceux qui l'auraient ordonné ou effectué sans cette autorisation, seront passibles des peines portées au titre XV contre les particuliers, pour les contraventions de même nature.

DISCUSSION A LA CHAMBRE DES DÉPUTÉS.

M. *Méchin* remarque que le mot *gouvernement* est bien vague. Il demande si les défrichemens seront autorisés par une ordonnance du roi, ou tout simplement pour une décision ministérielle.

M. *le ministre des finances* répond que jusqu'à présent l'autorisation a été donnée par une décision du ministre.

M. *Méchin* : Entend-on par le mot *gouvernement* la décision ministérielle.

M. *le ministre des finances :* Oui. L'article est adopté.

ART. 92.

La propriété des bois communaux ne peut jamais donner lieu à partage entre les habitans.

Mais lorsque deux ou plusieurs communes possèdent un bois par indivis, chacune conserve le droit d'en provoquer le partage.

DISCUSSION A LA CHAMBRE DES DÉPUTÉS.

M. *Gauthier* trouve l'article trop impératif et trop absolu, en ce qu'il déclare qu'il n'y aura jamais lieu à partage des bois communaux. Il propose de retrancher le mot *jamais*, et d'ajouter à la fin du premier paragraphe ces expressions : *qu'en vertu d'une ordonnance formelle du roi.*

M. *de Martignac, commissaire du roi*, répond : « La disposition établie dans l'art. 92, tient à la nature même des propriétés auxquelles cet article se rattache. Les propriétés communales appartiennent aux habitans des communes, et non pas à la génération actuelle. Les générations en sont successivement usufruitières : c'est une substitution perpétuelle qui doit durer autant que la commune. Par conséquent aucune des générations qui passent n'a le droit de dénaturer son titre et de se constituer propriétaire de son autorité privée. Voilà pourquoi le projet de loi déclare que la propriété des bois communaux ne pourra jamais donner lieu à partage entre les habitans. »

M. *Sébastiani* combat cette doctrine; mais la chambre rejette l'amendement de M. Gauthier, et adopte l'article du projet.

DISCUSSION A LA CHAMBRE DES PAIRS.

M. *le comte Roy*, dans le rapport fait au nom de la commission, dit: « Ces dispositions sont conformes à la nature des choses, en ce qu'elles déclarent que le partage de la propriété ne peut être fait entre les habitans : car chaque habitant n'a qu'un droit de jouissance dans les bois communaux; la propriété n'appartient qu'au corps de la commune. Le partage de ces bois entre les habitans serait donc subversif du droit de propriété, puisqu'il ferait entrer, par parcelles, dans le domaine privé des particuliers, un fonds dont ils ne sont pas copropriétaires. Le partage serait d'ailleurs contraire à la destination de cette espèce de propriété, qui n'a été laissée en commun dès le principe, ou établie telle par la suite des temps, que pour servir aux aisances et à la conservation perpétuelle du corps dont elle constitue le patrimoine. Il ne pourrait avoir lieu que par des considérations politiques d'un ordre supérieur à celles qui en interdisent la faculté. »

Art. 93.

Un quart des bois appartenant aux communes et aux établissemens publics sera toujours mis en réserve, lorsque ces communes ou établissemens posséderont au moins dix hectares de bois réunis ou divisés.

Cette disposition n'est pas applicable aux bois peuplés totalement en arbres résineux.

DISCUSSION A LA CHAMBRE DES DÉPUTÉS.

La commission pense que des réserves trop petites seraient facilement dévastées, et elle propose en conséquence d'ajouter au premier paragraphe ces mots : *Lorsque ces communes ou établissemens posséderont au moins dix hectares de bois réunis ou divisés.*

Ce paragraphe est adopté avec l'addition proposée.

M. *Nicaud de Rouchaud* demande la suppression du second. « Les montagnes du Jura et du Doubs, dit-il, sont couvertes de forêts de sapins en grande partie communales : dans ces forêts il y a des quarts en réserve auxquels on ne touche jamais dans les coupes faites annuellement pour le chauffage des habitans et l'entretien de leurs maisons; on y a recours seulement en vertu d'ordonnance du roi dans les cas de circonstances extraordinaires et pour faire face à des dépenses tout-à-fait imprévues; si un village vient à être détruit par un incendie, si l'on veut élever une église, acheter ou construire une maison commune, un presbytère, ou entreprendre d'autres travaux extraordinaires et d'utilité publique, on sollicite du gouvernement l'autorisation de couper dans le quart en réserve un nombre de pieds d'arbres proportionné, soit à l'état de ce quart en réserve lui-même, soit à l'étendue des besoins auxquels on a pour but de satisfaire. Déjà, Messieurs, vous apercevez les inconvéniens de changer un tel état de choses. Les habitans des montagnes, dont il est ici question, ont besoin de bois pour leur chauffage, pour réparer leur charpente et la couverture même de leurs maisons: et, plus occupés du présent que de l'avenir, ils s'efforcent d'obtenir des coupes ordinaires considérables : supprimez les quarts de réserve, chacun d'eux recevra annuellement pour son usage personnel un plus grand nombre de pieds de bois, mais vous enlèverez aux communes des ressources importantes et qu'elles ont le plus grand intérêt à conserver. »

M. *de Bouthillier* consent à la suppression; mais M. *Dudon* s'y oppose. Il dit qu'il ne faut pas détruire, dans les lieux où ils existent, les quarts en réserve dont a parlé le préopinant;

que tout ce que l'on veut aujourd'hui c'est de ne pas imposer l'obligation d'en conserver aux communes dont l'exploitation ne le permet pas; que les forêts peuplées d'arbres résineux s'exploitent d'une manière bien différente des autres; que le gouvernement ne doit pas changer le mode de jouissance des communes dans ces sortes de forêts; que dans les Landes de Bordeaux, par exemple, de telles réserves seraient préjudiciables aux intérêts des communes.

La demande de suppression est rejetée, et l'article amendé par la commission est adopté.

OBSERVATIONS.

L'ordonnance de 1669, titre XXV, art. 2, portait : « Le quart des bois communs sera réservé pour croître en futaie, dans le meilleur fonds et lieux plus commodes, par triage et désignation du grand maître, ou des officiers de la maîtrise par son ordre. »

ART. 94.

Les communes et établissemens publics entretiendront, pour la conservation de leurs bois, le nombre de gardes particuliers qui sera déterminé par le maire et les administrateurs des établissemens, sauf l'approbation du préfet, sur l'avis de l'administration forestière.

DISCUSSION A LA CHAMBRE DES DÉPUTÉS.

L'article du projet portait : « Les communes et établissemens publics entretiendront, pour la conservation de leurs bois, le nombre de gardes particuliers qui sera déterminé par l'administration forestière. »

M. *Favard de Langlade* dit, dans son rapport, au nom de la commission : « L'article 94 veut que les communes et établissemens publics entretiennent, pour la conservation de leurs bois, le nombre de gardes particuliers qui sera déterminé *par l'administration forestière*.

« Votre commission n'a point donné son assentiment à cette

dernière disposition. Il lui a paru que les communes et les établissemens devaient déterminer eux-mêmes le nombre de gardes qu'ils auraient à payer, sauf le contrôle de leurs résolutions par l'autorité supérieure. Elle a donc rédigé la fin de l'article ainsi qu'il suit : *sera déterminé par le maire et les administrateurs, sauf l'approbation du préfet, sur l'avis de l'administration forestière.*

« Elle vous propose aussi de modifier l'art. 95, qui règle le mode de nomination des gardes, et d'ajouter à la fin du second paragraphe : *en cas de dissentiment, le préfet prononcera.*

« Ces modifications ont été jugées essentielles, dans l'intérêt des communes et des établissemens publics, pour mettre ces dispositions du projet en harmonie avec les principes dont nous avons déjà parlé, et qui sont même présentés dans l'exposé des motifs. Les préfets étant les tuteurs que la loi donne aux communes et aux établissemens publics, il est juste et naturel de leur conférer le droit d'approuver la fixation et la nomination des gardes. L'administration forestière, qui n'a qu'une surveillance spéciale, ne doit intervenir que pour exprimer son avis et pour expédier les commissions. »

L'article 94 est adopté avec l'amendement de la commission.

Art. 95.

Le choix de ces gardes sera fait, pour les communes, par le maire, sauf l'approbation du conseil municipal; et pour les établissemens publics, par les administrateurs de ces établissemens.

Ces choix doivent être agréés par l'administration forestière, qui délivre aux gardes leurs commissions.

En cas de dissentiment, le préfet prononcera.

DISCUSSION A LA CHAMBRE DES DÉPUTÉS.

La chambre adopte l'article du projet avec l'addition des mots: *En cas de dissentiment, le préfet prononcera*, proposée par la commission.

(*Voyez la discussion de l'article précédent.*)

DISCUSSION A LA CHAMBRE DES PAIRS.

M. *de Martignac*, *commissaire du roi*, dit dans l'exposé des motifs : « Le projet avait laissé à l'administration forestière le droit d'agréer le choix des gardes, de les suspendre et de les destituer après avoir pris l'avis du conseil municipal ou des administrateurs. La chambre des députés a modifié ces dispositions : en cas de dissentiment entre la commune et l'administration forestière pour le choix d'un garde, elle a appelé le préfet à prononcer; elle a laissé à l'administration le droit de suspendre, mais elle a conféré au préfet seul celui de destituer. »

Art. 96.

A défaut, par les communes et établissemens publics, de faire choix d'un garde dans le mois de la vacance de l'emploi, le préfet y pourvoira, sur la demande de l'administration forestière.

DISCUSSION A LA CHAMBRE DES DÉPUTÉS.

La première rédaction de l'article portait : « A défaut par les communes ou établissemens publics de faire choix d'un garde dans le mois de la vacance de l'emploi, l'administration forestière y pourvoira. »

M. *Favard de Langlade*, *rapporteur*, après avoir parlé des modifications relatives aux articles qui précèdent, continue ainsi : « Nous avons également cru devoir modifier l'art. 96, d'après lequel, à défaut par les communes et établissemens publics de faire choix d'un garde dans le mois de la vacance de l'emploi, l'administration forestière y pourvoira.

« Nous avons pensé qu'il n'était pas possible de laisser à l'administration forestière le droit de pourvoir aux remplacemens après l'expiration du délai d'un mois; qu'en effet, ayant la faculté de retarder son avis, nécessaire pour les nominations, elle aurait toujours le moyen de s'assurer ces nominations; qu'il était plus convenable de confier au préfet le droit de remplir la vacance; que d'ailleurs c'est une conséquence des modifications qui précèdent. Nous vous proposons donc de substituer à ces mots, *l'administration forestière y pourvoira*, ceux ci : *le préfet nommera sur la demande de l'administration forestière.* »

L'article est adopté avec cet amendement.

ART. 97.

Si l'administration forestière et les communes ou établissemens publics jugent convenable de confier à un même individu la garde d'un canton de bois appartenant à des communes ou établissemens publics, et d'un canton de bois de l'Etat, la nomination du garde appartient à cette administration seule. Son salaire sera payé proportionnellement par chacune des parties intéressées.

DISCUSSION A LA CHAMBRE DES DÉPUTÉS.

La première rédaction de l'article était : « Si l'administration forestière juge convenable de confier à un même individu la garde d'un canton de bois appartenant à des communes ou établissemens publics et d'un canton de bois de l'Etat, la nomination du garde appartient à cette administration seule. »

M. *Favard de Langlade* dit, dans son rapport : « Par l'article 97, l'administration forestière se trouverait seule investie du droit de décider s'il est convenable de confier à un même individu la garde d'un canton appartenant à l'Etat et d'un autre canton appartenant à des communes ou établissemens publics. Mais pourquoi cette attribution exclusive? N'est-il pas plus juste que chacune des parties intéressées participe à la délibération? Nous proposons donc de commencer l'article par ces mots : *Si l'administration forestière, les communes ou établissemens publics jugent convenable de confier*, etc.

» Nous proposons aussi de compléter la disposition en ajoutant : *Son salaire sera payé proportionnellement par chacune des parties intéressées.* »

L'article est adopté avec ces amendemens.

Art. 98.

L'administration forestière peut suspendre de leurs fonctions les gardes des bois des communes et des établissemens publics : s'il y a lieu à destitution, le préfet la prononcera, après avoir pris l'avis du conseil municipal ou des administrateurs des établissemens propriétaires, ainsi que de l'administration forestière.

Le salaire de ces gardes est réglé par le préfet, sur la proposition du conseil municipal ou des établissemens propriétaires.

DISCUSSION A LA CHAMBRE DES DÉPUTÉS.

L'article du projet était ainsi rédigé : « L'administration forestière peut suspendre de leurs fonctions les gardes des bois des communes et des établissemens publics; elle ne peut les destituer qu'après avoir pris l'avis du conseil municipal ou des administrateurs des établissemens propriétaires.

« Le salaire de ces gardes est réglé par le préfet, sur la proposition du conseil municipal ou des établissemens propriétaires. »

M. *Favard de Langlade*, *rapporteur de la commission*, continuant les observations applicables aux articles précédens, dit : « Les mêmes principes nous ont conduits à reconnaître la nécessité d'une autre limitation aux droits attribués par le projet à l'administration forestière. Elle ne doit pas avoir la faculté de destituer des gardes qui ne sont pas les siens. Nous sommes donc d'avis de supprimer ce qui, dans le premier paragraphe de l'article 98, suit les mots *établissemens publics*, et d'y substituer ces expressions : *S'il y a lieu à destitution, le préfet la prononcera, après avoir pris l'avis du conseil municipal, des administrateurs des établissemens propriétaires, ainsi que de l'administration forestière.* »

M. *de Bouthillier*, *commissaire du roi*, combat cet amendement. Il dit : « L'ordonnance de 1669, titre III, art. 6 et 7, et un arrêt du conseil du 15 août 1752, autorisaient les grands-maîtres à destituer les gardes sans la participation des communes, et à les remplacer. Ce principe a été maintenu par l'article 3 du titre XII de la loi du 29 septembre 1791, et par l'article 14 de la loi du 9 floréal an XI. Le but d'une semblable disposition est évident. Comment voudrait-on qu'une administration, qui est chargée de la gestion des bois communaux, pût maintenir les gardes dans leur devoir, en exiger un bon service, en obtenir l'obéissance et la subordination nécessaires, si elle ne peut ni les nommer, ni fixer leur salaire, ni les destituer. »

M. *Gillet* réfute le raisonnement de M. de Bouthillier. Il rappelle la règle *ejus est destituere cujus est instituere*, et vote pour l'amendement de la commission.

L'article est adopté tel que la commission l'a amendé.

DISCUSSION A LA CHAMBRE DES PAIRS.

M. *le comte d'Haubersart* « observe que l'art. 98, en accordant à l'administration forestière le droit de suspendre de leurs fonctions les gardes des bois communaux, ne dit pas comment il sera pourvu à la garde des bois pendant le temps de la suspension; il y aurait cependant de graves inconvéniens à ce que la surveillance fût entièrement interrompue pendant ce temps, qui peut être long. L'ordonnance de 1669 autorisait dans ce cas l'administration à désigner un garde provisoire. Il est à regretter que le projet n'ait pas maintenu cette disposition; mais il serait possible de réparer cette omission dans l'ordonnance d'exécution, et c'est dans cette vue que le noble pair a cru devoir la signaler. »

Le directeur-général des forêts, commissaire du roi, annonce que déjà la disposition réclamée par le noble pair a été comprise au nombre de celles qui seront soumises à S. M., pour former l'ordonnance de mise en exécution du Code, si son adoption est prononcée.

L'article est mis aux voix et adopté.

ART. 99.

Les gardes des bois des communes et des établissemens publics sont en tout assimilés aux gardes des bois de l'Etat, et soumis à l'autorité des mêmes agens; ils prêtent serment dans les mêmes formes, et leurs procès-verbaux font également foi en justice pour constater les délits et contraventions commis même dans des bois soumis au régime forestier autres que ceux dont la garde leur est confiée.

OBSERVATIONS.

L'assimilation absolue que prononce l'art. 99 place les gardes des bois des communes et des établissemens publics sous la protection de la garantie accordée par l'art. 75 de l'acte du 22 frimaire an VIII. Il faut dès lors leur appliquer tout ce qui est dit dans les observations sur l'art. 6. Ils sont, comme ceux de l'Etat, officiers de police judiciaire, et jouissent des avantages attachés à ces fonctions. (*Voyez encore les observations sur l'art* 6.)

ART. 100.

Les ventes des coupes, tant ordinaires qu'extraordinaires, seront faites à la diligence des agens forestiers, dans les mêmes formes que pour les bois de l'Etat, et en présence du maire ou d'un adjoint, pour les bois des communes, et d'un des administrateurs pour ceux des établissemens publics; sans toutefois que l'absence des maires ou administrateurs, dûment appelés, entraîne la nullité des opérations.

Toute vente ou coupe effectuée par l'ordre des maires des communes ou des administrateurs des établissemens publics en contravention au présent article, donnera lieu contre eux à une amende qui ne pourra être au-dessous de trois cents francs, ni excéder six mille francs, sans préjudice des dommages-intérêts qui pourraient être dus aux communes ou établissemens propriétaires.

Les ventes ainsi effectuées seront déclarées nulles.

DISCUSSION A LA CHAMBRE DES DÉPUTÉS.

La chambre rejette un amendement de M. Devaux ainsi conçu : « Les ventes des coupes ordinaires et extraordinaires, celles de glandée, panage et paisson, seront arrêtées par les conseils municipaux ou par les administrateurs des établissemens publics, qui délibéreront aussi sur les clauses et conditions d'intérêt local à insérer dans le cahier des charges. Les délibérations des conseils municipaux et des administrateurs seront soumises à l'approbation du préfet, sur l'avis des agens forestiers. Les adjudications seront faites à la diligence des agens forestiers, etc. (comme au reste de l'article). »

La chambre rejette pareillement un autre amendement de M. Breton, qui consistait à ajouter à la fin du premier paragraphe de l'article : *lorsqu'ils auront été appelés par un avis dûment signifié au moins quinze jours avant l'adjudication.*

L'article est adopté tel qu'il a été proposé par le gouvernement.

ART. 101.

Les incapacités et défenses prononcées par l'article 21 sont applicables aux maires, adjoints et receveurs des communes, ainsi qu'aux administrateurs et receveurs des établissemens publics, pour les ventes des bois des communes et établissemens dont l'administration leur est confiée.

En cas de contravention, ils seront passibles des peines prononcées par le paragraphe premier de l'article précité, sans préjudice des dommages-intérêts, s'il y a lieu ; et les ventes seront déclarées nulles.

ART. 102.

Lors des adjudications des coupes ordinaires et

extraordinaires des bois des établissemens publics, il sera fait réserve en faveur de ces établissemens, et suivant les formes qui seront prescrites par l'autorité administrative, de la quantité de bois, tant de chauffage que de construction, nécessaire pour leur propre usage.

Les bois ainsi délivrés ne pourront être employés qu'à la destination pour laquelle ils auront été réservés, et ne pourront être vendus ni échangés sans l'autorisation du préfet. Les administrateurs qui auraient consenti de pareilles ventes ou échanges, seront passibles d'une amende égale à la valeur de ces bois, et de la restitution, au profit de l'établissement public, de ces mêmes bois ou de leur valeur. Les ventes ou échanges seront en outre déclarés nuls.

ART. 103.

Les coupes des bois communaux destinées à être partagées en nature pour l'affouage des habitans, ne pourront avoir lieu qu'après que la délivrance en aura été préalablement faite par les agens forestiers, et en suivant les formes prescrites par l'art. 81, pour l'exploitation des coupes affouagères délivrées aux communes dans les bois de l'Etat; le tout sous les peines portées par ledit article.

DISCUSSION A LA CHAMBRE DES DÉPUTÉS.

M. *de Courtivron* propose la rédaction suivante : « Les coupes des bois communaux destinées à être partagées en nature pour l'affouage des habitans, ne pourront avoir lieu qu'après que la délivrance en aura été préalablement faite par les agens forestiers à *des adjudicataires spéciaux*, et en suivant les formes *actuellement en usage dans chaque localité* pour l'exploitation des coupes affouagères délivrées aux communes dans *leurs bois*; le tout sous les peines portées par l'art. 81 de la présente loi.»

Dans les développemens par lesquels il appuie sa proposition, l'honorable membre rappelle un usage qu'il lui paraît sage de conserver, et que sa rédaction maintiendrait. Il dit : « Dans le département que j'habite il y a une grande quantité de bois communaux, tous mesurés et aménagés avec le soin qu'apporte à toutes ses opérations l'administration forestière. Chaque année l'administration fait donner un cahier des charges pour chaque coupe à distribuer à la commune propriétaire; deux habitans parmi les plus aisés, sont portés comme entrepreneurs de la coupe, et responsables de l'exécution du cahier des charges, qui est en outre signé par le maire. Lorsque le permis d'exploiter est délivré, ce qui n'a lieu qu'après que l'administration forestière a acquis la preuve que toutes les charges imposées par la précédente exploitation ont été fidèlement remplies, le maire, assisté du conseil municipal et des principaux habitans, divise la coupe de l'année en autant de portions ou de lots qu'il y a de feux; ces lots sont tirés au sort, et chaque ménage exploite son lot, conformément au cahier des charges, sous la surveillance du maire et des gardes forestiers, et de manière à ce qu'au moment du récolement il n'y ait ni retard, ni délit, et que l'administration forestière n'ait aucune poursuite à exercer relativement à l'exploitation.»

M. *Favard de Langlade, rapporteur,* combat l'amendement en peu de mots. « La commission s'est empressée, dit-il, de faire tout ce qu'elle a cru utile dans l'intérêt des particuliers ou de l'État; mais elle a dû éviter soigneusement tout ce qui tendrait à autoriser des abus tels que ceux qui résulteraient de l'amendement proposé. Si l'orateur voulait se reporter à l'art. 81, il verrait que ce qu'il demande s'y trouve à peu près énoncé. Il est dit dans cet article que l'exploitation doit être faite par un entrepreneur nommé par les usagers et agréé par l'administration. Cet entrepreneur sera chargé de faire ce que demande notre honorable collègue, et vous aurez une marche régulière sans avoir les abus qui résulteraient de son amendement. »

M. *de Martignac, commissaire du roi,* combat aussi ce même amendement, qui est rejeté.

La chambre rejette pareillement un autre amendement de M. Petit-Perrin, tendant à ajouter à la fin de l'article la disposition suivante : « sauf la portion de bois coupés et abattus qui sera jugée nécessaire aux besoins locaux de l'agriculture par le préfet, sur la proposition des maires et d'après l'avis de l'agent forestier local; laquelle portion sera réservée et distraite, pour être distribuée entre tous les habitans, dans toute sa longueur. »

M. *Favard de Langlade* a repoussé cette proposition en disant : « Si notre honorable collègue veut bien lire l'art. 105, il verra que nous y avons ajouté que le partage des bois se fera comme il le demande. Si vous adoptiez son amendement, il en résulterait que tous les abus qui ont lieu dans les communes seraient conservés. Au surplus, il est facile de voir que le but de sa proposition est rempli par l'art. 105. »

Le chambre rejette enfin, après avoir entendu M. de Martignac, un dernier amendement de M. Méchin, tendant à ajouter à l'article : « sauf néanmoins les modifications que les besoins et les usages des localités rendront nécessaires. »

L'article du projet est adopté.

Art. 104.

Les actes relatifs aux coupes et arbres délivrés en nature, en exécution des deux articles précédens, seront visés pour timbre et enregistrés en débet, et il n'y aura lieu à la perception des droits que dans le cas de poursuites devant les tribunaux.

Art. 105.

S'il n'y a titre ou usage contraire, le partage des bois d'affouage se fera par feu, c'est-à-dire par chef de famille ou de maison ayant domicile réel et fixe dans la commune; s'il n'y a également titre ou usage contraire, la valeur des arbres délivrés pour constructions ou réparations sera estimée à dire d'experts et payée à la commune.

DISCUSSION A LA CHAMBRE DES DÉPUTÉS.

L'article du projet était ainsi rédigé : « S'il n'y a titre contraire, le partage des bois d'affouage se fera par feu, c'est-à-dire, par chef de famille ayant domicile réel et fixe dans la commune; et la valeur des arbres délivrés pour constructions ou réparations sera estimée à dire d'experts et payée à la commune. »

M. *Favard de Langlade, rapporteur,* propose, au nom de la commission, deux changemens de rédaction. Il dit : « La rédaction de l'art. 105 n'ayant pas été jugée suffisamment claire, nous l'avons commencée par ces mots : *S'il n'y a titre ou usage contraire;* et après les mots *dans la commune,* nous avons ajouté ceux-ci : *et s'il n'y a également titre ou usage contraire, la valeur des arbres*, etc.

« L'addition du mot *usage* a paru nécessaire. L'article fixe le principe que le partage des bois d'affouage doit s'exécuter par feu; mais si un mode différent est établi par un usage ou une possession immémoriale équivalant à un titre, il faut les respecter. »

Ce double amendement est mis aux voix et adopté.

M. *Terrier de Santans* demande qu'on ajoute : *maintenant toutefois, dans les pays où elle a lieu, la distribution qui s'en fait par étendue de maison.*

Mais il retire sa proposition, sur l'observation de M. Favard de Langlade que tout ce que désire cet honorable membre se trouve dans l'article; qu'il y est dit que le partage se fera par feu, à moins d'un usage contraire; qu'il est difficile de s'exprimer plus catégoriquement; et que l'amendement ne pourrait qu'affaiblir cette expression.

M. *de Montbel* demande que l'on substitue aux expressions *chef de famille,* celles-ci : *chef de maison.* Il craindrait que les mots *chef de famille,* qui, dans le sens habituel, du moins dans le sens restreint, ne s'entendent pas des célibataires, des curés, des desservans, ne pussent quelquefois donner lieu, particulièrement dans les communes rurales, à de mauvaises difficultés.

M. *Fumeron d'Ardeuil, commissaire du roi,* répond qu'un arrêté du conseil, de 1777, a expliqué la chose autant que possible, en déclarant qu'on entend par *feu* les gens mariés ou garçons.

M. *de Bertier* fait remarquer que le mot *fixe* semble désigner un domicile constant, et il demande si on ne pourrait pas opposer cette expression aux desservans.

M. *Dudon :* Il a été décidé que les curés et les desservans ne doivent pas compter au nombre des pères de famille, parce que leurs émolumens peuvent compenser le droit dont il s'agit.

M. *de Bertier* dit qu'il est d'usage, dans toutes les communes usagères, d'accorder au moins une portion aux desservans, et il ne suppose pas qu'on veuille leur enlever cette ressource.

M. *Dudon* ne conteste pas l'usage; mais il persiste à dire que l'état de la législation refuse aux curés toute participation aux bois d'affouage. Il prétend que la question a été décidée deux fois en ce sens par deux arrêts du conseil, interprétatifs des mots *famille ayant ménage séparé.*

M. *de Bertier* expose qu'il y a deux systèmes dans la distribution des bois d'affouage : l'un aristocratique, qui existe en Angleterre, et d'après lequel l'affouage est dû en vertu des propriétés qu'on possède; l'autre démocratique, qui est connu en France, et par lequel l'affouage est attribué aux individus, au lieu de l'être à la propriété. Il ajoute qu'il ne voit pas pourquoi des hommes aussi utiles que les desservans seraient exclus d'un droit auquel ils peuvent participer sans être propriétaires.

M. *de Berbis* pense qu'il est essentiel de modifier la rédaction de l'article, et croit qu'on pourrait, par exemple, mettre les mots *chef de maison* au lieu de ceux *chef de famille.*

M. *Favard de Langlade, rapporteur,* intervient dans la discussion, et dit : « La commission a été unanimement d'avis que dans les mots *chef de famille* se trouvaient nécessairement compris les curés et les desservans, parce qu'ils sont, comme on l'a observé, au nombre des chefs de maison. Toutefois, pour trancher la difficulté, on peut ajouter aux mots *chef de famille,* ceux-ci : *ou de maison.* »

M. *de Bertier*, revenant à l'observation qu'il a déjà faite, demande la suppression de l'adjectif *fixe*, les mots *domicile réel* devant suffire.

M. *le rapporteur* répond : « Nous nous sommes servis de l'expression légale. Tout fonctionnaire public qui habite une commune a bien un domicile réel et fixe. Je ne vois pas pourquoi on supprimerait le mot *fixe*, surtout après l'addition que propose la commission. »

L'addition des mots *ou de maison* est adoptée.

L'article lui-même est adopté avec cette addition, le maintien du mot *fixe*, et les deux amendemens de la commission.

OBSERVATIONS.

La commission de la chambre des députés avait arrêté, dans sa séance du 30 janvier 1827, de commencer l'article du projet par ces mots : *s'il n'y a titre ou possession contraire*, et, après les mots *la commune*, de dire encore : *s'il n'y a également titre ou possession contraire*.

Mais, dans sa réunion du 2 mars suivant elle a modifié sa décision. Le procès-verbal officiel porte : « Il a été demandé par un membre qu'au lieu du mot *possession* on mît le mot *usage*, attendu que le mode de partage des bois d'affouage est un usage établi depuis longues années, mais dont la possession trentenaire pourrait avoir été interrompue; que le mot véritable serait celui de *coutume*, mais qu'il serait peu convenable de l'employer ici, en raison de ce qu'on pourrait croire qu'il s'agit des anciennes coutumes de provinces. La commission a adopté le remplacement du mot *possession* par celui d'*usage*, répété deux fois. »

Art. 106.

Pour indemniser le gouvernement des frais d'administration des bois des communes ou établissemens publics, il sera ajouté annuellement à la contribution foncière établie sur ces bois, une somme équivalente à ces frais. Le montant de cette somme sera réglé chaque année par la loi de finances; elle sera répartie au marc le franc de ladite contribution, et perçue de la même manière.

DISCUSSION A LA CHAMBRE DES DÉPUTÉS.

Dans le projet, l'article était ainsi conçu : « Pour indemniser le gouvernement des frais d'administration des bois des communes et des établissemens publics, il sera payé, au profit du trésor, par les adjudicataires des coupes tant ordinaires qu'extraordinaires, un décime par franc en sus du prix principal de leur adjudication.

« Quant aux coupes et portions de coupe qui se délivrent en nature aux communes ou aux établissemens propriétaires, il sera perçu par le trésor un vingtième de la valeur des bois délivrés, laquelle sera fixée par le préfet, sur les propositions respectives du maire ou des administrateurs et des agens forestiers. »

La commission change entièrement ce système.

M. *Favard de Langlade* explique, dans son rapport, les motifs de ce changement : « Cette double rétribution ayant donné lieu, dit-il, à de vives réclamations dans les bureaux de la chambre, votre commission a dû en faire l'objet de son attention particulière. Elle a d'abord remarqué que les plaintes élevées contre la perception du décime venaient de ce qu'on ne connaissait ni son véritable produit, ni le montant de la dépense à laquelle il était affecté ; que cependant il était essentiel que l'un et l'autre fussent connus pour établir que le produit du droit perçu par le trésor n'excédait pas la portion pour laquelle les communes et les établissemens publics devaient contribuer dans la partie des dépenses de l'administration des forêts qui doit être supportée proportionnellement par leurs bois et par ceux de l'Etat. Il a été de plus remarqué que le prélèvement d'un vingtième de la valeur des bois délivrés serait trop onéreux, et que d'ailleurs, pour l'opérer, il y aurait lieu à des estimations coûteuses, qui feraient naître beaucoup de difficultés.

» Je ne fatiguerai pas votre attention, Messieurs, par tous les calculs dans lesquels nous sommes entrés pour fixer notre opinion sur la nécessité de supprimer le décime perçu sur les adjudications et le vingtième que l'on propose de percevoir sur la valeur des bois délivrés ; je vous dirai seulement qu'il résulte des états que M. le directeur général des forêts s'est empressé de nous communiquer, 1° que le produit annuel des bois des communes et des établissemens publics est d'environ 30 millions, tant pour les coupes affouagères que pour les coupes vendues; 2° que les bois de l'Etat produisent environ 25 millions.

» D'après cet aperçu, si la dépense générale de l'administration monte à 3,699,000 francs, comme l'annonce le budget de l'État, il faut en distraire les frais spéciaux pour les bois de l'Etat, c'est-à-dire, ceux qui sont exclusivement à sa charge; cette distraction opérée, il reste la somme applicable à la surveillance de tous les bois, et dans cette somme les communes et les établissemens publics doivent supporter leur contingent, qu'il convient de fixer d'après des bases dont la justice soit bien connue. C'est pour payer ce contingent que la commission, de concert avec M. le directeur général des forêts, a cru convenable d'adopter un nouveau mode plus simple et plus juste que celui dont il est question dans le projet de code. Ce nouveau mode consiste à frapper les bois des communes et des établissemens publics d'une contribution supplémentaire égale au montant des frais de gestion que ces bois doivent supporter. Cette contribution supplémentaire sera réglée chaque année par la loi de finances; elle sera déterminée d'une manière positive et pourra être débattue en parfaite connaissance de cause lors de la discussion du budjet. Par ce moyen, les communes auront l'assurance de ne payer que la portion pour laquelle elles devront contribuer dans les dépenses de l'administration des forêts, et la perception en sera aussi facile que celle des impôts en général.

« La commission a communiqué ce projet à M. le ministre des finances, qui l'a adopté. Voici la rédaction de l'article proposé en remplacement de l'article 106. »

Cette rédaction est adoptée; elle forme l'article 106 du code.

DISCUSSION A LA CHAMBRE DES PAIRS.

M. *le duc de Praslin* observe « que les impositions communales, étant réparties au marc le franc sur toutes les propriétés, se trouvent supportées non seulement par les habitans, mais encore par les propriétaires qui, ne résidant pas dans la commune, y ont cependant leurs propriétés. Ce mode de répartition, qui peut jusqu'à un certain point paraître juste pour plusieurs espèces de contributions communales, ne saurait l'être à l'égard des contributions que paye la commune pour ses bois, puisque les habitans seuls profitent des bois, et que dès-lors la charge ne peut, sans injustice, en retomber sur les non résidens. Le noble pair desirerait qu'il fût bien expliqué que les frais de garde, tels qu'ils sont réglés par l'article 106, seraient uniquement à la charge des habitans qui profitent du bois. »

Le directeur général des forêts, commissaire du roi, expose « qu'il existe à cet égard une explication complètement satisfaisante dans l'article 109, sur lequel la chambre va être appelée à voter, et qui dispose que non seulement les frais de régie, mais encore l'impôt lui-même, seront prélevés sur le prix des coupes, et ne pourront par conséquent retomber à la charge de propriétaires qui, ne résidant pas dans la commune, ne profitent pas du produit des bois. »

L'article 106 est mis aux voix et adopté.

OBSERVATIONS.

L'exécution de l'art. 106, ainsi que de l'art. 107, est ajournée par une loi jusqu'au 1er janvier 1829. (*Voyez cette loi à la suite du code.*)

ART. 107.

Moyennant les perceptions ordonnées par l'article précédent, toutes les opérations de conservation et de régie dans les bois des communes et des établissemens publics seront faites par les agens et préposés de l'administration forestière, sans aucuns frais.

Les poursuites, dans l'intérêt des communes et des établissemens publics, pour délits ou contraventions commis dans leurs bois, et la perception des restitutions et dommages-intérêts prononcés en leur faveur, seront effectuées sans frais par les agens du gouvernement, en même temps que celles qui ont pour objet le recouvrement des amendes dans l'intérêt de l'Etat.

En conséquence, il n'y aura lieu à exiger à l'avenir des communes et établissemens publics, ni aucun droit de vacation, d'arpentage, de réarpentage, de décime, de prélèvement quelconque, pour les agens et préposés de l'administration forestière, ni le remboursement soit des frais des instances dans lesquelles l'administration succomberait, soit de ceux qui tomberaient en non-valeurs par l'insolvabilité des condamnés.

DISCUSSION A LA CHAMBRE DES DÉPUTÉS.

Les deux premiers paragraphes de l'article étaient dans le projet tels qu'ils sont dans la loi.

Quant au troisième, il était ainsi rédigé : « En conséquence, il n'y aura plus lieu à exiger des communes et établissemens publics ni aucun droit de vacation quelconque pour les agens et préposés de l'administration forestière, ni le remboursement soit des frais des instances dans lesquelles l'administration succomberait, soit de ceux qui tomberaient en non-valeur par l'insolvabilité des condamnés. »

Par une conséquence de la nouvelle rédaction de l'art. 106, la commission propose d'intercaler dans ce paragraphe, après les mots *droit de vacation*, ceux-ci : *d'arpentage, de réarpentage, de décime, de prélèvement quelconque, etc.*

L'article est adopté avec cette addition.

ART. 108.

Le salaire des gardes particuliers restera à la charge des communes et des établissemens publics.

DISCUSSION A LA CHAMBRE DES DÉPUTÉS.

L'article du projet était : « Le salaire des gardes particuliers *et la rétribution des arpenteurs* resteront à la charge des communes et des établissemens publics. »

La commission demande le retranchement des mots *et la rétribution des arpenteurs*, parce que, d'après la nouvelle rédaction de l'art. 106, cette rétribution doit être payée par l'administration forestière.

L'article est adopté avec ce retranchement.

Art. 109.

Les coupes ordinaires et extraordinaires sont principalement affectées au paiement des frais de garde, de la contribution foncière et des sommes qui reviennent au trésor en exécution de l'art. 106.

Si les coupes sont délivrées en nature pour l'affouage, et que les communes n'aient pas d'autres ressources, il sera distrait une portion suffisante des coupes, pour être vendue aux enchères avant toute distribution, et le prix en être employé au paiement desdites charges.

DISCUSSION A LA CHAMBRE DES DÉPUTÉS.

La chambre adopte cet article avec le retranchement, demandé par la commission, des mots *et d'arpentage*, qui se trouvaient dans le premier paragraphe du projet, après les mots *frais de garde*, ainsi que d'une disposition qui terminait le second paragraphe, et qui portait : *Les ventes de cette nature ne seront pas passibles du prélèvement du décime au profit du trésor.*

Ces modifications sont encore une conséquence de la nouvelle rédaction de l'art. 106.

M. *Petit-Perrin* a proposé d'ajouter, après les mots *au paiement desdites charges*, la disposition suivante : « Si mieux n'aime le maire, ou un habitant notable et solvable, se charger personnellement du paiement de toutes les charges auxquelles la coupe est affectée, sauf à en répartir le montant à raison des stères qui seront distribués entre les habitans, de tout quoi il sera rendu compte à M. le préfet. »

Mais cet amendement, n'ayant pas été appuyé, n'a pas été mis aux voix.

ART. 110.

Dans aucun cas et sous aucun prétexte, les habitans des communes et les administrateurs ou employés des établissemens publics ne peuvent introduire ni faire introduire dans les bois appartenant à ces communes ou établissemens publics, des chèvres, brebis ou moutons, sous les peines prononcées par l'art. 199 contre ceux qui auraient introduit ou permis d'introduire ces animaux, et par l'art. 78 contre les pâtres ou gardiens. Cette prohibition n'aura son exécution que dans deux ans, à compter du jour de la publication de la présente loi, dans les bois où, nonobstant les dispositions de l'ordonnance de 1669, le pâturage des moutons a été toléré jusqu'à présent.

Toutefois le pacage des brebis ou moutons pourra être autorisé, dans certaines localités, par des ordonnances spéciales de Sa Majesté.

DISCUSSION A LA CHAMBRE DES DÉPUTÉS.

Dans l'article du projet, le premier paragraphe se terminait par les mots *contre les pâtres ou gardiens*, et le second ne parlait point des brebis.

M. *Favard de Langlade* dit, dans son rapport : « Quant aux prohibitions portées par l'article 110, nous avons pensé qu'elles ne devaient recevoir leur exécution que dans deux ans à compter de la publication du code, afin que ceux qu'elles concernent aient le temps de prendre les précautions convenables. La commission vous propose en conséquence de faire à la fin du premier paragraphe l'addition suivante : *Cette prohibition n'aura son exécution que dans deux ans, à dater de la promulgation de la présente loi.* »

M. *de Courtivron* présente une autre rédaction qui consisterait à dire : « Cette prohibition n'aura son exécution que dans » un an à compter du jour de la publication de la présente loi, » en ce qui concerne les brebis ou moutons seulement ; ce » délai n'étant point applicable aux chèvres, dont l'indroduction » dans les bois doit cesser aux termes du premier paragraphe » du présent article. »

M. *de Martignac, commissaire du roi,* obtient la parole sur l'addition proposée par la commission. Il dit : « J'ai à présenter quelques observations à la chambre sur la généralité de l'amendement de la commission et sur la nécessité d'y faire un changement de rédaction. La chambre peut se souvenir que toute introduction de moutons, de brebis et de chèvres dans les bois des communes, est sévèrement défendue par la législation existante. L'ordonnance de 1669 contient même des peines sévères contre la violation de cette prohibition ; mais, malgré cette législation, il est des localités où l'introduction des brebis et des moutons a continué d'avoir lieu. La commission propose d'accorder un délai de deux ans pour la cessation de cet abus. Il paraîtrait assez difficile de faire déclarer par la loi, licite pendant deux ans, ce que la législation prohibe entièrement. Toutefois, nous reconnaissons que les considérations qui ont fait admettre une exception à l'article 78 paraissent de nature à la faire admettre aussi dans l'article 110. Mais il ne faut pas que cette exception soit conçue en termes tels qu'elle entraîne la reconnaissance d'un droit, au lieu de n'être qu'une simple tolérance ; il ne faudrait pas que pendant deux ans l'introduction des moutons pût être faite, dans les localités même où elle n'avait pas lieu jusqu'à présent. En conséquence, je crois que l'amendement devrait être ainsi rédigé : « Cette prohibition n'aura son exécution que dans deux ans, à compter du jour de la publication de la présente loi, dans les bois où, nonobstant la prohibition de l'ordonnance de 1669, le pâturage des moutons a été toléré jusqu'à ce jour. »

M. *Sébastiani* combat l'amendement de M. de Courtivron, et adopte les modifications proposées par M. le commissaire du roi.

M. *Favard de Langlade*, *rapporteur*, monte à la tribune et dit : « L'observation de M. le commissaire du roi est très-juste. La commission, en proposant son amendement, était dominée par la pensée qu'il n'était applicable qu'aux localités où le pâturage des moutons avait été toléré; ainsi nous nous empressons d'adopter la modification indiquée par M. le commissaire du roi. Quant au délai de deux ans, nous ne croyons pas qu'il doive être réduit; il est d'ailleurs en harmonie avec celui que la chambre a consacré dans une occasion toute pareille. La chambre jugera si elle veut en ce moment prononcer un autre délai; mais nous pensons que celui de deux ans doit être adopté. »

Par suite de ces explications M. de Courtivron retire son amendement.

La chambre adopte le sous-amendement de M. de Martignac et l'amendement de la commission.

M. *Boulard* propose une disposition additionnelle portant : « Les autorisations qui seront accordées, soit en vertu de cet article, soit en vertu de l'article 78, pourront toujours être révoquées par l'administration, sans indemnité. »

M. *Reboul* voudrait qu'on ajoutât à cet amendement : *lorsqu'elles ne seront pas motivées sur des titres antérieurs.*

M. *Favard de Langlade* répond : « Il ne faut pas confondre avec les concessions des autorisations qui ne sont que temporaires. Je prie la chambre de se rappeler qu'à l'art. 78 j'ai donné pour principal motif que c'était seulement pour certaines localités et pour certaines circonstances qu'il fallait donner au gouvernement la faculté d'accorder un délai. Il est impossible de supposer que, quand le gouvernement aura donné une autosation qui ne sera que temporaire, et toute de bienveillance, on ait la pensée de demander une indemnité, lorsque l'autorisation viendra à être retirée. »

Les propositions de MM. Boulard et Reboul ne sont ni appuyées, ni par conséquent mises aux voix.

M. *Reboul* remarque que, dans le premier paragraphe de l'article, la prohibition est appliquée aux chèvres, brebis et moutons; que cependant l'exception faite au dernier paragraphe ne porte que sur les moutons; qu'ainsi les brebis s'en trouveraient exclues. Il demande que, pour éviter tout inconvénient, on dise, dans le dernier paragraphe, *le paçage des bêtes à laine*, au lieu de : *le pacage des moutons*, ou bien qu'on ajoute le mot *brebis*.

M. *le rapporteur* dit que la commission ne voit pas de difficulté à ce qu'on dise des *brebis ou moutons*, dans le dernier paragraphe de l'article, comme dans le premier.

L'amendement est adopté tel qu'il vient d'être précisé par M. le rapporteur.

L'article ainsi amendé est adopté.

Art. 111.

La faculté accordée au gouvernement par l'art. 63, d'affranchir les forêts de l'Etat de tous droits d'usage en bois, est applicable, sous les mêmes conditions, aux communes et aux établissemens publics, pour les bois qui leur appartiennent.

Art. 112.

Toutes les dispositions de la huitième section du titre III sur l'exercice des droits d'usage dans les bois de l'Etat, sont applicables à la jouissance des communes et des établissemens publics dans leurs propres bois, ainsi qu'aux droits d'usage dont ces mêmes bois pourraient être grevés, sauf les modifications résultant du présent titre, et à l'exception des articles 61, 73, 74, 83 et 84.

DISCUSSION A LA CHAMBRE DES DÉPUTÉS.

L'article du projet se terminait par ces mots : *à l'exception de l'article* 61.

La commission propose de dire, *à l'exception des articles* 61, 73, 74, 83 et 84.

M. Favard de Langlade, rapporteur, justifie cette modification dans son rapport : « il a été observé, dit-il, que l'article 112 appliquait aux bois des communes tous les articles de la huitième section du titre III, excepté les dispositions de l'article 61; mais il a paru nécessaire d'en excepter aussi les articles 73, 74, 83 et 84. L'indication des deux premiers a pour objet d'exempter les communes et les établissemens publics de l'obligation de marquer d'une marque spéciale les bestiaux qui pacagent dans leurs propres forêts. L'énonciation des deux autres nous a paru nécessaire; car il serait injuste, si un des habitans propriétaires ne brûlait pas tout le bois qui lui serait délivré, de le priver de disposer de l'excédant. On doit faire une grande différence entre les droits d'usage qu'ont les habitans d'une commune dans les forêts de l'Etat, et celui qu'ils ont dans leurs bois communaux, l'un étant un droit sur une chose qui ne leur appartient pas, et l'autre, un droit qui n'est qu'un mode de jouissance de leur propre chose. »

L'article ainsi amendé est adopté.

TITRE VII.

Des Bois et Forêts indivis qui sont soumis au régime forestier.

ART. 113.

Toutes les dispositions de la présente loi relatives à la conservation et à la régie des bois qui font partie du domaine de l'Etat, ainsi qu'à la poursuite des délits et contraventions commis dans ces bois, sont applicables aux bois indivis mentionnés à l'art. 1, paragraphe 6 de la présente loi, sauf les modifications portées par le titre VI pour les bois des communes et des établissemens publics.

DISCUSSION A LA CHAMBRE DES DÉPUTÉS.

M. *de Martignac, commissaire du roi*, dit, dans l'exposé des motifs : « Des différentes classes de bois indiquées par la première disposition du projet comme soumises au régime forestier, il ne nous reste plus que les bois *indivis* entre des particuliers, d'une part; l'Etat, la couronne et les communes, de l'autre. Il fallait nécessairement qu'un mode uniforme de régie fût établi pour les bois ainsi possédés par indivision. Il était impossible d'assujettir l'Etat, la couronne et les communes à la volonté des particuliers copropriétaires, ni de laisser entre eux une cause toujours renaissante de discussion. Il a paru plus naturel et plus sage d'adopter pour leur intérêt commun le mode déjà réglé pour les possesseurs de l'une des parties. Le copropriétaire ne peut s'en plaindre, puisqu'aux termes de l'article 815 du Code civil, il est toujours libre de faire cesser l'indivision en requérant le partage. »

M. *Favard de Langlade* dit, dans son rapport, que la commission reconnaît la nécesité de soumettre au régime forestier les bois indivis, qui en seront plus efficacement protégés; mais il ajoute qu'à l'article du projet terminé par ces mots : *mentionnés à l'article* 1er *de la présente loi*, elle croit devoir ajouter : *sauf les modifications portées par le titre* VI *pour les bois des communes et des établissemens publics.*

Il explique en ces termes les motifs de cette addition : « Vous remarquerez, Messieurs, que, si un bois appartient indivisément à l'Etat et à un particulier, ou bien à la couronne et à un particulier, il est tout simple d'appliquer les règles relatives aux bois de l'Etat; mais il faut que ces règles soient modifiées par celles relatives aux bois des communes et des établissemens publics, lorsqu'il s'agit d'un bois qui appartient par indivis à une commune ou établissement public et à un particulier. L'Etat y est alors étranger, et il ne peut avoir plus de droit sur un bois ainsi possédé par indivis entre une commune et un particulier que s'il appartenait à la commune seule. »

L'article est adopté avec l'amendement de la commission.

OBSERVATIONS.

Le titre XXIII de l'ordonnance de 1669 était consacré à l'administration et à l'exploitation des bois tenus en grûrie, grairie, tiers et danger. Le droit de *grûrie* consistait dans la faculté appartenant au Roi de prendre une part du produit des coupes; celui de *grairie* emportait l'idée d'une copropriété, d'une indivision du fonds. Les mots *tiers et danger* exprimaient la faculté de prélever, soit en nature, soit en deniers, un tiers et puis un dixième des bois vendus.

La loi du 29 septembre 1791 renfermait une seule disposition, par laquelle elle prescrivait que les bois possédés en grûrie ou par indivis avec l'Etat fussent régis comme les forêts nationales. Cette disposition en formait le titre XI.

ART. 114.

Aucune coupe ordinaire ou extraordinaire, exploitation ou vente, ne pourra être faite par les possesseurs copropriétaires, sous peine d'une amende égale à la valeur de la totalité des bois abattus ou vendus; toutes ventes ainsi faites seront déclarées nulles.

ART. 115.

Les frais de délimitation, d'arpentage et de garde seront supportés par le domaine et les copropriétaires, chacun dans la proportion de ses droits.

L'administration forestière nommera les gardes, réglera leur salaire, et aura seule le droit de les révoquer.

ART. 116.

Les copropriétaires auront, dans les restitutions et dommages-intérêts, la même part que dans le produit des ventes, chacun dans la proportion de ses droits.

DISCUSSION A LA CHAMBRE DES DÉPUTÉS.

L'article du projet portait : « Les copropriétaires auront dans les restitutions et dommages-intérêts la même part que dans le produit des ventes, *décime compris*, chacun dans la proportion de ses droits. »

La chambre adopte cet article avec le retranchement des mots *décime compris*, retranchement proposé par la commission comme une conséquence des changemens qu'a subis l'article 106.

TITRE VIII.

Des Bois des particuliers.

DISCUSSION A LA CHAMBRE DES DÉPUTÉS.

M. *de Martignac*, *commissaire du roi*, dit, en exposant les motifs de cette partie du Code : « Nous arrivons ainsi, Messieurs, à des questions d'un autre ordre, et auxquelles se rattache un intérêt plus pressant. Nous voulons parler *des bois des particuliers*. Ici, la loi doit intervenir dans la propriété privée, et nous sentons, comme vous, qu'elle ne peut le faire qu'avec de grands ménagemens, et uniquement dans cet intérêt de conservation qui est le lien commun de l'Etat et du propriétaire.

« Le projet laisse d'abord aux particuliers la libre administration de leurs bois, à l'exception du défrichement dont nous allons vous entretenir. Il ne leur prescrit, ni ne leur interdit aucun mode d'exploitation; d'un autre côté, il leur assure la protection la plus complète. Ainsi les particuliers ont le droit de choisir leurs gardes; ainsi la faculté d'affranchir leurs bois du droit d'usage par un cantonnement, l'interdiction aux usagers d'en user autrement que *selon la possibilité des forêts*, reconnue et constatée par l'administration; enfin, les peines prononcées contre les abus dans l'intérêt des bois de l'Etat; toutes ces dispositions favorables et conservatrices leur sont déclarées communes. Par ce moyen, on les met à l'abri de l'abus funeste qui peut être fait du droit d'usage; mais, pour placer à leur tour les usagers à l'abri de l'injustice et de l'arbitraire, on leur réserve le recours devant les tribunaux.

« Ces dispositions diverses dont se compose le titre VIII offrent peu de difficultés ; mais il en existe une plus sérieuse, et que nous vous avons déjà fait pressentir.

« Les anciennes ordonnances avaient imposé aux propriétaires de bois des conditions de jouissance multipliées et pénibles. La défense de couper même les taillis avant l'âge fixé, l'obligation de se conformer pour l'exploitation aux règles tracées pour l'usance des bois royaux, la réserve des baliveaux, la prohibition de défricher, telle était une partie des mesures restrictives auxquelles l'exercice du droit de propriété a été long-temps soumis.

« La loi de 1791 les supprima toutes à la fois, et ne ménagea cette révolution dans le régime forestier par aucune transition. Les propriétaires abusèrent de cette liberté inaccoutumée : les défrichemens se multiplièrent à l'infini sans distinction des lieux où ils étaient opérés, en telle sorte que, dans plusieurs localités, l'éboulement des terres défrichées et le déboisement des montagnes firent disparaître la terre végétale et laissèrent les rochers à nu. Il fallut porter à ce mal un remède nécessaire et urgent. On prit un terme moyen entre l'ancien et le nouvel état des choses, et la loi du 29 avril 1803 prohiba le défrichement sans autorisation préalable. Toutefois, cette mesure ne fut adoptée que comme temporaire. Sa durée est fixée à vingt-cinq ans, et ce terme est près d'expirer.

« Y a-t-il lieu de maintenir cette prohibition, ou doit-on rendre à la propriété particulière la liberté absolue dont l'a privée la loi du 29 avril 1803 ? Telle était la question qu'il fallait décider, et qui a fait l'objet d'un long examen et de fréquentes discussions.

« Rien n'est plus respectable, Messieurs, que le droit de propriété ; et ce droit, de sa nature, n'admet guère de limites ; il comprend, nous le savons, la faculté d'*user* et d'*abuser*. Cette faculté, inhérente à la propriété et qui la constitue, est, dans notre corps social, un principe de vie qu'il faut se garder de méconnaître et de blesser. Ce sont là vos principes, Messieurs, et ce sont aussi les nôtres : toutefois, cette grande règle doit fléchir elle-même, vous le savez, devant la considération, plus grande encore, du besoin social et de la conservation commune. C'est à ce prix que la société garantit à ses membres leur sûreté et leur propriété. C'est un sacrifice que l'intérêt de chacun doit faire à l'intérêt de tous, et qui profite ainsi à ceux même à qui il est imposé. Les lois de tous les pays, et nos propres lois, contiennent de nombreux exemples de ce sacrifice imposé; et il suffit de citer ici celle qui permet même l'*expropriation* pour cause d'*utilité publique*. La question d'intérêt général, la question d'*utilité publique* est donc, dans la réalité, la seule qu'il faille considérer. Le principe ne saurait être contesté; mais l'application peut être combattue.

« Sur ce point, Messieurs, la seule connaissance des faits semble devoir suffire.

« Plus de la moitié du sol forestier, nous vous l'avons déjà dit, est possédée par les particuliers. La portion qui reste à l'Etat, à la couronne et aux communes, est insuffisante, dans la situation actuelle, pour assurer les services publics et la consommation privée. L'élévation du prix des bois, la ressource facile et assurée qu'offre au propriétaire l'exploitation d'un terrain complanté, mise en comparaison avec les avantages éloignés et éventuels que peut offrir sa conservation; l'espoir de compenser et au-delà ces avantages par une autre nature de culture; toutes ces causes, qui ne peuvent être méconnues, expliquent assez la disposition que doivent avoir un grand nombre de propriétaires à faire des défrichemens. Au surplus, nous n'en sommes pas sur ce point réduits à des conjectures, et cette disposition n'est que trop bien prouvée par l'empressement avec lequel on a profité de la liberté accordée par la loi de 1791, et par l'innombrable quantité de demandes en autorisation formées depuis la prohibition. Rétablir aujourd'hui la liberté absolue, ce serait s'exposer à des dangers réels, contre lesquels vous seriez contraints bientôt de réclamer une barrière. Il a donc fallu adopter, quoiqu'à regret, un système plus sévère.

« Toutefois, Messieurs, nous nous sommes bien gardés d'introduire dans la loi la prohibition comme un principe, comme une règle permanente : nous l'avons, au contraire, considérée comme une exception, et comme une exception limitée et temporaire. Le titre relatif aux bois des particuliers ne contient aucune disposition de ce genre; à la fin de la loi seulement, un titre transitoire proroge pendant vingt années la prohibition de défrichement sans autorisation. Cette prohibition, limitée quant à sa durée, l'est aussi quant à son étendue; elle ne comprend ni les jeunes bois âgés de moins de vingt ans, ni les parcs et jardins clos et attenans aux habitations, ni les bois non clos d'une étendue au-dessous de deux hectares. La disposition qui, dans tous ses moyens d'exécution, a été rendue plus facile et plus simple, ne regarde que les bois de quelque importance et dont l'intérêt général prescrit encore la conservation. Tout permet d'espérer qu'à l'expiration du terme fixé par les articles transitoires, la liberté pourra être rendue tout entière à la propriété avec les seules précautions qu'exigera toujours la situation des montagnes et des terrains penchans et ardus. C'est vers ce but d'affranchissement que vont tendre d'un commun accord et les efforts de l'administration, et les progrès sensibles de l'agriculture et de l'industrie. Un meilleur mode d'exploitation, indiqué par l'expérience nationale et étrangère, l'établissement d'une école forestière où se formeront désormais des agens instruits et spéciaux, des repeuplemens ordonnés avec discernement et exécutés avec soin, donneront successivement aux forêts soumises au régime forestier un accroissement de valeur et d'étendue propre à rassurer les esprits attentifs sur nos besoins présens et à venir. D'un autre côté, l'exploitation de nos mines de charbon et de houille se poursuivant avec une grande activité; l'industrie diminuant, par des procédés ingénieux, la consommation des combustibles; l'établissement de canaux et de grandes routes appelant chaque jour à une distribution plus égale les produits de nos forêts; l'exemple des pays étrangers éclairant nos propriétaires sur le parti qu'on peut tirer des bois attendus; toutes ces causes réunies nous assurent qu'au bout de vingt ans le titre temporaire pourra, sans danger, se détacher du corps de la loi. Dans vingt ans, Messieurs, que ne doit-on pas espérer de bon, d'utile et d'heureux dans un pays favorisé par la Providence, dans un pays où tout s'agrandit et s'éclaire ; où les sciences, les arts et l'agriculture doivent fleurir sous la protection de la monarchie légitime et sous les inspirations d'une sage et féconde liberté ! »

M. *Favard de Langlade*, au nom de la commission, rend aussi hommage à la propriété privée. Il s'exprime ainsi : « Le respect de la propriété, les droits qui en dérivent, les principes généraux qui la consacrent, semblent, au premier abord, devoir attribuer aux possesseurs de bois la liberté d'en user et d'en disposer comme des autres immeubles qui constituent les fortunes particulières. Mais, quelle que soit l'étendue du droit de propriété, il est des circonstances où il reçoit des restrictions dans l'intérêt public, cette nécessité puissante qui fait souvent fléchir l'avantage de quelques-uns pour le tourner au profit de tous. Le code civil reconnaît la possibilité de ces modifications dans le titre même où il définit la propriété, non-seulement en autorisant l'expropriation pour cause d'utilité publique, mais même en statuant que nul ne peut faire de sa propre chose *un usage prohibé par les lois ou par les réglemens*, ce qui suppose nécessairement que le législateur a le pouvoir de limiter l'exercice du droit de propriété. Or, personne ne saurait douter que la possession des bois ne doive subir des limitations de ce genre, soit par les difficultés de leur conservation, soit par la diminution à laquelle de longs désordres ont amené la superficie du sol forestier en France. Tel est, Messieurs, l'esprit qui règne dans les articles qui concernent les bois des particuliers. Le projet donne aux propriétaires toute la latitude possible ; il ne circonscrit leurs droits que lorsqu'il en sent la nécessité, et le plus souvent il leur offre, par ses prohibitions même, une protection réelle et utile, plutôt qu'une contrainte gênante et nuisible à leurs intérêts bien entendus : c'est une vérité dont vous avez dû vous convaincre par la lecture du projet et de ses motifs. »

ART. 117.

Les propriétaires qui voudront avoir, pour la conservation de leurs bois, des gardes particuliers, devront les faire agréer par le sous-préfet de l'arrondissement; sauf le recours au préfet, en cas de refus.

Ces gardes ne pourront exercer leurs fonctions qu'après avoir prêté serment devant le tribunal de première instance.

DISCUSSION A LA CHAMBRE DES DÉPUTÉS.

L'article du projet était ainsi conçu : « Les propriétaires qui voudront avoir pour la conservation de leurs bois des gardes particuliers, devront les faire agréer par l'agent forestier local. En cas de refus, le propriétaire pourra se pourvoir devant le préfet, qui statuera.

« Ces gardes ne pourront exercer leurs fonctions qu'après avoir prêté serment devant le tribunal de première instance. »

M. *Favard de Langlade* dit, dans son rapport : « D'après l'art. 117, les particuliers ont le choix de leurs gardes; seulement ils doivent le faire agréer par l'agent forestier local. Si celui-ci refuse son agrément, le propriétaire se pourvoit devant le préfet, qui statue sur la difficulté. La chambre aura sans doute remarqué l'intervention assez fréquente du préfet et du conseil de préfecture, dans l'intérêt des communes et des particuliers; sans doute elle n'en aura pas conclu que le projet s'écarte beaucoup du système de l'ordonnance de 1669, et qu'il réduit trop les attributions des agens forestiers. Autrefois, en effet, il existait au-dessus de ces agens des tribunaux particuliers et généraux, tels que les grueries, assises et tables de marbre, qui jugeaient toutes les contestations, et où les intérêts privés étaient convenablement défendus. Aujourd'hui, cette juridiction n'existant plus, il a paru indispensable de porter les différends relatifs à la propriété particulière ou communale devant l'autorité administrative ou devant les tribunaux, selon qu'il s'agit d'actes de pure administration ou de questions de propriété. »

M. *Duhamel* demande qu'on remplace, dans le premier paragraphe de l'article, le mot *agréer* par celui *reconnaître*. Selon lui, « faire agréer un garde par un agent forestier, c'est soumettre la nomination de ce garde, qui est un homme à gages, à la volonté, et même à la fantaisie de l'agent forestier. Le propriétaire qui a besoin d'un garde est intéressé à le bien choisir; et il me serait pénible de penser que nous pourrions avoir chez nous une suprématie au-dessus de notre propre volonté. Je crois aussi qu'il faudrait supprimer les mots *en cas de refus*, etc. Ce refus serait de la plus grande inconvenance; et j'espère que vous ne laisserez pas passer cela dans la loi. »

M. *de Martignac, commissaire du roi,* répond qu'il faut qu'un particulier, qui veut faire donner un caractère public à son garde, s'adresse à un agent de l'autorité publique; que l'art. 95 l'a déjà décidé pour les gardes des communes; et qu'il ne peut pas en être autrement pour ceux des particuliers.

M. *Sébastiani* appuie la demande de M. *Duhamel.* La nécessité de l'agrément de l'administration forestière lui paraît une atteinte à la propriété. Il ne conçoit pas pourquoi un propriétaire de bois serait obligé de faire agréer son garde forestier, lorsqu'il n'est pas astreint à recourir à l'autorité pour la nomination de son garde champêtre. Il pense que la prestation de serment devant le tribunal de première instance suffit pour imprimer au garde le caractère dont il a besoin.

M. *le ministre des finances* dit que jusqu'ici les gardes des particuliers ont été agréés par l'administration forestière; que la loi du 9 floréal an XI soumettait le choix de ces gardes à l'approbation de la même administration; que les motifs de cette approbation sont d'empêcher que des délinquans ou des hommes mal famés ne soient investis du droit de faire des procès-verbaux sans aucune espèce de contrôle de la part de l'autorité supérieure.

M. *Duhamel* insiste.

M. *Favard de Langlade, rapporteur,* soutient l'article du projet. « L'honorable préopinant, dit-il, a présenté l'article en discussion comme portant atteinte à la propriété. Je soutiens, au contraire, que cet article la protège, parce qu'il tend à donner aux gardes le caractère dont ils ont besoin pour protéger les bois des particuliers. Si l'on se bornait à dire que le garde sera reconnu par l'administration forestière, ce ne serait qu'une salutation que le garde aurait à faire à l'agent forestier. Cela certainement ne suffit pas. Il faut que l'administration forestière, qui est chargée de surveiller les gardes, et qui leur imprime un caractère public, soit assurée de leur moralité, qui est très-importante dans les fonctions qu'ils ont à remplir, non-seulement dans l'intérêt des particuliers, mais aussi dans l'intérêt public; car ces gardes exercent des fonctions de police judiciaire, et ils peuvent être appelés dans les occasions les plus importantes. Comment dès lors serait-il possible qu'un particulier eût le droit de conférer un caractère pareil au premier venu? Je vous prie de remarquer que ce que nous vous demandons pour les gardes forestiers est ce qui se fait journellement pour les gardes champêtres. Un garde champêtre ne peut être nommé que par le conseil municipal. Le garde champêtre nommé par un particulier ne peut exercer ses fonctions qu'autant qu'il est agréé par le maire de la commune. Et vous voulez qu'un garde forestier soit dans le cas d'exercer des fonctions plus importantes, sans l'assentiment de l'administration forestière! Il n'y a pas, dans tout ceci, d'intérêt personnel pour cette administration. Il ne s'agit pas pour elle d'administrer les forêts des particuliers; il s'agit seulement de faire que les particuliers ne choisissent que des personnes dignes de la confiance publique pour les fonctions publiques que la loi leur donne. L'amendement proposé est contraire à la législation existante; je crois que la chambre doit le rejeter. »

M. *Sébastiani* reprend la parole et dit : « Si vous voulez absolument appeler le concours de l'administration publique, donnez aux sous-préfets le droit que vous proposez de mettre entre les mains des agens forestiers, cela sera plus raisonnable, et en même temps plus commode pour les propriétaires. Je demande que l'agrément soit donné par les sous-préfets, sauf le recours aux préfets. »

M *de Bertier* admet que les gardes doivent être agréés par l'autorité publique; mais il se demande s'il faut qu'ils le soient par l'administration forestière. « Je ne le pense pas, ajoute-t-il. L'ordonnance de 1669 en avait fait une obligation, parce qu'alors l'administration forestière réunissait les qualités administratives et les qualités judiciaires. Les gardes étant dans le cas de porter des causes devant l'administration forestière, il était juste qu'ils fussent agréés par elle. Maintenant les choses sont changées, et il me semble que les gardes ne peuvent être agréés que par l'autorité judiciaire, ce qui serait plus régulier, ou par l'administration publique. Je demande que ce soit par les préfets. ».

M. *Méchin* voudrait que l'agrément émanât du sous-préfet.

M *de Martignac* essaie de justifier encore le projet d'article.

MM. de Bertier et Duhamel retirent leurs amendemens; ils se réfèrent à celui de M. Sébastiani, qui tend à mettre à la place des mots *par l'agent forestier local,* ceux-ci : *par le sous-préfet de l'arrondissement;* et la chambre adopte cet amendement.

L'autorité administrative étant ainsi substituée à l'administration forestière, M. *de Martignac* demande la suppression de la fin du premier paragraphe, portant : « En cas de refus, le propriétaire pourra se pourvoir devant le préfet, qui statuera. »

Ce retranchement est prononcé.

M. *Cornet d'Incourt* pense que l'acte par lequel le sous-préfet donne son agrément ne doit pas être soustrait à l'approbation du préfet, il propose de le dire d'une manière explicite, et d'ajouter : *sauf le recours au préfet.*

M. *Hyde de Neuville* préfère les mots : *sauf l'approbation du préfet.*

L'amendement de M. Cornet d'Incourt est adopté.

L'article ainsi amendé est lui-même adopté.

OBSERVATIONS.

Les bois des particuliers étaient autrefois régis par le titre XXVI de l'ordonnance de 1669, qui en réglait l'exploitation; la loi du 29 septembre 1791 y substitua une liberté absolue, modifiée plus tard quant au défrichement

Les gardes forestiers des particuliers jouissent, comme officiers de police judiciaire, des prérogatives exposées dans les observations sur l'art. 6; mais ils ne sont pas agens du gouvernement, et ne peuvent en conséquence invoquer la garantie de l'art. 75 de l'acte du 22 frimaire an VIII, garantie expliquée dans les mêmes observations.

Art. 118.

Les particuliers jouiront, de la même manière que le gouvernement et sous les conditions déterminées par l'art. 63, de la faculté d'affranchir leurs forêts de tous droits d'usage en bois.

DISCUSSION A LA CHAMBRE DES DÉPUTÉS.

M. *Favard de Langlade* dit dans son rapport, sur cet article, adopté sans discussion : « Aucune objection ne s'est élevée dans le sein de la commission sur l'article 118, qui assimile les particuliers à l'Etat pour l'affranchissement des droits d'usage en bois par la voie du cantonnement ; il est juste que tous ces droits soient jugés d'après des principes également applicables à l'Etat et aux particuliers, dont la qualité de propriétaire est la même aux yeux de la loi. »

Art. 119.

Les droits de pâturage, parcours, panage et glandée dans les bois des particuliers, ne pourront être exercés que dans les parties de bois déclarées défensables par l'administration forestière, et suivant l'état et la possibilité des forêts, reconnus et constatés par la même administration

Les chemins par lesquels les bestiaux devront passer pour aller au pâturage et pour en revenir seront désignés par le propriétaire.

DISCUSSION A LA CHAMBRE DES DÉPUTÉS.

L'article du projet disait : « Les droits de pâturage ou de parcours dans les bois, etc. »

M. *Favard de Langlade* fait connaître dans son rapport, que la commission trouve cet article incomplet, et propose d'en rédiger ainsi le commencement : *les droits de pâturage, parcours, panage et glandée dans les bois, etc.*

« Par cette rédaction, ajoute M. le rapporteur, toute espèce de droits d'usage encore existans se trouve comprise; d'où il résulte que tous les intérêts sont conservés, et que la sollicitude de plusieurs membres de la chambre pour quelques droits spéciaux dont ils ont parlé dans les bureaux doit être pleinement rassurée.»

Cette proposition est adoptée.

M. *de Bertier* croit qu'il est nécessaire d'ajouter au premier paragraphe de l'article, pour lui donner une sanction, les mots : *sauf les peines prononcées par l'art.* 99, dont la commission avait proposé l'addition à l'article 67.

Mais il retire sa proposition sur la réponse de M. de Martignac, commissaire du roi, que l'art. 119, actuellement en discussion, est, à l'égard des bois des particuliers, ce que l'art. 67 est à l'égard des forêts de l'Etat, et que les pénalités sont rappelées par l'art. 120.

La chambre adopte l'article tel qu'il est amendé par la commission.

DISCUSSION A LA CHAMBRE DES PAIRS.

M. *le duc de Praslin* «croit devoir renouveler, à l'occasion de cet article, une observation qu'il a déjà présentée sur l'art. 67, au sujet des bois exploités par furetage, qui, dans son opinion, ne devraient jamais être déclarés défensables.»

M. *le directeur général des forêts, commissaire du roi*, «déclare que jamais l'administration n'a considéré comme défensables, à aucune époque, les bois qui s'exploitent de cette manière; et si l'exercice du pâturage y a quelquefois été toléré, c'est un abus qui devra être réprimé.»

M. *le comte de Lavilegonthier* observe «qu'indépendamment des droits de pâturage, parcours, panage et glandée, dont l'article 119 interdit l'exercice dans les bois non défensables, il est encore d'autres usages, tels par exemple que celui d'enlever les feuilles pour faire de la litière, qui sont également préjudiciables pour les jeunes bois; il serait donc à désirer que l'article portât une disposition générale, telle que celle de l'art. 64, qui traite du rachat des usages, et qui, tout en spécifiant certains droits plus généralement répandus, comprend ceux qu'il ne spécifie pas dans cette locution générale *les autres droits d'usage quelconques.* »

M. *le rapporteur de la commission* « estime que la disposition de l'article 119 doit en effet s'appliquer à tous les droits dont l'exercice préjudicierait à la pousse des bois. Mais il suffit que le principe soit posé, et son application à toutes sortes d'usages analogues ne saurait être douteuse, alors même qu'il ne se trouverait pas compris dans la disposition littérale de l'article. »

Aucune proposition formelle n'étant faite, l'article est mis aux voix et adopté.

ART. 120.

Toutes les dispositions contenues dans les articles 64 ; 66, paragraphe 1 ; 70, 72, 73, 75, 76 ; 78, paragraphes 1 et 2 ; 79, 80, 83 et 85 de la présente loi, sont applicables à l'exercice des droits d'usage dans les bois des particuliers, lesquels y exercent, à cet effet, les mêmes droits et la même surveillance que les agens du gouvernement dans les forêts soumises au régime forestier.

DISCUSSION A LA CHAMBRE DES DÉPUTÉS.

Deux amendemens sont proposés, l'un par M. Mestadier, l'autre par M. de Ricard. Ils consistent, le premier dans la suppression du chiffre 64, le second dans le retranchement du chiffre 78.

M. *Mestadier* motive le sien sur ce qu'il résulterait de l'insertion de l'art. 64, que les droits de pâturage, de panage et glandée pourraient être rachetés entre particuliers, moyennant une indemnité en argent, ce qu'il ne croit pas qu'on doive admettre.

M. *Favard de Langlade, rapporteur*, répond : « Si notre honorable collègue avait fait ces observations sur l'article 64, je les concevrais. Mais il doit se rappeler que cet article a été discuté avec beaucoup de soin, et que la chambre a pris toutes les précautions convenables pour réserver aux communes la faculté de garder leurs pacages lorsqu'ils seront jugés nécessaires. L'article a été rédigé de manière à donner sur ce point toutes les garanties possibles aux communes, puisque les contestations qui peuvent s'élever doivent être jugées par les conseils de préfecture. Ainsi tout a été prévu. La chambre a adopté cet article à la presque unanimité. J'avoue que je ne puis concevoir comment le préopinant à pu présenter ses observations sur l'article 120. Il a crié beaucoup contre la violation de la propriété et des contrats. Je pourrais lui citer l'article 8 de la loi du mois de novembre 1791 qui autorise les particuliers à faire ce rachat. Il est vrai que les communes ne s'y trouvent pas comprises; mais le principe du rachat est consacré d'une manière formelle entre particuliers. Ainsi il n'y a pas eu changement de la législation existante. Aujourd'hui vous admettez l'Etat à jouir de la faculté accordée aux particuliers, parce que vous avez pensé que toutes les propriétés devaient être régies par le droit commun. Il y aurait incohérence d'accorder à l'Etat ce que vous auriez refusé aux particuliers. »

L'amendement de M. Mestadier est rejeté.

La discussion s'établit sur celui de M. de Ricard.

M. *de Bertier* demande que le renvoi à l'art. 78 ne rappelle que les deux premiers paragraphes de cet article, le troisième ne lui paraissant pas applicable aux bois des particuliers.

M. *le rapporteur* répond que la commission y consent, et la chambre adopte le sous-amendement, qui consiste dans le seul maintien des mots : *art. 78, paragraphes 1 et 2.*

M. *de Ricard* persiste à demander le retranchement de l'article entier; son amendement est rejeté.

L'article amendé par M. de Bertier est adopté.

Art. 121.

En cas de contestation entre le propriétaire et l'usager, il sera statué par les tribunaux.

DISCUSSION A LA CHAMBRE DES DÉPUTÉS.

M. *de Kergariou* propose d'ajouter à l'article : *sauf le cas prévu par le deuxième paragraphe de l'art. 64.*

Cet amendement, combattu par M. Sébastiani, est rejeté. L'article est adopté.

TITRE IX.

Affectations spéciales des Bois à des services publics.

SECTION I.

Des Bois destinés au service de la marine.

DISCUSSION A LA CHAMBRE DES DÉPUTÉS.

M. *de Martignac, commissaire du roi*, s'exprime ainsi en présentant les motifs de cette partie du code : « Les constructions navales exigent l'emploi d'une grande quantité d'arbres de choix et d'une dimension considérable. C'est là un de ces services qui touchent aux plus hauts intérêts du pays, et qu'il est du devoir de la législation d'assurer par tous les moyens qui sont à la disposition des lois Jusqu'à ce jour, la marine a exercé le droit de choix et de martelage sur tous les bois de l'Etat, des communes et des particuliers, que le propriétaire destine à être abattus. Ce droit doit-il et peut-il être enlevé à la marine, ou faut-il seulement en régler l'exercice de manière à conserver, dans leur intégrité, les intérêts des propriétaires ? Cette question était aussi tout-à-fait digne de l'attention du gouvernement, et elle vous paraîtra mériter toute la vôtre.

« Qu'il faille, par des moyens quelconques, assurer le service de la marine, c'est ce qui ne sera révoqué en doute par personne. L'honneur de notre pavillon, la sûreté de nos côtes, les intérêts de notre commerce, n'admettent pas la possibilité d'une opinion contraire. Que la marine puisse choisir parmi les bois de l'Etat ceux que son service réclame, cette faculté est encore hors de controverse. L'Etat applique ses ressources à ses besoins ; rien n'est plus simple : il ne peut y avoir là à régler que le mode. Mais le martelage dans les bois des particuliers est-il un moyen d'approvisionnement indispensable et qui ne puisse être remplacé par d'autres? C'est là que la difficulté commence.

« Les partisans du système opposé font remarquer que les bois propres aux constructions navales peuvent être achetés à un prix fort inférieur à celui des bois de France, dans les pays dont la culture est moins avancée, ou à qui leur climat refuse d'autres produits. Ils ajoutent qu'il ne s'agit pas là d'une de ces deux branches d'agriculture qui ont besoin d'être protégées contre la concurrence étrangère, et qu'ainsi le droit accordé à notre marine a tout à la fois l'inconvénient de gêner la propriété, sans avantage pour elle, et d'imposer à l'Etat, pour ses achats, de plus grands sacrifices; ils invoquent l'exemple de l'Angleterre, où ce droit n'est pas connu; ils soutiennent enfin que si la marine doit être approvisionnée par les bois de France, il existe d'autres moyens de fournir à ses besoins.

« Vous pressentez aisément, Messieurs, les diverses réponses qui peuvent être faites à ces objections. D'abord, il faut écarter l'exemple de l'Angleterre. Les exemples ne peuvent avoir quelque autorité que lorsqu'ils sont choisis dans des situations semblables; et c'est ce qui n'est point ici. L'Angleterre n'a pas, dans son territoire européen, les ressources que nous offre le nôtre; d'autre part, elle exploite avec un grand succès celles que lui présentent ses nombreuses et diverses colonies. La position des deux états est donc tout-à-fait différente. L'Angleterre doit recourir à d'autres procédés que nous, et notre législation, sur ce point, ne saurait ressembler à la sienne.

« Il est très-vrai que le gouvernement peut acheter, en pays étranger, des bois de construction au-dessous du prix de France; aussi sommes-nous bien loin de vous proposer de renoncer à cette importante ressource, utile à l'Etat sans être nuisible aux particuliers; il faut la conserver, au contraire, mais il ne faut pas compter sur elle seule et demeurer ainsi imprudemment sous la dépendance des approvisionnemens extérieurs.

« Chaque jour, les constructions militaires et commerciales prennent un développement plus considérable dans les différentes parties du monde civilisé, et préparent ainsi sur les marchés une concurrence plus redoutable. D'un autre côté, les lois qui statuent pour un avenir indéfini doivent être l'ouvrage de la prévoyance ; préparées au sein d'une paix dont tout fait présager l'heureuse durée, elles doivent pourvoir aux difficultés que font naître ces temps de crise où les besoins s'accroissent en même temps qu'on perd les moyens de les satisfaire au-dehors. Il est donc du devoir d'un gouvernement prudent de ménager ses ressources intérieures sans renoncer aux avantages que peuvent lui offrir ses relations avec des pays amis.

« On dit que notre sol forestier présente des moyens plus certains et moins incommodes d'assurer pour l'avenir le service des constructions navales ; et des plans plus ou moins ingénieux, plus ou moins applicables, ont été proposés à cet effet. Parmi ces plans se distingue celui qui tendrait à considérer le département de la marine comme usager dans les bois de l'Etat, et à lui appliquer le principe de *cantonnement*. Il y aura lieu d'examiner avec soin ce système, qui a été développé avec un talent remarquable, notamment par un ingénieur de la marine (*M. Bonnard*), et qui a été vivement combattu par des hommes versés dans la connaissance des forêts. En ce qui touche la loi qui nous occupe, il suffit de reconnaître que l'adoption de ce système ne pourrait donner que dans un temps très-éloigné des résultats satisfaisans. Des essais sont ordonnés; d'autres le seront encore ; mais dans l'état où nous sommes, il ne serait pas raisonnable de fonder des dispositions législatives sur la substitution à un mode sûr et éprouvé d'une théorie dont l'application est au moins douteuse et dont les chances éventuelles ne peuvent se réaliser que dans un avenir difficile à déterminer. Il a donc fallu conserver à la marine le droit de martelage dans les bois des communes et des particuliers ; mais comme l'intérêt seul d'un service important peut déterminer à maintenir l'exercice de cette faculté, on a dû le réduire dans les limites les plus étroites et le restreindre aux cas où l'intérêt réel et pressant de la marine s'y trouve lié.

M. *Favard de Langlade* dit, dans son rapport, au nom de la commission : « L'approvisionnement de la marine en bois de constructions navales est d'un intérêt trop majeur pour n'avoir pas fixé toute l'attention de la commission.

« La marine française venait d'être créée par Louis XIV, lorsque l'ordonnance de 1669 conféra au gouvernement le droit de choisir et de prendre dans les forêts des particuliers, comme dans celles de l'Etat, les bois propres à la construction des vaisseaux. Plusieurs arrêts du conseil, et enfin un réglement du 16 décembre 1786, intervinrent pour confirmer ce droit et en régulariser l'exercice. La loi du 27 septembre 1791, qui mit les bois des particuliers en dehors du régime forestier, les affranchit de cette servitude; mais telle fut l'imprudence de cette dérogation aux dispositions antérieures, que le gouvernement, réduit à approvisionner la marine par des réquisitions violentes, se trouva dans la nécessité de provoquer les lois des 9 et 28 floréal an XI, qui rétablirent les anciennes règles.

« Ces principes ont continué d'être et sont encore en vigueur. Les changerons-nous pour revenir au système de liberté indéfinie introduit par la loi de 1791 ?

« Autrefois la marine trouvait des ressources abondantes, non-seulement dans les forêts royales, mais encore dans celles des communautés religieuses et des communautés d'habitans, que la loi obligeait à laisser et à conserver des réserves. Les bois des particuliers offraient un autre moyen facile et sûr d'approvisionnement. L'industrie et les constructions étant loin d'avoir atteint le degré de développement qu'elles ont aujourd'hui, les arbres avaient peu de valeur, et l'intérêt, qui dirige souvent les propriétaires, ne les poussait pas à détruire leurs futaies. Mais cet état de choses n'existe plus. Ces belles et antiques réserves ont disparu, ces vieux arbres isolés sont abattus; la masse des bois du royaume a été diminuée par de trop funestes défrichemens, et les spéculations de la propriété privée ont mis le comble à ces ravages. Aujourd'hui, trois millions d'hectares de bois seulement, appartenant à l'Etat, aux communes et aux établissemens publics, sont soumis au régime forestier.

« Si la masse de ces forêts était aménagée de manière à être convenablement assortie en futaies, elle serait sans doute suffisante pour les besoins annuels de la marine, qui n'excèdent pas trente-six mille stères de bois, ou environ quarante-huit mille arbres. Mais tel a été jusqu'ici le genre d'exploitation de ces forêts, qu'elles sont en ce moment hors d'état de satisfaire aux besoins de ce service public. Il faut donc chercher à créer un système d'aménagement spécialement affecté à ce grand intérêt, auquel se rattachent la prospérité de notre commerce et l'honneur de notre pavillon. Que l'on conserve, dans tous les taillis soumis au régime forestier, les arbres essentiellement propres aux constructions navales, ou que, par des réserves exclusivement en futaies et traitées par la méthode des éclaircies, on assure l'avenir de la marine. Votre commission est d'autant mieux fondée à en manifester le désir, que, si ces mesures eussent été prises dans les temps antérieurs, elle n'aurait pas à vous entretenir du martelage dans les bois des particuliers. Elle est également convaincue qu'il est de la plus grande urgence que, par un accord naturel entre M. le ministre de la marine et l'administration forestière, il soit fait des dispositions pour que l'aménagement des forêts de l'Etat, et même de toutes celles soumises au régime forestier, soit dirigé spécialement dans le but de l'approvisionnement de la marine; c'est un vœu qu'elle m'a spécialement chargé de vous exprimer. »

ART. 122.

Dans tous les bois soumis au régime forestier, lorsque des coupes devront y avoir lieu, le département de la marine pourra faire choisir et marteler par ses agens les arbres propres aux constructions navales, parmi ceux qui n'auront pas été marqués en réserve par les agens forestiers.

DISCUSSION A LA CHAMBRE DES DÉPUTÉS.

M. *le ministre de la marine* présente des observations sur le droit de martelage. Il s'exprime ainsi : « Le département de la marine a dû insister sur le principe même du martelage, parce qu'il le regarde comme indispensable, dans des cas donnés, pour assurer son service; et ce service est d'un ordre si supérieur et si relevé, il se lie à des intérêts si puissans, de protection du commerce, du maintien de la sûreté et de la dignité de l'Etat au dehors, que vous auriez vous-mêmes, Messieurs, de graves reproches à lui faire, si par une trop grande facilité ou par un défaut de prévoyance, il avait négligé d'assurer à la fois et les besoins du présent et ceux de l'avenir.

« On a attaqué le privilège du martelage dans son principe; on a prétendu qu'il n'était pas nécessaire à la marine; que par l'effet du commerce libre elle pourrait se procurer tous les objets utiles à son service; qu'on lui fournirait du bois comme on lui fournit des fontes, des toiles, des fers, des chanvres, etc.; qu'elle n'a qu'à faire à cet égard un appel, et que cet appel sera entendu.

« Je suis loin, Messieurs, de repousser toutes ces idées, je suis loin de me refuser à tout essai. Mais je ne vois là que des théories et des raisonnemens, plus ou moins spécieux, opposés à des faits constans qui se sont développés dans le cours de deux siècles, par une suite de lois ou d'ordonnances qui annoncent que la haute administration, souvent éveillée, souvent avertie, a eu à préparer de nouvelles mesures pour de nouveaux besoins. En ne remontant même qu'à l'ordonnance de 1669, nous voyons les dispositions de cette ordonnance ne comprendre, dans le droit de martelage, que les forêts situées à dix lieues de la mer et à deux lieues des rivières navigables; un arrêt du conseil du 2 mai 1695, confirmer ces disposition et les étendre; un autre arrêt du 28 septembre 1700, organiser le système tel qu'il s'est maintenu depuis, jusqu'à l'époque de la révolution; et étendre à la distance de quinze lieues de la mer et six lieues des rivières navigables, les prescriptions de l'ordonnance de 1669; un autre arrêt du 23 juillet 1748, confirmer celui de 1700, et établir des amendes plus sévères et jusqu'à concurrence de 3,000 fr. contre les contrevenans; un autre arrêt du 1er mars 1757, agrandir encore les limites de la prescription, et soumettre à l'obligation d'une déclaration et du martelage préalable, tous les propriétaires de bois, à quelque distance qu'ils se trouvassent de la mer ou des rivières navigables; un dernier, enfin, du 16 décembre 1786, contenant un réglement général dans lequel toutes les dispositions des précédentes ordonnances étaient rappelées, toutefois avec cette modification essentielle, que, sauf le cas d'une nécessité urgente et d'une impossibilité absolue de remplacement, il ne permettait de marquer ou d'abattre aucun arbre pour le service de la marine, lorsqu'il n'aurait pas été mis en déclaration de coupe par le propriétaire.

« Tel était, Messieurs, l'état des choses. Il s'était soutenu pendant cent vingt-deux ans, lorsqu'une loi du 29 septembre 1791 affranchit du régime forestier tous les bois des particuliers, et restreignit le droit de martelage aux forêts possédées par l'Etat, disposition qui fut confirmée par une autre loi du 27 juillet 1793.

« Cette liberté ne fut pas de longue durée; dès le 20 septembre une loi établit le droit de réquisition dans tous les bois des particuliers. Un autre décret du 4 octobre de la même année rétablit le droit de martelage dans tous les bois, sans exception, et un arrêté du 4 février 1794 réorganisa le service général.

« En vous citant, Messieurs, des lois rendues à des époques si désastreuses, je n'ai pas besoin de vous dire que ce ne sont pas des droits que je vais y chercher, ce ne sont que des faits. Mais ces faits peuvent être invoqués comme des preuves d'une nécessité reconnue.

« A des époques moins funestes, et qui se rapportent à des temps où un système d'administration fortement combiné commençait à s'établir, nous trouvons une loi du 29 avril 1803, un arrêté du gouvernement du 18 mai suivant, un décret souverain du 15 avril 1811, et enfin une ordonnance et un réglement du 28 août 1816, modifiés depuis par une autre ordonnance de 1819, qui réforma ce que celle de 1816 présentait de trop onéreux et de trop grevant pour la propriété.

« Si les lois, Messieurs, et surtout les lois administratives, peuvent être considérées comme l'expression des besoins de la société, certes on peut dire que jamais objet plus important n'éveilla la sollicitude du gouvernement, puisque dans les cent soixante années qui se sont écoulées depuis l'ordonnance de 1669, nous trouvons tant de lois, tant d'ordonnances, tant de réglemens, et que, dans ce long intervalle, nous ne voyons qu'un intérim de deux années d'affranchissement de la propriété, intérim bientôt remplacé par des mesures violentes, par des réquisitions, et enfin par un système de législation qui nous a ramenés sur presque tous les points aux prescriptions de Louis XIV.

« En présence de tels faits, ne vous étonnez pas, Messieurs, si un ministère sur lequel pèse une si grave responsabilité, hésite à livrer à de simples théories ou a des systèmes plus ou moins spécieux un si puissant intérêt. Et si la sagesse des temps peut être comptée pour quelque chose, comparez les circonstances où de pareilles mesures furent jugées nécessaires, à celles où nous nous trouvons aujourd'hui.

« Que sont devenues ces forêts, orgueil des grandes habitations, ressources de tous les établissemens de main-morte dans des temps difficiles, ces quarts de réserve que la prévoyance de nos rois législateurs avait fait établir dans les bois du clergé, dans ceux de la couronne, dans toutes les grandes terres substituées? Elles sont tombées, ou sous la hache de la révolution, ou sous l'imprévoyance des lois, ou sous les exigences de l'égoïsme, qui ne voit que la jouissance du moment, et lègue à sa postérité les embarras de l'avenir. Que sont devenus tous ces arbres isolés qui entouraient nos champs, et que la prudente économie de nos pères avait plantés? Tous ont disparu, et disparaissent chaque jour. Les calculs de l'intérêt composé sont entrés jusque dans les projets d'embellissemens et de jouissance. On ne plante que des arbres qu'on espère couper, et on se complaît en quelque sorte à déshériter ceux qui viennent après nous. On ne voit plus dans l'avenir, parce que chacun s'en trace à lui-même le cercle, et qu'il le fait le plus étroit possible. Contre cette disposition morale des esprits, la législation elle-même ne présente pas de ressources; et, quand elle veut en chercher, elle se trouve trop faible pour réussir. Bientôt ce qui reste encore de ces masses de forêts disséminées entre des mains particulières ne paraîtra plus qu'une propriété incommode. Les calculs mathématiques démontreront qu'un arbre coupé cinq fois en cent ans rapporte davantage que ce même arbre parvenu à une croissance séculaire. Il n'y a plus aujourd'hui de propriétés de luxe. Les châteaux se démolissent pour faire place à des bicoques. Les parcs s'abattent pour se garnir de bosquets, qui se coupent tous les dix ans. Ces beaux ornemens de nos bois tombent sous la cognée, parce que d'autres que nous en jouiraient. Et, si trente années ont pu opérer de tels changemens, jugez-en l'effet au bout d'un siècle. Et cependant, c'est par siècles qu'il faut compter la vie des Etats, et c'est sur la succession des siècles que la vue du législateur doit se porter. »

M. *de Charencey* propose de substituer aux art. 122 et suivans des amendemens ainsi conçus :

« Art. 122. Le ministre de la marine s'approvisionnera désormais de bois de construction par la voie du commerce, et toutes les lois ou ordonnances qui ordonnaient le martelage, tant dans les forêts royales, que dans les bois des établissemens publics, des communes et des particuliers, sont abolies. »

« Art. 123. Cependant les personnes qui traiteront de l'approvisionnement des bois de marine auront le droit de faire marquer, dans tous les bois ci-dessus désignés, les arbres qu'ils jugeront propres à cet approvisionnement. Ce droit est accordé dans le but d'indiquer aux adjudicataires et aux propriétaires un placement qu'ils pourraient ignorer. »

« Art. 124. A cet effet, les propriétaires ne pourront abattre que six mois après en avoir fait la déclaration au sous-préfet de l'arrondissement de la situation des bois; mais à l'expiration de ces six mois, les propriétaires seront libres de disposer des arbres marqués, si avant ils n'ont pu parvenir à en traiter à l'amiable avec les fournisseurs de la marine. »

Après une discussion à laquelle le ministre des finances, le ministre de la marine, le rapporteur de la commission, et plusieurs autres orateurs prennent part, ces amendemens sont rejetés.

L'article du gouvernement est adopté.

Art. 123.

Les arbres ainsi marqués seront compris dans les adjudications, et livrés par les adjudicataires à la marine, aux conditions qui seront indiquées ci-après.

DISCUSSION A LA CHAMBRE DES DÉPUTÉS.

M. *Révélière* propose de substituer à ces mots : *aux conditions qui seront indiquées ci-après*, la disposition suivante : *il sera pourvu par des ordonnances royales au mode de livraison et de paiement de ces bois.*

M. *le directeur général des forêts* combat cet amendement, qui est mis aux voix et rejeté.

La chambre rejette pareillement un amendement de M. Bonnet de Lescure, qui propose une nouvelle rédaction ainsi conçue : « Les arbres ainsi marqués dans les bois soumis au régime forestier, autres que les bois des établissemens publics et des forêts des apanagistes, seront compris dans les adjudications, etc. »

Elle adopte l'article du projet.

Art. 124.

Pendant dix ans, à compter de la promulgation de la présente loi, le département de la marine exercera le droit de choix et de martelage sur les bois des particuliers, futaies, arbres de réserve, avenues, lisières et arbres épars.

Ce droit ne pourra être exercé que sur les arbres en essence de chêne, qui seront destinés à être coupés, et dont la circonférence, mesurée à un mètre du sol, sera de quinze décimètres au moins.

Les arbres qui existeront dans les lieux clos attenant aux habitations, et qui ne sont point aménagés en coupes réglées, ne seront point assujettis au martelage.

DISCUSSION A LA CHAMBRE DES DÉPUTÉS.

L'article du projet portait : « Le département de la marine exercera le même droit de choix et de martelage sur les bois des particuliers, futaies, arbres de réserve, avenues, lisières, et arbres épars qui seront destinés à être coupés.

« Ce droit ne pourra néanmoins être exercé sur les arbres qui existeront dans les lieux clos, attenant aux habitations, et qui ne seront point aménagés en coupes réglées. »

M. *Favard de Langlade*, au nom de la commission, dit sur cet article : « Nous sommes loin de nier, Messieurs, que le martelage, dans les bois des particuliers, ne soit une servitude peu en harmonie avec notre droit public actuel, qui veut que chacun ne contribue aux charges de l'Etat que dans la proportion de ce qu'il possède, et qui n'exige le sacrifice d'une propriété pour raison d'utilité publique que dans des cas exceptionnels, et nullement dans le sens d'une main-mise sur toute une classe de propriété. Nous ne vous parlerons point des nombreux inconvéniens qu'entraîne l'exercice de cette servitude et des plaintes trop fondées qu'elle occasione de la part des propriétaires de forêts; nous vous ferons seulement remarquer qu'elle est nuisible à l'intérêt bien entendu de la marine, en ce qu'elle détourne les propriétaires d'élever des futaies, et qu'elle les conduit naturellement à des calculs qui ne sont pas favorables à leur conservation. C'est dans la conviction qu'un aménagement bien entendu des bois soumis au régime forestier peut seul affranchir ceux des particuliers d'une entrave si gênante et si onéreuse, que votre commission vous propose de n'admettre cette servitude que comme *charge temporaire*, et non comme principe immuable, et qu'elle croit devoir la limiter à dix ans; elle a saisi cette idée avec d'autant plus de confiance, qu'elle est persuadée de l'empressement de M. le ministre de la marine à prendre tous les moyens propres à la réaliser.

« Votre commission, en amendant, d'après ce principe, l'art. 124 du projet, a cru devoir y ajouter d'autres modifications. Convaincue que la fixation de treize décimètres mentionnée à l'art. 125 est trop restrictive, et qu'il faut laisser au moins aux propriétaires la libre disposition de leurs arbres, elle a pensé qu'il était convenable d'élever la dimension des arbres soumis au martelage de treize à quinze décimètres, et d'appliquer la même disposition à tous les arbres d'essence de chêne destinés à être coupés, lesquels seront mesurés à un mètre du sol. »

Par suite de ces observations, la commission propose une rédaction nouvelle, qui est adoptée; c'est celle qui forme l'art. 124 du code.

DISCUSSION A LA CHAMBRE DES PAIRS.

M. *le duc d'Escars* élève des doutes sur la nécessité du martelage. Il émet le vœu que cette mesure ne soit point agravée dans l'exécution.

M. *le ministre de la marine* répond que depuis plusieurs années il a été satisfait au désir du noble pair.

M. *le duc de Praslin* « observe, sur le troisième paragraphe de l'article, que, dans l'état actuel des choses, les clos attenant aux habitations sont entièrement affranchis du martelage. On ne comprend donc pas pourquoi le projet, qui semble destiné à restreindre l'exercice de ce droit, l'étend néanmoins aux clos dans lesquels les bois seraient régulièrement aménagés. En ce point, au moins, on aggrave la condition des propriétaires, au lieu de l'adoucir. »

M. *le ministre des finances* « estime que la disposition dont il s'agit ne saurait être de nature à causer un grand préjudice aux particuliers. Ce n'est en effet que dans les parcs, régulièrement aménagés, que le martelage est autorisé. Or, il est peu de parcs d'une contenance assez considérable en bois pour qu'un aménagement y soit établi. »

L'article est adopté.

ART. 125.

Tous les propriétaires seront tenus, sauf l'exception énoncée en l'article précédent, et hors le cas de besoins personnels pour réparations et constructions, de faire, six mois d'avance, à la sous-préfecture, la déclaration des arbres qu'ils ont l'intention d'abattre, et des lieux où ils sont situés.

Le défaut de déclaration sera puni d'une amende de dix-huit francs par mètre de tour pour chaque arbre susceptible d'être déclaré.

DISCUSSION A LA CHAMBRE DES DÉPUTÉS.

La première rédaction de l'article portait : « Tous les propriétaires seront tenus, sauf l'exception énoncée en l'article précédent et hors le cas d'urgente nécessité, de faire, six mois d'avance, la déclaration des coupes qu'ils auront l'intention d'effectuer, et des lieux où sont situés les bois ou arbres qu'ils veulent abattre.

« Quant aux arbres épars, les propriétaires ne seront assujettis à faire la déclaration prescrite que pour les chênes ayant au moins treize décimètres de tour mesurés à un mètre du sol.

« Le défaut de déclaration sera puni d'une amende de quarante-cinq francs par mètre de tour pour chaque arbre susceptible d'être déclaré. »

M. *Favard de Langlade* dit, dans son rapport : « Cet article renferme plusieurs questions importantes. Votre commission, après une discussion approfondie, ne s'est arrêtée qu'aux précautions que réclamait impérativement le maintien du droit de propriété ; c'est dans cet esprit qu'elle a substitué aux mots *urgente nécessité* ceux de *besoins personnels pour réparations et constructions*. Vous sentirez comme nous qu'il serait trop dur de n'admettre le propriétaire à jouir de la chose qui lui appartient que dans le cas le plus restrictif de *l'urgente nécessité*.

« Si nous avons maintenu le délai de six mois pour la déclaration, c'est parce qu'en définitive ce n'est qu'une formalité dont nous ne contestons pas la gêne et les inconvéniens, mais que dans la plupart des circonstances il doit paraître indifférent de faire quelques mois à l'avance : mais, comme il est inutile d'aggraver les difficultés de cette déclaration, nous avons pensé qu'elle pouvait se faire à la sous-préfecture, parce que, les agens de la marine étant peu nombreux, les propriétaires qui ont des déclarations à faire ne savent souvent où les trouver, et sont trop éloignés de leur résidence, tandis qu'il n'est personne qui, par la correspondance administrative des maires, n'ait des moyens habituels d'envoyer sa déclaration à la sous-préfecture, où il existe un secrétariat pour l'enregistrer et lui imprimer une date certaine.

« Le second paragraphe de l'article 125, relatif à la dimension des arbres épars, doit être supprimé, puisque nous y avons pourvu par l'article 124.

« Enfin nous nous sommes occupés de l'amende pour défaut de déclaration, et nous vous proposons de réduire le taux exorbitant de quarante-cinq francs par mètre de tour, pour chaque arbre non déclaré, à dix-huit francs par mètre, fixation qui nous a paru plus que suffisante pour arrêter les propriétaires contrevenans.

« Nous avons donc arrêté pour l'article 125 la rédaction suivante : « Tous les propriétaires sont tenus, sauf l'exception » énoncée en l'article précédent et hors le cas *de besoins per-* » *sonnels pour réparations et constructions*, de faire, six mois » d'avance, *à la sous-préfecture*, la déclaration des *arbres* » qu'ils *ont* l'intention d'*abattre*, et des lieux où *ils* sont situés.

» Le défaut de déclaration sera puni d'une amende de dix- » huit francs par mètre de tour, pour chaque arbre susceptible » d'être déclaré. »

La chambre écarte d'abord les propositions de MM. *Fouquerand* et *de Bertier* de fixer à trois mois ou à quatre mois le délai pour la déclaration.

Elle adopte ensuite les changemens proposés par la commission, et l'article lui-même, ainsi amendé.

Art. 126.

Les particuliers pourront disposer librement des arbres déclarés, si la marine ne les a pas fait marquer pour son service, dans les six mois à compter du jour de l'enregistrement de la déclaration à la sous-préfecture.

Les agens de la marine seront tenus, à peine de nullité de leur opération, de dresser des procès-verbaux de martelage des arbres dans les bois de l'Etat, des communes, des établissemens publics et des particuliers, de faire viser ces procès-verbaux par le maire, dans la huitaine, et d'en déposer immédiatement une expédition à la mairie de la commune où le martelage aura eu lieu.

Aussitôt après ce dépôt, les adjudicataires, communes, établissemens ou propriétaires, pourront disposer des bois qui n'auront pas été marqués.

DISCUSSION A LA CHAMBRE DES DÉPUTÉS.

L'article du projet ne contenait que la disposition suivante : « Les particuliers pourront disposer librement des arbres déclarés par eux, si la marine ne les a pas fait marquer pour son service dans les six mois à compter du jour de la déclaration. »

M. *Favard de Langlade* annonce, dans son rapport, que la commission trouve cette disposition insuffisante, et il dit : « L'article 126 autorise les particuliers à disposer librement des arbres déclarés par eux, si la marine ne les a pas fait marquer pour son service dans les six mois à compter du jour de la déclaration : mais, si la marine a marqué des arbres, il est utile pour les propriétaires d'avoir officiellement connaissance de ce martelage dans le plus court délai possible, afin qu'ils puissent disposer de ce qu'on leur laisse, et en tirer parti en temps opportun pour la vente : il n'est pas moins important pour eux de faire constater la date certaine de ce martelage, pour jouir du bénéfice de la loi à l'expiration du délai qui suit le martelage. C'est pour obtenir ce double avantage que votre commission vous propose, Messieurs, de faire viser les procès-verbaux de martelage par le maire de la commune où sont situés les bois, et d'obliger les contre-maîtres à lui en laisser copie, le tout à peine de nullité du martelage. Par le décret du 15 avril 1811, confirmé par l'ordonnance du 27 septembre 1819, les contre-maîtres sont bien obligés de laisser un double du procès-verbal du martelage au propriétaire ; mais le délai n'est pas fixé, et il peut arriver que cette notification n'ait pas lieu. Nous vous proposons donc d'ajouter à la fin de l'article 126 le paragraphe suivant : « Les agens de la marine » seront tenus, à peine de nullité de leur opération, de dresser » des procès-verbaux de martelage des arbres dans les bois de

» l'Etat, des communes, des établissemens publics et des par-
» ticuliers, de faire viser ces procès-verbaux par le maire dans
» la huitaine, et d'en déposer immédiatement une expédition à
» la mairie de la commune où le martelage aura eu lieu. Aussitôt
» après ce dépôt, les adjudicataires, communes, établissemens
» ou propriétaires pourront disposer des bois qui n'auront pas
» été marqués. »

La chambre adopte ces modifications, et l'article ainsi amendé.

Art 127.

Les adjudicataires des bois soumis au régime forestier, les maires des communes, ainsi que les administrateurs des établissemens publics, pour les exploitations faites sans adjudication, et les particuliers, traiteront de gré à gré du prix de leurs bois avec la marine.

En cas de contestation le prix sera réglé par experts nommés contradictoirement, et, s'il y a partage entre les experts, il en sera nommé un d'office par le président du tribunal de première instance, à la requête de la partie la plus diligente; les frais de l'expertise seront supportés en commun.

DISCUSSION A LA CHAMBRE DES DÉPUTÉS.

Dans l'article du projet, le premier paragraphe était tel qu'il est aujourd'hui dans l'article de la loi. Le second était ainsi rédigé : « En cas de contestation, le prix sera réglé par deux experts nommés contradictoirement par les parties intéressées; s'il y a partage entre ces experts, il en sera nommé d'office un troisième par le président du tribunal de première instance, sur la requête de la partie la plus diligente. Les frais de l'expertise seront supportés par moitié. »

M. *Favard de Langlade* dit, dans son rapport au nom de la commission : « L'article 127 maintient les particuliers dans le droit qu'ils ont aujourd'hui; ils continueront à traiter de gré à gré avec la marine : seulement, en cas de discordance et d'expertise, le président du tribunal nommera le tiers-expert. C'est une garantie de plus qui leur est donnée, et qui doit être appréciée par les propriétaires. Le même avantage est accordé aux communes et aux établissemens publics. Cet article étend ce mode de traiter aux adjudicataires des bois de l'Etat et de tous ceux qui sont soumis au régime forestier. Nous ne nous sommes point dissimulé toute la gravité de cette disposition relativement aux bois de l'Etat, mais la commission a pensé que cette question était essentiellement du domaine de l'administration, qu'elle seule pouvait apprécier la préférence qui devait être accordée à ce mode d'approvisionnement dans l'intérêt du trésor, et que, puisque le gouvernement jugeait que les facilités accordées aux adjudicataires des bois de l'Etat compenseraient les conséquences qui pourraient résulter du changement du mode actuel, il l'avait fait sans doute en connaissance de cause. »

La commission propose de retrancher du second paragraphe le mot *deux*.

M. *Révélière* demande que, dans le premier paragraphe, après les mots *régime forestier*, on ajoute : *autres que ceux de l'Etat*.

On discute d'abord cet amendement, qui, développé par M. Bonnet de Lescure, et combattu par M. le ministre des finances, est rejeté.

La chambre délibère sur un amendement de M. de Burosse, d'après lequel l'art. 127 serait ainsi rédigé : « Les adjudicataires de bois soumis au régime forestier, les maires des communes, ainsi que les administrateurs des établissemens publics, pour les exploitations faites sans adjudication, et les particuliers, traiteront de gré à gré du prix de leur bois avec la marine. En cas de contestation relative aux bois de l'Etat, le prix sera réglé par experts nommés contradictoirement ; et s'il y a partage entre les experts, il en sera nommé un d'office par le président du tribunal, à la requête de la partie la plus diligente. Les frais de l'expertise seront supportés en commun. Mais lorsque cette contestation sera relative aux bois des communes, des établissemens publics et des particuliers, le prix sera déterminé par la concurrence, et les agens de la marine n'auront droit qu'à la préférence, à prix égal.»

M. *Favard de Langlade, rapporteur*, s'oppose à cette nouvelle rédaction en peu de mots. « La chambre a voulu, dit-il, conserver temporairement le droit de martelage; l'amendement qu'on lui propose en ce moment tendrait à le détruire complètement. D'après cet amendement, le prix serait déterminé par la concurrence, et les agens de la marine n'auraient droit qu'à la préférence, à prix égal. Un tel amendement s'écarte d'une règle constante qui a présidé à la rédaction du projet de loi, et que la commission a cherché à maintenir scrupuleusement dans toutes les dispositions qu'elle vous a présentées. Cette règle consiste à ne faire aucune différence entre les bois de l'Etat, ceux des communes, et ceux des particuliers. Tous doivent être régis par le même droit, par le droit commun, parce que l'Etat n'est qu'un simple particulier chaque fois qu'il s'agit de l'application de la loi. La commission me charge en conséquence de demander le rejet de l'amendement. »

L'amendent de M. Burosse est rejeté.

M. *de Fussy* demande qu'au lieu des derniers mots : *les frais de l'expertise seront supportés en commun*, on dise : *les frais de l'expertise seront supportés par la partie condamnée.*

M. *de Martignac, commissaire du roi*, répond : « Il ne s'agit nullement, dans l'opération réglée par la dernière disposition de l'article, d'un procès à élever entre l'Etat et le propriétaire ou l'adjudicataire des bois, il ne s'agit pas d'une condamnation à prononcer contre l'une ou l'autre partie. Il ne s'agit que d'un réglement à faire entre elles. Le mode de ce réglement est établi dans un intérêt commun, et dans toutes les contestations de ce genre, les frais doivent être supportés en commun. Lorsqu'il s'est agi précédemment du bornage, vous avez décidé que, par quelque partie que la réclamation fût faite, le bornage aurait lieu à frais communs; votre décision a été la même relativement aux fossés et aux clôtures jugés nécessaires sur les chemins pratiqués à travers les taillis; et l'on voudrait maintenant que la partie condamnée supportât seule les frais ! Vous allez voir l'inconvénient qui résulterait de l'amendement qu'on vous propose. Un propriétaire demanderait cent francs, par exemple, d'une pièce de bois qu'il aurait à livrer à la marine; la marine n'en offrirait que cinquante, et le tiers expert établirait la valeur de soixante-quinze francs. Je demande laquelle des deux parties aurait été condamnée, et sur qui devraient porter les dépens. »

L'amendement de M. de Fussy est rejeté.

La chambre adopte l'amendement de la commission par suite duquel le second paragraphe de l'article 127 est rédigé tel qu'il se trouve dans le code.

Elle adopte également l'article ainsi amendé.

Art. 128.

Les adjudicataires des bois soumis au régime forestier, les maires des communes, ainsi que les administrateurs des établissemens publics pour les exploitations faites sans adjudication, et les particuliers, pourront disposer librement des arbres marqués pour la marine, si, dans les trois mois après qu'ils en auront fait notifier à la sous-préfecture l'abattage, la marine n'a pas pris livraison de la totalité des arbres marqués appartenant au même propriétaire, et n'en a pas acquitté le prix.

DISCUSSION A LA CHAMBRE DES DÉPUTÉS.

Article du projet : « Les adjudicataires des bois soumis au régime forestier, les maires des communes ainsi que les administrateurs des établissemens publics pour les exploitations faites sans adjudication, et les particuliers, pourront disposer librement des arbres marqués pour la marine, si, dans les six mois après qu'ils en auront fait notifier à ses agens l'abattage, la marine n'en a pas pris livraison et acquitté le prix. »

M. *Favard de Langlade* dit dans son rapport : « L'art. 128 a dû fixer toute l'attention de la commission. Dans les six mois d'intervalle entre la déclaration et l'abattage dans tous les bois quelconques, la marine a le droit de marteler ainsi que celui d'annuler. Dans les six mois, suivant le projet, après que l'abattage lui a été notifié par le propriétaire ou l'adjudicataire, elle a le droit de prendre livraison ou d'abandonner les arbres par elle marqués. Le propriétaire ou l'adjudicataire restent, pendant ces deux intervalles, dans l'indécision la plus complète. La marine peut annuler tout ou partie de son martelage, pour les arbres qui sont debout; elle peut également annuler tout ou partie de son martelage pour les arbres qui sont abattus. Le propriétaire ou l'adjudicataire, pendant ce temps, ne peuvent disposer d'aucun des arbres marqués; toutes chances commerciales, toutes spéculations, sont évanouies pour eux; ils sont complètement à la merci des agens de la marine. Le droit qu'elle exerce ne pouvant être, avec raison, considéré que comme un droit de préférence, il serait naturel de forcer ses fournisseurs à prendre tous les arbres qui ont été marqués par ses agens et abattus pour son service. On n'en use pas autrement avec tous les marchands de bois: on leur vend sur pied; ils font abattre eux-mêmes à leurs risques et périls, et doivent le prix de tout ce qu'ils ont fait abattre. C'est à eux à juger des arbres sur pied, et il est de fait qu'ils se trompent rarement.

« Si, au lieu de ce mode naturel, et auquel tous les marchands et adjudicataires n'ont jamais eu la pensée de se soustraire, les fournisseurs de la marine conservaient le droit de choisir parmi les arbres abattus, et de mettre au rebut, sous de vains prétextes, une partie de ces arbres, ce serait ordonner par la loi la continuation des abus sans nombre qui ont donné lieu à de si nombreuses réclamations; ce serait maintenir la possibilité de toutes ces transactions clandestines au moyen desquelles les propriétaires cherchent à échapper à l'exercice d'un droit qui trop facilement peut dégénérer en vexations, quels que soient les soins et les précautions de l'administration supérieure pour y porter remède.

« Votre commission s'est convaincue qu'il ne peut être dans l'intention du législateur de porter atteinte aux principes de notre droit public actuel, en transformant un droit de préférence déjà très-ancien en un droit de préhension ou de réquisitions, payées à la vérité, mais trop dommageables envers le propriétaire Elle pense que dès l'instant que les arbres ont été martelés par la marine, qui, pendant les longs délais de la déclaration, a eu tout le temps nécessaire pour faire ses choix et les rectifier, il serait trop dur de maintenir les fournisseurs dans le droit de faire un nouveau triage parmi les arbres abattus. Il n'est personne qui ne sache que les arbres ainsi mis au rebut à tort ou à raison, comme nous l'avons dit, restent trop souvent en pure perte entre les mains du propriétaire ou de l'adjudicataire, et forment un véritable déficit dans le produit de l'adjudication, dont les marchands ne manquent jamais de faire la déduction au propriétaire dans la fixation du prix principal de la vente. Votre commission pense donc que l'on ne peut consacrer un pareil état de choses dans un code qui doit être empreint du caractère de la justice : elle croit que la marine doit prendre en livraison tous les arbres qu'elle a choisis, en grande connaissance de cause, et qu'elle a marqués et fait abattre; et elle lui réserve l'immense avantage d'abandonner la totalité des arbres portés sur la même déclaration, dans le cas où, trois mois après l'abattage, elle jugerait convenable de le faire dans ses intérêts.

« Ce serait en vain que les partisans du privilège sans limites de la marine prétendraient que ses intérêts seraient lésés par cette mesure protectrice pour les propriétaires : nous pouvons assurer qu'il n'est pas un marchand de bois qui ne payât très-cher le droit de choisir, de faire abattre, et de prendre à son choix ou d'abandonner la totalité des arbres abattus, après un long délai. »

Ces considérations déterminent la commission à modifier les articles 128 et 129. Elle adopte la rédaction du premier jusqu'à ces mots : *marqués pour la marine;* mais elle en rédige ainsi la fin : *Si, dans les trois mois après qu'ils en auront fait notifier à la sous-préfecture l'abattage, la marine n'a pas pris livraison de la totalité des arbres marqués appartenant au même propriétaire, et n'en a pas acquitté le prix.*

M. *Hyde de Neuville* propose de remplacer les art. 128 et 129 par la disposition suivante : « La marine aura la faculté d'annuler le martelage tant que les arbres seront sur pied; mais une fois abattus, elle ne pourra, si le propriétaire l'exige, refuser d'acquérir la totalité des arbres marqués. Elle sera tenue d'en prendre livraison et d'en acquitter le prix dans les trois mois qui suivront la notification de l'abattage. »

L'honorable membre dit que son amendement diffère de celui de la commission en ce qu'il demande que la marine prenne les arbres sur pied, au lieu de les prendre abattus.

M. *Favard de Langlade, rapporteur,* s'exprime en ces termes sur cette proposition qu'il repousse : « Il faut bien se fixer sur la différence qui existe entre l'amendement de M. Hyde de Neuville et celui de la commission. Je prie d'abord la chambre de ne pas perdre de vue les avantages qui résultent pour les particuliers des divers amendemens de la commission. De ces amendemens, il y en a dix qui tendent à paralyser une grande partie du martelage. Si on y ajoute encore, mieux vaudrait le supprimer tout-à-fait. Dans le cas particulier, on voudrait que la marine fût obligée à prendre tous les arbres abattus, tandis que la commission croit qu'il suffit d'obliger la marine à prendre la totalité dès qu'elle voudra en avoir une partie. Il y a une grande différence entre la position de la marine et celle d'un adjudicataire : l'adjudicataire peut employer les bois à une multitude d'objets différens; la marine au contraire ne peut s'en servir que pour ses constructions; il faut bien, par conséquent, qu'elle ait la certitude que les bois qu'elle prend soient propres à ces constructions. Nous sommes intéressés à ce que la marine opère de manière à ce que sans nuire aux intérêts des particuliers elle ne nuise pas non plus aux intérêts de l'Etat. En conséquence, la commission a proposé de donner à la marine la faculté de renoncer à la totalité des arbres abattus, en l'obligeant de prendre tout lorsqu'elle prendrait quelque chose. Le projet de loi accordait à la marine six mois pour faire son choix; la commission a réduit ce délai à trois mois. Il en résulte que les intérêts particuliers ne peuvent nullement être blessés. Qui ne sait qu'en général le propriétaire ne perd pas à la revente des bois qui peuvent être laissés par la marine? Dès que vous avez maintenu temporairement l'exercice du droit de martelage, et que l'exercice de ce droit a été modifié autant qu'il a été possible par la commission, il ne faut pas maintenant adopter un amendement qui l'annulerait. La commission pense que l'amendement proposé porterait atteinte à ce que vous avez adopté, et que l'exercice du martelage est suffisamment modifié par les amendemens. »

M. *Sébastiani* croit, avec M. le rapporteur, que la commission a beaucoup amélioré le projet de loi dans tout ce qui est relatif au martelage, aussi-bien que dans ses autres parties; mais il n'en reconnaît pas moins la nécessité d'adopter l'amendement de M. Hyde de Neuville.

M. *Bonnet de Lescure* combat cet amendement.

M. *Hyde de Neuville* insiste.

M. *de Martignac, commissaire du roi*, lui répond.

L'amendement est mis aux voix. Une première épreuve est douteuse; il est rejeté à une seconde

M. *Bonnet de Lescure* propose de conserver le délai de six mois dans un cas, et de le réduire à trois mois dans un autre. Voici la disposition qu'il présente : « Les particuliers pourront disposer librement des arbres marqués pour la marine, si, dans les trois mois, à partir de la notification d'abattage qu'ils auront faite à la sous-préfecture, la marine n'a pas pris livraison, et payé la totalité des arbres marqués appartenant au même propriétaire, dans la même exploitation. Ce délai sera de six mois pour les adjudicataires des bois soumis au régime forestier, qui ne font pas partie du domaine de l'Etat, les maires des communes et les administrateurs des établissemens publics, pour les exploitations faites sans adjudication. »

M. *le ministre de la marine* appuie cette proposition.

M. *Sébastiani* la combat dans l'intérêt des communes.

M. *Leclerc de Beaulieu* la sous-amende, en demandant la suppression des mots *dans la même exploitation*, auxquels M. Bonnet de Lescure consent à substituer ceux-ci : *dans la même commune*.

M. *Sébastiani* propose, par sous-amendement, la rédaction suivante : « Les maires des communes et les administrateurs des établissemens publics, pour les exploitations faites sans adjudications, et les particuliers, pourront disposer librement des arbres marqués pour la marine, si, dans les trois mois à partir de la notification de l'abattage, qu'ils auront faite à la sous-préfecture, la marine n'a pas pris livraison. »

M. *le ministre des finances*, voyant la discussion se compliquer ainsi, demande, et la chambre prononce, le renvoi des amendemens à la commission.

M. *Favard de Langlade*, *rapporteur*, fait connaître en ces termes, dans la séance du lendemain 5 avril, la résolution de la commission : « Vous avez renvoyé hier à votre commission l'amendement et les sous-amendemens proposés par nos honorables collègues MM. Bonnet de Lescure, Sébastiani et Leclerc de Beaulieu, sur l'art. 128 du projet. Je viens vous rendre compte du résultat de notre examen.

« Cet amendement a pour objet d'accorder à la marine un délai de six mois, à compter de la notification de l'abattage, pour prendre livraison des arbres marqués pour son service dans les bois soumis au régime forestier. Le projet de code avait réglé ce délai à six mois, tant pour les bois soumis au régime forestier que pour ceux des particuliers. La commission a cru devoir vous proposer d'en réduire la durée à trois mois sans distinction entre l'une et l'autre espèce de bois. J'ai eu l'honneur de vous exposer dans mon rapport les motifs de sa détermination. L'auteur de l'amendement adopte la réduction à l'égard des bois des particuliers; mais il demande le rétablissement du premier délai en ce qui concerne les forêts soumises au régime forestier.

« La commission aurait désiré pouvoir accueillir cette demande; mais, en y réfléchissant mûrement, elle a considéré que les communes et les établissemens publics, dont les biens appartiennent au régime forestier, sont des propriétaires qui méritent la même protection et la même faveur que la loi accorde aux particuliers; que ce serait s'éloigner des principes de justice constamment suivis par la commission et par la chambre elle-même, que de faire subir aux uns les longueurs d'un délai dont les autres seraient affranchis. Quant aux bois de l'Etat, il y aurait moins de difficulté peut-être à imposer un délai de six mois; mais il ne faut pas perdre de vue que c'est envers des particuliers adjudicataires que s'exerce le martelage de la marine, et qu'on ne peut se dispenser, par ce motif, de les traiter comme les particuliers qui exploitent leurs bois, ou comme les adjudicataires des autres forêts soumises au régime forestier, et de fixer pour tous le même délai. Cette unité d'action est un des grands avantages que présente le projet; il ne faut donc pas s'en écarter dans cette circonstance.

« Déterminée par cette considération, la commission m'a chargé de vous faire connaître qu'elle persiste dans l'amendement qu'elle vous a proposé sur l'article 128, et j'ai l'honneur de vous demander, en son nom, le rejet du sous-amendement présenté par M. Bonnet de Lescure. Je suis autorisé par MM. Sébastiani et Leclerc de Baulieu à vous dire qu'ils se réuissent au vœu exprimé par la commission; je n'ai pu dès-lors vous occuper de leurs sous-amendemens. »

L'amendement est rejeté.

La chambre adopte l'article amendé par la commission.

DISCUSSION A LA CHAMBRE DES PAIRS.

M. *le duc d'Escars* « estime qu'il est impossible d'accorder à la marine le droit que lui confère cet article de refuser après l'abattage les arbres qu'elle aurait marqués sur pied : c'est déjà un privilège bien assez grand que celui qu'on lui accorde de marquer avant la coupe les arbres qui peuvent convenir à son service, ce qui déprécie nécessairement le reste de la vente. Mais, une fois le martelage exercé, il faudrait au moins que le contrat fût formé, et qu'il ne pût pas dépendre de la marine de le rompre, sous prétexte que les arbres qu'elle avait d'abord crus propres à son service ne lui conviennent plus. Un acheteur fut-il jamais reçu à renoncer à son marché parce qu'il aurait été trompé sur la qualité de la chose vendue? non sans doute; et pourquoi dès lors la marine obtiendrait-elle ce droit exorbitant, qui, au moyen du delai fixé par l'article, laisserait en suspens le sort des bois marqués, jusqu'au mois de juillet; ce qui causerait nécessairement le plus grand préjudice au propriétaire. Le noble pair voudrait donc que, dans tous les cas, la marine fût obligée de prendre les bois marqués pour elle. »

M. *de Martignac, commissaire du roi*, répond « qu'on ne pourrait imposer à la marine cette obligation absolue sans dénaturer entièrement le droit de martelage. Ce droit accordé à la marine dans l'intérêt général, consiste dans la faculté de choisir par privilège dans chaque coupe exploitée, les arbres propres à son service; mais si on l'obligeait à prendre, dans tous les cas, les arbres qu'elle aurait marqués sur pied, elle se trouverait souvent entraînée à prendre des arbres vicieux et qui ne lui seraient d'aucun usage; car chacun sait que ce n'est guère qu'après l'abattage que l'on peut reconnaître d'une manière certaine quelle est la qualité de l'arbre. Cette obligation, il faut le reconnaître, serait directement contraire au but qu'on se propose en autorisant le martelage; et si elle existait, si, comme on le dit, le contrat était formé, il faudrait bien que par réciprocité la marine eût le droit de contraindre le propriétaire à abattre les arbres qui auraient été marqués. Or, personne ne veut aller jusque-là; et il est évident que, même après le martelage, le propriétaire a toujours le droit de conserver ses arbres sur pied. Il n'y a donc pas de contrat, pas d'obligation réciproque. La marine doit donc être autorisée à conserver le droit qu'elle a toujours eu de refuser les arbres après l'abattage. »

L'article est mis aux voix et adopté.

ART. 129.

La marine aura, jusqu'à l'abattage des arbres, la faculté d'annuler les martelages opérés pour son service; mais, conformément à l'article précédent, elle devra prendre tous les arbres marqués qui auront été abattus, ou les abandonner en totalité.

DISCUSSION A LA CHAMBRE DES DÉPUTÉS.

Article du projet : « La marine aura, jusqu'à l'abattage des arbres, la faculté d'annuler les martelages opérés pour son service. Elle aura aussi celle d'abandonner les bois abattus, tant qu'ils n'auront par été écarris et travaillés suivant les découpes et lignages de ses agens; mais elle ne pourra refuser d'acquérir les bois qui auront été ainsi écarris et travaillés.»

Par suite des considérations exposées sur l'art. 138, la commission propose de supprimer, dans l'art. 129, la phrase qui suit les mots : *pour son service*, et de la remplacer par celle-ci : *mais, conformément à l'article précédent, elle devra prendre tous les arbres marqués qui auront été abattus, ou les abandonner en totalité.*

L'article ainsi amendé est adopté.

Art. 130.

Lorsque les propriétaires de bois n'auront pas fait abattre les arbres déclarés, dans le délai d'un an, à dater du jour de leur déclaration, elle sera considérée comme non avenue, et ils seront tenus d'en faire une nouvelle.

Art. 131.

Ceux qui, dans les cas de besoins personnels pour réparations et constructions, voudront faire abattre des arbres sujets à déclaration, ne pourront procéder à l'abattage qu'après avoir fait préalablement constater ces besoins par le maire de la commune.

Tout propriétaire convaincu d'avoir, sans motifs valables, donné, en tout ou en partie, à ses arbres, une destination autre que celle qui aura été énoncée dans le procès-verbal constatant les besoins personnels, sera passible de l'amende portée par l'article 125 pour défaut de déclaration.

DISCUSSION A LA CHAMBRE DES DÉPUTÉS.

Le premier paragraphe de l'article était ainsi conçu dans le projet : « Ceux qui, dans les cas d'urgente nécessité, voudront faire abattre des arbres sujets à déclaration, ne pourront procéder à l'abattage qu'après avoir fait préalablement constater l'urgence. »

M. *Favard de Langlade* dit, dans son rapport : « Les articles 131 et 132 n'ont été amendés par la commission que pour remplacer le mot trop restrictif d'*urgence* par ceux de *besoins personnels pour réparations et constructions*. Elle vous propose de prescrire que les besoins seront constatés par le maire de la commune : c'est aujourd'hui ce qui se fait dans le cas d'urgence ; il était important de conserver explicitement cette forme dans la loi, afin de ne pas exposer les propriétaires à des variations de formalités préjudiciables à leurs intérêts. »

Le paragraphe ainsi amendé, et l'article lui-même sont adoptés.

Art. 132.

Le gouvernement déterminera les formalités à remplir, tant pour les déclarations de volonté d'abattre, que pour constater, soit les besoins, dans le cas prévu par l'article précédent, soit les martelages et les abattages. Ces formalités seront remplies sans frais.

DISCUSSION A LA CHAMBRE DES DÉPUTÉS.

Article du projet : « Le gouvernement déterminera les formalités à remplir tant pour les déclarations de volonté d'abattre que pour constater soit l'urgence dans le cas prévu par l'article précédent, soit les martelages et les abattages : ces formalités seront remplies sans frais. »

Comme on l'a vu à l'article précédent, la commission a proposé de remplacer le mot *l'urgence*, par ceux-ci : *soit les besoins*.

L'article est adopté avec cet amendement.

Art. 133.

Les arbres qui auront été marqués pour le service de la marine, dans les bois soumis au régime forestier, comme sur toute propriété privée, ne pourront être distraits de leur destination, sous peine d'une amende de quarante-cinq francs par mètre de tour de chaque arbre; sauf néanmoins les cas prévus par les articles 126 et 128. Les arbres marqués pour le service de la marine ne pourront être écarris avant la livraison, ni détériorés par ses agens avec des haches, scies, sondes ou autres instrumens, à peine de la même amende.

DISCUSSION A LA CHAMBRE DES DÉPUTÉS.

L'amende prononcée par l'article du projet était de quatre-vingt-dix fr., et cet article se terminait par les mots : *sauf néanmoins les cas prévus par les art.* 126 *et* 128.

M. *Favard de Langlade*, dans son rapport au nom de la commission, dit : « Nous vous proposons de réduire l'amende portée par l'article 133, à quarante-cinq francs, d'après les mêmes raisons qui nous ont engagés à réduire l'amende prononcée pour le défaut de déclaration. Il ne faut pas perdre de vue qu'il n'y a ici que des contraventions au droit de servitude imposé à des propriétaires, qu'il serait trop dur de punir avec la même sévérité que des délinquans qui dérobent le bien d'autrui.

« Enfin, pour prévenir quelques abus dont on s'est plaint dans les bureaux de la chambre, la commission propose d'ajouter à la fin de l'article un second paragraphe ainsi conçu :

« Les arbres marqués pour le service de la marine ne pour-
» ront être écarris avant la livraison, ni être détériorés par ses
» agens avec des haches, scies, sondes ou autres instrumens,
» à peine de la même amende. »

L'article et les deux amendemens sont adoptés.

ART. 134.

Les délits et contraventions concernant le service de la marine seront constatés, dans tous les bois, par procès-verbaux, soit des agens et gardes forestiers, soit des maîtres, contre-maîtres et aides-contre-maîtres assermentés de la marine : en conséquence, les procès-verbaux de ces maîtres, contre-maîtres et aides-contre-maîtres feront foi en justice comme ceux des gardes forestiers, pourvu qu'ils soient dressés et affirmés dans les mêmes formes et dans les mêmes délais.

ART. 135.

Les dispositions du présent titre ne sont applicables qu'aux localités où le droit de martelage sera jugé indispensable pour le service de la marine, et pourra être utilement exercé par elle.

Le gouvernement fera dresser et publier l'état des départemens, arrondissemens et cantons qui ne seront pas soumis à l'exercice de ce droit.

La même publicité sera donnée au rétablissement de cet exercice dans les localités exceptées, lorsque le gouvernement jugera ce rétablissement nécessaire.

SECTION II.

Des bois destinés au service des ponts et chaussées pour les travaux du Rhin.

ART. 136.

Dans tous les cas où les travaux d'endigage ou de fascinage sur le Rhin exigeront une prompte fourniture de bois ou oseraies, le préfet, en constatant l'urgence, pourra en requérir la délivrance, d'abord dans les bois de l'Etat; en cas d'insuffisance de ces bois, dans ceux des communes et des établissemens publics, et subsidiairement enfin dans ceux des particuliers : le tout à la distance de cinq kilomètres des bords du fleuve.

DISCUSSION A LA CHAMBRE DES DÉPUTÉS.

L'article du projet était terminé par cette phrase : *le tout dans le rayon de quinze kilomètres du point où le danger se manifestera.*

M. *Favard de Langlade* dit dans son rapport : « Le cours du Rhin, inégal, irrégulier, impétueux, menace sans cesse les propriétés voisines du danger de ses débordemens. Pour les préserver d'une destruction imminente, on est forcé de contenir le torrent par des obstacles qu'il renverse, qu'il brise, et que bientôt il faut renouveler. La possibilité et la crainte des accidens étant permanentes, il est indispensable que les moyens de salut le soient aussi, et le législateur ne peut se dispenser de mettre à la disposition de l'autorité un remède qui, pour être efficace, doit être aussi prompt que le mal. Tel est le but de l'art. 136, portant que dans tous les cas où les travaux d'endigage et de fascinage sur le Rhin exigeront une prompte fourniture de bois ou oseraies, le préfet, en constatant l'urgence, pourra en requérir la délivrance, d'abord dans les bois de l'Etat, ensuite dans ceux des communes et des établissemens publics, et enfin dans ceux des particuliers, le tout dans un rayon de quinze kilomètres du point où le danger se manifeste. C'est tout à la fois une mesure de sûreté publique et d'intérêt privé, que commande une nécessité réelle et pressante, et à laquelle la chambre n'hésitera pas sans doute à donner son assentiment. Comme il s'agit d'une dérogation au droit de propriété, il était essentiel de la limiter autant que le péril pourrait le permettre, de la combiner avec les divers genres d'intérêts qu'elle est destinée à protéger, d'en renfermer l'exécution dans le territoire menacé ; et c'est ce que les rédacteurs du projet de code nous paraissent avoir fait.

« Mais, pour apprécier cette disposition en plus grande connaissance de cause, nous avons cru devoir en conférer avec nos collègues du Haut et du Bas-Rhin, qui ont des notions plus précises sur les localités. Il est résulté des explications qu'ils ont bien voulu nous donner, que l'énonciation d'un rayon de quinze kilomètres, du point où le danger se montre, emporterait la faculté de requérir des bois à cette distance dans les terres, tandis qu'il se trouve toujours assez de bois propres à ces sortes de travaux dans un espace de cinq kilomètres au plus; en conséquence, nous vous proposons, de concert avec nos collègues, de supprimer la fin de l'art. 136, à compter de ces mots : *le tout dans le rayon, etc.*, et de dire, *le tout à la distance de cinq kilomètres des bords du fleuve.* Par ce moyen, on aura la faculté de prendre du bois en amont et en aval du fleuve dans l'étendue fixée par la loi. »

L'amendement de la commission, soutenu par M. le directeur général des ponts et chaussées, est adopté.

La chambre rejette un paragraphe additionnel que M. *Duperreux* propose en ces termes : « L'on entend par urgence les invasions du fleuve sur un ou plusieurs points, et les accidens imprévus qui menaceraient d'envahissement subit le territoire. Dans toutes les autres circonstances, et pour l'exécution des travaux ordinaires et annuels, toute réquisition ou délivrance de bois est interdite. »

Elle adopte l'article amendé par la commission.

Art. 137.

En conséquence, tous particuliers propriétaires de bois taillis ou autres dans les îles, sur les rives, et à une distance de cinq kilomètres des bords du fleuve, seront tenus de faire, trois mois d'avance, à la sous-préfecture, une déclaration des coupes qu'ils se proposeront d'exploiter.

Si, dans le délai de trois mois, les bois ne sont pas requis, le propriétaire pourra en disposer librement.

DISCUSSION A LA CHAMBRE DES DÉPUTÉS.

La chambre adopte l'article du projet avec deux modifications proposées par la commission.

Par la première, on substitue aux expressions *quinze kilomètres du cours du Rhin*, celles-ci : *cinq kilomètres des bords du fleuve.*

La seconde a pour objet de remplacer les mots *devant l'agent forestier local*, qui se trouvaient dans le projet, par ceux-ci: *à la sous-préfecture.*

ART. 138.

Tout propriétaire qui, hors les cas d'urgence, effectuerait la coupe de ses bois sans avoir fait la déclaration prescrite par l'article précédent, sera condamné à une amende d'un franc par are de bois ainsi exploité.

L'amende sera de quatre francs par are contre tout propriétaire qui, après que la réquisition de ses bois lui aura été notifiée, les détournerait de la destination pour laquelle ils auraient été requis.

DISCUSSION A LA CHAMBRE DES DÉPUTÉS.

Dans le projet, le premier paragraphe de l'article prononçait une amende de *quatre francs* par are de bois, etc.; la commission propose de la réduire à *un franc.*

Le second paragraphe portait une amende *du double* pour tout propriétaire, etc.; la commission propose de la fixer à *quatre francs par are contre* tout propriétaire, etc.

L'article ainsi amendé est adopté.

ART. 139.

Dans les bois soumis au régime forestier, l'exploitation des bois requis sera faite par les entrepreneurs des travaux des ponts et chaussées, d'après les indications et sous la surveillance des agens forestiers. Ces entrepreneurs seront, dans ce cas, soumis aux mêmes obligations et à la même responsabilité que les adjudicataires des coupes des bois de l'Etat.

ART. 140.

Dans les bois des particuliers, l'exploitation des bois requis sera faite également, et sous la même responsabilité, par les entrepreneurs des travaux, si mieux n'aime le propriétaire faire exploiter lui-même ; ce qu'il devra déclarer aussitôt que la réquisition lui aura été notifiée.

A défaut par le propriétaire d'effectuer l'exploitation dans le délai fixé par la réquisition, il y sera procédé à ses frais, sur l'autorisation du préfet.

ART. 141.

Le prix des bois et oseraies requis en exécution de l'article 136 sera payé par les entrepreneurs des travaux à l'Etat et aux communes ou établissemens publics, comme aux particuliers, dans le délai de trois mois après l'abattage constaté, et d'après le même mode d'expertise déterminé par l'article 127 de la présente loi pour les arbres marqués par la marine.

Les communes et les particuliers seront indemnisés, de gré à gré ou à dire d'experts, du tort qui pourrait être résulté pour eux de coupes exécutées hors des saisons convenables.

DISCUSSION A LA CHAMBRE DES DÉPUTÉS.

L'article du projet ne se composait que du premier paragraphe de l'article actuel. Le second est ajouté par la commission, parce que « il arrive, dit M. *Favard de Langlade*, dans son rapport, que l'urgence des travaux exige des coupes à des époques où cela nuit essentiellement à la végétation. »

M. *Human* présente sur cette addition les observations suivantes : « Cet amendement a été dicté à la commission par l'esprit de justice qui caractérise son travail. Néanmoins je crois qu'il présente une équivoque qui ne serait pas sans inconvénient. Si je comprends bien le système de la loi, il me semble que l'administration n'a le droit de prendre des fascines que dans les bois des propriétaires qui font des coupes. Cependant, d'après le paragraphe additionnel que propose la commission, on pourrait penser que l'administration a le droit de couper, quand il y a urgence, dans les bois mêmes des propriétaires qui n'ont fait aucune déclaration. Si l'intention de la loi était réellement de ne réclamer des fascines par voie de réquisition que dans les bois où s'effectuent des coupes, il faudrait retrancher l'amendement de la commission. Si au contraire l'intention de l'administration était de porter la hache dans les forêts indistinctement, lorsqu'elle le jugera nécessaire, je demanderais à la chambre de me permettre de lui présenter de plus longs développemens. »

M. *Becquey, directeur général des ponts et chaussées*, répond : « Il n'y a point à hésiter sur l'interprétation qu'il faut donner au projet de loi. Sans doute les bois placés dans le rayon soumis à la servitude, pourront toujours être requis, soit que le propriétaire ait fait ou n'ait pas fait la déclaration qu'il se propose de les couper. Sans cela la réserve serait illusoire, et je ne conçois pas comment on voudrait s'exposer aux funestes conséquences qui en seraient le résultat inévitable. Que demande donc l'administration? Elle demande les moyens reconnus indispensables de préserver votre territoire de l'invasion d'un fleuve qui toujours le menace : c'est pour vous garantir des plus effrayans désastres, pour sauver vos belles plaines d'Alsace, que les ingénieurs réunissent tous leurs soins, et que l'Etat dépense chaque année 500,000 fr. Et vous voudriez priver l'administration des seuls moyens par lesquels elle peut vous rendre de si importans services ! La chambre n'accueillera pas une proposition qui annulerait par le fait les dispositions qu'elle a déjà votées, et qui surtout enlèverait au gouvernement la faculté de vous protéger contre les plus grandes calamités. »

La chambre adopte l'article du projet avec l'amendement de la commission.

ART. 142.

Le gouvernement déterminera les formalités qui devront être observées pour la réquisition des bois, les déclarations et notifications, en conséquence de ce qui est prescrit par les articles précédens.

ART. 143.

Les contraventions et délits en cette matière seront constatés par procès-verbaux des agens et gardes forestiers, des conducteurs des ponts et chaussées et des officiers de police assermentés, qui devront observer à cet égard les formalités et délais prescrits au titre XI, section I, pour les procès-verbaux dressés par les gardes de l'administration forestière.

DISCUSSION A LA CHAMBRE DES PAIRS.

Après l'adoption de cet article, et avant que la discussion s'engage sur le titre X, M. *le comte d'Haubersart* fait observer «qu'indépendamment des deux services publics pour lesquels le titre IX établit des affectations spéciales, il en est encore un autre auquel la législation existante accorde des droits particuliers dans les exploitations des bois, c'est le service de l'administration des poudres. Aux termes des arrêtés du gouvernement des 25 fructidor an XI et 16 floréal an XIV, qui en cela n'ont fait que maintenir la législation existante depuis long-temps, le droit de l'administration des poudres est de prendre le bois de bourdaine, pour la fabrication de la poudre, dans un rayon de quinze myriamètres autour des poudreries, et au prix de vingt-cinq centimes par botte. Ce droit est encore exercé en ce moment par l'administration des poudres; mais le projet de code forestier garde le silence à cet égard. Si l'on doit conclure de ce silence que le privilège accordé à l'administration des poudres a été reconnu inutile, ce serait certainement une amélioration au régime actuel, et l'administration elle-même y gagnerait probablement. Mais si l'on avait pensé que les lois relatives à cet objet doivent demeurer en vigueur, il est évident qu'il existerait à cet égard une lacune dans le code. Il serait donc nécessaire qu'une explication positive levât toute incertitude sur ce point. »

M. *le directeur général des forêts, commissaire du roi*, déclare « que le silence du projet à cet égard ne doit pas être attribué à une simple omission : c'est en toute connaissance de cause et à la suite d'une longue correspondance entre l'administration des poudres, le ministère de la guerre et les rédacteurs du projet de code, qu'il a été reconnu par l'administrtion elle-même que le mode d'approvisionnement par le commerce libre était préférable au mode actuel. L'administration des poudres a donc renoncé à son privilège, et c'est dans ce sens que doit être interprété le silence du code. »

M. *le ministre d'Etat, commissaire du roi*, ajoute « qu'il en est de même des affectations auxquelles avait droit le service du train d'artillerie, et qui se trouvent également supprimées par le code. »

TITRE X.

Police et Conservation des Bois et Forêts.

SECTION I.

Dispositions applicables à tous les bois et forêts en général.

Art. 144.

Toute extraction ou enlèvement non autorisé de pierre, sable, minerai, terre ou gazon, tourbe, bruyères, genêts, herbages, feuilles vertes ou mortes, engrais existant sur le sol des forêts, glands, faînes, et autres fruits ou semences des bois et forêts, donnera lieu à des amendes qui seront fixées ainsi qu'il suit :

Par charretée ou tombereau, de dix à trente francs, pour chaque bête attelée ;

Par chaque charge de bête de somme, de cinq à quinze francs ;

Par chaque charge d'homme, de deux à six francs.

DISCUSSION A LA CHAMBRE DES DÉPUTÉS.

Le mot *tourbe* ne figurait pas dans la nomenclature de l'article : la commission propose de l'ajouter, et la chambre adopte cette addition.

M. *Humann* propose l'addition suivante : « Les préfets, après avoir pris l'avis du conservateur des forêts, pourront homologuer les délibérations des conseils municipaux portant consentement à l'extraction et enlèvement du minerai de fer d'alluvion dans leurs forêts communales : en cas d'opposition de la part des communes, ou des préfets, aux demandes en permission d'extraire, le ministre de l'intérieur statuera sur les demandes. Les exploitans seront tenus au paiement de toutes les indemnités de droit, et de se conformer aux lois et réglemens sur la matière. »

M. *le directeur général des forêts* combat cette proposition. Il dit : « La loi du 21 avril 1810 a réglé toutes les formalités qui doivent être suivies pour l'extraction du minerai dans tout le sol de la France. L'amendement qui vous est présenté tendrait à abroger ces formalités. Nous ne croyons pas qu'il convienne de l'adopter dans la loi forestière. L'administration examine en ce moment la question dont il s'agit. Quand elle aura trouvé le moyen de diminuer les formalités prescrites, elle le fera par ordonnance. Nous reconnaissons avec l'orateur que ces formalités sont excessivement lentes ; mais elles sont inhérentes à la chose même, et il y aurait danger à les abroger sans un mûr examen. Déjà des propositions ont été faites, et nous nous sommes occupés à déterminer un mode plus prompt. Nous pensons qu'il faut laisser à l'administration le soin de faire les changemens nécessaires, et nous demandons le rejet de l'amendement. »

M. *Sébastiani* appuie ce même amendement. Il ne saurait admettre la fin de non-recevoir que vient de produire M. le directeur général des forêts. L'article en discussion prescrivant le mode d'extraction du minerai, du sable, des pierres, etc., il lui semble naturel d'y insérer une disposition qui mette un terme aux formalités si longues, si embarrassantes, si gênantes pour nos produits et pour notre industrie. Selon lui, cette disposition appartient essentiellement à la loi qui occupe la chambre, puisque cette loi règle tout ce qui est relatif à la conservation des propriétés forestières, et que, dans ces propriétés, il existe du minerai, de la tourbe, des pierres, etc.

M. *de Martignac, commissaire du roi*, représente que, pour faire une bonne législation, il ne faut pas confondre deux choses tout-à-fait distinctes, l'exploitation des forêts et celle des mines. « De quoi nous occupons-nous maintenant? ajoute l'orateur. Uniquement de ce qui est relatif à la police et à la conservation des forêts. L'auteur de l'amendement n'a pas fait attention qu'il ne s'agit dans le projet que de l'extraction non autorisée, et que nous ne nous expliquons nullement sur le mode d'autorisation, parce que ce n'est pas dans le Code forestier que ce mode doit être réglé. Nous n'aurions pu régler ce mode sans tomber dans des dispositions étrangères au sujet que nous traitons. Si quelques vices existent dans la loi du 21 avril 1810, ils ne peuvent être corrigés par une disposition insérée au Code forestier, sans qu'on s'expose à mêler ensemble deux législations qui ne doivent pas être confondues. »

M. *Humann* insiste, et dit qu'il ne voit aucun inconvénient dans l'adoption de son amendement, surtout lorsque, dans l'art. 145, on s'occupe de tout autre chose que de l'exploitation des bois.

M. *Favard de Langlade, rapporteur*, repousse aussi la demande de M. Humann. Il partage son opinion quant au fond de la proposition. « Mais, ajoute-t-il, l'objection qu'il vient de tirer de l'art. 145 est absolument contraire à la prétention de faire insérer cette proposition dans la loi qui nous occupe. Je le prie de lire ce que la commission a dit sur le sujet dont il s'agit. Elle a exprimé le vœu qu'il fût porté remède aux lenteurs existantes; mais elle a ajouté qu'elle ne croyait pouvoir proposer aucune modification sur une chose entièrement étrangère au Code forestier. Ce que la commission a dit sur l'article 145, elle doit l'opposer à la proposition actuelle. Je partage le désir qu'a émis notre collègue ; mais il faut que la proposition soit examinée par l'administration et qu'elle nous vienne du gouvernement; elle ne peut être introduite dans un code qui traite d'objets tout-à-fait étrangers à cette matière. Je demande en conséquence le rejet de l'amendement. »

L'amendement est mis aux voix et rejeté.

L'article amendé par la commission est adopté.

OBSERVATIONS.

L'art. 18, titre III de l'ordonnance de 1669, défendait les *arrachis et enlèvemens de plants, glands et faînes* des forêts royales: L'article 11, titre XXVII, faisait aussi défenses d'arracher *aucuns plants de chênes, charmes ou autres bois* dans les mêmes forêts, *sans la permission du Roi et l'attache du grand-maître.* Des prohibitions analogues se retrouvent dans les articles 12 et 13 du titre XXXII, qui punissent de diverses peines *toutes personnes privées coupans ou amassans de jour des herbages, glands ou faînes, et les emportans des forêts;* et *toutes personnes qui auraient coupé, arraché et emporté arbres, branches ou feuillages.*

On avait élevé la question de savoir si l'enlèvement de *feuilles mortes* était compris dans ces dispositions. La cour de cassation la décidait affirmativement, tandis que les autres cours et tribunaux avaient une jurisprudence contraire. Il s'ensuivit un référé au conseil d'Etat, et un décret du 19 juillet 1810 qui confirma la doctrine de la cour suprême.

Enfin l'article 12 du titre XXVII interdisait tout enlèvement de *sables, terres, marnes et argiles,* sans la permission expresse du Roi.

C'est dans ces dispositions qu'ont été puisés les articles 57 et 144 du code actuel. Elles ont été dictées, comme ces deux articles, par un esprit de conservation. Les feuilles qui tombent deviennent un aliment du sol; elles servent à l'incubation des graines et semences; elles protègent, ainsi que les herbages, le développement des germes et des jeunes tiges, et concourent dès lors au repeuplement des forêts. L'extraction de pierres, sable, minerai, etc., serait, en beaucoup d'endroits, funeste à ce repeuplement; voilà pourquoi elle est interdite en principe général, sauf à l'administration à la permettre dans les lieux où elle pourra s'effectuer sans inconvéniens et sans danger.

ART. 145.

Il n'est point dérogé aux droits conférés à l'administration des ponts et chaussées d'indiquer les lieux où doivent être faites les extractions de matériaux pour les travaux publics; néanmoins les entrepreneurs seront tenus envers l'Etat, les communes et établissemens publics, comme envers les particuliers, de payer toutes les indemnités de droit, et d'observer toutes les formes prescrites par les lois et réglemens en cette matière.

DISCUSSION A LA CHAMBRE DES DÉPUTÉS.

M. *Favard de Langlade*, dans son rapport au nom de la commission, dit : « La prohibition portée par la disposition de l'art. 144 étant générale et absolue, il était nécessaire de dire qu'elle ne dérogeait point aux droits conférés à l'administration des ponts et chaussées par les lois et réglemens, et c'est ce qui a été fait par l'article 145. La commission ne s'est pas dissimulé que ces lois et réglemens sont susceptibles d'améliorations fort désirables; mais elle n'a pas cru qu'elle dût s'en occuper à l'occasion d'un code sur les forêts, et elle a donné son adhésion à l'article proposé par le gouvernement. »

L'article du projet est adopté sans discussion.

DISCUSSION A LA CHAMBRE DES PAIRS.

M. *le marquis d'Orvilliers* désire qu'il soit bien entendu que l'article dont il s'agit ne confirme en rien la législation actuelle sur l'extraction des matériaux nécessaires au service des ponts et chaussées.

M. *de Martignac*, *commissaire du roi*, déclare « qu'en effet l'article 145 n'a pour objet ni de changer ni de consacrer d'une manière irrévocable la législation existante sur ce point. Les rédacteurs du code ont pensé que cet objet était par lui-même assez important pour qu'une loi spéciale fixât à cet égard les droits de l'administration et les règles qu'elle aurait à suivre. Il leur a paru que ce n'était pas incidemment et dans un code auquel elles ne se rattachaient pas d'une manière spéciale que de pareilles questions pouvaient être traitées. Ils se sont donc bornés à s'en référer aux lois existantes, sans y déroger actuellement, mais sans exclure en aucune façon la faculté de les modifier et de les améliorer, en ce qu'elles peuvent avoir d'imparfait. »

Art. 146.

Quiconque sera trouvé dans les bois et forêts, hors des routes et chemins ordinaires, avec serpes, cognées, haches, scies et autres instrumens de même nature, sera condamné à une amende de dix francs et à la confiscation desdits instrumens.

OBSERVATIONS.

L'article 34, titre XXVII, de l'ordonnance de 1669, portait : « Les usagers et autres personnes trouvées *de nuit* dans les forêts hors les routes et grands chemins, avec serpes, haches, scies ou cognées, seront emprisonnés, et condamnés pour la première fois en six livres d'amende, vingt livres pour la seconde, et pour la troisième, bannis de la forêt. » Le code ne distingue pas entre le délit commis la nuit, et celui qui se commet le jour.

Art. 147.

Ceux dont les voitures, bestiaux, animaux de charge ou de monture, seront trouvés dans les forêts hors des routes et chemins ordinaires, seront condamnés, savoir :

Par chaque voiture, à une amende de dix francs pour les bois de dix ans et au-dessus, et de vingt francs pour les bois au-dessous de cet âge ;

Par chaque tête ou espèce de bestiaux non attelés, aux amendes fixées pour délit de pâturage par l'article 199 :

Le tout sans préjudice des dommages-intérêts.

DISCUSSION A LA CHAMBRE DES DÉPUTÉS.

L'article du projet est adopté avec une modification proposée par la commission, et qui consiste à dire, dans le second paragraphe : pour les bois *de dix ans et au-dessus*, etc., au lieu de : pour les bois *au-dessus de dix ans*, etc., comme l'énonçait la rédaction du gouvernement.

ART. 148.

Il est défendu de porter ou allumer du feu dans l'intérieur et à la distance de deux cents mètres des bois et forêts, sous peine d'une amende de vingt à cent francs; sans préjudice, en cas d'incendie, des peines portées par le Code pénal, et de tous dommages-intérêts, s'il y a lieu.

OBSERVATIONS.

L'ordonnance de 1669, titre XXVII, art. 32, faisait *défenses à toutes personnes de porter et allumer feu dans les forêts, landes et bruyères, à peine de punition corporelle et d'amende arbitraire.* La déclaration du 3 novembre 1714 étendit la prohibition à la distance d'*un quart de lieue* hors de l'enceinte des forêts, et en punit l'infraction, pour la première fois, de la peine du fouet, et de celle des galères en cas de récidive, sans préjudice de la peine de mort pour le cas de préméditation.

ART. 149.

Tous usagers qui, en cas d'incendie, refuseront de porter des secours dans les bois soumis à leur droit d'usage, seront traduits en police correctionnelle, privés de ce droit pendant un an au moins et cinq ans au plus, et condamnés en outre aux peines portées en l'article 475 du Code pénal.

ART. 150.

Les propriétaires riverains des bois et forêts ne peuvent se prévaloir de l'article 672 du Code civil pour l'élagage des lisières desdits bois et forêts, si ces arbres de lisière ont plus de trente ans.

Tout élagage qui serait exécuté sans l'autorisation des propriétaires des bois et forêts, donnera lieu à l'application des peines portées par l'article 196.

DISCUSSION A LA CHAMBRE DES DÉPUTÉS.

Le premier paragraphe du projet portait : « Les propriétaires riverains des bois et forêts ne peuvent se prévaloir de l'article 672 du Code civil pour l'élagage des lisières desdits bois et forêts. »

M. *Favard de Langlade*, dans son rapport, dit : « Une discussion s'est élevée dans le sein de la commission sur l'article 150, qui repousse l'application de l'article 672 du Code civil aux bois et forêts, en ce qui concerne l'élagage des arbres de lisière.

« Les uns étaient d'avis d'admettre la disposition du projet, alléguant l'importance de conserver les lisières des forêts, où se trouvent en général les plus beaux arbres, à la croissance desquels l'élagage serait toujours préjudiciable ; ils invoquaient aussi le droit de prescription, pour ainsi dire acquis aux propriétaires de ces forêts.

« Les autres soutenaient, au contraire, que la règle posée

par le Code civil était absolue, et ne devait souffrir aucune exception; qu'elle était fondée sur l'intérêt respectif des propriétaires riverains; qu'il serait injuste d'attribuer à l'un de ces propriétaires un droit qui serait refusé à l'autre, à raison de la seule différence existant dans la nature de leurs immeubles; qu'il est impossible d'admettre, par exemple, que le possesseur d'un verger puisse être contraint de couper les branches de ses arbres fruitiers, tandis qu'il n'aurait pas le droit réciproque d'exiger de son voisin l'élagage des lisières de son bois; que sans doute la conservation des beaux arbres de lisière est importante, mais qu'elle ne saurait être assez puissante pour déterminer une exception rigoureuse à un principe de justice et d'équité.

« Après cette divergence d'opinions, tous les membres de la commission se sont réunis pour un terme moyen, qui leur a semblé devoir concilier les divers intérêts. Ce terme moyen consiste à laisser subsister le paragraphe premier de l'article 150, mais en y ajoutant ces mots: *si les arbres de lisière ont plus de trente ans*. Par là, le principe de droit commun est maintenu, avec une modification qui favorisera la conservation des arbres forestiers, et que justifiera le silence du propriétaire limitrophe pendant le cours de trente années.

« Quant au deuxième paragraphe du même article, nous vous en proposons le maintien, comme servant de sanction à la règle posée dans le premier. »

M. *de Martainville* propose une rédaction ainsi conçue: « Conformément à l'art. 672 du Code civil, les propriétaires riverains pourront réclamer l'élagage des lisières des bois et forêts. »

Cette proposition n'est pas accueillie.

M. *Labbey de Pompières* combat tout à la fois, et l'article du projet, et l'amendement de la commission. Mettre le propriétaire limitrophe d'une forêt dans l'impossibilité d'exiger l'élagage des branches qui avancent sur sa propriété, c'est lui imposer, dit-il, une servitude légale, et une servitude de ce genre ne saurait résulter que d'une disposition expresse de la loi. Or, il ne trouve nulle part une semblable disposition. D'abord, il ne voit en effet que cinq servitudes imposées par l'ordonnance de 1669. 1° La clôture par des fossés entre les bois de l'*Etat* et ceux des particuliers; 2° La prohibition de bâtir à proximité des forêts nationales; 3° La défense de planter des bois près de ces forêts; 4° De placer des fours à chaux dans la distance prohibée; 5° D'établir certains ateliers près de ces forêts.

Il ajoute: « Si de la législation spéciale sur les forêts on passe à l'examen du droit commun, on trouve une variété remarquable entre l'ancien et le nouveau droit.

« Suivant la loi romaine, les branches d'arbres qui s'étendaient sur le fonds voisin devaient être élaguées à la hauteur de quinze pieds. L'arbre devait être abattu si ses branches s'étendaient sur une maison, ou si son corps était incliné sur le fonds voisin.

« Le Code civil n'a point admis cette espèce de transaction entre la liberté et la servitude des héritages contigus à des forêts ou à des plantations. Il a tranché la question de la manière la plus absolue par l'art. 552, portant: *la propriété du sol emporte la propriété du dessus et du dessous;* et l'art. 672 en est la conséquence forcée. Il n'y a point de distinction à faire entre les fonds contigus aux forêts et ceux qui en sont éloignés, puisque le principe posé par le code est général. Et certes, il faut ou reconnaître que l'espace qui est verticalement au-dessus d'un pré ou d'un champ est au propriétaire de ce fonds, ou nier l'existence de la loi. »

L'honorable membre examine enfin la question de prescription, et propose de substituer ces mots: *si les arbres de lisière font saillie depuis plus de trente ans*, à ceux dont l'addition est proposée par la commission.

M. *Simoneau* envisage la question sous un autre point de vue. « Le moyen, dit-il, de concilier les intérêts divers serait de réserver aux propriétaires riverains une action en dommages-intérêts contre le propriétaire de qui les arbres feraient saillie sur son héritage. »

M. *Mestadier* trouve que le remède indiqué par M. Simoneau serait pire que le mal, en ce qu'il donnerait naissance à des procès dispendieux. Il voudrait qu'on se plaçât dans le droit commun, et il vote contre l'amendement de la commission, ainsi que contre l'article du projet.

M. *Favard de Langlade, rapporteur,* réfute les objections des préopinans, en reproduisant les motifs qui ont déterminé l'avis de la commission. Il dit : « La question qui vous occupe en ce moment a fixé particulièrement l'attention de la commission. M. Labbey de Pompières, en prétendant qu'il fallait rentrer dans le droit commun, s'est livré à une savante dissertation dans laquelle je ne le suivai pas. Je me bornerai à vous dire que la proposition de la commission a pour objet de concilier tous les intérêts. L'ordonnance de 1669 défendait toute espèce d'élagage. Nous avons vécu cent cinquante ans sous cette législation, et les tribunaux ont constamment interdit l'élagage des arbres de la part des propriétaires voisins des bois de l'Etat. A la vérité, le Code civil, par son article 672, établit un principe qui semblerait contraire, en disant que chaque propriétaire a droit de couper les racines qui sont dans son héritage, comme de faire élaguer les branches qui peuvent nuire à sa propriété. Mais à côté de cet article se trouve une exception en faveur des forêts, qui doivent être régies par des lois particulières. C'est précisément par suite de cette disposition, que l'on a constamment jugé que l'élagage des arbres ne pouvait avoir lieu tant que cette partie de la législation ne serait pas réformée. Maintenant, doit-on rentrer dans le droit commun? doit-on appliquer aux forêts la disposition de l'article 672? La chambre en a certainement le droit. Mais il s'agit de savoir s'il convient d'adopter pleinement la disposition du Code civil, et si la modification apportée à cet article par la commission n'est pas plus dans l'esprit de justice qui caractérise la chambre. A cet égard, je la prie de remarquer que les particuliers qui ont des propriétés voisines des forêts où se trouvent des arbres qui ont jusqu'à cent et cent cinquante ans, savaient bien, quand ils les ont achetées, qu'il y avait à la lisière des arbres qui leur portaient préjudice. Aussi les ont-ils payées bien moins cher que s'ils n'avaient pas été soumis à la servitude dont il s'agit. Que si aujourd'hui vous les affranchissez de cette servitude, vous leur conférez un bénéfice sur lequel ils n'avaient pas dû compter, tandis que vous imposez aux propriétaires de bois le sacrifice de leurs arbres.

« C'est d'après ces considérations que la commission a pensé qu'il fallait prendre un terme moyen qui concilierait tous les intérêts, c'est-à-dire que les arbres qui existent de temps immémorial sur la lisière des forêts, devront continuer d'y rester sans que le propriétaire voisin puisse les élaguer de manière à les détruire. Mais aussi elle a voulu rentrer dans le droit commun pour les plantations nouvelles ou pour celles qui seraient faites par la suite. La commission persiste donc dans son amendement. »

M. *Méchin* demande l'application du droit commun, et, par conséquent, le rejet de l'article.

M. *Pardessus* voudrait aussi qu'on rentrât dans le droit commun, au moins pour les bois des particuliers.

M. *le ministre des finances* affirme que l'Etat n'est point soumis pour ses forêts à l'art. 672 du Code civil; que si on le dépouillait de ce privilège, on augmenterait la pénurie des arbres propres aux constructions navales; qu'en effet les arbres les plus convenables pour le service de la marine se trouvent sur les lisières; et que si on les élaguait lorsqu'ils sont parvenus à un certain âge, on les ferait infailliblement périr.

M. *Sébastiani* attaque cette doctrine, et réclame l'empire du droit commun.

M. *de Martignac* obtient la parole, et s'exprime en ces termes : « Nous avons à examiner si, dans le projet de Code forestier, on a procédé avec sagesse et prudence en vous proposant la disposition qui est combattue avec tant de force. Il est nécessaire de rappeler quels sont les motifs qui ont déterminé les rédacteurs du Code.

« L'ordonnance de 1669, titre II, article 2, porte : « Ceux qui auront houpé, ébranché, déshonoré les arbres, paieront la même amende, etc. » Devons-nous croire que la disposition de l'art. 672 du Code civil soit tellement absolue, qu'il en résulte nécessairement l'abrogation de l'article 2 de l'ordonnance de 1669? Nous ne l'avons pas pensé, et voici nos motifs :

« Il est de principe que les lois générales ne dérogent pas

aux lois spéciales, à moins que la dérogation n'en soit exprimée dans la loi générale. Le code civil est ici la loi générale, le code forestier la loi spéciale. Or, je le demande, y a-t-il dans le code civil un texte précis et absolu qui déroge à la règle spéciale, relativement aux forêts? L'article 672 ne s'étend pas d'une manière positive à ce qui touche les bois et forêts. En effet, cet article est compris dans la section première, intitulée : *Du mur et du fossé mitoyen.* L'art. 672 s'exprime ainsi: « Le voisin peut exiger que les arbres et haies plantés à une moindre distance soient arrachés. Celui sur la propriété duquel avancent les branches des arbres voisins, peut contraindre celui-ci à couper ces branches. » Vous voyez qu'ici il ne s'agit que des arbres qui ont été plantés dans des haies qui servent de séparation à deux héritages. Certes, il n'y a aucune application rigoureuse à faire de cet article aux lisières des bois et forêts.

« On a déjà expliqué devant la chambre les considérations graves qui ont déterminé le gouvernement à vous proposer l'article qui est en discussion. Ces considérations tiennent à la nécessité de veiller à la conservation de la portion des bois et forêts, sur laquelle peut s'exercer utilement le droit de martelage que vous avez reconnu nécessaire pour le service de la marine. Or, il est incontestable que c'est dans la lisière des bois qu'on trouve ordinairement les arbres propres aux constructions navales. Si vous déclarez que tous les propriétaires riverains auront le droit de réclamer l'élagage des arbres de lisière, vous consacrerez une disposition qui entraînera la destruction de ces arbres.

« L'article que nous discutons s'applique aux bois des particuliers comme aux forêts de l'Etat. On nous en a fait une sorte de reproche. Cependant si nous n'avions demandé ce privilège que pour les forêts de l'Etat, on n'aurait pas manqué de remarquer que l'Etat, en ce qui touche la possession de ses forêts, est un propriétaire comme tout autre, et qu'il n'y a pas de raison pour établir en sa faveur un privilège qu'on refuserait aux propriétaires des bois des particuliers. Ce raisonnement serait fondé; car vous avez reconnu que les bois soumis au régime forestier ne suffisaient pas pour les besoins de votre marine, et qu'il fallait étendre le martelage aux bois des particuliers. Ainsi, pour être conséquens avec nous-mêmes, nous devions rendre l'article applicable aux uns comme aux autres. »

La chambre rejette l'amendement de M. Labbey de Pompières, consistant à ajouter au premier paragraphe du projet : *si les arbres de lisière font saillie depuis plus de trente ans.*

Elle rejette pareillement l'amendement de M. Mestadier, qui voudrait qu'on rédigeât ainsi la fin du même paragraphe : « pour l'élagage des lisières des *bois et forêts dont l'étendue superficielle sera de plus de cinquante hectares.* »

Elle adopte l'amendement de la commission, et le premier paragraphe de l'article ainsi amendé.

Après cette adoption, M. *Simoneau* demande qu'on ajoute la disposition suivante : « Néanmoins les propriétaires riverains auront action en dommages-intérêts contre les propriétaires des bois et forêts, à raison du préjudice que le défaut d'élagage aura pu leur causer. »

Cette proposition est rejetée, et l'article entier est adopté tel que la commission l'a amendé.

DISCUSSION A LA CHAMBRE DES PAIRS.

M. *de Martignac, commissaire du roi*, dit, dans l'exposé des motifs : « A l'occasion de la police des bois en général, une disposition qui interdit aux propriétaires riverains des bois et forêts l'élagage des lisières a donné lieu à une assez vive discussion ; mais la chambre des députés a reconnu que l'art. 672 du code civil, par lequel le voisin est autorisé à élaguer les arbres qui s'étendent sur sa propriété, était renfermé dans le titre relatif *aux murs et fossés mitoyens*, et qu'il ne s'appliquait qu'aux arbres de clôture et nullement aux forêts, pour lesquelles il existe et a toujours existé des règles spéciales auxquelles le code n'a pas entendu déroger. »

M. *le comte d'Haubersart* s'exprime en ces termes : « Tel qu'il avait été rédigé dans le projet primitif du gouvernement, l'art. 150 avait un but nettement indiqué : il fondait une dérogation perpétuelle à l'art. 672 du code civil, qui permet aux riverains de contraindre le propriétaire du fonds voisin à couper les branches de ses arbres, lorsqu'elles avancent sur leur héritage. Un amendement a été fait à cet article par l'autre chambre; et si, pour apprécier l'intention de cet amendement, on ne s'attachait qu'à la discussion qu'il a fait naître et aux explications données au nom de la commission qui l'a proposé, on serait porté à croire qu'il a eu pour but de substituer une disposition temporaire à la disposition perpétuelle du projet, en préservant, par une exception transitoire, les arbres de lisière qui ont actuellement plus de trente ans, des dégradations que leur fait éprouver l'application subite du droit commun sur l'élagage, en sorte que le droit commun reprendrait sur les lisières de bois toute sa puissance, à mesure que ces arbres disparaîtraient. Exécuté en ce sens, l'art. 150 paraîtrait exempt de reproche; car on ne pourrait y voir qu'une concession faite à la nécessité de sauver d'un élagage tardif et forcé des arbres déjà vieux dont cet élagage entraînerait la perte; mais les termes dans lesquels l'article est conçu sont loin de se prêter à cette explication. »

M. *le comte d'Argout* parle dans le même sens. « On a senti l'inconvénient, dit il, d'établir cette servitude à perpétuité, et un amendement a été proposé dans l'autre chambre pour restreindre la servitude aux arbres qui auraient déjà trente ans, et à l'égard desquels l'élagage causerait un préjudice réel. Mais la rédaction de l'amendement s'est trouvée telle, que la disposition s'appliquerait, si elle était textuellement appliquée, non-seulement aux arbres qui ont aujourd'hui trente ans, mais à ceux qui atteindraient cet âge à quelque époque que ce fût; ce qui serait par le fait rendre la servitude absolue et générale, puisque avant trente ans un arbre ne porte guère de dommage au riverain, et qu'après trente ans le dommage ne pourrait plus se réparer. Ce qui rend encore cette disposition plus extraordinaire, c'est qu'on n'a fait d'exception qu'à l'égard des branches, et que, pour tout le reste, les propriétaires riverains demeurant dans le droit commun peuvent couper eux-mêmes sur leur sol les racines qui s'y étendent, et faire abattre par justice le corps même de l'arbre, quelque âgé qu'il soit, qui se trouverait à moins de six pieds de leur propriété. En sorte que le même arbre serait soumis par le pied au droit commun, et par ses branches au droit exceptionnel. Il faut en convenir, la disposition ainsi entendue serait intolérable, d'autant plus que cette servitude, qui, jusqu'à 1791, n'a existé qu'au profit des forêts de l'Etat, s'étendrait aussi aux bois des particuliers, et il est nécessaire que l'ordonnance de mise à exécution explique d'une manière précise que la servitude n'existe, ainsi que cela a été l'intention de l'autre chambre, qu'à l'égard des arbres ayant aujourd'hui trente ans d'existence. »

M. *le vicomte de Martignac, commissaire du roi,* dit à ce sujet : « L'art. 150, qui interdit aux riverains la faculté de demander l'élagage des arbres de lisières ayant plus de trente ans, doit être aussi l'objet de quelques explications. L'ordonnance de 1669 défendait de dégrader les arbres de lisières, et portait des peines contre la dégradation opérée par voie de fait; mais elle ne décidait pas en principe la question relative au droit du propriétaire voisin de requérir l'élagage. Toutefois, une jurisprudence constante le lui avait refusé. Cette jurisprudence n'était plus l'objet d'aucune controverse, lorsqu'est intervenu l'article 672 du code civil, qui établit comme règle générale le droit de réclamer l'élagage. Alors la question s'est élevée de savoir si cette disposition générale dérogeait à la règle spéciale suivie jusqu'à la promulgation du code civil, et la jurisprudence ne paraît pas s'être fixée sur cette question d'une manière bien positive. Dans cet état, les rédacteurs du projet ont pensé que la disposition générale du code civil ne devait pas être considérée comme dérogatoire aux usages particuliers suivis à l'égard des forêts; ils ont cru aussi que l'article 672 se trouvant placé sous la rubrique *du mur et du fossé mitoyen*, n'avait pas une application nécessaire aux arbres de lisière des forêts, et se rapportait surtout aux arbres plantés dans les haies ou sur le bord des fossés servant de clôture. Il leur a paru d'ailleurs que le maintien de l'usage ancien pouvait être utile pour la conservation des bois nécessaires à la marine, qui se trouvent plutôt sur les lisières que dans l'intérieur des forêts. Ils se sont donc déterminés à proposer d'une manière générale, non-seulement pour les bois de l'Etat, mais aussi pour ceux des particuliers, l'interdiction aux riverains de réclamer l'élagage; c'était évidemment une exception au droit commun, une atteinte à la propriété; mais on avait cru qu'elle était indispensable dans l'intérêt public. La chambre des députés a pensé qu'on avait été trop loin; elle a considéré qu'il y avait en effet préjudice causé, et à la marine, en diminuant ses ressources, et au propriétaire des bois lui-même, si l'on permettait au riverain de détruire par l'élagage des arbres déjà parvenus à l'âge où ils acquièrent une valeur considérable, et où ils deviennent propres aux grandes constructions; mais qu'au-dessous de cet âge, l'arbre n'ayant encore aucune valeur comme bois de construction, il n'y avait aucun intérêt à en empêcher l'élagage dans les termes de droit; elle a fixé à trente ans la limite au-delà de laquelle l'élagage ne pourrait avoir lieu. Mais a-t-elle voulu faire de cette prohibition une règle perpétuelle? Non, sans doute, et tout annonce au contraire qu'il ne faut y voir qu'une disposition transitoire. C'est en effet conformément à la raison que les lois doivent s'interpréter. Or, serait-il raisonnable de supposer qu'on a voulu d'une manière absolue autoriser l'élagage à l'époque où la faiblesse de l'arbre l'empêche de porter préjudice au riverain, et de l'interdire précisément lorsqu'il peut y avoir dommage? Ce qui est raisonnable au contraire, c'est de maintenir pour les arbres déjà âgés de trente ans, au moment de la publication du code, l'espèce de droit acquis résultant de la possession, et d'avertir en même temps les propriétaires et l'Etat lui-même que, à cette exception près, tous les arbres seront sujets à l'élagage, et qu'ils doivent par conséquent choisir à une plus grande distance de la limite ceux qu'ils voudraient laisser monter en futaie. C'est dans ce sens que le gouvernement a entendu la disposition et qu'il la fera exécuter. »

L'article est, du reste, adopté sans modification.

SECTION II.

Dispositions spéciales applicables seulement aux bois et forêts soumis au régime forestier.

Art. 151.

Aucun four à chaux ou à plâtre, soit temporaire, soit permanent, aucune briqueterie et tuilerie ne pourront être établis dans l'intérieur et à moins d'un kilomètre des forêts, sans l'autorisation du gouvernement, à peine d'une amende de cent à cinq cents francs, et de démolition des établissemens.

DISCUSSION A LA CHAMBRE DES DÉPUTÉS.

Après une discussion dans laquelle ont été entendus MM. Sébastiani, Méchin et le ministre des finances, la chambre rejette la proposition de M. Méchin, de réduire la distance à un demi-kilomètre, et adopte l'article du projet.

Art. 152.

Il ne pourra être établi sans l'autorisation du gouvernement, sous quelque prétexte que ce soit, aucune maison sur perches, loge, baraque ou hangar, dans l'enceinte et à moins d'un kilomètre des bois et forêts, sous peine de cinquante francs d'amende, et de la démolition dans le mois, à dater du jour du jugement qui l'aura ordonnée.

DISCUSSION A LA CHAMBRE DES DÉPUTÉS.

La chambre adopte cet article, après avoir rejeté la proposition, déjà faite par M. Méchin sur l'article précédent, et reproduite sur celui-ci, de réduire la distance à un demi-kilomètre.

OBSERVATIONS.

Cette disposition est tirée de l'art. 17, titre XXVII, de l'ordonnance de 1669.

ART. 153.

Aucune construction de maisons ou fermes ne pourra être effectuée, sans l'autorisation du gouvernement, à la distance de cinq cents mètres des bois et forêts soumis au régime forestier, sous peine de démolition.

Il sera statué dans le délai de six mois sur les demandes en autorisation; passé ce délai, la construction pourra être effectuée.

Il n'y aura point lieu à ordonner la démolition des maisons ou fermes actuellement existantes. Ces maisons ou fermes pourront être réparées, reconstruites et augmentées sans autorisation.

Sont exceptés des dispositions du paragraphe 1er du présent article, les bois et forêts appartenant aux communes, et qui sont d'une contenance au-dessous de deux cent cinquante hectares.

DISCUSSION A LA CHAMBRE DES DÉPUTÉS.

Voici quel était l'article du projet : « Aucune construction de maisons ou fermes, dans le même rayon, ne pourra être effectuée sans l'autorisation du gouvernement, sous peine de démolition.

« Il n'y aura point lieu à ordonner la démolition des maisons ou fermes actuellement existantes. »

M. *Favard de Langlade*, dans son rapport au nom de la commission, dit: « Les prohibitions contenues dans les art. 151, 152 et 153 du projet existent dans l'ordonnance de 1669. On en sentit alors la nécessité, et une longue expérience n'a servi qu'à les justifier. Cependant elles ont été combattues par plusieurs membres de la commission. On a prétendu qu'elles étaient une espèce de violation du droit de propriété, qu'il fallait les faire disparaître du projet, et laisser à chaque propriétaire la liberté d'élever des constructions de toute nature sur son terrain, quelle qu'en fût d'ailleurs la situation. Mais cette opinion n'a point prévalu, et ceux même qui l'avaient exprimée se sont enfin réunis à la majorité de la commission pour adopter, avec quelques modifications, les dispositions des trois articles reconnus essentiels à la conservation des forêts.

« Ces modifications ne s'appliquent qu'à l'art. 153. Elles ont pour objet :

« 1° De réduire à cinq cents mètres le rayon d'un kilomètre dont il est question au premier paragraphe, réduction dont la justice a été reconnue par un avis du conseil d'Etat du 13 novembre 1805, relatif aux constructions voisines des forêts;

« 2° D'intercaler un second paragraphe ainsi conçu : « Il sera » statué, dans le délai de six mois, sur les demandes en auto- » risation ; passé ce délai, la construction pourra être effec- » tuée ; »

« 3° Enfin, d'ajouter après le deuxième paragraphe de l'article du projet, lequel est devenu le troisième par l'intercalation qui précède, une disposition finale, portant : « Ces mai- » sons ou fermes pourront être réparées ou reconstruites sans » autorisation. »

M. *Martin de Villers* pense que, sous l'empire de nos lois, de telles prohibitions sont peu soutenables en principe. Il demande le rejet de l'article, ainsi que des amendemens de la commission, ou au moins qu'on renvoie le tout à la commission, pour qu'elle avise aux moyens de restreindre ces prohibitions dans des limites beaucoup plus étroites.

M. *Avoyne de Chantereine* soutient le système des prohibitions. Toutefois, en concluant à ce que la chambre adopte la rédaction de la commission, il demande qu'on y fasse l'addition suivante : « Néanmoins, la démolition desdites maisons et fermes pourra être ordonnée dans le cas où le propriétaire, habitant, fermier ou locataire aurait été condamné pour récidive en matière de délit forestier. »

La chambre rejette cette proposition.

Elle adopte d'abord les deux premiers amendemens de la commission.

Le troisième, portant : « ces maisons ou fermes pourront être réparées ou reconstruites sans autorisation », est mis en délibération.

M. *Hyde de Neuville* dit à ce sujet : « Il me semble qu'en adoptant cet amendement nous établirions une servitude nouvelle sur un grand nombre de propriétés. Je conçois qu'on empêche de construire de nouvelles maisons dans la position dont il s'agit ; mais il existe d'anciennes habitations, des châteaux et des fermes qui se trouvent dans cette position. D'après la proposition de la commission, le propriétaire de ces maisons pourra bien les réparer ou les reconstruire, mais il ne pourra pas y ajouter une étable ou une grange. J'avoue que je suis personnellement intéressé dans cette affaire ; mais ce n'est pas ce qui me fait prendre la parole : je ne m'élève contre une exigence, que parce que je la trouve injuste. Il y a en France une foule d'habitations de campagne, dans la catégorie de l'article en discussion ; on aura besoin d'y ajouter quelques petites constructions pour les besoins de l'exploitation ; ce sont des établissemens qui existent depuis des siècles : il me semble qu'on ne peut leur imposer la servitude qui résulterait de l'amendement de la commission. »

M. *Favard de Langlade, rapporteur,* répond : « Les observations de l'honorable préopinant ne peuvent porter sur l'amendement de la commission, car cet amendement a eu pour objet précisément de rentrer dans ce qu'il demande. La commission, loin d'étendre l'article du gouvernement, ne fait que donner à ceux qui ont des bâtimens la faculté de les réparer ou de les reconstruire sans être assujettis à la formalité de l'autorisation. Au surplus, tout ce qu'on a dit à ce sujet porte à faux ; il ne s'agit pas d'empêcher les propriétaires de bâtir, il ne s'agit que d'empêcher les vols qui se commettent dans les forêts ; jamais l'autorisation n'est refusée à des hommes connus. »

M. *Hyde de Neuville* réplique : « J'aimerais bien mieux la proposition du gouvernement qui laisse subsister les choses dans l'état où elles sont. La commission, en se bornant à parler des reconstructions et réparations, exclut par cela seul les additions et les agrandissemens ; c'est une servitude nouvelle établie sur un genre de propriétés très-multiplié. D'après l'amendement de la commission, on ne pourra vous empêcher de reconstruire votre grange quand elle tombera en ruine ; mais vous n'aurez pas le droit d'ajouter une étable à une étable ; il vous faudra une autorisation pour la plus petite construction que vous aurez à faire. La proposition du gouvernement me semblait beaucoup plus simple, parce qu'elle laissait les choses dans l'état où elles sont. Par ces motifs, je crois qu'il faut rejeter l'amendement de la commission, ou bien le rédiger ainsi : « Ces maisons ou fermes pourront être réparées, *augmentées* ou reconstruites sans autorisation. »

L'addition du mot *augmentées* est mise aux voix et adoptée.

L'amendement de la commission ainsi sous-amendé est pareillement adopté.

La chambre s'occupe d'une disposition proposée par M. Duhamel, et ainsi conçue : « Sont exceptés de ces dispositions les bois et forêts appartenant aux communes et qui sont d'une contenance au-dessous de 250 hectares. »

M. *Duhamel* justifie sa proposition en disant : « Mon amendement n'est qu'une explication de ceux que vous venez d'adopter. Je ne crois pas que l'intention de la chambre soit de frapper de servitude toutes les habitations voisines des bois de peu d'importance dans le régime forestier. Cependant si la disposition que je propose n'était pas insérée dans la loi, on pourrait penser que les habitations construites dans le voisinage des petits bois devraient être assujetties à la même condition que celles qui avoisinent les forêts importantes. Ce n'est assurément l'intention de personne. En conséquence, je ne m'étends pas davantage sur cet amendement qui est purement explicatif, et qui ménage en même temps les intérêts de la propriété particulière, et les intérêts bien entendus du régime forestier. »

M. *de Martignac*, *commissaire du roi*, dit que « la législation de 1669 a continué d'exister jusqu'à la révolution. Alors, ajoute-t-il, seront élevées quelques difficultés prenant leur source dans les circonstances nouvelles que la révolution avait fait naître. Ainsi, les bois et forêts appartenant aux établissemens religieux ont été frappés de séquestre et de confiscation, et réunis au domaine de l'Etat; il en a été de même, dans un grand nombre de localités, des bois des communes. Alors s'est élevée la question assez grave de savoir si les prohibitions portées par l'ordonnance devaient s'étendre aux maisons construites dans un rayon donné autour des forêts des communes ou des établissemens religieux, devenues, par suite du séquestre et de la confiscation, partie du domaine de l'Etat. Des dispositions furent prises et des arrêts furent rendus, qui déclarèrent qu'il suffisait que les bois des communes et des établissemens religieux fussent administrés par l'Etat pour que la prohibition dans la zone dût en être la conséquence. »

M. *le commissaire du roi* termine ses observations en disant: « Je conviens toutefois que, dans la disposition qui vous est soumise, nous n'avons pas inséré la restriction de n'appliquer la règle qu'aux forêts de 250 hectares. Un honorable député vient d'en faire la proposition. Si la chambre veut l'adopter, nous n'y ferons aucune opposition; et, dans ce cas, nous resterons sous l'empire de la législation actuelle, telle qu'elle a été réglée par l'avis du conseil d'Etat du 25 vendémiaire an XIV, approuvé le 22 brumaire de la même année. »

L'amendement de M. Duhamel, mis aux voix, est adopté.

La chambre rejette une disposition additionnelle présentée par M. Sébastiani en ces termes: « Les deux articles précédens ne sont pas applicables aux forêts autour desquelles le rayon qui est déterminé n'a pas été jusqu'à présent exigé. »

Enfin elle adopte l'article amendé par la commission, par M. Hyde de Neuville et par M. Duhamel.

DISCUSSION A LA CHAMBRE DES PAIRS.

M. *de Martignac*, *commissaire du roi*, dit, dans l'exposé des motifs : « La section sur *la police des forêts soumises au régime forestier* interdisait toute construction, sans autorisation, de maisons ou fermes à la distance d'un kilomètre des forêts, en conservant toutefois les bâtimens existans : la chambre a réduit de moitié la distance prohibée, a permis la reconstruction et l'agrandissement des maisons existantes, et n'a compris pour la prohibition que les bois des communes d'une étendue de 250 hectares au moins. Cette dernière modification est conforme à l'état actuel de la législation. »

M. *le marquis de Mortemart* « voudrait qu'il pût être fourni quelques explications sur un doute que fait naître dans son esprit la disposition de l'art. 153 combinée avec celle de l'art. 156. L'art. 153 prohibe toute construction dans un rayon de 500 mètres, à partir des forêts; mais l'art. 156 exempte de cette prohibition les maisons qui seraient destinées à faire partie d'un hameau, d'un village ou d'une ville déjà existans. Or, comment distinguer d'une manière précise dans les campagnes, où les maisons des villages sont souvent éparses et assez éloignées les unes des autres, si une maison nouvellement construite doit être considérée comme faisant partie du village ou comme maison isolée : peut-être eût-il été à désirer que la rédaction des deux articles fût plus précise à cet égard. »

M. *le marquis de Pange* « estime qu'une seconde observation est nécessaire relativement au même article : la prohibition consignée dans le premier paragraphe est sagement établie; mais il est à craindre que les restrictions apportées à cette prohibition par le troisième paragraphe, ne donnent lieu à des fraudes dangereuses pour la conservation et la police des forêts. Ce paragraphe permet en effet au propriétaire d'une maison déjà existante de l'augmenter sans autorisation : sans doute on n'a voulu entendre par là que le droit d'ajouter quelques dépendances à une habitation; mais on peut en induire le droit de construire des bâtimens nouveaux et de créer ainsi des habitations nouvelles, ce qui peut donner lieu à de graves abus. »

M. *le ministre d'Etat, commissaire du roi,* obtient la parole et répond : « Deux observations ont été faites, et il faut y répondre dans l'ordre où elles ont été présentées. On demande d'abord comment s'établira la distinction entre les maisons isolées et celles qui font partie d'un village ou d'un hameau; et, à cet égard, il était difficile de trouver des expressions plus précises que celles dont la loi s'est servie. Il est bien peu de cas où l'on ne puisse discerner sans controverse possible si la maison nouvellement construite fait ou non partie d'une agglomération de maisons qualifiées de village ou de hameau; mais enfin si quelque difficulté sur ce point venait à s'élever, elle serait nécessairement soumise aux tribunaux, qui jugeraient d'après les circonstances. On a craint, en second lieu, qu'il ne résultât quelque fraude de la permission donnée par le troisième paragraphe d'augmenter sans autorisation les maisons déjà existantes. Sans doute il peut en résulter quelques abus; mais il a paru à la chambre des députés qu'il serait trop rigoureux de prohiber toute augmentation légitime et de bonne foi pour prévenir une fraude qu'il ne fallait pas supposer. C'est à l'administration qu'il appartiendra de veiller à ce que l'exercice de cette faculté ne devienne pas une cause d'abus et de préjudice pour les forêts de l'Etat. »

Du reste, aucune proposition n'étant faite sur l'article, il est mis aux voix et adopté.

OBSERVATIONS.

Voici l'avis du conseil d'Etat, du 25 vendémiaire an XIV, approuvé le 22 brumaire suivant, cité par M. le commissaire du roi dans la discussion.

« Le conseil d'Etat, qui, d'après le renvoi fait par sa majesté, a entendu le rapport de la section de législation sur celui du grand-juge ministre de la justice, relatif à un arrêt par lequel la cour de justice criminelle du département de la Loire, appliquant l'article 18 du titre XXVII de l'ordonnance de 1669, à quarante-deux maisons construites dans la commune de Mablys, à la proximité des forêts du ci-devant duché d'Harcourt, devenues nationales, en a ordonné la démolition,

« Est d'avis,

« 1° Que l'article 18 du titre XXVII de l'ordonnance de 1669, qui n'était pas rigoureusement observé à l'égard des forêts royales, ne peut être applicable, avant une décision qui n'a pas encore été rendue, à des forêts particulières qui n'ont passé dans le domaine national que par confiscation, et postérieurement peut-être à la construction des maisons que l'on veut démolir;

« Que lors même que leur construction serait postérieure au séquestre national, les propriétaires seraient toujours fondés à réclamer leur bonne foi et la juste ignorance que la loi de 1669 s'appliquât à des constructions élevées auprès des forêts tenues tout récemment encore en propriétés privées;

« Que l'arrêt de la cour de justice criminelle du département de la Loire peut être considéré sous deux rapports, comme acte judiciaire, et comme titre donnant droit à l'administration des forêts de faire procéder à la démolition;

« Que, sous le premier rapport, le conseil d'État n'a aucune sorte de compétence; le grand-juge ministre de la justice verra s'il doit charger le procureur-général près la cour de cassation, de requérir l'annulation de l'arrêt, pour fausse application;

« Mais que, sous le rapport de l'administration, le conseil d'État peut et doit observer à sa majesté que cet arrêt, qu'il puisse ou non être cassé avec utilité pour les propriétaires, donne à l'administration des forêts un titre dont il est de l'humanité de sa majesté d'ordonner qu'il ne soit fait aucun usage; elle ne permettra pas que l'on ruine quarante-deux familles pour lesquelles réclament les magistrats même qui ont rendu l'arrêt, qui s'accusent eux-mêmes de sévérité, et déclarent qu'ils n'ont ainsi prononcé que dans la crainte de sortir de leurs fonctions, en interprétant la loi;

« 2° Quant à la question générale proposée par le grand-juge, savoir, s'il ne conviendrait pas de laisser subsister toutes les maisons bâties dans le voisinage des forêts, sauf à empêcher qu'on en élève à l'avenir, en restreignant toutefois la distance à un kilomètre, l'avis est, relativement aux forêts récemment devenues nationales, qu'il était besoin que la prohibition de bâtir auprès de ces forêts fût déclarée applicable aux propriétaires voisins dont le sort sera changé et aggravé;

« Que la décision interprétative à donner à cet égard ne devra point s'appliquer aux bois des communes, quoique administrés comme les forêts nationales, non plus qu'aux bois nouvellement réunis au domaine national, à moins que les uns et les autres ne soient d'une étendue de plus de deux cent cinquante hectares;

« A l'égard des anciennes forêts, attendu l'espèce de désuétude où la prohibition dont il s'agit était tombée, l'avis est que les administrateurs des forêts et les procureurs impériaux pourraient être avertis de s'abstenir de réclamer l'exécution de l'article 18 du titre XXVII de l'ordonnance de 1669, contre tous propriétaires qui ne mésusent pas du voisinage; mais qu'ils devraient en réclamer toute la rigueur contre ceux qui, ayant été déjà poursuivis pour délits forestiers, commettraient des récidives, pourvu toutefois que de la démolition il ne s'ensuivît pas un préjudice grave pour les maisons voisines;

« 3° Que les administrateurs des forêts, ainsi que les procureurs impériaux, devront veiller à ce qu'à l'avenir il ne soit construit dans le voisinage des forêts, tant du domaine ancien que du domaine nouveau, aucune maison à la distance déterminée par l'article 18; sauf à sa majesté, si elle le juge à propos, attendu le grand nombre des forêts, de faire réduire cette distance dans les réglemens ou lois à intervenir sur les bois et forêts, et de déterminer toutes autres exceptions qui lui paraîtront convenables;

« 4° Mais que l'on doit poursuivre, sans retard, la démolition des maisons sur perches, mentionnées dans l'article 17 du même titre, et celle des ateliers, loges et baraques construits en bois dans toutes les forêts domaniales et nationales, anciennes et nouvelles, ou à la distance de deux kilomètres, ces constructions ne pouvant être considérées comme des maisons et bâtimens élevés en bonne foi, et étant une source d'abus et de délits. »

Art. 154.

Nul individu habitant les maisons ou fermes actuellement existantes dans le rayon ci-dessus fixé, ou dont la construction y aura été autorisée en vertu de l'article précédent, ne pourra établir dans lesdites maisons ou fermes aucun atelier à façonner le bois, aucun chantier ou magasin pour faire le commerce de bois, sans la permission spéciale du gouvernement, sous peine de cinquante francs d'amende et de la confiscation des bois.

Lorsque les individus qui auront obtenu cette permission auront subi une condamnation pour délits forestiers, le gouvernement pourra leur retirer ladite permission.

DISCUSSION A LA CHAMBRE DES DÉPUTÉS.

La chambre adopte cet article, après avoir rejeté un amendement de M. Terrier de Santans, qui tendait à remplacer les mots : *Sans la permission spéciale du gouvernement*, par ceux-ci: *Sans l'autorisation spéciale du préfet ou du sous-préfet.*

OBSERVATIONS.

« Ceux qui habitent les maisons situées dans nos forêts et sur leurs rives, ne pourront y faire commerce, ni tenir ateliers de bois, ni en faire plus grand amas que ce qui est nécessaire pour leur chauffage ; à peine de confiscation, d'amende arbitraire, et de démolition de leurs maisons. » (*Ord. de* 1669, *titre* XXVII, *art.* 30.)

Art. 155.

Aucune usine à scier le bois ne pourra être établie dans l'enceinte et à moins de deux kilomètres de distance des bois et forêts, qu'avec l'autorisation du gouvernement, sous peine d'un amende de cent à cinq cents francs et de la démolition dans le mois, à dater du jugement qui l'aura ordonnée.

Art. 156.

Sont exceptés des dispositions des trois articles précédens les maisons et usines qui font partie de villes, villages ou hameaux formant une population agglomérée, bien qu'elles se trouvent dans les distances ci-dessus fixées des bois et forêts.

DISCUSSION A LA CHAMBRE DES DÉPUTÉS.

Cet article est adopté tel qu'il était dans le projet, sauf l'addition des mots *ou hameaux* qui ne s'y trouvaient pas, addition proposée par la commission.

DISCUSSION A LA CHAMBRE DES PAIRS.

(*Voyez la discussion sur l'article* 153.)

ART. 157.

Les usines, hangars et autres établissemens autorisés en vertu des articles 151, 152, 154 et 155, seront soumis aux visites des agens et gardes forestiers, qui pourront y faire toutes perquisitions sans l'assistance d'un officier public, pourvu qu'ils se présentent au nombre de deux au moins, ou que l'agent ou garde forestier soit accompagné de deux témoins domiciliés dans la commune.

DISCUSSION A LA CHAMBRE DES DÉPUTÉS.

L'article du projet portait à la fin : *d'un témoin domicilié dans la commune.*

La commission a pensé que le respect du domicile demandait que l'agent ou garde forestier qui se présente seul pour visiter une usine ou tout autre établissement, fût accompagné de *deux témoins* au lieu d'*un.*

L'article est adopté avec cet amendement.

ART. 158.

Aucun arbre, bille ou tranche, ne pourra être reçu dans les scieries dont il est fait mention en l'article 155, sans avoir été préalablement reconnu par le garde forestier du canton et marqué de son marteau; ce qui devra avoir lieu dans les cinq jours de la déclaration qui en aura été faite, sous peine, contre les exploitans desdites scieries, d'une amende de cinquante à trois cents francs. En cas de récidive, l'amende sera double, et la suppression de l'usine pourra être ordonnée par le tribunal.

DISCUSSION A LA CHAMBRE DES DÉPUTÉS.

Article du projet : « Aucun arbre, bille ou tranche ne pourra être reçu dans les scieries dont il est fait mention en l'art. 155, sans avoir été préalablement reconnu par le garde forestier du canton et marqué de son marteau; sous peine, contre les exploitans desdites scieries, d'une amende de cinquante à trois cents francs, et, en cas de récidive, de la suppression de l'usine.»

La commission propose d'ajouter après les mots : *marqué de son marteau*, ceux-ci : *ce qui devra avoir lieu dans les cinq jours de la déclaration qui en aura été faite.*

Après les mots : *en cas de récidive*, la commission propose de dire : *l'amende sera double, et la suppression de l'usine pourra être ordonnée par le tribunal.*

L'article est adopté avec ces deux amendemens.

TITRE XI.

Des poursuites en réparation de délits et contraventions.

DISCUSSION A LA CHAMBRE DES DÉPUTÉS.

M. *de Martignac, commissaire du roi*, dit, dans l'exposé des motifs : « Ce titre est important comme tout ce qui tient à la justice, comme tout ce qui touche à la fortune et à la liberté des hommes, mais il n'est pas de nature à être analysé. Les articles dont il se compose forment un ensemble qui se conçoit et s'explique par une lecture attentive. Nous nous bornerons aujourd'hui à vous faire observer que les précautions prises pour donner aux poursuites une activité nécessaire n'ont porté aucune atteinte aux grands principes d'ordre et de justice qu'il n'est pas permis d'affaiblir. »

SECTION I.

Des poursuites exercées au nom de l'administration forestière.

Art. 159.

L'administration forestière est chargée, tant dans l'intérêt de l'Etat que dans celui des autres propriétaires de bois et forêts soumis au régime forestier, des poursuites en réparation de tous délits et contraventions commis dans ces bois et forêts, sauf l'exception mentionnée en l'article 87.

Elle est également chargée de la poursuite en réparation des délits et contraventions spécifiés aux articles 134, 143 et 219.

Les actions et poursuites seront exercées par les agens forestiers au nom de l'administration forestière, sans préjudice du droit qui appartient au ministère public.

DISCUSSION A LA CHAMBRE DES DÉPUTÉS.

L'article est adopté sans discussion.

Voici ce qu'en a dit la commission par l'organe de M. Favard de Langlade, son rapporteur : « Le titre XI a pour objet les poursuites judiciaires concernant les bois soumis au régime forestier, et celles qui sont relatives aux bois des particuliers. Les premières sont confiées à l'administration forestière, qui les exerce par le ministère de ses agens ; il était essentiel de les centraliser dans les mains du gouvernement, intéressé à la conservation de ses forêts, comme à celle des bois appartenant aux communes et aux établissemens publics, dont il est le tuteur. Il fallait toutefois admettre une exception à l'égard des bois et forêts compris dans la dotation de la couronne, lesquels, comme nous l'avons dit, sont administrés exclusivement par le ministre secrétaire d'état de la maison du roi ; et c'est ce que fait sagement l'article 159, en harmonie sous ce rapport avec les dispositions du titre IV du projet. Ce même article conserve d'ailleurs au ministère public le droit qui lui appartient de poursuivre d'office tous les délits et toutes les contraventions qui viennent à sa connaissance. Ainsi aucune garantie n'est négligée pour la recherche et la punition de toute dégradation commise dans les forêts. »

Art. 160.

Les agens, arpenteurs et gardes forestiers recherchent et constatent par procès-verbaux les délits et contraventions ; savoir : les agens et arpenteurs, dans toute l'étendue du territoire pour lequel ils sont commissionnés; et les gardes, dans l'arrondissement du tribunal près duquel ils sont assermentés.

Art. 161.

Les gardes sont autorisés à saisir les bestiaux trouvés en délit, et les instrumens, voitures et attelages des délinquans, et à les mettre en séquestre. Ils suivront les objets enlevés par les délinquans jusque dans les lieux où ils auront été transportés, et les mettront également en séquestre.

Ils ne pourront néanmoins s'introduire dans les maisons, bâtimens, cours adjacentes et enclos, si ce n'est en présence, soit du juge de paix ou de son suppléant, soit du maire du lieu ou de son adjoint, soit du commissaire de police.

Art. 162.

Les fonctionnaires dénommés en l'article précédent ne pourront se refuser à accompagner sur-le-champ les gardes, lorsqu'ils en seront requis par eux pour assister à des perquisitions.

Ils seront tenus, en outre, de signer le procès-verbal du séquestre ou de la perquisition faite en leur présence; sauf au garde, en cas de refus de leur part, à en faire mention au procès-verbal.

DISCUSSION A LA CHAMBRE DES DÉPUTÉS.

Dans l'exposé des motifs, l'orateur du gouvernement s'exprime ainsi sur cet article, d'ailleurs adopté sans discussion: « Des perquisitions peuvent etre autorisées, car sans cette autorisation la trace des délits serait trop souvent perdue; mais ces perquisitions n'entraînent pas la violation du respect dû au domicile, et le concours des fonctionnaires désignés par la loi commune en est une condition indispensable. »

Art. 163.

Les gardes arrêteront et conduiront devant le juge de paix ou devant le maire tout inconnu qu'ils auront surpris en flagrant délit.

Art. 164.

Les agens et les gardes de l'administration des forêts ont le droit de requérir directement la force publique pour la répression des délits et contraventions en matière forestière, ainsi que pour la recherche et la saisie des bois coupés en délit, vendus ou achetés en fraude.

Art. 165.

Les gardes écriront eux-mêmes leurs procès-verbaux; ils les signeront et les affirmeront, au plus tard le lendemain de la clôture desdits procès-verbaux, par-devant le juge de paix du canton ou l'un de ses suppléans, ou par-devant le maire ou l'adjoint, soit de la commune de leur résidence, soit de celle où le délit a été commis ou constaté; le tout sous peine de nullité.

Toutefois, si, par suite d'un empêchement quelconque, le procès-verbal est seulement signé par le garde, mais non écrit en entier de sa main, l'officier public qui en recevra l'affirmation devra lui en donner préalablement lecture, et faire ensuite mention de cette formalité; le tout sous peine de nullité du procès-verbal.

ART. 166.

Les procès-verbaux que les agens forestiers, les gardes généraux et les gardes à cheval dresseront, soit isolément, soit avec le concours d'un garde, ne seront point soumis à l'affirmation.

ART. 167.

Dans les cas où le procès-verbal portera saisie, il en sera fait aussitôt après l'affirmation une expédition qui sera déposée dans les vingt-quatre heures au greffe de la justice de paix, pour qu'il en puisse être donné communication à ceux qui réclameraient les objets saisis.

ART. 168.

Les juges de paix pourront donner main-levée provisoire des objets saisis, à la charge du paiement des frais de séquestre, et moyennant une bonne et valable caution.

En cas de contestation sur la solvabilité de la caution, il sera statué par le juge de paix.

ART. 169.

Si les bestiaux saisis ne sont pas réclamés dans les

cinq jours qui suivront le séquestre, ou s'il n'est pas fourni bonne et valable caution, le juge de paix en ordonnera la vente à l'enchère, au marché le plus voisin. Il y sera procédé à la diligence du receveur des domaines, qui la fera publier vingt-quatre heures d'avance.

Les frais de séquestre ou de vente seront taxés par le juge de paix, et prélevés sur le produit de la vente; le surplus restera déposé entre les mains du receveur des domaines, jusqu'à ce qu'il ait été statué en dernier ressort sur le procès-verbal.

Si la réclamation n'a lieu qu'après la vente des bestiaux saisis, le propriétaire n'aura droit qu'à la restitution du produit net de la vente, tous frais déduits, dans le cas où cette restitution serait ordonnée par le jugement.

DISCUSSION A LA CHAMBRE DES DÉPUTÉS.

M. *de Fussy* dit sur cet article : « Le terme de cinq jours me paraît beaucoup trop court. Il serait assez long si les bestiaux appartenaient toujours aux personnes de la commune ; mais il arrive souvent que des taureaux, dans une certaine saison, s'échappent dans les forêts et ne sont retrouvés que loin de l'habitation du propriétaire. Il lui serait impossible de les retrouver dans les cinq jours; il aurait tout le temps nécessaire pour les chercher, si au lieu de cinq jours vous mettiez dix jours. Vous direz sans doute que les frais seront plus considérables; mais ils seront toujours moindres que la perte qu'éprouverait le propriétaire par la vente qui en serait faite après le délai de cinq jours. »

La chambre rejette cet amendement et adopte l'article du projet.

ART. 170.

Les procès-verbaux seront, sous peine de nullité,

enregistrés dans les quatre jours qui suivront celui de l'affirmation, ou celui de la clôture du procès-verbal, s'il n'est pas sujet à l'affirmation.

L'enregistrement s'en fera en débet, lorsque les délits ou contraventions intéresseront l'Etat, le domaine de la couronne ou les communes et les établissemens publics.

ART. 171.

Toutes les actions et poursuites exercées au nom de l'administration générale des forêts, et à la requête de ses agens, en réparation de délits ou contraventions en matière forestière, sont portées devant les tribunaux correctionnels, lesquels sont seuls compétens pour en connaître.

ART. 172.

L'acte de citation doit, à peine de nullité, contenir la copie du procès-verbal et de l'acte d'affirmation.

ART. 173.

Les gardes de l'administration forestière pourront, dans les actions et poursuites exercées en son nom, faire toutes citations et significations d'exploits, sans pouvoir procéder aux saisies-exécutions.

Leurs rétributions, pour les actes de ce genre, seront taxées comme pour les actes faits par les huissiers des juges de paix.

DISCUSSION A LA CHAMBRE DES DÉPUTÉS.

La chambre adopte l'article tel qu'il a été proposé, après avoir rejeté un amendement de M. Terrier de Santans, qui tendait à réduire les rétributions des gardes à la moitié de celles allouées aux huissiers des justices de paix.

ART. 174.

Les agens forestiers ont le droit d'exposer l'affaire devant le tribunal, et sont entendus à l'appui de leurs conclusions.

OBSERVATIONS.

L'article 180 du projet communiqué aux cours du royaume portait : « Les agens forestiers ont le droit d'exposer l'affaire devant le tribunal, et sont entendus toutes les fois qu'ils le demandent. »

La cour de cassation avait exprimé le vœu qu'on y fît une addition pour conserver au prévenu *le droit d'être entendu le dernier.*

La nouvelle rédaction qu'a subie l'article, remplit ce vœu. En effet, comme il y est dit simplement que les agens forestiers *sont entendus à l'appui de leurs conclusions*, on rentre, pour la défense, dans l'application de l'article 190 du code d'instruction criminelle, lequel est ainsi conçu : « Le procureur du roi, la partie civile ou son défenseur, et, à l'égard des délits forestiers, le conservateur, inspecteur ou sous-inspecteur forestier, ou à leur défaut le garde général, exposeront l'affaire : les procès verbaux ou rapports, s'il en a été dressé, seront lus par le greffier, les témoins pour et contre seront entendus, s'il y a lieu, et les reproches proposés et jugés ; les pièces pouvant servir à conviction ou à décharge seront représentées aux témoins et aux parties ; le prévenu sera interrogé ; le prévenu et les personnes civilement responsables proposeront leur défense : le procureur du roi résumera l'affaire et donnera ses conclusions ; *le prévenu et les personnes civilement responsables du délit pourront répliquer.* »

ART. 175.

Les délits ou contraventions en matière forestière seront prouvés soit par procès-verbaux, soit par témoins à défaut de procès-verbaux, ou en cas d'insuffisance de ces actes.

ART. 176.

Les procès-verbaux revêtus de toutes les formalités prescrites par les articles 165 et 170, et qui sont dressés et signés par deux agens ou gardes forestiers, font preuve, jusqu'à inscription de faux, des faits matériels relatifs aux délits et contraventions qu'ils constatent, quelles que soient les condamnations auxquelles ces délits et contraventions peuvent donner lieu.

Il ne sera, en conséquence, admis aucune preuve outre ou contre le contenu de ces procès-verbaux, à moins qu'il n'existe une cause légale de récusation contre l'un des signataires.

DISCUSSION A LA CHAMBRE DES DÉPUTÉS.

L'exposé des motifs dit : « Les procès-verbaux dressés par deux gardes forestiers doivent faire foi jusqu'à inscription de faux, car, sans cette disposition, il n'y a pas de répression possible ; mais toutes les mesures que pouvait prescrire la loi ont été prises pour rassurer la justice sur la foi qu'elle doit à ces actes. »

On lit dans le rapport fait par M. Favard de Langlade au nom de la commission : « Cet article attribue à certains procès-verbaux réguliers l'effet de faire foi jusqu'à inscription de faux, *des faits relatifs aux délits et contraventions qu'ils constatent.*

« Cette disposition nous a semblé trop générale ; elle pourrait faire croire qu'aucune preuve n'est admise contre une déclaration quelconque consignée dans un procès-verbal, tandis qu'elle ne doit s'appliquer qu'à la *matérialité* du délit ou de la contravention. Vous sentez, Messieurs, combien il serait dangereux d'admettre que des énonciations relatives à des injures, à des violences ou à toute autre circonstance extérieure au délit, pussent interdire au prévenu la faculté d'administrer la preuve contraire. Pour lever toute espèce de doute sur ce point, nous proposons de dire dans l'article, *faits matériels.* Cette addition est conforme à une jurisprudence consacrée par la cour de cassation. »

L'article du projet est adopté avec l'addition du mot *matériels.*

ART. 177.

Les procès-verbaux revêtus de toutes les formalités prescrites, mais qui ne seront dressés et signés que par un seul agent ou garde, feront de même preuve suffisante jusqu'à inscription de faux, mais seulement lorsque le délit ou la contravention n'entraînera pas une condamnation de plus de cent francs, tant pour amende que pour dommages-intérêts.

Lorsqu'un de ces procès-verbaux constatera à la fois contre divers individus des délits ou contraventions distincts et séparés, il n'en fera pas moins foi, aux termes du présent article, pour chaque délit ou contravention qui n'entraînerait pas une condamnation de plus de cent francs, tant pour amende que pour dommages-intérêts, quelle que soit la quotité à laquelle pourraient s'élever toutes les condamnations réunies.

ART. 178.

Les procès-verbaux qui, d'après les dispositions qui précèdent, ne font point foi et preuve suffisante jusqu'à inscription de faux, peuvent être corroborés et combattus par toutes les preuves légales, conformément à l'article 154 du code d'instruction criminelle.

ART. 179.

Le prévenu qui voudra s'inscrire en faux contre

le procès-verbal sera tenu d'en faire, par écrit et en personne, ou par un fondé de pouvoirs spécial par acte notarié, la déclaration au greffe du tribunal, avant l'audience indiquée par la citation.

Cette déclaration sera reçue par le greffier du tribunal : elle sera signée par le prévenu ou son fondé de pouvoirs ; et dans le cas où il ne saurait ou ne pourrait signer, il en sera fait mention expresse.

Au jour indiqué pour l'audience, le tribunal donnera acte de la déclaration, et fixera un délai de trois jours au moins et de huit jours au plus, pendant lequel le prévenu sera tenu de faire au greffe le dépôt des moyens de faux et des noms, qualités et demeures des témoins qu'il voudra faire entendre.

A l'expiration de ce délai, et sans qu'il soit besoin d'une citation nouvelle, le tribunal admettra les moyens de faux, s'ils sont de nature à détruire l'effet du procès-verbal, et il sera procédé sur le faux conformément aux lois.

Dans le cas contraire, ou faute par le prévenu d'avoir rempli toutes les formalités ci-dessus prescrites, le tribunal déclarera qu'il n'y a lieu à admettre les moyens de faux, et ordonnera qu'il soit passé outre au jugement.

ART. 180.

Le prévenu contre lequel aura été rendu un jugement par défaut, sera encore admissible à faire sa déclaration d'inscription de faux pendant le délai qui lui est accordé par la loi pour se présenter à l'audience sur l'opposition par lui formée.

ART. 181.

Lorsqu'un procès-verbal sera rédigé contre plusieurs prévenus, et qu'un ou quelques-uns d'entre eux seulement s'inscriront en faux, le procès-verbal continuera de faire foi à l'égard des autres, à moins que le fait sur lequel portera l'inscription de faux ne soit indivisible et commun aux autres prévenus.

ART. 182.

Si, dans une instance en réparation de délit ou contravention, le prévenu excipe d'un droit de propriété ou autre droit réel, le tribunal saisi de la plainte statuera sur l'incident en se conformant aux règles suivantes :

L'exception préjudicielle ne sera admise qu'autant qu'elle sera fondée, soit sur un titre apparent, soit sur des faits de possession équivalens, personnels au prévenu et par lui articulés avec précision, et si le titre produit ou les faits articulés sont de nature, dans le cas où ils seraient reconnus par l'autorité compétente, à ôter au fait qui sert de base aux poursuites tout caractère de délit ou de contravention.

Dans le cas de renvoi à fins civiles, le jugement fixera un bref délai dans lequel la partie qui aura élevé la question préjudicielle devra saisir les juges compétens de la connaissance du litige et justifier de ses diligences; sinon il sera passé outre. Toutefois, en cas de condamnation, il sera sursis à l'exécution du jugement, sous le rapport de l'emprisonnement, s'il était prononcé, et le montant des amendes, restitutions et dommages-intérêts, sera versé à la caisse des dépôts et consignations, pour être remis à qui il sera ordonné par le tribunal qui statuera sur le fond du droit.

DISCUSSION A LA CHAMBRE DES DÉPUTÉS.

Cet article est adopté sans discussion.

L'exposé des motifs dit : « Des poursuites peuvent être dirigées contre des individus accusés de contravention, et qui prétendraient n'avoir fait qu'user d'un droit de propriété ou d'usage, et, dans ce cas, les poursuites restent suspendues jusqu'à ce que les tribunaux compétens aient statué sur l'existence du droit allégué. »

OBSERVATIONS.

Le second et le troisième paragraphes de cet article sont la rédaction textuelle qu'avait proposée la cour de cassation dans ses observations sur le premier projet de code. En l'adoptant, elle a voulu que la simple allégation de propriété ne fût pas suffisante pour motiver le renvoi devant la juridiction civile, et entraver ainsi la poursuite des délits et des contraventions.

ART. 183.

Les agens de l'administration des forêts peuvent, en son nom, interjeter appel des jugemens, et se pourvoir contre les arrêts et jugemens en dernier ressort; mais ils ne peuvent se désister de leurs appels sans autorisation spéciale.

ART. 184.

Le droit attribué à l'administration des forêts et à ses agens de se pourvoir contre les jugemens et arrêts par appel ou par recours en cassation, est indépendant de la même faculté qui est accordée par la loi au ministère public, lequel peut toujours en user, même lorsque l'administration ou ses agens auraient acquiescé aux jugemens et arrêts.

ART. 185.

Les actions en réparation de délits et contraventions en matière forestière se prescrivent par trois mois, à compter du jour où les délits et contraventions ont été constatés, lorsque les prévenus sont désignés dans les procès-verbaux. Dans le cas contraire, le délai de prescription est de six mois, à compter du même jour, sans préjudice, à l'égard des adjudicataires et entrepreneurs des coupes, des dispositions contenues aux articles 45, 47, 50, 51 et 82 de la présente loi.

DISCUSSION A LA CHAMBRE DES DÉPUTÉS.

M. *Avoyne de Chantereine* dit : « Les dispositions de cet article sont parfaitement justes. Mais je suppose que l'action en réparation d'un délit forestier, commencée dans le délai prescrit, ait été interrompue ; je demande, dans ce cas, quel sera le délai de la nouvelle prescription. Je pense qu'elle doit être du même délai que la prescription originaire, c'est-à-dire de trois ou de six mois. Ce n'est pas sans raison que j'appelle sur ce point l'attention de la chambre. La cour de cassation a jugé que lorsque la prescription d'un délit correctionnel a été interrompue par une action intentée, et qu'il y a eu cessation de poursuites, la nouvelle prescription devait être la même que celle établie primitivement. Je demande qu'il en soit de même pour le cas de l'article en discussion. »

M. *de Martignac, commissaire du roi,* répond que la réponse à cette observation est dans l'art. 187 du projet de loi.

M. *de Chantereine* répond : « Sans doute cela est bien dans l'esprit de la loi, mais ne résulte pas de la lettre. Aussi la cour de cassation a-t-elle éprouvé quelque embarras dans l'application des principes de la prescription. »

L'article est adopté tel qu'il a été proposé par le gouvernement.

ART. 186.

Les dispositions de l'article précédent ne sont point applicables aux contraventions, délits et malversations commis par des agens, préposés ou gardes de l'administration forestière dans l'exercice de leurs fonctions; les délais de prescription à l'égard de ces préposés et de leurs complices seront les mêmes qui sont déterminés par le code d'instruction criminelle.

ART. 187.

Les dispositions du code d'instruction criminelle sur la poursuite des délits et contraventions, sur les citations et délais, sur les défauts, oppositions, jugemens, appels et recours en cassation, sont et demeurent applicables à la poursuite des délits et contraventions spécifiés par la présente loi, sauf les modifications qui résultent du présent titre.

SECTION II.

Des poursuites exercées au nom et dans l'intérêt des particuliers.

M. *Favard de Langlade,* dans le rapport qu'il a fait au nom de la commission de la chambre des députés, dit sur cette section : « Là doit cesser l'intervention de l'administration forestière. Il s'agit d'intérêts qui lui sont étrangers et dans lesquels il importe qu'elle ne puisse pas s'immiscer. C'est aux propriétaires eux-mêmes qu'il appartient de défendre leur propre chose, et de demander à la justice la réparation du tort qu'ils éprouvent par des délits et des contraventions. Cependant, même dans ce cas, rien ne doit paralyser l'action du ministère public, dont la vigilance s'étend aux atteintes coupables portées à la propriété privée, comme à celles qui blessent les intérêts de l'Etat, des communes et des établissemens. »

Art. 188.

Les procès-verbaux dressés par les gardes des bois et forêts des particuliers feront foi jusqu'à preuve contraire.

DISCUSSION A LA CHAMBRE DES DÉPUTÉS.

M. *Favard de Langlade* dit, dans son rapport, au nom de la commission : « En nous livrant à l'examen de cette partie du projet, nous nous sommes d'abord arrêtés à l'art. 188, portant que les procès-verbaux dressés par les gardes des bois et forêts de particuliers feront foi jusqu'à preuve contraire.

« Cette disposition renouvelle un principe reconnu par la législation existante.

« La commission a examiné s'il ne serait pas convenable d'introduire une innovation sur ce point, et d'assimiler les gardes des particuliers à ceux de l'Etat, des communes et des établissemens publics, quant à l'effet de leurs procès-verbaux. Elle a considéré que le choix des gardes particuliers est fait par des propriétaires qui ont un grand intérêt à une bonne et exacte surveillance de leurs bois ; qu'il est à croire qu'ils y apportent la même attention que l'administration forestière met dans ses propres choix ; que d'ailleurs la nomination de ces gardes est soumise, par l'art. 117 du projet, à l'agrément et à l'approbation de cette administration ; qu'ils prêtent le même serment que ceux de l'Etat et des communes ; qu'ainsi la même foi semblerait devoir être ajoutée à leurs actes. Mais, d'un autre côté, elle a été forcée de reconnaître que les gardes particuliers sont, relativement aux propriétaires qui les désignent, dans une sorte de rapports qui n'existent point entre les autres gardes et l'administration forestière, les communes et les établissemens publics ; que si l'administration forestière agrée leur nomination, elle n'a le droit ni de les révoquer, ni même de les suspendre ; qu'ils sont dès lors affanchis de cette constante surveillance qui maintient dans la ligne du devoir les agens inférieurs de l'administration forestière; que d'aileurs il n'y a que la puissance publique qui puisse conférer le droit d'être cru jusqu'à inscription de faux; que c'est sans doute par ces raisons que la loi du 29 septembre 1791 ne l'a accordé qu'aux gardes des forêts soumis au régime forestier, tandis que le code rural du 6 octobre suivant dispose que les procès-verbaux dressés par les gardes champêtres, auxquels on a toujours assimilé en ce point les gardes forestiers des particuliers, peuvent être combattus par la preuve contraire; que cette même distinction est admise dans l'exercice des fonctions d'officiers de police judiciaire, dont tous les gardes forestiers et les gardes champêtres sont investis; qu'en effet l'art. 154 du code d'instruction criminelle porte : « Nul ne sera admis, à peine de nullité, à faire preuve » par témoins outre ou contre le contenu aux procès-verbaux ou » rapports des officiers de police ayant reçu de la loi le pouvoir de » constater les délits ou les contraventions, jusqu'à inscription » de faux. Quant aux procès-verbaux et rapports faits par » des agens, préposés ou officiers auxquels la loi n'a pas accordé » le droit d'être cru jusqu'à inscription de faux, ils pourront être » débattus par des preuves contraires. »

« Au milieu de ces circonstances, la majorité de la commission a pensé qu'il ne fallait rien changer à l'ensemble de ces principes, dont l'application est constante; qu'il importait, au contraire, dans l'intérêt de la société, de maintenir l'harmonie des lois qui les consacrent; et, par ces motifs, elle a l'honneur de vous proposer l'adoption de l'art. 188 du projet. »

L'article est en conséquence adopté.

DISCUSSION A LA CHAMBRE DES PAIRS.

M. *le comte Roy*, dans son rapport, présente, au nom de la commission, les observations suivantes : « Les procès-verbaux des gardes dans les bois de l'Etat, des communes et des établissemens publics, lorsqu'ils sont signés par deux agens ou gardes forestiers, feront preuve, jusqu'à inscription de faux, des faits matériels relatifs aux délits et contraventions qu'ils constatent (*art.* 176), tandis que les procès-verbaux dressés par les gardes des bois et forêts des particuliers ne feront foi que *jusqu'à preuve contraire*. S'il est vrai, comme l'a dit M. le commissaire du roi, que, *sans cette disposition*, pour les gardes de l'administration publique, *il n'y a pas de répression possible*, les bois des particuliers, pour lesquels elle n'existe pas, demeureront sans garantie contre les délits et contraventions qui pourront y être commis. On sait d'ailleurs avec quelle facilité les délinquans trouvent, dans les campagnes, des témoignages contre les procès-verbaux des gardes. La nécessité d'avoir pour chaque délit un procès dont les frais retombent presque toujours sur le propriétaire, l'empêche de poursuivre, amène l'impunité, et beaucoup de désordres dans les bois particuliers.

« Cependant nous avons considéré que le projet de loi ne faisait que maintenir l'état de choses qui existe; qu'il y aurait bien aussi du péril dans la disposition par laquelle les procès-verbaux des gardes des particuliers feraient foi jusqu'à inscription de faux; que souvent ils pourraient être les instrumens des passions de propriétaires qui ne donnent pas toujours à la société de suffisantes garanties; enfin, que, si l'administration, en nommant et commissionnant ses gardes, pouvait leur attribuer une portion d'autorité publique, il n'en était pas de même des particuliers, qui ne pouvaient communiquer à leurs gardes, par eux-mêmes ou par délégation, une autorité qu'ils n'avaient pas. »

Art. 189.

Les dispositions contenues aux articles 161, 162, 163, 165, 167, 168, 169, 170, paragraphe premier, 172, 175, 182, 185 et 187 ci-dessus, sont applicables aux poursuites exercées au nom et dans l'intérêt des particuliers, pour délits et contraventions commis dans les bois et forêts qui leur appartiennent.

Toutefois, dans les cas prévus par l'article 169, lorsqu'il y aura lieu à effectuer la vente des bestiaux saisis, le produit net de la vente sera versé à la caisse des dépôts et consignations.

DISCUSSION A LA CHAMBRE DES DÉPUTÉS.

L'article du projet ne comprenait point les articles 63 et 65 dans l'énumération qu'il renferme.

M. *le rapporteur de la commission* dit : « L'article 189 rappelle les dispositions du projet de code qui doivent être appliquées aux poursuites relatives aux bois des particuliers. Pour le rendre plus complet, la commission propose d'y ajouter l'indication de l'article 163, qui enjoint aux gardes d'arrêter et de conduire devant le juge de paix ou devant le maire tout individu surpris en flagrant délit, et de l'article 165, qui règle la forme des procès-verbaux constatant des délits ou des contraventions. »

L'article est adopté avec cet amendement.

DISCUSSION A LA CHAMBRE DES PAIRS.

M. *le duc de Praslin* « demande pourquoi l'on n'a pas compris dans la nomenclature des dispositions que l'article 189 rend communes aux particuliers, celle de l'article 164, qui donne aux gardes forestiers le droit de requérir la force publique pour la répression des délits et la recherche des bois de délit. Ce droit de réquisition n'est pas moins nécessaire aux gardes des particuliers qu'aux gardes de l'administration forestière, et il semble que les propriétés privées ne doivent pas trouver dans le code une protection moindre que les propriétés publiques. »

Le ministre d'état, commissaire du roi, « observe que le droit de requérir la force publique appartient, sans contestation possible, aux gardes particuliers comme aux gardes de l'Etat, en leur qualité d'officiers de police judiciaire, et en vertu de l'article 16 du code d'instruction criminelle. Si donc il y avait un reproche à faire aux rédacteurs du projet, ce ne serait pas d'avoir omis ici une disposition nécessaire, mais d'avoir inséré dans l'article 164 une disposition inutile. »

L'article est mis aux voix et adopté.

ART. 190.

Il n'est rien changé aux dispositions du Code d'instruction criminelle relativement à la compétence des tribunaux, pour statuer sur les délits et contraventions commis dans les bois et forêts qui appartiennent aux particuliers.

DISCUSSION A LA CHAMBRE DES DÉPUTÉS.

M. *Favard de Langlade* dit dans son rapport : « Vous avez vu, Messieurs, que, d'après l'article 171 du projet, toutes les actions exercées au nom de l'administration forestière, soit pour des délits, soit pour de simples contraventions, doivent être indistinctement portées devant les tribunaux correctionnels. L'article 190 modifie cette règle de compétence à l'égard des poursuites qui intéressent les particuliers. Il se réfère au code d'instruction criminelle, qui attribue aux tribunaux de police correctionnelle la connaissance des délits, mais qui, par son article 139, investit les juges de paix du droit exclusif de prononcer *sur les contraventions forestières poursuivies à la requête des particuliers.* »

L'article est adopté tel qu'il a été proposé par le gouvernement.

ART. 191.

Les procès-verbaux dressés par les gardes des bois des particuliers seront, dans le délai d'un mois, à dater de l'affirmation, remis au procureur du roi ou au juge de paix, suivant leur compétence respective.

DISCUSSION A LA CHAMBRE DES DÉPUTÉS.

Article du projet : « Les procès-verbaux dressés par les gardes des bois des particuliers seront, dans le délai de huit jours à dater de celui de l'affirmation, remis au procureur du roi. »

La commission demande que le délai de huit jours soit étendu à *un mois;* et, par suite de la distinction que, sur l'article précédent, elle a faite entre les délits et les contraventions, elle propose d'ajouter à la fin de l'art. 191 : *ou au juge de paix, suivant leur compétence respective.*

M. *de Martignac*, *commissaire du roi*, ne comprend pas la nécessité du délai d'un mois. Il désirerait que M. le rapporteur fît connaître les motifs qui ont déterminé la commission à proposer ce changement.

M. *le rapporteur* répond : « Le motif qui a déterminé la commission à étendre le délai à un mois, est que souvent le propriétaire n'est pas sur les lieux, et qu'il convient que le garde prenne ses ordres, pour savoir ce qu'il doit faire. »

L'article est adopté avec les deux amendemens de la commission.

TITRE XII.

Des Peines et Condamnations pour tous les bois et forêts en général.

DISCUSSION A LA CHAMBRE DES DÉPUTÉS.

M. *de Martignac*, *commissaire du roi*, dit dans l'exposé des motifs : « C'est ici qu'il a fallu s'écarter entièrement de l'ordonnance de 1669. Elle prononce dans des cas nombreux *des châtimens corporels* et des peines *arbitraires*. Nos lois, d'accord avec nos mœurs, ont rejeté les premiers, et le mot *arbitraire* a été pour jamais rayé par nos rois de la législation française.

« Les amendes ont dû être conservées, mais dans une proportion plus modérée. Le taux de celles que prononce l'ordonnance est encore infiniment élevé, malgré l'atténuation opérée dans la valeur des monnaies depuis 1669. Il résulte de cette disproportion entre le délit et les peines, que les tribunaux se décident difficilement à prononcer des amendes qui peuvent ruiner des familles. Le gouvernement accorde très-fréquemment, il est vrai, des modérations, mais ce remède lui-même est une sorte de mal. Entre la rigueur obligée de celui qui condamne et l'indulgence devenue nécessaire de celui qui doit recueillir le fruit de la condamnation, il ne reste plus rien de fixe ni de régulier.

« Pour rendre à la loi la puissance qu'elle doit avoir, et sans laquelle elle ne saurait conserver d'utilité, nous avons cherché à éviter dans la fixation des amendes toute espèce d'exagération, et, pour y parvenir, nous avons eu soin de leur faire suivre la variété des cas auxquels la loi a dû pourvoir. Quelquefois elles sont proportionnelles et doivent être réglées selon l'étendue du dommage causé ; elles sont fixes dans tous les cas où le délit est positif et absolu. Dans d'autres, nous les avons déterminées par *minimum* et *maximum*, conciliant ainsi ce que la loi doit avoir de formel dans le principe avec la confiance que commandent dans l'application la prudence et l'équité adjuge.

« La justice réclamait encore une importante modification. Les anciennes ordonnances avaient porté à l'excès le système des confiscations ; ce système rigoureux allait jusqu'à priver souvent le propriétaire du bois volé de la première de toutes les réparations qu'il avait droit d'attendre, la restitution de ce qui lui avait appartenu. Le projet de loi établit sur ce point des principes différens. Il ne prononce la confiscation au profit de l'Etat qu'à l'égard des instrumens du délit, et il décide ensuite que les restitutions et les dommages-intérêts appartiennent toujours au propriétaire. Cette règle aura votre approbation parce qu'elle est évidemment fondée sur l'équité. »

M. *Favard de Langlade*, dans le rapport fait au nom de la commission, présente aussi des observations générales sur ce même titre. « Si l'ordonnance de 1669, dit-il, a mérité les éloges dont elle a été l'objet, ce n'est ni par la fixation ni par la nature des peines. Sous ce rapport, elle se ressent du vice de notre ancienne législation criminelle. Elle prononce fréquemment des *punitions corporelles* que nos lois et nos mœurs repoussent également, et des *peines arbitraires* dès long-temps proscrites. Elle est même tombée, à l'égard des amendes, dans une exagération telle, que, malgré la dépréciation qu'ont subie les monnaies depuis Louis XIV, le taux en est encore trop élevé ; ce qui entraîne quelquefois l'impunité des coupables, ou met le gouvernement dans la nécessité d'accorder des réductions qui déposent sans cesse contre l'imperfection de la loi. Le projet de code a donc dû adopter une nouvelle classification de délits et des pénalités différentes ; c'est, Messieurs, ce qu'on a fait, ainsi que peut vous en convaincre la lecture des dispositions du nouveau code, et particulièrement des articles dont se compose le titre XII. La nature de chaque délit et la peine qui doit lui être appliquée nous ont paru sagement combinées ; cependant nous ne vous en proposons l'adoption qu'avec quelques changemens. »

ART. 192.

La coupe ou l'enlèvement d'arbres ayant deux décimètres de tour et au-dessus donnera lieu à des amendes qui seront déterminées dans les proportions suivantes, d'après l'essence et la circonférence de ces arbres.

Les arbres sont divisés en deux classes.

La première comprend les chênes, hêtres, charmes, ormes, frênes, érables, platanes, pins, sapins, mélèzes, châtaigniers, noyers, aliziers, sorbiers, cormiers, merisiers et autres arbres fruitiers.

La seconde se compose des aulnes, tilleuls, bouleaux, trembles, peupliers, saules, et de toutes les espèces non comprises dans la première classe.

Si les arbres de la première classe ont deux décimètres de tour, l'amende sera d'un franc par chacun de ces deux décimètres, et s'accroîtra ensuite progressivement de dix centimes par chacun des autres décimètres.

Si les arbres de la seconde classe ont deux décimètres de tour, l'amende sera de cinquante centimes par chacun de ces deux décimètres, et s'accroîtra ensuite progressivement de cinq centimes pour chacun des autres décimètres.

Le tout conformément au tableau annexé à la présente loi.

La circonférence sera mesurée à un mètre du sol.

DISCUSSION A LA CHAMBRE DES DÉPUTÉS.

Les quatre premiers paragraphes de l'article du projet ont passé dans le code tels qu'ils étaient rédigés. Le reste de l'article était ainsi conçu : « Si les arbres coupés ou enlevés ont deux décimètres de tour, l'amende sera d'un franc cinquante centimes pour ceux de la première classe, et d'un franc pour ceux de la deuxième. Au-dessus de deux décimètres de tour, cette amende s'accroîtra, par chaque décimètre, dans la proportion de vingt centimes pour les arbres de la première classe, et de dix centimes pour ceux de la seconde. La circonférence sera mesurée à cinq décimètres de terre. »

M. *Favard de Langlade* dit, dans son rapport : « Le premier article de ce titre a été l'objet d'une discussion assez longue à la suite de laquelle la commission s'est déterminée à en changer la rédaction.

« Nous avons pensé qu'en modérant les amendes, il convenait de n'admettre qu'une seule classe d'arbres, 1° parce que les bouleaux, très-propres à faire des sabots et des cercles de cuves, sont d'une grande valeur dans les pays où ils se plaisent; 2° parce que les tilleuls servent aux tourneurs ou menuisiers pour les moulures, et aux mécaniciens pour les métiers à coton; 3° enfin, parce que dans le département du Nord les trembles et peupliers ont une grande valeur à cause de l'absence des bois plus durs.

« La commission a ensuite pensé que ces arbres devaient être mesurés à un mètre de terre, parce qu'elle a considéré qu'en les mesurant à cinq décimètres, on s'exposait à ne point obtenir leur véritable dimension, attendu qu'à cette distance du sol les arbres se trouvent augmentés de grosseur par des espèces de côtes accidentelles qui disparaissent à une élévation supérieure. Nous avons joint à l'article 192 un tarif des amendes à prononcer par chaque décimètre de tour et par arbre, afin d'en faciliter l'application. Cet article sera rédigé de la manière suivante : « La coupe ou l'enlèvement d'arbres ayant deux dé- » cimètres de tour et au-dessus donnera lieu à des amendes qui » seront déterminées dans les proportions suivantes, d'après la » circonférence de ces ces arbres.

» *Si les arbres ont deux décimètres de tour, l'amende sera d'un* » *franc pour chacun des deux décimètres, et elle s'accroîtra en-* » *suite progressivement de dix centimes pour chacun des autres* » *décimètres, conformément au tableau annexé à la présente loi.*

» *La circonférence sera mesurée à un mètre du sol.* »

M. *le directeur général des forêts* insiste pour qu'on maintienne la division des arbres en deux classes, et le taux des amendes basé sur cette distinction. Il dit : « Messieurs, j'ai demandé, lors de la discussion sur l'article 34, qu'il fût sursis à statuer sur l'amendement de la commission, qui avait pour objet de supprimer le mot *essence* employé dans cet article ; et j'ai fondé ma proposition sur ce que l'adoption de cet amendement formerait un préjugé en faveur de celui qui est fait sur l'article 191, et qui tend à réduire les amendes à un taux uniforme pour toutes les espèces de bois. La chambre a adopté ma proposition, de sorte que la question reste entière. Je vais essayer de la traiter avec le plus de clarté possible, et j'espère qu'il ne restera aucun doute à la commission sur la nécessité de graduer les amendes d'après les espèces ou essence d'arbres.

« Toutes les ordonnances ont admis, pour base des amendes, la qualité et essence des arbres.

« L'ordonnance de François Ier de 1518, et celle de Henri III de 1588, portent que les amendes seront pour chaque pied de tour des arbres, savoir :

« 1° Pour le chêne et les arbres fruitiers, tels que les pommiers et poiriers sauvages, les alisiers, cormiers, merisiers, etc., de 30 sous *parisis ;*

« 2° Pour le hêtre et tout autre bois vif, 20 sous ;

« 3° Pour les bois morts et morts bois, 15 sous ;

« Le tout mesuré à un pied de terre.

« L'ordonnance de 1669, titre XXXII, art. 1er, a adopté le même système, en augmentant les peines ; elle porte :

« 1° Que pour le chêne, les arbres fruitiers, et même le châtaignier, l'amende sera de 4 liv.;

« 2° Que pour le saule, le hêtre, l'orme, le tilleul, le sapin, le charme et le frêne, elle sera de cinquante sous;

« 3° Que pour toute autre espèce de bois vert ou de bois sec, sur pied ou abattu, l'amende sera de trente sous.

« Cette ordonnance veut que les arbres soient mesurés à un demi-pied de terre. Elle ordonne, dans son article 8 du même titre, qu'il y aura toujours et pour tous délits, des restitutions et dommages-intérêts, d'une somme au moins égale à l'amende, parce que, d'après le principe admis dans toutes les ordonnances forestières, et confirmé par l'édit de mai 1726, article 51, nulle estimation ne pouvait être ordonnée pour apprécier la valeur des arbres coupés en délit dans les forêts royales et dans celles des communes. La grosseur et l'essence des arbres doivent seules déterminer l'amende et les dommages-intérêts.

« Je n'ai point à discuter ce dernier principe qui, quoique propre à éviter des expertises difficiles, souvent impossibles, et toujours dispendieuses, n'a point été admis dans le projet du gouvernement. Mais j'insisterai avec force pour que l'on maintienne la distinction qui a toujours été faite, quant au taux des amendes, entre les différentes espèces d'arbres.

« Les arbres, tels que ceux qui forment la première classe dans le projet de code, sont propres aux constructions, aux ouvrages d'arts, et à ce qu'on appelle en général la boissellerie; ils se vendent infiniment plus cher que ceux qui forment la seconde classe, et qui ne sont propres qu'au chauffage ou à des ouvrages de peu d'importance.

« On pourra peut-être observer que l'amende étant une peine, il n'y a point une absolue nécessité qu'elle soit précisément basée sur la valeur de l'objet volé; que le projet de loi ordonnant par son article 198 qu'il y aura toujours lieu à la restitution des objets ou de leur valeur, et de plus, selon les circonstances, à des dommages-intérêts, la réparation civile sera assurée; que dès lors il y aura satisfaction pour la vindicte publique et pour les intérêts privés. Ce raisonnement ne serait que spécieux, et l'expérience en prouverait bientôt l'erreur. On sait, et c'est un fait qui ne sera démenti par personne, que les juges, en présence des hommes qu'ils ont à condamner, sont disposés à l'indulgence, et que ce sentiment honorable les porte souvent à n'appliquer que le *minimum* des condamnations. Or, d'après l'article 202, les dommages-intérêts ne pourront être inférieurs à l'amende; mais ils pourront aussi n'être pas supérieurs à cette amende. Les tribunaux auront donc la faculté, lorsqu'il s'agira d'un chêne de trente décimètres de tour, de ne prononcer que 114 fr. de dommages-intérêts. L'art. 198 ordonne bien la restitution des objets enlevés ou le paiement de leur valeur; mais, relativement à la valeur des arbres qui auront disparu, comme c'est le cas le plus fréquent, on n'aura pas de moyen d'évaluation, et alors le tribunal arbitrera lui-même l'indemnité d'après les documens du procès, et, se laissant toujours diriger par le taux de l'amende, il fixera cette indemnité à 114 fr., de telle sorte que le propriétaire d'un arbre qui pouvait valoir 300, 400 et même 600 fr., ne recevra que la somme de 228 fr. à titre de restitution et de dommages-intérêts; et si le tribunal n'adjuge pas de dommages-intérêts, le propriétaire ne recevra que 114 fr. Il résultera de cette pénalité une prime d'encouragement pour les délits.

« Plusieurs cours royales, et notamment celle de Rouen, avaient trouvé que le tarif des amendes, tel qu'il était proposé par le gouvernement, n'était pas en rapport avec la valeur actuelle des bois; et cependant le taux de l'amende pour un chêne de trente décimètres de tour était de 213 fr., au lieu de celle de 114 fr., qui est dans le tarif de la commission.

« Il est donc de toute nécessité d'établir deux classes d'arbres, et de maintenir le taux qui est proposé par le projet du gouvernement.

« La rédaction de l'art. 192, telle qu'elle a été proposée par la commission, paraissant devoir être préférée à celle du projet du gouvernement, le changement que nous proposons consisterait, après le mot *amende* du second paragraphe, à ajouter : *sera de* 1 *fr.* 60 *cent. pour la première classe, et de* 1 *fr. pour la seconde.* »

M. *de Foucault, membre de la commission*, soutient l'amendement par elle proposé. Il remarque d'abord que l'article 192 contient deux dispositions, dont l'une veut un seul tarif des amendes pour toute espèce d'arbres, et l'autre concerne la réduction de ces amendes. Sur la première disposition il dit : « Par le projet du gouvernement, il vous a été proposé de faire deux classes des arbres, suivant la qualité des bois. L'ancienne ordonnance allait plus loin; elle en avait créé trois. Ce n'est qu'après en avoir mûrement délibéré que la commission vous fait la proposition de n'en plus établir qu'une seule. Il nous a paru bien plus juste et d'une bien plus facile exécution de n'imposer que la même amende, quelle que soit l'espèce d'arbre qui ait été cause du délit. Vous concevrez aisément, Messieurs, que du temps de l'ordonnance de 1669 on ait jugé qu'il fallait faire plusieurs classes; car alors les bois de qualités supérieures étant beaucoup plus communs qu'ils ne le sont maintenant, il était naturel qu'on attachât peu de prix aux bois blancs, qu'on fît peu d'attention à des arbres tels que nos sapins indigènes, et qu'on en regardât l'enlèvement comme un délit peu important. Aujourd'hui il n'en est plus ainsi, on apprécie mieux tous les bois; l'état des choses est tel, qu'il y a des parties de la France où la valeur des bois blancs est supérieure à ce que valent, dans une autre province, les chênes de la même grosseur. Pareillement, dans les pays où on fait du charbon, le bouleau est estimé à peu près autant que le chêne, et les bouleaux qui portent graine sont extrêmement précieux pour la reproduction des bois. L'aulne se vend en beaucoup de pays autant et plus que les bois durs; ailleurs on tire un très-grand parti des bois et de l'écorce du tilleul; un sapin a une valeur importante selon sa longueur. Je conclus en affirmant qu'en général les bois ont une valeur relative aux localités; car on ne peut comparer le prix d'un chêne planté sur les Pyrénées ou dans les Vosges, avec celui d'un de ces arbres élevés à quelques lieues de Paris sur les bords de la Seine. Toute base prise d'une évaluation particulière serait fautive, et une fixation moyenne, quelque inexacte encore qu'elle soit, est de beaucoup préférable. »

Quant à la seconde disposition, l'orateur ajoute : « La commission a différé d'opinion avec le projet du gouvernement, en ceci particulièrement, que nous avons jugé que les amendes ne devaient pas être excessives dans les cas que nous prévoyons par cet article. L'ordonnance de 1669 avait établi une base différente de celle que nous discutons. L'amende de la première classe, c'est-à-dire pour les chênes, était de 4 fr. par pied de tour; mais quand l'arbre était plus gros, l'amende n'allait pas en progression croissante; à deux pieds de tour, c'était 8 fr.; à quatre pieds, 16 fr.; à neuf pieds, 36 fr. Dans la nouvelle loi, le calcul est établi tout autrement : l'amende relative à chaque décimètre augmente plus l'arbre est gros. Ainsi, par le tarif de la commission, le prix de l'amende pour quatre décimètres, ce qui revient à peu près à un pied ancienne mesure, est de 4 fr. 80 c., à peu près autant qu'autrefois; mais si l'arbre est plus gros, l'amende, qui eût été de 16 fr., est porté à 30, et un délit qui eût occasioné une condamnation de 36 fr. est passible de 107 fr. Vous voyez, Messieurs, que nous avons déjà consenti à une augmentation considérable des peines de la plus forte classe, imposées par l'ordonnance de 1669. Vous remarquerez que le projet vous proposait de porter les amendes à un taux encore plus élevé, souvent double de celui de la commission. Le but que l'on veut atteindre en fixant les amendes à un taux élevé, n'a pu être de dédommager le propriétaire de la perte qu'il aura éprouvée par l'abattage de ses arbres; car l'amende est au profit du gouvernement. Il y a pour le particulier d'abord restitution, ensuite des dommages-intérêts qui ne peuvent être moindres que l'amende. Le condamné paiera aussi les frais. Lorsque ce seront des arbres appartenant à l'Etat, il sera indemnisé par ces quatre moyens réunis. »

M. *Hersart de Villemarqué* critique l'amendement de la commission.

M. *de Montbel* demande le maintien de deux classes d'arbres.

MM. *Saladin* et *Chifflet*, *membres de la commission*, appuient les changemens qu'elle a proposés.

M. *le président de la chambre* prend la parole et dit : « Je dois faire remarquer que l'article a deux dispositions : l'une qui détermine les élémens d'après lesquels on combinera la quotité de l'amende, et l'autre qui détermine cette quotité à raison de deux classes d'arbres établies par l'article. Dans la position où nous nous trouvons, nous ne discutons que la première question, et non celle de la quotité de l'amende. Ce sera une question ultérieure sur laquelle la chambre aura à délibérer. Nous discutons sur le point de savoir si, conformément au projet du gouvernement, on fera entrer dans l'amende l'essence et la circonférence des arbres. La commission propose de retrancher l'essence, en sorte qu'il ne resterait que la circonférence pour déterminer la quotité. De quelque manière que la chambre résolve cette question, elle aura à s'occuper encore de la quotité des amendes, soit d'après les deux élémens présentés par le gouvernement, soit d'après l'élément unique que propose la commission. »

M. *du Teil* attaque les amendemens de la commission.

M. *Favard de Langlade, rapporteur,* répond aux adversaires de ces amendemens : « Il semble aux orateurs qui combattent la commission que plus un arbre est considérable, plus l'amende doit être élevée ; mais ce n'est pas ainsi qu'il faut raisonner. Ce sont les dommages-intérêts dus aux propriétaires qui doivent être plus considérables, en raison du dommage qu'ils éprouvent. Quant à l'amende, c'est une peine qui ne doit pas se graduer suivant le tort fait au propriétaire ; c'est une peine prononcée pour la vindicte publique ; et moins cette peine sera forte, plus le propriétaire aura le moyen de se faire payer les dommages-intérêts qui lui seront dus. Or, je crois que cette question, ainsi envisagée, pourra se résoudre dans ce sens ; que la grosseur de l'arbre devra augmenter non pas l'amende, mais les dommages-intérêts ; car la société est suffisamment vengée par une amende aussi forte que celle qui vous est proposée ; amende double, triple, et quelquefois quadruple de celle qui était prononcée par l'ordonnance de 1669. Ainsi la commission a cru faire une chose juste et convenable dans l'intérêt des propriétaires, en ne haussant pas l'amende autant qu'on le proposait, afin de conserver aux propriétaires une garantie suffisante pour les dommages-intérêts et pour les frais auxquels peuvent donner lieu les délits forestiers. Je vous prie, Messieurs, de vous placer sur le siège d'un tribunal appelé à sévir contre ces délits ; croyez-vous que lorsqu'il y aura une amende énorme prononcée contre un délinquant, le tribunal sera disposé à hausser convenablement les dommages-intérêts en faveur du propriétaire ? Non. Il sera d'autant moins sévère à cet égard, que l'amende sera plus forte. L'amende ne va pas dans la poche du propriétaire ; je crois par conséquent qu'il faut mettre les juges à même d'être sévères pour les dommages-intérêts, afin que les propriétaires reçoivent la réparation qui leur est due pour le dommage qu'ils ont éprouvé. La différence qui existe entre le prix d'un chêne et celui d'un peuplier a pu frapper quelques personnes ; mais pour l'amende cette différence n'existe pas ; elle existera dans les dommages-intérêts, que le juge prononcera plus ou moins forts, suivant la valeur de l'arbre. La commission a été dominée par la pensée que c'est l'intérêt des propriétaires qu'il faut considérer. La chambre jugera dans sa sagesse ce qu'elle doit faire. »

M. *de Martignac, commissaire du roi,* obtient la parole, et soutient le projet du gouvernement.

A la suite de cette discussion, la chambre rejette la proposition de retrancher le mot *essence,* et renvoie l'article à la commission.

Elle revient à l'art. 34, dont la commission voulait aussi retrancher la même expression, et sur lequel elle avait ajourné sa décision.

Le mot *essence* étant maintenu dans l'art. 192, c'est une conséquence qu'il le soit aussi dans l'art. 34, qui est adopté tel qu'il a été proposé par le gouvernement.

Par suite du renvoi qui vient d'être prononcé, M. *Favard de Langlade, rapporteur,* dit, dans la séance du lundi, 9 avril 1827 :
« Par l'art. 192 du projet, le gouvernement a proposé de diviser en deux classes les arbres dont la coupe ou l'enlèvement donnerait lieu à une amende qui serait déterminée d'après l'essence et la circonférence de ces arbres.

« La commission avait pensé qu'il conviendrait mieux de n'admettre qu'une seule classe d'arbres, par les motifs qui vous ont été expliqués; mais la chambre en a décidé autrement; elle a adopté les deux classes proposées par le projet, et renvoyé l'article à la commission pour fixer le tarif des amendes à prononcer par chaque décimètre de tour et par arbre, suivant son essence. La commission s'est empressée de se conformer aux intentions de la chambre, en formant un tarif qui fût en harmonie avec les deux classes d'arbres qui ont été conservées. Ce tarif, concerté avec M. le commissaire du roi, a été adopté par M. le ministre des finances; il sera annexé à l'art. 192, conçu de la manière suivante.»

La rédaction proposée est adoptée sans opposition; elle forme l'article actuel de la loi. Quant au tarif des amendes, on le trouvera à la suite du Code.

DISCUSSION A LA CHAMBRE DES PAIRS.

M. *le duc de Praslin* ne trouve pas la répression suffisante pour les arbres qui ont atteint une certaine dimension, celle de quinze décimètres de tour, par exemple.

M. *de Martignac, commissaire du roi*, fait sentir le danger des peines trop sévères, et soutient l'article tel qu'il a été modifié par l'autre chambre, lequel article est adopté.

Art. 193.

Si les arbres auxquels s'applique le tarif établi par l'article précédent ont été enlevés et façonnés, le tour en sera mesuré sur la souche; et si la souche a été également enlevée, le tour sera calculé dans la proportion d'un cinquième en sus de la dimension totale des quatre faces de l'arbre écarri.

Lorsque l'arbre et la souche auront disparu, l'amende sera calculée suivant la grosseur de l'arbre arbitrée par le tribunal, d'après les documens du procès.

ART. 194.

L'amende pour coupe ou enlèvement de bois qui n'auront pas deux décimètres de tour, sera, pour chaque charretée, de dix francs par bête attelée, de cinq francs par chaque charge de bête de somme, et de deux francs par fagot, fouée ou charge d'homme.

S'il s'agit d'arbres semés ou plantés dans les forêts depuis moins de cinq ans, la peine sera d'une amende de trois francs par chaque arbre, quelle qu'en soit la grosseur, et, en outre, d'un emprisonnement de six à quinze jours.

DISCUSSION A LA CHAMBRE DES PAIRS.

M. *le duc de Praslin* demande si la peine d'emprisonnement portée par le second paragraphe de cet article, est également applicable aux délits prévus par le paragraphe premier.

M. *le ministre d'Etat, commissaire du roi,* déclare « qu'il ne saurait en être ainsi. Le paragraphe premier a en effet pour objet de punir des délits commis dans un bois déjà parvenu à un degré de croissance où le délit ne compromet plus l'existence de l'arbre, mais seulement le produit de la pousse; tandis que le second paragraphe est destiné au contraire à réprimer un délit beaucoup plus grave, puisqu'il ne tend à rien moins qu'à détruire l'arbre lui-même. Le Code pénal avait déjà prononcé contre ce dernier délit une peine d'emprisonnement beaucoup plus forte même que celle qui est portée par le projet. »

L'article est adopté.

ART. 195.

Quiconque arrachera des plants dans les bois et forêts sera puni d'une amende qui ne pourra être moindre de dix francs ni excéder trois cents francs; et si le délit a été commis dans un semis ou plantation exécuté de main d'homme, il sera prononcé en outre un emprisonnement de quinze jours à un mois.

ART. 196.

Ceux qui, dans les bois et forêts, auront éhouppé, écorcé ou mutilé des arbres, ou qui en auront coupé les principales branches, seront punis comme s'ils les avaient abattus par le pied.

ART. 197.

Quiconque enlèvera des chablis et bois de délit sera condamné aux mêmes amendes et restitutions que s'il les avait abattus sur pied.

ART. 198.

Dans les cas d'enlèvement frauduleux de bois et d'autres productions du sol des forêts, il y aura toujours lieu, outre les amendes, à la restitution des objets enlevés ou de leur valeur, et de plus, selon les circonstances, à des dommages-intérêts.

Les scies, haches, serpes, cognées et autres instrumens de même nature dont les délinquans et leurs complices seront trouvés munis, seront confisqués.

ART. 199.

Les propriétaires d'animaux trouvés de jour en délit dans les bois de dix ans et au-dessus seront condamnés à une amende de

Un franc pour un cochon,

Deux francs pour une bête à laine,

Trois francs pour un cheval ou autre bête de somme,

Quatre francs pour une chèvre,

Cinq francs pour un bœuf, une vache ou un veau.

L'amende sera double si les bois ont moins de dix

ans. Sans préjudice, s'il y a lieu, des dommages-intérêts.

DISCUSSION A LA CHAMBRE DES DÉPUTÉS.

M. *de Fussy* présente l'observation suivante : « Je trouve que l'amende pour les bêtes à laine est beaucoup trop forte. Si vous la mainteniez, les propriétaires de troupeaux, dans le département du Cher, pourraient être ruinés ; car l'amende pour un troupeau pris dans un bois pourrait s'élever à 3 et 400 francs. Je demanderai que l'amende soit réduite de moitié. »

Cette proposition n'est point accueillie.

L'article du projet est adopté.

ART. 200.

Dans les cas de récidive, la peine sera toujours doublée.

Il y a récidive lorsque, dans les douze mois précédens, il a été rendu contre le délinquant ou contrevenant un premier jugement pour délit ou contravention en matière forestière.

ART. 201.

Les peines seront également doublées, lorsque les délits ou contraventions auront été commis la nuit, ou que les délinquans auront fait usage de la scie pour couper les arbres sur pied.

ART. 202.

Dans tous les cas où il y aura lieu à adjuger des dommages-intérêts, ils ne pourront être inférieurs à l'amende simple prononcée par le jugement.

ART. 203.

Les tribunaux ne pourront appliquer aux matières réglées par le présent Code les dispositions de l'article 463 du Code pénal.

ART. 204.

Les restitutions et dommages-intérêts appartiennent au propriétaire; les amendes et confiscations appartiennent toujours à l'Etat.

ART. 205.

Dans tous les cas où les ventes et adjudications seront déclarées nulles pour cause de fraude ou collusion, l'acquéreur ou adjudicataire, indépendamment des amendes et dommages-intérêts prononcés contre lui, sera condamné à restituer les bois déjà exploités, ou à en payer la valeur sur le pied du prix d'adjudication ou de vente.

DISCUSSION A LA CHAMBRE DES DÉPUTÉS.

La chambre adopte l'article du projet, avec l'addition des mots : *pour cause de fraude ou collusion*, qui ne s'y trouvaient pas. Cette addition a été proposée par la commission, et justifiée en ces termes par M. Favard de Langlade, son rapporteur: « Il serait en effet trop rigoureux qu'un adjudicataire à qui l'on ne pourrait reprocher ni fraude ni mauvaise foi, subît la même peine que celui qui aurait encouru ce reproche. »

ART. 206.

Les maris, pères, mères et tuteurs, et en général tous maîtres et commettans, seront civilement responsables des délits et contraventions commis par leurs femmes, enfans mineurs et pupilles demeurant avec eux et non mariés, ouvriers, voituriers et autres subordonnés, sauf tout recours de droit.

Cette responsabilité sera réglée conformément au paragraphe dernier de l'article 1384 du Code civil, et s'étendra aux restitutions, dommages-intérêts et frais; sans pouvoir toutefois donner lieu à la contrainte par corps, si ce n'est dans le cas prévu par l'article 46.

DISCUSSION A LA CHAMBRE DES DÉPUTÉS.

Le deuxième paragraphe de l'article du projet étendait la responsabilité posée en principe dans le premier, « aux *amendes*, restitutions, dommages-intérêts, etc. »

M. *Favard de Langlade* annonce, dans son rapport, que la commission juge indispensable la suppression du mot *amendes*. « L'amende, dit-il, est une peine personnelle au coupable, et les père, mère, tuteur et autres, qui ne sont que *civilement* responsables, ne sauraient en être garans, sans porter atteinte aux principes consacrés par le code civil. »

M. *de Martignac, commissaire du roi*, combat cet amendement. « Il est très-vrai, dit-il, qu'en règle générale, pour les délits ordinaires, l'amende doit être considérée comme une peine qui ne peut être appliquée qu'à celui qui a commis le délit. Mais il n'en est pas de même en matière spéciale. Dans les délits spéciaux, l'amende est considérée comme une sorte de dédommagement accordé à l'Etat par suite du préjudice qu'il a éprouvé. Ainsi, en matière de douanes et de droits réunis, les dispositions de la loi du 22 août 1791 et du décret du 1er germinal an XIII, établissent la responsabilité civile, par rapport aux confiscations et amendes. L'ordonnance de 1669, titre XIX, article 13, déclare les maîtres, pères, chefs de famille, civilement responsables des condamnations prononcées par les tribunaux, pour les délits commis dans les bois de l'Etat.

« Examinons maintenant quel motif il pourrait y avoir pour faire une innovation à cette règle, si généralement établie en matières spéciales. M. Merlin, qui a examiné avec beaucoup d'attention ces questions diverses, et notamment celle qui est soumise à votre délibération, l'a résolue dans le sens de l'opinion que je soutiens. Indépendamment de cette autorité, je puis me présenter avec quelque confiance, quand je vois cette même question examinée avec la plus sérieuse attention par la cour de cassation, précisément à l'occasion du code forestier qui lui été soumis. En effet, la discussion s'établit d'abord sur l'article 73 (*72 du projet actuel*) : un membre de la cour de cassation rappela avec une très-grande logique, toutes les objections faites par la commission ; il soutint que les mots : *responsabilité civile* excluaient de plein droit l'application de la peine, qui ne devait être encourue que par le délinquant. La cour de cassation a jugé que la responsabilité civile pouvait s'appliquer aussi aux amendes. Il me paraît difficile d'invoquer une autorité plus respectable que celle de la cour de cassation. La question a été deux fois jugée par elle, et par rapport à la responsabilité des communes, et par rapport à la responsabilité déterminée par l'art. 1384 du code civil ; et dans l'un comme dans l'autre cas, elle a reconnu qu'il y aurait danger à sortir de la route qui a toujours été suivie jusqu'à présent. Aux principes de droit que je viens de rappeler je pourrais joindre des considérations d'une très-grande gravité. Dans la plupart des délits de cette nature, ce n'est jamais à celui qui le commet que le délit profite. Ainsi, par exemple, un pâtre introduit les troupeaux d'un propriétaire dans un endroit prohibé : c'est évidemment le propriétaire des troupeaux qui profite de la fraude ; et cependant c'est contre le pâtre que l'on prononce la peine de l'amende et des dommages-intérêts. Vous avez adopté un article par lequel l'amende encourue par le pâtre peut être convertie en quelques jours de prison. Eh bien ! il arriverait que celui au profit duquel le délit aura été commis, en sera quitte pour abandonner dans la prison le pâtre, qui souvent n'aura fait qu'exécuter ses ordres ; car le pâtre étant dans l'impossibilité de payer l'amende, devra subir plusieurs jours de prison. Ainsi par là vous aurez favorisé le véritable auteur du délit. Nous pensons qu'il est beaucoup plus juste, plus convenable, plus naturel de venir au secours des malheureux qui auraient encouru une peine pour un délit commis dans l'intérêt des autres. J'espère, Messieurs, que vous resterez dans la règle, que vous persévérerez dans la résolution qu'a prise la cour de cassation. »

M. *Favard de Langlade, rapporteur*, persiste dans l'amendement. Il s'exprime en ses termes : « La responsabilité civile des délits et contraventions, qui doit se régler conformément à l'art. 1384 du code civil, s'étendra-t-elle, en outre, aux amendes? La commission n'a pas cru que cette extension dût être admise ; et l'opinion contraire vient d'être soutenue. Je ne dissimule pas que de bons esprits peuvent être divisés sur la question. Je vais l'examiner avec la franchise et la loyauté que nous n'avons cessé de mettre dans nos discussions. Je prie la chambre de bien vouloir me continuer la bienveillante attention dont elle a daigné m'honorer jusqu'ici.

« L'ordonnance de 1669, au titre XIX, article 13, pour les délits commis dans les bois de l'Etat, déclare les maîtres, pères, chefs de famille, civilement responsables des *condamnations rendues*, et les tribunaux en ont tiré la conséquence que les amendes devaient figurer parmi ces condamnations, lorsque les délits étaient commis dans les bois de l'Etat. Mais il n'en est pas de même pour les délits commis dans les bois des particuliers. La loi du 6 octobre 1791 veut que la responsabilité civile ne s'étende qu'aux frais et aux dommages-intérêts, dont peut être passible la personne dont on doit répondre. Ce principe a été plus tard consacré par l'article 1385 du code civil. Il est résulté de la différence de ces dispositions une différence dans la jurisprudence de la cour de cassation ; lorsqu'il s'est agi de délits commis dans les bois de l'Etat, régis par l'ordonnance de 1669, qui est encore en vigueur, elle a décidé que la responsabilité civile s'étendait aux amendes; et quand il a été question de délits commis dans les bois des particuliers, et auxquels la loi de 1791 et le code civil étaient applicables, elle a jugé, par un arrêt du 20 février 1820, que l'amende ne rentrait pas dans la responsabilité civile. Cette dernière décision est conforme aux principes du droit commun, établis par notre législation civile et criminelle. En effet, le code pénal, dans les articles 9 et 464, dit positivement que l'amende est une peine comme celle de l'emprisonnement. L'une et l'autre ne peuvent être prononcées par les tribunaux correctionnels ou de simple police, qui seraient incompétens si l'amende ne pouvait être considérée que comme la réparation du dommage causé ; il faut donc la regarder comme une véritable peine : or, toute peine est essentiellement personnelle ; elle ne saurait atteindre celui qui ne s'est pas rendu coupable ; et la responsabilité à laquelle sont soumis des tiers étrangers aux délits qui donnent lieu à des condamnations est essentiellement civile : elle est réglée par le droit civil, qui, ne voulant pas que des tiers souffrent d'un défaut de surveillance de la part des pères, maîtres, etc., oblige ces derniers à réparer le mal qu'ils auraient dû empêcher. Cette distinction entre l'amende et la réparation civile se trouve encore marquée dans l'article 10 du même code pénal, où il est dit que la condamnation aux *peines* prononcées par la loi, est indépendante de la restitution des dommages-intérêts dus aux parties.

« Le droit civil, la loi de 1791, le code pénal, affranchissent donc les personnes responsables civilement du paiement des amendes. Convient-il d'introduire dans le code forestier une disposition contraire ?

« Cette disposition, Messieurs, contrarierait les principes du droit commun, porterait atteinte à l'uniformité que la législation doit offrir ; elle introduirait une exception aux principes généraux ; elle ferait supporter une peine par une personne qui ne serait pas coupable, qui ne serait pas jugée telle, et qui n'aurait pas même été entendue ; elle dénaturerait enfin le caractère de la peine, qui dégénérerait alors en une simple condamnation pécuniaire.

« En vain dit-on qu'en matière de douanes et de contributions indirectes, les personnes civilement responsables le sont des amendes comme des dommages-intérêts.

« Veuillez, Messieurs, faire attention qu'il s'agit ici de lois fiscales et temporaires, tandis que nous nous occupons d'un code permanent dont les dispositions doivent être en harmonie avec les principes du code civil. Remarquez aussi que ces lois n'admettent pas d'une manière générale la responsabilité des amendes ; elles ne sont pas basées sur une règle dont les conséquences soient aussi étendues que celles de la responsabilité civile ordinaire ; il ne s'agit pas en effet d'une responsabilité résultant du fait de la dépendance nécessaire d'une part, et de la surveillance obligée de l'autre, et applicable dès lors aux pères, mères, maîtres, etc. Les propriétaires des marchandises y sont seuls assujettis. C'est moins de la responsabilité que dérivent les condamnations, que d'une présomption légale que la fraude a eu lieu par leurs ordres ou de leur consentement; dans une matière où il n'y a point de délit proprement dit, où il n'y a que des contraventions, les tribunaux n'ayant pas dans ce cas à rechercher s'il y a eu ou non volonté de frauder et intention blâmable, il était naturel d'établir des présomptions légales de complicité de fraude, comme on en établissait pour le fait de fraude lui-même, sauf à l'administration, dans les cas de bonne foi, à faire remise des peines, ce qui arrive dans différentes circonstances. Aussi la responsabilité dans ces cas ne s'étend qu'aux faits des facteurs, agens ou domestiques, pour les marchandises qui leur sont confiées à ce titre. Un père qui ne serait pas propriétaire de ces marchandises, ne serait pas responsable des contraventions commises par son fils mineur demeurant avec lui et agissant par lui-même ou par mandat d'un tiers. C'est un cas tout-à-fait spécial. C'est le propriétaire des marchandises qui agit par l'intermédiaire de son facteur, de son mandataire : celui-ci n'est pas considéré, à proprement parler, comme l'auteur principal de la fraude, il n'en est que l'agent; la responsabilité doit porter dès lors presque uniquement sur l'individu qui le fait mouvoir, et qui d'ailleurs offre de la solvabilité. Dans l'usage, le propriétaire est ordinairement seul poursuivi. Les mêmes observations peuvent être faites en matière de douanes. L'art. 35 du décret du 1er germinal an XIII, sur les droits réunis, est la copie textuelle de l'art. 20 de la loi du 22 août 1791 sur les douanes. D'ailleurs il ne faut pas perdre de vue que lorsqu'il s'agit de douanes ou de contributions indirectes, c'est l'Etat qui se trouve seul intéressé à la contravention qu'il poursuit; l'amende prononcée est en quelque sorte un complément de dommages-intérêts qui lui est accordé contre les auteurs et complices de la contravention.

« Mais il n'en est pas de même dans la poursuite des délits et contraventions qui concernent des particuliers étrangers à l'amende. Il y a dans ce cas deux parties bien différentes; la partie civile qui réclame des dommages-intérêts pour le tort qui lui a été causé, et la partie publique qui, dans l'intérêt de la société, demande la punition du délinquant. Lorsque la partie civile obtient une condamnation, elle peut sans doute réclamer le bénéfice de l'art. 1384 du code civil, pour les restitutions, dommages-intérêts et frais qui lui ont été accordés, si les délinquans sont subordonnés à des personnes désignées dans l'article du code civil; mais il ne doit pas en être de même de la partie publique en cas de condamnation d'amende, parce que l'amende est une peine qui ne peut frapper que le délinquant : c'est lui qu'il faut atteindre directement; l'Etat a la voie de la contrainte par corps pour le paiement de l'amende, et ce genre de punition est bien plus utile à la société que l'effet d'une responsabilité civile. La détention que subit le délinquant, s'il ne paye pas, opère plus d'effet pour l'exemple que le paiement même de l'amende. Ne perdons pas de vue que cette amende, comme je l'ai déjà dit, est une peine prononcée par le code pénal; qu'elle est étrangère à celui qui ne l'a pas encourue, et qu'il ne peut dès lors y être condamné: aussi la responsabilité civile n'est prononcée par le code civil qu'en faveur du particulier qui a souffert un dommage. On ne peut donc l'étendre à l'amende, qui ne regarde que le fisc, qui peut en poursuivre le paiement par toutes les voies que la loi a mises dans ses mains pour forcer le délinquant à la payer. Voilà, Messieurs, des vérités que je crois incontestables. Si vous vous en écartiez, c'est-à-dire, si le code portait que dans les délits forestiers, la responsabilité civile doit s'étendre aux amendes, il en résulterait qu'il serait en opposition avec le code rural qui, pour les délits ruraux, ne comprend pas les amendes dans la responsabilité civile, et avec le code civil qui consacre cette maxime pour tous les cas de responsabilité civile. Peut-on raisonnablement ne pas admettre le même principe dans le code forestier?

« On nous oppose encore que les père, mère et maîtres provoquent souvent des délits forestiers dont leurs enfans ou leurs subordonnés se rendent coupables, et qu'il est juste de les rendre responsables des amendes auxquelles ces délits peuvent donner lieu. D'abord cette objection pourrait également s'appliquer aux délits ruraux, et vous savez que pour ces délits la responsabilité ne s'étend pas aux amendes.

« Mais dans les deux cas, si les père, mère, maîtres, etc., sont complices des délits commis par leurs subordonnés, il est un moyen bien simple de leur faire supporter l'amende; il ne s'agit que de les traduire devant la justice pour cause de complicité, et le jugement qui interviendra les condamnera solidairement avec leurs subordonnés au paiement de l'amende et des dommages-intérêts. Vous ne dénaturerez pas alors le caractère de l'amende, elle sera toujours une peine encourue par la complicité, et tous les coupables seront également punis.

« En suivant cette marche, vous conserverez entre le code civil, le code pénal et le code forestier, cette harmonie si nécessaire pour leur imprimer le respect dû à la loi. Vous n'aurez plus cette différence qui existe pour la responsabilité des amendes encourues pour des délits commis dans les bois de l'Etat, et dans les bois des particuliers; tous ces délits rentreront dans le droit commun pour l'application des peines, et personne ne pourra s'en plaindre.

« Nous pensons donc que, pour les délits commis dans les bois de l'Etat, il faut, comme cela existe déjà pour les délits commis dans les bois des particuliers, conserver à l'amende son caractère *de peine*, restreindre, comme le fait le droit commun, la responsabilité civile à l'indemnité des dommages-intérêts et des frais. En conséquence, la commission persiste dans les amendemens qu'elle a proposés sur les articles 72 et 206 du projet. »

M. *de Martignac* réplique : « On m'oppose les dispositions de l'article 1384 du code civil, qui règle les cas de responsabilité du dommage causé, non-seulement par son fait, mais encore par sa négligence ou par son imprudence. Je répondrai qu'il n'y a aucune sorte d'analogie. Il s'agit, dans le code civil, de délits et quasi-délits. Le code civil n'a pas prévu le cas de responsabilité de l'amende pour les condamnations correctionnelles; il traite de tous les dommages qui peuvent être occasionés involontairement par celui auquel on les impute, c'est-à-dire des quasi-délits. On repousse l'application que j'avais faite des dispositions de lois relatives aux douanes et aux contributions indirectes, parce que, dit-on, dans ces sortes de contraventions, il y a possibilité de transactions, et qu'on ne peut transiger en matière de délit. J'avais invoqué aussi les dispositions positives de l'ordonnance de 1669. Les dispositions de cette ordonnance ne peuvent être révoquées en doute. A-t-on jamais prétendu que les dispositions de l'art. 13, titre XIX, ne fussent pas applicables à la responsabilité civile, en ce qui touche l'amende ?

« Voyons maintenant si l'amende a été considérée d'une manière absolue par la commission, comme une peine, à tel point qu'elle ne pourrait être prononcée que contre ceux qui se seraient rendus coupables du délit. La chambre a voté deux articles dans lesquels elle a reconnu que l'amende peut être étendue à d'autres qu'à ceux qui sont condamnés pour un délit quelconque. Le raisonnement de la commission consistait à dire : L'amende est une peine prononcée par suite d'un délit, et elle ne peut être appliquée qu'à celui qui s'en est rendu coupable. Cependant les articles 28 et 46, qui ont été adoptés du consentement de la commission, portent que les cautions peuvent être solidairement contraintes au paiement des dommages, restitutions et amendes qu'aurait encourus l'adjudicataire. Ainsi le principe de la responsabilité civile n'est pas tellement absolu qu'il n'y ait, comme vous le voyez, des exceptions. Vous avez été révoltés de l'injustice criante qu'il y aurait à faire subir un emprisonnement à un pâtre qui ne pourrait payer l'amende qu'il aurait encourue pour un délit qui n'aurait pas tourné à son profit. On n'a pas répondu à cette objection. J'insiste pour le rejet de l'amendement. »

L'amendement est mis aux voix. Une première épreuve paraît douteuse. Elle est renouvelée ; l'amendement est adopté.

L'article ainsi amendé est pareillement adopté.

DISCUSSION A LA CHAMBRE DES PAIRS.

M. *de Martignac, commissaire du roi,* dit, dans l'exposé des motifs : « Une seule modification a été faite à ce titre ; elle se rattache à la responsabilité civile prononcée contre les maris, les pères, les maîtres et commettans. Le projet originaire étendait cette responsabilité aux *amendes.* La chambre des députés ne l'a étendue qu'aux restitutions, aux dommages-intérêts et aux frais. Elle a été déterminée par les règles du droit commun qui veulent que l'amende, étant considérée comme une peine, ne soit supportée que par ceux qui ont commis le délit. On opposait à cette considération des dispositions qui étendaient la responsabilité aux *amendes* dans les cas spéciaux, et notamment en matière de douanes, de contributions indirectes, de conscription, et enfin de forêts. Toutefois la règle du droit commun a prévalu. »

OBSERVATIONS.

Voici dans quelle espèce est intervenu l'arrêt de la cour de cassation, du 20 février 1820, invoqué par M. le rapporteur dans la discussion.

Un procès-verbal du 19 mai 1817 constate que Joseph Sibillat a fait pâturer, dans un taillis de la forêt de la commune dite les Tarlières, quatre bœufs, dont deux appartenant audit Sibillat, et les deux autres à Jacques Vieux. Traduits au tribunal correctionnel, ces deux individus sont renvoyés de la plainte portée contre eux; mais, sur l'appel, la cour royale de Grenoble, par arrêt du 24 juin 1819, condamne Sibillat à l'amende de 36 francs envers l'Etat, à 3 francs de dommages-intérêts au profit de la commune, et aux dépens. Le sieur Vieux n'est déclaré civilement responsable que de la moitié des dommages et des dépens.

La direction générale de l'enregistrement se pourvoit en cassation. Elle soutient que l'arrêt attaqué ayant reconnu que Sibillat avait été commis par le sieur Vieux à la garde des deux bœufs de celui-ci, le sieur Vieux devait être rendu civilement responsable, non-seulement des dommages-intérêts, mais encore de la moitié de l'amende encourue.

Mais son pourvoi est rejeté par un arrêt ainsi conçu : « Attendu qu'il ne s'agissait pas d'un délit de pâturage commis dans un bois de l'Etat, dont la peine dût être prononcée d'après les dispositions de l'ordonnance de 1669; que les poursuites avaient pour objet un délit de pâturage commis dans un bois communal, et qu'il était prévu par l'article 38, titre II, de la loi du 6 octobre 1791; que les condamnations devaient donc être prononcées d'après cette loi; et attendu, d'une part, que l'art. 38, titre II, du code rural, prononce, contre les délits y mentionnés, l'amende et la réparation du dommage causé au propriétaire; attendu, d'autre part, que l'art. 7, titre II, du même code, ne prononce, contre les diverses personnes qu'il désigne, que la responsabilité civile des délits commis par leurs subordonnés; que dès lors cette responsabilité ne peut être étendue à l'amende, qui est une peine, et doit être restreinte à la réparation des dommages; la cour rejette, etc. »

Art. 207.

Les peines que la présente loi prononce, dans certains cas spéciaux, contre des fonctionnaires ou contre des agens et préposés de l'administration forestière, sont indépendantes des poursuites et peines dont ces fonctionnaires, agens ou préposés seraient passibles d'ailleurs pour malversation, concussion ou abus de pouvoir.

Il en est de même quant aux poursuites qui pourraient être dirigées, aux termes des articles 179 et 180 du Code pénal, contre tous délinquans ou contrevenans, pour fait de tentative de corruption envers des fonctionnaires publics et des agens et préposés de l'administration forestière.

Art. 208.

Il y aura lieu à l'application des dispositions du même code dans tous les cas non spécifiés par la présente loi.

TITRE XIII.

De l'exécution des jugemens.

DISCUSSION A LA CHAMBRE DES DÉPUTÉS.

M. *de Martignac, commissaire du roi,* dit dans l'exposé des motifs : « Après avoir tracé la règle des jugemens, la loi doit s'occuper de leur *exécution;* c'est ce qu'elle a fait dans son titre XIIIe. L'administration chargée de la conservation des forêts, de leur police, de la poursuite des délits et des contraventions, n'est point appelée par son organisation à percevoir des deniers publics. Le recouvrement des amendes et autres condamnations pécuniaires sera effectué par les agens de l'administration des domaines. Vous reconnaîtrez là l'application des règles sur lesquelles est fondé notre système de finances.

« Une seule innovation ayant quelque gravité se fait remarquer dans ce titre, et vous n'en méconnaîtrez pas la nécessité. Les jugemens qui ne prononcent que des peines pécuniaires sont le plus souvent sans effet contre les délinquans d'habitude qui n'offrent aucune propriété susceptible d'être saisie. A la vérité, ces condamnations peuvent être ramenées à exécution par la voie de la contrainte par corps; mais, d'une part, cette exécution est aujourd'hui difficile; et, de l'autre, elle ne produit aucun résultat, parce que l'insolvabilité est aussitôt constatée, conformément à l'article 420 du code d'instruction criminelle, et que cette formalité remplie entraîne la mise en liberté. Il résulte de là une impunité de fait qui multiplie les délits en encourageant les coupables et en décourageant ceux qui sont préposés à leur poursuite. Le code proposé rémédie à cet abus en décidant qu'en cas d'insolvabilité justifiée, l'amende se résoudra en un emprisonnement fixé dans de justes proportions. La loi du 6 octobre 1791 prescrivait une mesure semblable pour les délits ruraux : elle était bien plus nécessaire encore pour les délits forestiers. »

M. *Favard de Langlade, rapporteur de la commision,* dit aussi : « Vous avez remarqué, Messieurs, que le projet a établi une distinction entre la poursuite des délits commis dans les forêts soumises au régime forestier, et la poursuite des délits qui ont eu lieu dans les bois particuliers. La même distinction devait être suivie dans l'exécution des jugemens ; elle se trouve reproduite dans ce titre, dont les diverses dispositions ont obtenu l'approbation unanime de la commission. Nous avons même remarqué avec satisfaction que l'article 213 créait un moyen de punir les délinquans qui échappent au paiement des condamnations pécuniaires par la constatation de leur insolvabilité, en leur faisant subir une détention de quinze jours ou d'un mois, suivant l'importance des condamnations, et même du double en cas de récidive. »

SECTION I.

De l'exécution des jugemens rendus à la requête de l'administration forestière ou du ministère public.

Art. 209.

Les jugemens rendus à la requête de l'administration forestière, ou sur la poursuite du ministère public, seront signifiés par simple extrait qui contiendra le nom des parties et le dispositif du jugement.

Cette signification fera courir les délais de l'opposition et de l'appel des jugemens par défaut.

Art. 210.

Le recouvrement de toutes les amendes forestières est confié aux receveurs de l'enregistrement et des domaines.

Ces receveurs sont également chargés du recouvrement des restitutions, frais et dommages-intérêts résultant des jugemens rendus pour délits et contraventions dans les bois soumis au régime forestier.

ART. 211.

Les jugemens portant condamnation à des amendes, restitutions, dommages-intérêts et frais, sont exécutoires par la voie de la contrainte par corps, et l'exécution pourra en être poursuivie cinq jours après un simple commandement fait aux condamnés.

En conséquence, et sur la demande du receveur de l'enregistrement et des domaines, le procureur du roi adressera les réquisitions nécessaires aux agens de la force publique chargés de l'exécution des mandemens de justice.

ART. 212.

Les individus contre lesquels la contrainte par corps aura été prononcée pour raison des amendes et autres condamnations et réparations pécuniaires, subiront l'effet de cette contrainte, jusqu'à ce qu'ils aient payé le montant desdites condamnations, ou fourni une caution admise par le receveur des domaines, ou, en cas de contestation de sa part, déclarée bonne et valable par le tribunal de l'arrondissement.

ART. 213.

Néanmoins, les condamnés qui justifieraient de leur insolvabilité, suivant le mode prescrit par l'article 420 du Code d'instruction criminelle, seront mis en liberté après avoir subi quinze jours de détention, lorsque l'amende et les autres condamnations pécuniaires n'excéderont pas quinze francs.

La détention ne cessera qu'au bout d'un mois, lorsque ces condamnations s'élèveront ensemble de quinze à cinquante francs.

Elle ne durera que deux mois, quelle que soit la quotité desdites condamnations.

En cas de récidive, la durée de la détention sera double de ce qu'elle eût été sans cette circonstance.

ART. 214.

Dans tous les cas, la détention employée comme moyen de contrainte est indépendante de la peine d'emprisonnement prononcée contre les condamnés pour tous les cas où la loi l'inflige.

SECTION II.

De l'exécution des jugemens rendus dans l'intérêt des particuliers.

ART. 215.

Les jugemens contenant des condamnations en faveur des particuliers, pour réparation des délits ou contraventions commis dans leurs bois, seront, à leur diligence, signifiés et exécutés suivant les mêmes formes et voies de contrainte que les jugemens rendus à la requête de l'administration forestière.

Le recouvrement des amendes prononcées par les mêmes jugemens sera opéré par les receveurs de l'enregistrement et des domaines.

ART. 216.

Toutefois, les propriétaires seront tenus de pourvoir à la consignation d'alimens prescrite par le Code de procédure civile, lorsque la détention aura lieu à leur requête et dans leur intérêt.

DISCUSSION A LA CHAMBRE DES PAIRS.

M. *le duc de Praslin* dit : « Cet article oblige les particuliers qui voudraient poursuivre par corps l'exécution des condamnations prononcées à leur profit, à pourvoir aux alimens du condamné pendant sa détention; il suit de là que les condamnations prononcées au profit du fisc seront exécutées préférablement à celles que les particuliers auraient obtenues, parce que les premières seront exécutées par voie de contrainte par corps, sans consignation préalable d'alimens, tandis que cette consignation sera exigée pour les autres. Il semble cependant que ce sont surtout les réparations accordées au propriétaire, dont la loi devrait avoir pour but d'assurer le paiement. »

M. *de Martignac, commissaire du roi*, répond : « La loi a toujours distingué, et avec juste raison, entre les condamnations pénales et les réparations civiles. L'amende étant toujours considérée comme une peine, l'Etat, au profit de qui elle est prononcée, doit en obtenir le paiement par corps, et il ne saurait être astreint à une consignation d'alimens qui serait illusoire, puisque, dans tous les cas où il exerce la contrainte par corps, c'est lui-même qui est chargé de pourvoir à la nourriture du détenu. Quant aux réparations civiles, elles rentrent nécessairement dans la classe des autres dettes emportant contrainte par corps; il dépend du créancier d'user ou de ne pas user de la voie rigoureuse que la loi lui donne; mais s'il en use, il ne peut s'affranchir des conditions que la loi met à ce mode de poursuite, et, par conséquent, de la consignation des alimens, qui est toujours la première de ces conditions. La disposition du projet est donc conforme en ce point aux vrais principes de la matière. »

ART. 217.

La mise en liberté des condamnés ainsi détenus à la requête et dans l'intérêt des particuliers ne pourra être accordée, en vertu des articles 212 et 213, qu'autant que la validité des cautions ou l'insolvabilité des condamnés aura été, en cas de contestation de la part desdits propriétaires, jugée contradictoirement entre eux.

TITRE XIV.

Disposition générale.

ART. 218.

Sont et demeurent abrogés, pour l'avenir, toutes lois, ordonnances, édits et déclarations, arrêts du conseil, arrêtés et décrets, et tous réglemens intervenus, à quelque époque que ce soit, sur les matières réglées par le présent code, en tout ce qui concerne les forêts.

Mais les droits acquis antérieurement au présent code seront jugés, en cas de contestation, d'après les lois, ordonnances, édits et déclarations, arrêts du conseil, arrêtés, décrets et réglemens ci-dessus mentionnés.

DISCUSSION A LA CHAMBRE DES DÉPUTÉS.

L'article du projet ne contenait que le premier des deux paragraphes dont il se compose maintenant.

M. *de Martignac*, *commissaire du roi*, en expose ainsi les motifs : « Nous arrivons, Messieurs, à la dernière des dispositions définitives dont se compose le projet de code. Elle est ainsi conçue : « Sont et demeurent abrogés *pour l'avenir*
» toutes lois, ordonnances, édits et déclarations, arrêts du
» conseil, arrêtés et décrets, et tous réglemens intervenus, à
» quelque époque que ce soit, sur les matières réglées par le
» présent code. »

« Cet article est le complément nécessaire d'un projet qui doit prendre le titre de *code forestier.* Sans lui, ce code ne serait qu'une loi de plus ajoutée à celles qui existent déjà, et le but qu'on se propose serait entièrement manqué.

« Sans doute, malgré le soin religieux avec lequel toute la législation actuelle a été revue et méditée, il serait possible que quelque omission eût été faite et que quelque disposition négligée fût par la suite reconnue nécessaire; mais d'une part, le projet renvoie aux codes ordinaires pour tous les cas non prévus par lui et que le droit commun peut atteindre; de l'autre, il vaut mieux se réserver de provoquer plus tard quelques mesures supplémentaires dont l'expérience constaterait l'utilité, que de laisser subsister le chaos de notre législation actuelle. Le code proposé est donc destiné à régir seul l'avenir; mais cette disposition ne porte aucune atteinte à celles par lesquelles il a été réglé que les lois existantes seront appliquées dans les instances relatives aux *affectations* et *au droit d'usage.* C'est une réserve expresse et spéciale, à laquelle la disposition générale ne déroge point. »

M. *Favard de Langlade, rapporteur,* développe aussi le sens de la disposition proposée. Il dit : « L'abrogation des lois résulte nécessairement de la promulgation de dispositions nouvelles sur les mêmes matières : cependant, pour prévenir toute difficulté, il importe de déclarer expressément cette abrogation; c'est ce qui a eu lieu pour nos divers codes, et c'est ce qui vous est proposé par l'art. 218 du projet actuel.

« Cet article abroge d'une manière générale toutes lois, ordonnances, édits et déclarations, arrêts du conseil, arrêtés et décrets, et tous réglemens intervenus, à quelque époque que ce soit, sur les matières réglées par le présent code, en tout ce qui concerne les forêts; conforme au grand principe qui proscrit la rétroactivité des lois, il n'efface les dispositions anciennes que *pour l'avenir,* leur laissant ainsi tout leur effet pour le passé. La conséquence naturelle d'une semblable disposition est sans doute que, si les lois anciennes perdent leur autorité par la publication du nouveau code, à l'égard de tout ce qui se fera à partir de cette époque, au moins, elles seront toujours la règle, et la règle unique, des transactions passées et des droits acquis sous leur empire. Elles seront le guide obligé des tribunaux, même pour les contestations dont ces transactions et ces droits pourraient être l'objet par la suite.

« Toutefois, le langage du législateur ne pouvant jamais être trop précis ni trop explicite, nous proposons d'ajouter à l'article du projet un second paragraphe ainsi conçu : *Mais les droits acquis antérieurement au présent code seront jugés d'après les lois, ordonnances, édits et déclarations, arrêts du conseil, arrêtés, décrets et réglemens ci-dessus mentionnés.* »

M. *de Charencey* demande qu'on insére dans l'article 218, une disposition portant : « Il n'est pas dérogé par la présente loi aux articles 113 et 116 de la loi du 23 novembre 1798 (3 frimaire an VII), qui, au contraire, et sous les conditions exprimées dans cette loi, continueront à recevoir leur pleine et entière exécution. »

Il donne lecture de ces deux articles, lesquels sont ainsi conçus : « Article 113. La cotisation des terres en friche depuis dix ans qui seront plantées ou semées en bois ne pourra être augmentée, pendant les trente premières années du semis ou de la plantation.

« Article 116. Le revenu imposable des terrains maintenant en valeur, qui seront plantés ou semés en bois, ne sera évalué, pendant les trente premières années de la plantation ou du semis, qu'au quart de celui des terres d'égale valeur non plantées. »

M. *le rapporteur* répond : « Je prie la chambre de remarquer que le Code forestier est absolument étranger à la loi dont notre collègue vient de parler. Le code n'a nullement pour objet de détruire les moyens d'encouragement qui pourront être donnés aux plantations. Loin de là, notre collègue peut voir, dans le rapport, que la commission a émis le vœu qu'on emploie tous les moyens possibles pour faciliter les plantations. Mais la commission n'a pas dû demander qu'on réservât la loi de l'an VII, parce que c'est une loi financière absolument étrangère à celle qui nous occupe, et qui demeure conservée de plein droit. Je crois que cette explication doit tranquilliser notre honorable collègue et le faire renoncer à son amendement. »

M. *de Martignac* ajoute : « La disposition de l'article 218 ne peut laisser aucun doute sur le point dont il s'agit. Cet article abroge les diverses dispositions intervenues sur les matières réglées par le présent code. Or, dans le présent code, il n'y a rien qui se rattache à la législation financière invoquée par M. de Charencey. L'amendement est donc tout-à-fait inutile.»

D'après ces explications, M. de Charencey retire son amendement.

La chambre adopte l'article 218 tel qu'il est amendé par la commission.

DISCUSSION A LA CHAMBRE DES PAIRS.

M. *de Martignac, commissaire du roi*, dit dans l'exposé des motifs : « Le dernier article définitif du projet, et celui qui en est le complément nécessaire, abrogeait pour l'avenir toutes les lois, ordonnances et réglemens intervenus sur la matière. La chambre des députés a cru devoir ajouter à cette disposition la réserve expresse que les droits acquis en vertu des lois et ordonnances abrogées seraient jugés, en cas de contestation, conformément à leurs dispositions. Cette addition pouvait paraître inutile, par la raison que les lois ne rétroagissent jamais et que l'abrogation n'était prononcée que *pour l'avenir* : toutefois, il suffisait qu'un doute s'élevât sur l'interprétation de cet article pour qu'il dût paraître convenable de le dissiper. »

OBSERVATIONS.

L'ordonnance de 1669 se terminait par ces mots : « Car tel est notre plaisir, nonobstant tous édits, déclarations, ordonnances, réglemens, arrêts, et autres choses à ce contraires, auxquelles et aux dérogatoires y connues, nous avons dérogé et dérogeons par cesdites présentes.»

TITRE XV.

Dispositions transitoires.

DISCUSSION A LA CHAMBRE DES DÉPUTÉS.

On a vu, en tête du titre VIII, les considérations présentées par M. de Martignac, commissaire du roi, sur le défrichement.

M. *Favard de Langlade* dit à ce sujet, dans son rapport fait au nom de la commission : « En vous entretenant des bois des particuliers, dit-il, nous avons applaudi à la liberté d'exploitation que le projet laisse aux propriétaires. Les restrictions anciennes par lesquelles les droits de ces derniers étaient enchaînés, prenaient leur source dans de puissantes considérations d'intérêt public : mais, on ne peut se le dissimuler, elles étaient portées trop loin, et le gouvernement a dû, comme il l'a fait, écarter ces entraves, désormais inconciliables avec le respect et le droit de propriété.

« Parmi ces prohibitions de l'ordonnance de 1669, celle du défrichement était la plus étendue et la plus importante. La législature de 1791 crut devoir la révoquer, et dès ce moment tout citoyen devint libre de détruire ses bois et de changer la nature de ses propriétés. Quel est celui des deux systèmes qu'il convient d'adopter aujourd'hui ? La sévérité de l'ordonnance est-elle préférable à la liberté absolue accordée par le décret de 1792 ? Ou bien vaut-il mieux affranchir les propriétaires d'une condition qui les gêne, que de les laisser soumis à une limitation rigoureuse dans l'exercice de leurs droits ?

« Lorsque des idées nouvelles s'introduisirent dans notre législation, elles y portèrent souvent la lumière ; mais quelquefois aussi elles amenèrent des changemens qui ne furent pas heureux. Que chaque propriétaire, disait-on alors, soit juge du genre de culture qui convient à ses biens ; qu'il transforme à son gré un terrain complanté en une terre labourable, son intérêt est un guide qui ne saurait l'égarer : il n'arrachera ses bois qu'avec l'espérance d'un meilleur produit.

« Messieurs, l'expérience, cette pierre de touche de toutes les entreprises humaines, a prouvé qu'on se trompait. L'espoir d'un accroissement de revenus a précipité de nombreux propriétaires de bois dans la manie des défrichemens. Ils ont défriché, sans consulter la nature et la position du sol, les bois assis sur le penchant des montagnes n'ont pas même échappé à ce genre de dévastation légale. La plupart ont été cruellement punis de leur imprévoyance : la couche légère de terre végétale qui couvrait un sol aride a disparu, emportée par les pluies et par les vents, et ils ont vu leur propriétés, naguère productives, frappées tout à coup d'une éternelle stérilité. Ce fut dans de telles circonstances, et sur des réclamations élevées de toutes parts par les administrations départementales, qu'intervint la loi du 9 floréal an XI, portant prohibition, pendant ving-cinq ans, d'effectuer un défrichement quelconque sans l'autorisation du gouvernement.

« Rétablirons-nous aujourd'hui une cause de désordre et de ruine que la sagesse du législateur s'est vue forcée de détruire dans l'intérêt public, comme dans l'intérêt privé ?

« L'avis de votre commission a été que cette question n'était pas susceptible d'une solution affirmative : elle regarde la prohibition de défrichement comme d'autant plus inévitable, que les déboisemens successifs opérés de 1791 à 1803 ont amené une grande diminution dans les produits forestiers. Elle considère en outre que l'Etat, la couronne, les communes et les établissemens publics ne possèdent qu'à peu près la moitié des forêts du royaume ; que ces forêts n'offrent que d'insuffisantes ressources aux divers services publics et aux besoins de la consommation générale ; qu'ainsi il est de la prudence du législateur de maintenir l'intégrité des bois possédés par des particuliers, et de conserver des produits dont la France ne peut se passer. La faculté d'*user* et d'*abuser*, inhérente au droit de propriété, et qu'il faut en général se garder de méconnaître, fléchira ici devant des considérations d'intérêt social. « C'est à » ce prix, comme l'a dit l'orateur du gouvernement, que la so- » ciété garantit à ses membres leur sûreté et leur propriété. » C'est un sacrifice que l'intérêt de chacun doit faire à l'in-

» térêt de tous, et qui profite ainsi à ceux mêmes à qui il est » imposé. »

« Toutefois, le projet de code n'érige pas la prohibition en principe fixe et permanent. Il se borne à un remède semblable à celui qu'on employa en 1803, et il propose de proroger pendant vingt ans la prohibition de défricher sans autorisation.

« Vous savez, Messieurs, que cette autorisation est accordée toutes les fois que la nature du sol paraît l'exiger; mais, pour l'obtenir plus facilement, les propriétaires n'auront qu'à offrir de convertir en bois une quantité de terrain à peu près semblable à celle qu'ils voudront défricher. Par cette compensation, la masse des bois ne sera pas diminuée; elle pourra même être augmentée par une foule de moyens d'encouragement qui sont dans les mains d'une bonne administration : il y a dès lors lieu de croire qu'après l'expiration de vingt ans l'interdiction proposée pourra être levée. Tout au moins fait entrevoir cet heureux avenir; un meilleur mode d'exploitation, des agens plus instruits, des repeuplemens exécutés avec soin et discernement, l'abondance de nos mines de charbon et de houille, la consommation du combustible diminuée par des procédés nouveaux, l'établissement de canaux et de grandes routes préparant une répartition plus égale de nos produits forestiers, enfin, les progrès toujours croissans de l'agriculture, des sciences et des arts.

» Pénétrée de la force de ces diverses considérations, la commission a l'honneur de vous proposer d'accepter les dispositions transitoires sur le défrichement, toutefois avec deux amendemens. »

(*Ces deux amendemens s'appliquent aux art.* 219 *et* 223.)

Art. 219.

Pendant vingt ans, à dater de la promulgation de la présente loi, aucun particulier ne pourra arracher ni défricher ses bois qu'après en avoir fait préalablement la déclaration à la sous-préfecture, au moins six mois d'avance, durant lesquels l'administration pourra faire signifier au propriétaire son opposition au défrichement. Dans les six mois à dater de cette signification, il sera statué sur l'opposition par le préfet, sauf le recours au ministre des finances.

Si, dans les six mois après la signification de l'opposition, la décision du ministre n'a pas été rendue et signifiée au propriétaire des bois, le défrichement pourra être effectué.

DISCUSSION A LA CHAMBRE DES DÉPUTÉS.

M. *Favard de Langlade* dit, dans son rapport au nom de la commission, en parlant des deux amendemens qu'elle propose sur le titre XV : « Le premier a pour objet d'attribuer au conseil de préfecture le droit, que le projet de code confère au préfet, de statuer sur l'opposition de l'administration forestière au défrichement, et de substituer, à la fin du paragraphe premier de l'article 219, aux expressions *par le préfet, sauf le recours au ministre des finances*, ces mots : *par le conseil de préfecture, sauf le recours au conseil d'Etat.*

« La disposition ainsi modifiée a le double avantage de présenter plus de garantie aux intérêts privés, et d'être en harmonie avec les articles 64 et 65, tels qu'ils ont été amendés par la commission. Il s'agit en effet, dans ces deux articles, comme dans celui qui nous occupe, d'apprécier des circonstances et de constater des faits qui ont entre eux une analogie évidente. D'ailleurs, Messieurs, vous remarquerez que des tiers peuvent être intéressés à s'opposer au défrichement, et que, sous tous les rapports, il est convenable que la question soit jugée administrativement par la voie contentieuse. La décision étant rendue par le conseil de préfecture sous la présidence du préfet, sauf le recours au conseil d'Etat, tous les intérêts sont pleinement conservés, et personne ne sera fondé à se plaindre. »

Suivant l'*errata* publié après le rapport de M. Favard de Langlade, l'amendement de la commission consiste, non-seulement à substituer le conseil de préfecture et le conseil d'Etat au préfet et au ministre des finances, mais encore à mettre les mots : *à la sous-préfecture*, à la place de ceux-ci : *par-devant l'agent forestier local*, qui se trouvaient dans le premier paragraphe de l'article du projet.

M. *le rapporteur* donne des explications pour dissiper les doutes qui ont paru s'élever sur les deux rédactions successivement proposées par la commission. Il s'exprime en ces termes : « La précipitation avec laquelle l'impression du projet de loi a eu lieu, a fait commettre une erreur dans le texte de cet article. L'amendement de la commission avait été transporté dans le texte de l'article proposé par le gouvernement; mais cette erreur a été rectifiée dans un *erratum* que l'on a fait imprimer. Le premier amendement de la commission consiste à substituer *la sous-préfecture* à *l'agent forestier local*, devant lequel la déclaration devait être faite. Le motif de ce changement est que le sous-préfet se trouve être le fonctionnaire public naturellement appelé à recevoir cette déclaration, qui constate le jour à partir duquel doit courir le délai de six mois, laissé à l'administration forestière pour faire signifier au propriétaire son opposition au défrichement. Je ne crois pas que le gouvernement s'oppose à ce changement. Mais il en est un autre plus important; c'est la substitution *du conseil de préfecture, sauf le recours au conseil d'Etat*, pour statuer sur l'opposition, au lieu *du préfet, sauf le recours au ministre des finances*. La commission provoque toute l'attention de la chambre sur cette disposition importante; elle a cru que dans cette circonstance importante, comme dans quelques autres articles du projet, ce n'était pas aux préfets à prononcer sur cette question, qui intéresse à la fois l'intérêt privé et l'intérêt général. La commission, en demandant que le conseil de préfecture statue sur cette opposition, s'est dirigée par un principe que vous avez déjà consacré, lorsqu'il a été question, à l'article 64, de savoir si le pâturage était ou non nécessaire aux communes. Vous avez renvoyé devant le conseil de préfecture pour constater cette nécessité. De même nous avons cru que, lorsque l'administration s'opposait au défrichement, il y aurait plus de garantie pour le propriétaire de soumettre aux conseils de préfecture la connaissance du fait de savoir si le défrichement serait ou non nuisible à l'intérêt général. La commission regardant cette question comme appartenant au contentieux, a voulu que la décision du conseil de préfecture pût être attaquée devant le conseil d'Etat. Jusqu'à présent c'était au ministre des finances à accorder ou à refuser les autorisations du défrichement; c'est encore ce que propose le projet de loi, avec une modification; car le préfet statue en première instance sur l'opposition. La commission vous propose de soumettre cette importante question, qui tient à l'exercice du droit de propriété, au conseil de préfecture, qui pourra se procurer tous les renseignemens nécessaires pour prononcer en connaissance de cause; et le conseil d'Etat, saisi de l'affaire soit par l'administration, soit par les particuliers, statuera en dernier ressort. »

M. *le ministre des finances* combat l'amendement de la commission. Il dit : « C'est aux considérations qui viennent de vous déterminer à rejeter l'amendement de M. de Charencey que j'en appelle, pour la solution de la question qui résulte de l'amendement de la commission. Des considérations d'intérêt général vous ont déterminés à reconnaître que la faculté de défricher ne peut être laissée, sans restriction, à tous les particuliers. M. le commissaire du roi, combattant les opinions émises en faveur du défrichement, vous a fait sentir combien vous aviez intérêt à ne pas livrer cette question au libre arbitre des propriétaires de bois.

« S'il est reconnu que le défrichement est une question d'intérêt général, où doit-elle être portée? par qui doit-elle être résolue? serait-ce par les autorités locales, comme l'indique la commission? Je ne le pense pas; car là elle rencontrerait des intérêts de localités, et c'est sous le rapport des intérêts généraux qu'elle doit être envisagée. On sent que les autorités locales ne pourront pas être entièrement dégagées de ces influences contre lesquelles nous devons nous prémunir.

« Mais nous avons une objection bien plus forte à opposer. On a parlé du contentieux. Je demande ce qu'il peut y avoir de contentieux dans la question de savoir si on pourra ou non défricher, suivant que l'intérêt général le permettra. On a comparé cette question à celle qui s'est présentée à l'art. 64, et qui tenait réellement à la propriété. Comment voulez-vous que la nécessité d'un défrichement soit établie devant le conseil d'Etat? Je comprendrais qu'au lieu du ministre des finances, on mît le ministre de l'intérieur, et qu'au lieu de demander l'avis de l'administration forestière, on demandât l'avis de l'administration du département, parce que je verrais là une décision rendue par un ministreresponsable, en matière d'intérêt général; mais je ne puis apercevoir dans ce qu'on vous propose une question contentieuse.

« Il faut bien se fixer sur cette question du défrichement. L'intérêt général veut qu'il en soit fait le moins possible. L'intérêt particulier, au contraire, et surtout celui des petits propriétaires de bois, comme nous en avons beaucoup, réclame sans cesse des défrichemens. Ces propriétaires sont soumis à un impôt foncier direct très-lourd, et il n'est pas étonnant qu'ils aient un intérêt réel au défrichement : on sait que les terrains nouvellement défrichés produisent, pendant quelques années seulement, des récoltes abondantes. Nous pensons que l'intérêt général se trouverait compromis, si, pour décider s'il y a lieu au défrichement, vous restiez à la discrétion des intérêts particuliers.

« Pourquoi demandez-vous, nous dit-on, pour vingt ans, la faculté d'accorder l'autorisation de défricher; espérez-vous que d'ici à vingt ans les choses soient dans une autre situation? Messieurs, dans vingt ans la question sera soumise encore aux chambres, et on verra s'il s'est opéré des changemens qui puissent permettre d'accorder la jouissance libre et entière d'une propriété telle que celle des bois. Dans vingt ans, il peut arriver ce qu'indiquait un des orateurs qui a parlé contre la mesure, et qui vous disait avec raison que les bois sont la propriété des grands propriétaires; mais il faut avouer que dans ce moment les bois ne sont pas possédés par de grands propriétaires, et que le morcellement qui a eu lieu dans toutes les propriétés, s'est étendu à cette portion du sol de la France. On convient que, pour les petits propriétaires, les défrichemens sont ordinairement avantageux. Il est possible que dans vingt ans il s'opère des réunions dans ces sortes de propriétés, et que les bois se trouvent en grandes masses dans les mains de riches propriétaires. Alors peut-être il y aura moins d'intérêt à prendre des dispositions aussi sévères contre le défrichement. Alors on verra ce qu'il y aura de mieux à faire dans l'intérêt général; mais dans le moment actuel, lorsque les intérêts particuliers luttent contre l'intérêt général pour obtenir des défrichemens, ce n'est pas à des juges placés sous les influences locales que vous devez donner la décision d'une question qui entraîne nécessairement pour le gouvernement une sorte de responsabilité, et qui, par ce motif, doit plutôt être soumise à un ministre responsable.

« Vous remarquerez, Messieurs, que si je réclame contre la proposition de la commission, ce n'est pas dans l'intérêt des attributions du ministre des finances; car il n'y a rien de plus pénible que d'avoir à prononcer sur des demandes de défrichement, auxquelles on met souvent d'autant plus d'insistance, qu'il y a plus de motifs pour les repousser. Ces défrichemens sont demandés par des hommes puissans qui ont un accès facile auprès du ministre pour faire valoir leurs considérations. C'est à ceux-là qu'on est en général obligé de refuser l'autorisation de défricher. Si la chambre considérait le grand nombre des demandes qui ont été soumises depuis quelques années à l'administration, et le grand nombre de celles qui ont été refusées, elle verrait que pour réclamer une telle attribution, il faut être mû par l'intérêt général, et avoir la force de l'opposer aux sollicitations particulières. Si le ministre ne consultait que ses convenances, il ne chercherait pas à garder une pareille attribution. Il a été fait en 1821, 8,051 demandes de défrichement, il en a été refusé 4,055. En 1822, 6,489 demandes ont été faites, 5,668 ont été refusées. En 1823, 3,900 ont été faites, et 2,468 ont été refusées. En 1824, 2,846 ont été faites, et 1,907 ont été refusées. En 1825, 2,968 ont été faites, et 1,970 ont été refusées. En 1826, 2,441 ont été faites, et 1,086 ont été refusées.

« Nous nous entourons, pour la décision de ces questions, de toutes les lumières que nous pouvons nous procurer. L'administration forestière donne son avis; il peut tendre à trop conserver les bois, qui sont pour ainsi dire un domaine avec lequel elle s'identifie : aussi nous ne nous en rapportons pas à elle : nous demandons l'avis de l'autorité locale, du préfet; et c'est après avoir pris cet avis que nous prononçons dans l'intérêt général, c'est-à-dire dans l'intérêt de la conservation de tous les bois qui peuvent être utiles, et nous permettons le défrichement de terrains qui, plantés en bois, ne produisent presque rien, mais qui, défrichés, peuvent être cultivés avec avantage. Vous reconnaîtrez que la faculté discrétionnaire donnée au ministre, et elle ne peut être autre, est entourée de toutes les précautions qui doivent accompagner la décision d'une question si délicate. Je ne réclame pas cette attribution, je le répète, dans l'intérêt du ministre qui l'a eu jusqu'à présent; mais dans l'intérêt général, qu'il ne doit jamais perdre de vue, et qui s'oppose à ce qu'on détruise en peu d'années le sol forestier de la France. »

M. *Méchin* soutient, au contraire, l'avis de la commission.

La chambre, consultée, adopte le premier amendement de la commission, qui veut que la déclaration préalable de défrichement soit faite à la *sous-préfecture*, au lieu de l'être, comme le propose le projet, *par-devant l'agent forestier local.*

Mais elle rejette le second, qui tend à substituer : *le conseil de préfecture, sauf le recours au conseil d'état,* aux mots : *le préfet, sauf le recours au ministre des finances.*

L'article est donc adopté avec le seul changement des mots *par-devant l'agent forestier local*, remplacés par ceux-ci : *à la sous-préfecture.*

DISCUSSION A LA CHAMBRE DES PAIRS.

M. *le comte de Tournon* « observe qu'il peut convenir à un propriétaire de bois d'exploiter une futaie par éclaircies, ou d'ouvrir des routes dans un taillis. Devra-t-on, dans ces cas, soumettre à la mesure de l'autorisation préalable les défrichemens partiels qui en résultent, et ne serait-ce pas imposer une gêne inutile au propriétaire que de donner à la loi une interprétation aussi rigoureuse? »

M. *le directeur général des forêts, commissaire du roi*, « déclare que jamais l'administration n'a considéré comme un défrichement soumis à l'autorisation ce qui est fait, soit pour l'amélioration ou l'embellissement de la propriété, soit pour son exploitation régulière, ou pour changer le mode d'exploitation établi. Ce que la loi a pour but d'empêcher, c'est uniquement le défrichement dont il résulterait une diminution du sol forestier. C'est donc pour celui-là seul que l'autorisation est nécessaire. »

ART. 220.

En cas de contravention à l'article précédent, le propriétaire sera condamné à une amende calculée à raison de cinq cents francs au moins et de quinze cents francs au plus par hectare de bois défriché, et, en outre, à rétablir les lieux en nature de bois dans le délai qui sera fixé par le jugement, et qui ne pourra excéder trois années.

DISCUSSION A LA CHAMBRE DES DÉPUTÉS.

Cet article est adopté tel qu'il a été proposé.

M. *Duhamel* a demandé l'addition suivante : « Lorsque la contravention aux dispositions de l'article 219 aura eu lieu sur le sommet ou la pente des montagnes, l'amende sera double. »

Mais cette addition, n'étant point appuyée, n'a pas été mise aux voix.

ART. 221.

Faute par le propriétaire d'effectuer la plantation ou le semis dans le délai prescrit par le jugement, il y sera pourvu à ses frais par l'administration forestière, sur l'autorisation préalable du préfet, qui arrêtera le mémoire des travaux faits et le rendra exécutoire contre le propriétaire.

ART. 222.

Les dispositions des trois articles qui précèdent

sont applicables aux semis et plantations exécutés, par suite de jugemens, en remplacement de bois défrichés.

ART. 223.

Seront exceptés des dispositions de l'article 219,

1° Les jeunes bois pendant les vingt premières années après leur semis ou plantation, sauf le cas prévu en l'article précédent;

2°. Les parcs ou jardins clos et attenant aux habitations;

3° Les bois non clos, d'une étendue au-dessous de quatre hectares, lorsqu'ils ne feront point partie d'un autre bois qui compléterait une contenance de quatre hectares, ou qu'ils ne seront pas situés sur le sommet ou la pente d'une montagne.

DISCUSSION A LA CHAMBRE DES DÉPUTÉS.

M. *Favard de Langlade* parle ici du deuxième amendement présenté au nom de la commission; il dit : « Ce second amendement s'applique au n° 3 de l'article 223 : il consiste à doubler l'étendue des bois non clos qui doivent être exceptés de la prohibition portée par l'article 219; ainsi, au lieu des mots *deux hectares*, répétés deux fois, il faut dire aux deux endroits, *quatre hectares*. Un bois d'une étendue de *quatre hectares* nous a paru être de trop peu d'importance pour en interdire le défrichement avec sévérité. »

M. *de Caumont* voudrait *six hectares* au lieu de *quatre*.

Mais sa proposition est rejetée, et l'article du projet est adopté avec l'amendement de la commission.

DISCUSSION A LA CHAMBRE DES PAIRS.

M. *le comte de Tournon* « demande si par les mots *parcs ou jardins clos*, dont on s'est servi dans le n° 2 de l'article, on a entendu ceux qui sont fermés de fossés, de haies, et généralement par l'un des moyens indiqués dans l'article 391 du Code pénal, ou si l'on n'a entendu que les parcs ou jardins clos de murs. Sans doute c'est l'interprétation la plus générale qui doit prévaloir, mais peut-être une explication positive serait-elle nécessaire pour lever toute incertitude à cet égard. »

M. *le ministre d'état, commissaire du roi*, « observe que, par cela seul que la loi ne s'explique pas sur le mode de clôture, l'exception doit s'étendre à tous les genres de clôture, sans distinction. »

ART. 224.

Les actions ayant pour objet des défrichemens commis en contravention à l'article 219 se prescriront par deux ans, à dater de l'époque où le défrichement aura été consommé.

ART. 225.

Les semis et plantations de bois, sur le sommet et le penchant des montagnes et sur les dunes, seront exempts de tout impôt pendant vingt ans.

DISCUSSION A LA CHAMBRE DES DÉPUTÉS.

Cet article n'était pas dans le projet de code, qui s'arrêtait au 224e.

Deux propositions additionnelles sont faites, l'une par M. Chevalier-Lemore, l'autre par M. Duhamel.

La première est ainsi conçue : « Les propriétaires de montagnes *défrichées*, qui sèmeront ou planteront le sommet et la pente desdites montagnes, seront affranchis, pendant les trente premières années, de toute imposition foncière, en raison de la contenance des terrains semés ou plantés. »

La seconde porte : « Les semis et plantations de bois sur le sommet et le penchant des montagnes, seront exempts de tout impôt pendant vingt ans. »

M. *Chevalier-Lemore* déclare se réunir à l'amendement de M. Duhamel.

M. *Méchin* demande qu'on ajoute : *et sur les dunes.*

M. *de Martignac, commissaire du roi*, fait observer « qu'une disposition d'une nature à peu près semblable se retrouve dans la loi de frimaire an VII, mais qu'elle n'est nullement forestière; qu'elle est relative à l'assiette et à la répartition de l'impôt; que l'amendement ne peut donc trouver sa place dans un code forestier, mais bien dans une loi financière. »

M. *Chevalier-Lemore* réplique : « Je prie la chambre de me permettre de répondre à cette espèce de fin de non-recevoir. On dit que c'est une disposition qui se rattache à une loi financière; je ne puis partager cette opinion. L'amendement de M. Duhamel, auquel j'ai réuni le mien, a pour objet d'encourager les semis et plantations de bois sur le sommet et le penchant des montagnes. Nous demandons ensuite le dégrèvement de la contribution, à titre d'encouragement, et comme conséquence de la proposition principale; on nous renvoie à la loi de finances. Mais quand nous y serons, on nous dira que c'est un amendement qui appartient essentiellement au Code forestier. »

M. *Cornet-d'Incourt* : « Cela existe. L'article 113 de la loi de l'an VII porte : « Les contributions des terres en friches depuis dix ans, qui seront plantées et semées en bois, ne pourront être augmentées pendant les trente premières années du semis ou de la plantation. »

M. *Chevalier-Lemore* : « Il y a une grande différence entre la disposition de cet article et celle de l'amendement. L'article cité affranchit seulement de l'augmentation des contributions, et nous demandons, par l'amendement, l'affranchissement de toute contribution. D'ailleurs, les contributions sont assez élevées : il y a plutôt lieu à les diminuer qu'à les augmenter; de sorte que l'article de la loi de l'an VII ne pourrait recevoir son exécution, et vous ne trouveriez pas dans une telle disposition de quoi encourager les propriétaires à faire des semis et plantations sur le sommet des montagnes. »

L'amendement est adopté dans les termes qui forment aujourd'hui l'article 225 du Code.

Après cette délibération, la chambre vote, par la voie du scrutin, sur l'ensemble de la loi.

Le dépouillement du scrutin donne le résultat suivant :

Nombre de votans. . . . . 275.
Boules blanches. . . . . 267.
Boules noires. . . . . 8.

La chambre adopte la loi.

DISCUSSION A LA CHAMBRE DES PAIRS.

M. *de Martignac, commissaire du roi,* dit dans l'exposé des motifs : « C'était là que s'arrêtait le code proposé à la chambre des députés ; mais elle a ajouté une disposition additionnelle qui exempte de tout impôt pendant vingt ans les semis et plantations de bois sur le sommet et le penchant des montagnes et sur les dunes.

« Tel est, nobles pairs, dans son ensemble et dans ses dispositions les plus importantes, le code que nous venons soumettre à vos délibérations, et qui, réuni à une ordonnance d'exécution qui se prépare avec soin et maturité, complètera le travail que réclament nos forêts. Le roi a prescrit qu'il vous fût apporté sans délai. La nécessité où nous sommes de sortir le plus tôt possible de l'état de désordre dans lequel se trouve notre législation forestière, les inconvéniens où pourrait nous jeter encore l'expiration du délai fixé par la loi du 29 avril 1803, expliquent aisément le vœu que forme le gouvernement de voir achever un ouvrage auquel il doit attacher du prix. Nous espérons, Messieurs, que vous accueillerez avec quelque faveur un projet de loi conçu dans des vues évidentes d'utilité générale, préparé lentement et laborieusement, avec le concours de toutes les lumières et l'appui de tous les conseils, soumis à l'épreuve de la contradiction publique avant les débats prescrits par nos institutions, approuvé dans son ensemble par ceux même qui en ont combattu quelques dispositions isolées, et enfin sanctionné par la presque unanimité de la chambre élective. »

M. *le comte Roy,* dans le rapport fait au nom de la commission, dit : « La disposition du projet qui promet une exemption d'impôt, pendant vingt ans, en faveur des semis et plantations sur les montagnes et sur les dunes, est sans doute dans l'intérêt public. Néanmoins elle ne pourra pas être exécutée sans une loi qui en détermine les conditions : autrement elle pourrait donner lieu à beaucoup d'abus. Elle amènerait d'autant plus de désordre dans le système des contributions, qu'on ne pourrait changer continuellement les contingens de tous les départemens, et qu'il serait pourtant injuste de répartir sur les autres contribuables de la commune ou du département l'exemption d'impôts qui serait accordée à ceux qui auraient fait les plantations nouvelles qui y donneraient droit. La loi pourra autoriser, s'il y a lieu, la concession d'une prime équivalente à l'exemption d'impôt qui serait supportée par les fonds généraux. »

Après l'adoption de l'article 225 et de tous ceux qui composent le Code forestier, la chambre vote sur l'ensemble de la loi.

Le résultat du scrutin est :

Nombre de votans.	115
En faveur du projet	112
Contre.	3

La chambre adopte la loi.

OBSERVATIONS.

L'ordonnance de 1669, titre XXVII, article 6, portait : « Défendons à toutes personnes de planter bois à cent perches de nos forêts, sans notre permission expresse; à peine de 500 livres d'amende et de confiscation de leurs bois, qui seront arrachés ou coupés. »

Cette disposition est abrogée par cela seul que le Code, qui abroge toutes les lois antérieures, ne l'a pas reproduite.

La présente loi, discutée, délibérée et adoptée par la chambre des pairs et par celle des députés, et sanctionnée par nous cejourd'hui, sera exécutée comme loi de l'Etat; voulons, en conséquence, qu'elle soit gardée et observée dans tout notre royaume, terres et pays de notre obéissance.

Si donnons en mandement à nos cours et tribunaux, préfets, corps administratifs, et tous autres, que les présentes ils gardent et maintiennent, fassent garder, observer et maintenir, et, pour les rendre plus notoires à tous nos sujets, ils les fassent publier et enregistrer où besoin sera ; car tel est notre plaisir ; et, afin que ce soit chose ferme et stable à toujours, nous y avons fait mettre notre scel.

Donné au château des Tuileries, le vingt-et-unième jour du mois de mai de l'an de grace dix-huit cent vingt-sept, et de notre règne le troisième.

Signé CHARLES,

Vu et scellé du grand sceau :

Le Garde-des-Sceaux de France, ministre secrétaire d'Etat au département de la justice.

Signé : Comte de Peyronnet.

Par le Roi.

Le ministre secrétaire d'Etat au département des finances.

Signé : J. de Villèle.

TARIF *des Amendes à prononcer par arbre, d'après sa grosseur et son essence.*

(Art. 192.) page 294

ARBRES DE PREMIÈRE CLASSE.			ARBRES DE SECONDE CLASSE.		
Circonférence.	Amende par décimètre.	Amende par arbre.	Circonférence.	Amende par décimètre.	Amende par arbre.
décimètre.	fr. c.	fr. c.	décimètres.	fr. c.	fr. c.
1	» »	» »	1	» »	» »
2	1 00	2 00	2	0 50	1 00
3	1 10	3 30	3	0 55	1 65
4	1 20	4 80	4	0 60	2 40
5	1 30	6 50	5	0 65	3 25
6	1 40	8 40	6	0 70	4 20
7	1 50	10 50	7	0 75	5 25
8	1 60	12 80	8	0 80	6 40
9	1 70	15 30	9	0 85	7 65
10	1 80	18 00	10	0 90	9 00
11	1 90	20 90	11	0 95	10 45
12	2 00	24 00	12	1 00	12 00
13	2 10	27 30	13	1 05	13 65
14	2 20	30 80	14	1 10	15 40
15	2 30	34 50	15	1 15	17 25
16	2 40	38 40	16	1 20	19 20
17	2 50	42 50	17	1 25	21 25
18	2 60	46 80	18	1 30	23 40
19	2 70	51 30	19	1 35	25 65
20	2 80	56 00	20	1 40	28 00
21	2 90	60 90	21	1 45	30 45
22	3 00	66 00	22	1 50	33 50
23	3 10	71 30	23	1 55	35 65
24	3 20	76 80	24	1 60	38 40
25	3 30	82 50	25	1 65	41 25
26	3 40	88 40	26	1 70	44 20
27	3 50	94 50	27	1 75	47 25
28	3 60	100 80	28	1 80	50 40
29	3 70	107 30	29	1 85	53 65
30	3 80	114 00	30	1 90	57 50
31	3 90	120 90	31	1 95	60 45
32	4 00	128 00	32	2 00	64 00

DISCUSSION A LA CHAMBRE DES DÉPUTÉS.

Ce tableau n'existait pas dans le projet que le gouvernement a communiqué aux chambres; il a été rédigé par la commission.

LOI DU 6 JUIN 1827.

« *Article unique.* Les perceptions autorisées pour indemniser le gouvernement des frais d'administration des bois des communes et établissemens publics, sous la dénomination de *droit de vacation*, *de décime*, *d'arpentage*, *de réarpentage*, ainsi que le remboursement des frais d'instances avancés par l'administration des forêts, continueront de s'opérer, comme par le passé, jusqu'au 1er janvier 1829.

« En conséquence, les dispositions contenues aux articles 106 et 107 du Code forestier ne seront exécutoires qu'à partir de ladite époque du 1er janvier 1829.

DISCUSSION A LA CHAMBRE DES DÉPUTÉS.

M. *le ministre des finances* dit en présentant le projet de cette loi : « Aux termes des articles 106 et 107 du Code forestier, les sommes que l'administration des forêts était autorisée à percevoir sur les communes et établissemens publics, soit à titre de décime, de vacation, d'arpentage et de réarpentage, soit comme remboursement de frais d'instances, sont supprimées, et remplacées par une indemnité qui sera ajoutée annuellement à la contribution foncière établie sur ces bois, et dont le montant sera réglé chaque année par la loi de finances. Cette contribution additionnelle, qui est destinée à indemniser le gouvernement des frais d'administration des bois des communes et établissemens publics, n'a pu être comprise dans la loi de finances actuellement soumise à la délibération des chambres, puisqu'elle est le résultat d'un amendement adopté par la chambre des députés. D'ailleurs la disposition dont il s'agit, à laquelle l'administration n'était pas préparée, exigera, avant de pouvoir être mise à exécution, des travaux considérables; et, quel que soit le zèle des agens de l'administration, ce ne sera pas sans de grands efforts que le gouvernement pourra parvenir à mettre en recouvrement, au commencement de 1829, les rôles nombreux qu'il aura à faire confectionner. En effet, Messieurs, il n'est pas seulement question de fixer la quotité de l'indemnité à imposer, mais encore de déterminer la somme que devra payer, pour sa part, chaque commune et chaque établissement public, au prorata de ses contributions. L'immensité des détails d'une telle mesure est facile à concevoir, lorsqu'il faut les étendre à plus de dix mille communes ou établissemens publics, propriétaires de bois, répandus sur toute la surface de la France. Cependant l'Etat ne peut abandonner, sans compensation, le produit des taxes qu'il perçoit annuellement et qui fait partie des ressources sur lesquelles il a dû compter, et vous approuverez que, puisque l'indemnité de remplacement ne peut être perçue avant le 1er janvier 1829, il y a nécessité absolue à ce que les perceptions, dont vous avez désiré la suppression, continuent d'être faites jusqu'à ladite époque. »

M. *Favard de Langlade*, rapporteur de la commission chargée d'examiner le même projet de loi, s'exprime en ces termes : « Messieurs, vous avez renvoyé à l'examen d'une commission spéciale un projet de loi dont je vais avoir l'honneur de vous rendre compte.

» Le roi vient de sanctionner le Code forestier adopté par les deux chambres à la presque unanimité des suffrages; la France ne manquera pas de remarquer ce parfait accord des trois branches du pouvoir législatif, résultat heureux de la sagesse et de la maturité qui ont présidé à la préparation comme à la discussion solennelle de la plus importante loi qui ait été faite depuis la restauration.

« Vous vous rappelez, Messieurs, que parmi ses dispositions il en est deux par lesquelles vous avez introduit dans l'administration des bois des communes et des établissemens publics une innovation dont les avantages ont été généralement reconnus.

« La loi du 29 septembre 1791, article 19, imposait aux adjudicataires des coupes de bois communaux l'obligation de payer, en sus du montant de leur adjudication, un décime par franc, et c'est sur le produit de ce décime qu'étaient prélevés les frais d'administration à la charge des communes et des établissemens publics. Les coupes délivrées à titre d'affouage ne se trouvant pas comprises dans cette disposition, puisqu'elles se font sans adjudication, on a eu recours aux lois subséquentes des 15 août 1792 et 29 floréal an III pour le recouvrement des frais auxquels l'exploitation de ces coupes donnait lieu.

« Dans le projet de code, le gouvernement avait proposé de maintenir le décime pour les coupes adjugées, et d'autoriser la perception d'un vingtième de la valeur de celles qui se délivrent en nature. Mais vous avez jugé plus sage et plus favorable aux communes et aux établissemens publics d'adopter la proposition faite par votre commission, que le gouvernement fût indemnisé des frais d'administration par l'addition d'une contribution égale au montant de ces frais et réglée chaque année par la loi de finances; c'est ce que porte l'article 106. Par une juste conséquence de ces dispositions, l'article 107 affranchit les communes et les établissemens publics de tout droit de vacation, d'arpentage, de réarpentage, de décime et de prélèvement quelconque pour les agens et préposés de l'administration forestière. Ces deux articles, quelle que soit leur utilité, ne sauraient cependant être mis à exécution avant le 1er janvier 1829; il est, en effet, impossible que le budget de 1828, que l'on discute en ce moment, détermine le contingent de chaque commune ou établissement propriétaire de bois dans une contribution supplémentaire dont l'assiette exige d'ailleurs des travaux préliminaires qui ne pourront s'exécuter que dans le cours de l'année 1828. Il est donc indispensable d'autoriser le gouvernement à continuer pour l'année 1828 les perceptions par lui faites jusqu'à ce jour pour l'indemniser de la partie de ses frais d'administration à la charge des communes et des établissemens publics, et d'ordonner en conséquence que les dispositions des articles 106 et 107 du Code forestier ne seront exécutoires qu'à partir du 1er janvier 1829. Tel est, Messieurs, le but du projet présenté par le gouvernement, et dont j'ai l'honneur de vous proposer l'adoption. »

ORDONNANCE DU ROI

Portant nomination d'une commission chargée de préparer le projet de réglement nécessaire pour l'exécution du Code forestier.

CHARLES, par la grace de Dieu, ROI DE FRANCE ET DE NAVARRE, à tous ceux qui ces présentes verront, SALUT :

Sur le rapport de notre ministre secrétaire d'Etat des finances, NOUS AVONS ORDONNÉ ET ORDONNONS CE QUI SUIT :

ART. 1er. Une commission sera chargée de préparer le projet de réglement nécessaire pour la mise à exécution du Code forestier.

Ce projet de réglement sera soumis à notre approbation par notre ministre secrétaire d'Etat des finances.

ART. 2. Sont nommés membres de la commission créée par l'article précédent, les sieurs :

Comte Roy, pair de France, ministre d'Etat, président; vicomte de Martignac, membre de la chambre des députés, ministre d'Etat, directeur général de l'enregistrement et des domaines, vice-président; marquis de Bouthillier, membre de la chambre des députés, conseiller d'Etat, directeur général des forêts; baron Dudon, membre de la chambre des députés, conseiller d'Etat; baron Favard de Langlade, membre de la chambre des députés, conseiller d'Etat, et conseiller à la cour de cassation; Jacquinot de Pampelune, membre de la chambre des députés, conseiller d'Etat, procureur général près la cour royale de Paris; baron de Fréville, conseiller d'Etat; Avoyne de Chantereyne, membre de la chambre des députés, conseiller à la cour de cassation; de Fumeron-d'Ardeuil, maître des requêtes, rapporteur.

Art. 3. Notre ministre secrétaire d'Etat des finances est chargé de l'exécution de la présente ordonnance.

Donné au château des Tuileries, le vingt-unième jour du mois de mai de l'an de grace dix-huit cent vingt-sept, et de notre règne le troisième.

ORDONNANCE DU ROI

Pour l'exécution du Code forestier.

CHARLES, par la grace de Dieu, Roi de France et de Navarre;

Sur le rapport de notre ministre secrétaire d'Etat au département des finances,

Vu le Code forestier du royaume, sanctionné par nous le 21 mai dernier et promulgué le 31 juillet suivant.

Voulant en assurer l'exécution par des dispostions réglementaires,

Nous avons ordonné et ordonnons ce qui suit :

TITRE PREMIER.

De l'Administration forestière.

Art. 1. Les attributions conférées par le Code à l'administration forestière seront exercées, sous l'autorité de notre ministre des finances, par une direction générale dont l'organisation est réglée ainsi qu'il suit :

Note. Cet article et ceux du même titre organisent l'administration forestière, dont le titre II du Code a posé les bases.

SECTION I.

De la Direction générale des forêts.

Art. 2. La direction générale des forêts se compose d'un directeur général et de trois administrateurs nommés par nous, sur la proposition de notre ministre des finances.

Art. 3. En cas d'absence du directeur général, le ministre des finances désignera celui des administrateurs qui en remplira les fonctions.

Art. 4. Le directeur général dirige et surveille, sous les ordres de notre ministre des finances, toutes les opérations relatives au service.

Il correspond seul avec les diverses autorités.

Il a seul le droit de recevoir et d'ouvrir la correspondance.

Il donne et signe tous les ordres généraux de service.

Il travaille avec le ministre des finances, et lui rend compte de tous les résultats de son administration.

Art. 5. Notre ministre des finances déterminera les parties de service dont la suite sera attribuée à chaque administrateur.

Les administrateurs pourront être chargés de missions temporaires dans les départemens, avec l'approbation du ministre des finances.

Art. 6. Les administrateurs se réunissent au conseil d'administration, sous la présidence du directeur général.

En cas d'empêchement, le directeur général délègue la présidence à l'un des administrateurs.

Art. 7. Le directeur général soumettra à notre ministre des finances, après délibération préalable du conseil d'administration, les objets dont la nomenclature suit :

1° Budget général de l'administration forestière;

2° Création et suppression d'emplois supérieurs;

3° Destitution, révocation ou mise en jugement des agens forestiers du grade de sous-inspecteur et au-dessus;

4° Liquidation de pensions;

5° Changemens dans la circonscription des arrondissemens forestiers;

6° Projets d'aménagemens, de partages et d'échanges de bois, de cantonnement ou de rachat de droits d'usage;

7° Coupes extraordinaires;

8° Etats annuels des coupes ordinaires.

9° Cahier des charges pour les adjudications des coupes ordinaires;

10° Remboursemens pour moins de mesure;

11° Remises ou modérations d'amendes;

12° Extraction de minerai ou de matériaux dans les forêts;

13° Constructions à proximité des forêts;

14° Pourvois au conseil d'état;

15° Dispositions de service qui donneraient lieu à une dépense au-dessus de 500 francs;

16° Oppositions à des défrichemens;

17° Instructions générales et questions douteuses sur l'exécution des lois et ordonnances.

Art. 8. Dans toutes les affaires autres que celles qui sont mentionnées en l'article précédent, le directeur général statuera, sauf le recours des parties devant notre ministre des finances.

Le directeur général devra toutefois prendre l'avis du conseil d'administration sur les destitutions, révocations ou mises en jugement des agens au-dessous du grade de sous-inspecteur et des préposés de l'administration forestière, sur toutes les affaires contentieuses, ainsi que sur toutes les dépenses au-dessous de 500 francs.

Art. 9. Un vérificateur général des arpentages sera attaché à la direction générale des forêts.

Il sera nommé par notre ministre des finances.

SECTION II.

Du Service forestier dans les départemens.

Art. 10. La division territoriale de la France en conservations forestières est arrêtée conformément au tableau annexé à la présente ordonnance.

Les conservations seront subdivisées en inspections et sous-inspections, dont le nombre et les circonscriptions seront fixés par notre ministre des finances.

La direction générale déterminera le nombre et la résidence des gardes généraux, des arpenteurs, des gardes à cheval et des gardes à pied, ainsi que les arrondissemens et triages dans lesquels ils devront exercer leurs fonctions.

Art. 11. La direction générale a sous ses ordres,

1° Des agens sous les dénominations de conservateurs, d'inspecteurs, de sous-inspecteurs et de gardes généraux;

2° Des arpenteurs;

3° Des gardes à cheval et des gardes à pied.

Art. 12. Les conservateurs seront nommés par nous, sur la proposition de notre ministre des finances.

Le ministre des finances nommera aux places d'inspecteur et de sous-inspecteur, sur la proposition du directeur général.

Le directeur général nommera à tous les autres emplois.

Les nominations à tous les grades supérieurs à celui de garde général seront toujours faites parmi les agens du grade immédiatement inférieur qui auront au moins deux ans d'exercice dans ce grade.

Art. 13. Nul ne sera promu au grade de garde général, si préalablement il n'a fait partie de l'école forestière, dont il sera parlé ci-après, ou s'il n'a exercé, pendant deux ans au moins, les fonctions de garde à cheval.

§ 1. — *Des Agens forestiers*

Art. 14. Chacun des agens dénommés en l'article 11, § 1, fera, suivant l'ordre hiérarchique, les opérations, vérifications et tournées qui lui seront prescrites en exécution du Code forestier et de la présente ordonnance, surveillera le service des agens et gardes qui lui seront subordonnés, et leur transmettra les ordres et instructions qu'il recevra de ses supérieurs. Il pourra faire suppléer, en cas d'empêchement, les agens et gardes employés sous ses ordres, à la charge d'en rendre compte, sans délai, à son supérieur immédiat.

Art. 15. Les conservateurs correspondront directement avec la direction générale et avec les autorités supérieures des départemens.

Les autres agens correspondront avec le chef de service sous les ordres duquel ils seront placés immédiatement, et lui rendront compte de leurs opérations.

Art. 16. Les agens forestiers seront tenus d'avoir des sommiers et registres, dont la direction générale déterminera le nombre et la destination, et sur lesquels ils inscriront régulièrement, par ordre de date, les ordonnances et ordres de service qui leur seront transmis, leurs diverses opérations, leurs procès-verbaux, et les déclarations qui leur seront remises.

Ils feront coter et parapher ces registres par le préfet ou le sous-préfet du lieu de leur résidence, et signeront chaque enregistrement, en faisant mention, en marge de chaque pièce ou procès-verbal, de l'inscription à laquelle elle aura donné lieu sur les registres, avec indication du folio.

Les inspecteurs, sous-inspecteurs et gardes généraux tiendront, en outre, un registre spécial sur lequel ils annoteront sommairement, par ordre de réception, les procès-verbaux qui leur seront remis par les gardes, et indiqueront en regard le résultat des poursuites et la date des jugemens auxquels ces procès-verbaux auront donné lieu.

Art. 17. Les agens forestiers seront responsables des titres, plans et autres actes dont ils se trouveront dépositaires en vertu de leurs fonctions.

A chaque mutation d'emploi, il en sera dressé, ainsi que des registres et sommiers, un inventaire en double qui constituera le nouvel agent responsable, en opérant la décharge de son prédécesseur.

ART. 18. L'uniforme des agens forestiers est réglé ainsi qu'il suit :

Pour tous les agens, habit et pantalon de drap vert; l'habit boutonné sur la poitrine ; le collet droit ; le gilet chamois ; les boutons de métal blanc, ayant un pourtour de feuilles de chêne et portant au milieu les mots *Direction générale des forêts*, avec une fleur de lis ; le chapeau français avec une ganse en argent et un bouton pareil à ceux de l'habit ; une épée.

La broderie sera en argent et le dessin en feuille de chêne.

Les conservateurs porteront la broderie au collet, aux paremens et au bas de la taille de l'habit, avec une baguette unie sur les bords de l'habit et du gilet.

Les inspecteurs porteront la broderie au collet et aux paremens.

L'habit des sous-inspecteurs sera brodé au collet, avec une baguette unie aux paremens.

Les gardes généraux auront deux rameaux de chêne de la longueur de dix centimètres brodés de chaque côté du collet de l'habit.

§ 2. *Des Arpenteurs.*

ART. 19. Les arpenteurs nommés et commissionnés par le directeur général des forêts feront, sous les ordres des agens forestiers chefs de service, l'arpentage des coupes ordinaires et extraordinaires, et toutes les opérations de géométrie nécessaires pour les délimitations, aménagemens, partages, échanges et cantonnemens.

ART. 20. Leurs rétributions pour l'arpentage des coupes seront fixées par notre ministre des finances.

Pour les autres opérations énoncées en l'article précédent, et généralement pour toutes les opérations extraordinaires dont les arpenteurs pourraient être chargés, leur salaire sera réglé, de gré à gré, entre eux et la direction générale.

ART. 21. L'uniforme des arpenteurs sera de même forme et de même couleur que celui des agens forestiers ; mais le collet et les paremens seront en velours noir, avec une broderie pareille à celle des gardes généraux.

Art. 22. Les arpenteurs forestiers constateront les délits qu'ils reconnaîtront dans le cours de leurs opérations, les déplacemens de bornes et toute dégradation ou altération de limites, et ils remettront aux agens forestiers les procès-verbaux qu'ils en auront dressés.

Art. 23. Les arpenteurs seront tenus de représenter, à toute réquisition, aux agens forestiers chefs de service les minutes et expéditions des procès-verbaux, plans et actes quelconques relatifs à leurs travaux.

En cas de cessation de fonctions, les arpenteurs ou leurs héritiers remettront ces actes à l'agent forestier chef de service, dans le délai de quinze jours.

§ 3. — *Des Gardes à cheval et des Gardes à pied.*

Art. 24. Les gardes à cheval et les gardes à pied sont spécialement chargés de faire des visites journalières dans les bois soumis au régime forestier, et de dresser procès-verbal de tous les délits ou contraventions qui y auront été commis.

Art. 25. Les gardes forestiers résideront dans le voisinage des forêts ou triages confiés à leur surveillance. Le lieu de leur résidence sera indiqué par le conservateur.

Art. 26. Les gardes forestiers tiendront un registre d'ordre qu'ils feront coter et parapher par le sous-préfet de l'arrondissement.

Ils y transcriront régulièrement leurs procès-verbaux par ordre de date. Ils signeront cet enregistrement, et inscriront en marge de chaque procès-verbal le folio du registre où il se trouvera transcrit.

Ils feront mention, sur le même registre et dans le même ordre, de toutes les significations et citations dont ils auront été chargés.

Ils y feront également mention des chablis et des bois de délit qu'ils auront reconnus, et en donneront avis, sans délai, à leur supérieur immédiat.

A chaque mutation, les gardes seront tenus de remettre ce registre à celui qui leur succédera.

Art. 27. Les gardes à cheval et les gardes à pied adresseront leurs rapports à leur chef immédiat, et lui remettront leurs procès-verbaux revêtus de toutes les formalités prescrites.

ART. 28. Indépendamment des fonctions communes aux gardes à cheval et aux gardes à pied, le directeur général pourra attribuer aux gardes à cheval des fonctions de surveillance immédiate sur les gardes à pied.

ART. 29. L'uniforme des gardes à cheval et des gardes à pied sera l'habit, le pantalon et le gilet de drap vert.

L'habit des gardes à cheval aura sur le collet une broderie semblable à celle qui sera déterminée ci-après pour les élèves de l'école royale forestière.

Les gardes à cheval et les gardes à pied porteront une bandoulière chamois avec bandes de drap vert, et au milieu, une plaque de métal blanc portant ces mots, *forêts royales*, avec une fleur de lis.

ART. 30. Les gardes sont autorisés à porter un fusil simple pour leur défense, lorsqu'ils font leurs tournées et visites dans les forêts.

§ 4. — *Dispositions communes aux agens et Préposés.*

ART. 31. Il est interdit aux agens et gardes, sous peine de révocation, de faire le commerce de bois, d'exercer aucune industrie où le bois sera employé comme matière principale, de tenir auberge ou de vendre des boissons en détail.

Note. Cet article renouvelle une prohibition prononcée par les articles 12, titre X, et 31, titre XXVII, de l'ordonnance de 1669.

ART. 32. Nul ne pourra exercer un emploi forestier dans l'étendue de la conservation où il fera ses approvisionnemens de bois comme propriétaire ou fermier de forges, fourneaux, verreries et autres usines à feu, ou de scieries et autres établissemens destinés au travail des bois.

ART. 33. Les agens forestiers ne pourront avoir sous leurs ordres leurs parens ou alliés en ligne directe, ni leurs frères ou beaux-frères, oncles ou neveux.

Note. Ces prohibitions sont limitées comme celle de l'art. 21 du Code.

ART. 34. Les agens et les gardes forestiers, ainsi que les

arpenteurs, seront toujours revêtus de leur uniforme ou des marques distinctives de leur grade dans l'exercice de leurs fonctions.

Art. 35. Les agens et gardes ne pourront, sous aucun prétexte, rien exiger ni recevoir des communes, des établissemens publics et des particuliers, pour les opérations qu'ils auront faites à raison de leurs fonctions.

Art. 36. Le marteau royal uniforme destiné aux opérations de balivage et de martelage aura pour empreinte une fleur de lis avec le numéro de la conservation.

Il sera déposé chez l'agent chef de service de chaque inspection, et renfermé dans un étui fermant à deux clefs dont l'une restera entre les mains de cet agent, et l'autre entre les mains de l'agent immédiatement inférieur.

L'agent dépositaire de ce marteau est chargé d'en entretenir l'étui et la monture en bon état, et demeure responsable de son depôt dans l'étui et de la remise de la seconde clef à l'agent à qui elle doit être confiée.

La direction générale déterminera, sous l'approbation de notre ministre des finances, les mesures propres à prévenir les abus dans l'emploi de ce marteau.

Art. 37. Les agens forestiers, les arpenteurs et les gardes seront pourvus chacun d'un marteau particulier dont la direction générale déterminera, sous l'approbation de notre ministre des finances, la forme, l'empreinte et l'emploi, et dont chacun d'eux sera chargé de déposer l'empreinte au greffe des cours et tribunaux, conformément à l'article 7 du Code forestier.

Art. 38. Les agens et préposés ne pourront être destitués que par l'autorité même à qui appartient le droit de les nommer.

Toutefois le directeur général pourra, dans les cas d'urgence, suspendre de leurs fonctions et remplacer provisoirement les agens qui ne sont pas nommés par lui; mais il devra en rendre compte immédiatement à notre ministre des finances.

Les conservateurs pourront, dans le même cas, suspendre provisoirement de leurs fonctions les gardes généraux et les préposés sous leurs ordres, mais à charge d'en rendre compte immédiatement au directeur général.

Note. Le premier paragraphe de cet article consacre la règle *ejus est destituere cujus et instituere*, rappelée à la chambre des députés, lors de la discussion de l'art. 98 du Code. Quant au remplacement provisoire des agens suspendus, il avait été réclamé à la chambre des pairs par M. le comte d'Aubersart Voyez page 172.

Art. 39. Le directeur général, après avoir pris l'avis du conseil d'administration, pourra dénoncer aux tribunaux les gardes généraux et les préposés forestiers, ou autoriser leur mise en jugement pour faits relatifs à leurs fonctions.

Notre ministre des finances pourra de même dénoncer aux tribunaux les inspecteurs et sous-inspecteurs des forêts, ou autoriser leur mise en jugement.

Les conservateurs ne pourront être poursuivis devant les tribunaux qu'en vertu d'autorisation accordée par nous en Conseil d'état.

Note. Cet article apporte quelques modifications à la législation relative à la mise en jugement des agens et gardes forestiers, législation dont les principes sont analysés dans les *observations* à la suite de l'art. 6 du Code, page 27.

SECTION III.

Des Ecoles forestières.

Art. 40. Il y aura, sous la surveillance de notre directeur général des forêts,

1° Une école royale destinée à former des sujets pour les emplois d'agens forestiers;

2° Des écoles secondaires pour l'instruction d'élèves gardes.

Note. Cet article et ceux qui composent le premier paragraphe de la présente section se rattachent à l'art. 3 du Code. Les dispositions de l'ordonnance rapportée page 19, se trouvent ainsi modifiées et refondues.

§ 1er. *École royale.*

Art. 41. L'enseignement dans l'école royale aura pour objet :

L'histoire naturelle dans ses rapports avec les forêts;

Les mathématiques appliquées à la mesure des solides et à la levée des plans ;

La législation et la jurisprudence, tant administrative que judiciaire, en matière forestière ;

L'économie forestière en ce qui concerne spécialement la culture, l'aménagement et l'exploitation des forêts, et l'éducation des arbres propres aux constructions civiles et navales ;

Le dessin ;

La langue allemande.

Art. 42. Notre ministre des finances nommera, pour être attachés à l'école royale forestière, trois professeurs, savoir :

Un professeur d'histoire naturelle,

Un professeur de mathématiques,

Un professeur d'économie forestière, de législation et de jurisprudence.

Les cours seront de deux années. Ils commenceront le 1er novembre de chaque année, et se termineront au 1er septembre suivant.

L'un des trois professeurs remplira les fonctions de directeur de l'école.

Un maître de dessin et un maître d'allemand seront attachés à l'école royale.

Art. 43. L'école royale forestière sera établie à Nancy.

Il sera affecté à cette école,

1° Une maison pour servir aux cours des professeurs, à l'établissement d'une bibliothèque et d'un cabinet d'histoire naturelle, et au logement du directeur ;

2° Un terrain pour les pépinières et cultures forestières nécessaires à l'instruction des élèves.

Art. 44. Le nombre des élèves est fixé à vingt-quatre.

Les aspirans seront examinés, tant à Paris que dans les départemens, par les examinateurs des écoles royales militaires, dans le même temps et dans les mêmes lieux. Pour être admis au concours à une place d'élève, chaque aspirant devra adresser au directeur général des forêts :

1° Son acte de naissance, constatant qu'à l'époque du 1er novembre l'aspirant aura dix-neuf ans accomplis et n'aura pas plus de vingt-deux ans;

2° Un certificat signé d'un docteur en médecine ou en chirurgie et duement légalisé, attestant que l'aspirant est d'une bonne constitution, et qu'il a été vacciné ou qu'il a eu la petite vérole;

3° Un certificat en forme, constatant qu'il a terminé son cours d'humanités;

4° La preuve qu'il possède un revenu annuel de douze cents francs, ou, à défaut, une obligation par laquelle ses parens s'engagent à lui fournir une pension de pareille somme pendant son séjour à l'école forestière, et une pension de quatre cents francs depuis le moment où il sortira de l'école, jusqu'à l'époque où il sera employé comme garde général en activité.

Art. 45. Les candidats seront examinés sur les objets ci-après, savoir:

1° L'arithmétique complète et l'exposition du nouveau système métrique;

2° La géométrie élémentaire et le dessin;

3° La langue française.

4° Ils traduiront, sous les yeux de l'examinateur, un morceau d'un des auteurs latins, poète ou prosateur, qu'on explique en rhétorique.

Les candidats ne seront examinés que sur les objets indiqués par le programme; mais on aura égard aux connaissances plus étendues qu'ils pourront posséder, surtout en algèbre, en trigonométrie, en physique et en chimie.

Art. 46. Les élèves seront nommés par notre ministre des finances, selon le rang d'instruction et de capacité qui aura été assigné aux aspirans, d'après le résultat des examens. Ils auront, pendant la durée de leur séjour à l'école, le rang de garde à cheval.

Art. 47. Leur uniforme est réglé ainsi qu'il suit:

Habit et pantalon de drap vert; boutons de métal blanc, portant les mots « *Ecole royale forestière.* » L'habit boutonné sur la poitrine; deux légers rameaux de chêne, de la longueur de cinq centimètres, et un gland, brodés en argent, de chaque côté du collet; le gilet blanc; le chapeau français avec ganse en argent.

Art. 48. Les élèves feront chaque année, dans les forêts, aux époques qui seront indiquées par le directeur général, et sous la conduite du professeur qu'il aura désigné, des excursions qui auront pour but la démonstration et l'application sur le terrain, des principes qui leur auront été enseignés.

Art. 49. A la fin de chaque année, un jury composé des trois professeurs, et présidé par le directeur général ou par l'administrateur qu'il aura délégué, procédera à l'examen des élèves qui auront complété leurs deux années d'étude.

Art. 50. Les élèves qui auront satisfait à l'examen de sortie, auront le rang de garde général, et obtiendront, dès qu'ils auront l'âge requis, ou qu'ils auront obtenu de nous des dispenses d'âge, les premiers emplois vacans dans ce grade.

Toutefois la moitié de ces emplois demeurera expressément réservée pour l'avancement des gardes à cheval en activité.

Art. 51. Si les élèves, après avoir terminé leurs cours et fait preuve des connaissances requises, n'ont pas atteint l'âge de vingt-cinq ans, ou obtenu de nous des dispenses d'âge, ou s'il n'existe point d'emplois de garde général vacans, ils jouiront du traitement de garde à cheval, et seront provisoirement employés, soit près de la direction générale à Paris, soit près des conservateurs ou des inspecteurs dans les arrondissemens les plus importans.

Dès qu'ils auront satisfait à la condition d'âge, et que des vacances auront lieu, les premiers emplois de garde général leur seront acquis par préférence aux autres élèves qui auraient postérieurement terminé leurs cours.

Art. 52. Ceux qui, après les deux années d'étude révolues, n'auront point fait preuve, devant le jury d'examen, de l'instruction nécessaire pour exercer des fonctions actives, seront admis à suivre les cours pendant une troisième année; mais si après cette troisième année ils sont encore reconnus incapables, ils cesseront de faire partie de l'école et de l'administration forestières.

Quant à ceux qui, d'après les comptes périodiques rendus au directeur général des forêts par le directeur de l'école, ne suivront pas exactement les cours, ou dont la conduite aura donné lieu à des plaintes graves, il en sera référé à notre ministre des finances, qui ordonnera, s'il y a lieu, leur radiation du tableau des élèves.

Art. 53. Notre ministre des finances fixera, par un réglement spécial, la division des cours, le classement des élèves, l'ordre et les heures des leçons, la police de l'école et les attributions du directeur.

§ 2. *Ecoles secondaires.*

Art. 54. Il sera établi des écoles secondaires dans les régions de la France les plus boisées.

Elles seront destinées à former des sujets pour les emplois de gardes.

La durée des cours sera de deux ans.

Note. L'ordonnance rapportée page 19, n'organisait que l'école forestière de Nancy, destinée à former des gardes généraux. C'est une mesure très-sage que d'avoir créé des écoles secondaires pour former de simples gardes.

Art. 55. L'enseignement dans les écoles secondaires aura pour objet

1° L'écriture, la grammaire et les quatre premières règles de l'arithmétique ;

2° La connaissance des arbres forestiers et de leurs qualités et usages, et spécialement celle des arbres propres aux constructions civiles et navales ;

3° Les semis et plantations ;

4° Les principes sur les aménagemens, les estimations et les exploitations ;

5° La connaissance des dispositions législatives et réglementaires qui concernent les fonctions des gardes, la rédaction des procès-verbaux et les formalités dont ils doivent être revêtus ; les citations ; la tenue d'un livre-journal, et l'exercice des droits d'usage.

Art. 56. Nous déterminerons, par une ordonnance spéciale, les lieux où les écoles secondaires seront établies, le nombre des élèves, les conditions d'admissibilité, et les moyens de pourvoir à l'entretien et à l'enseignement des élèves de ces écoles.

TITRE II.

Des bois et forêts qui font partie du domaine de l'Etat.

SECTION I.

De la délimitation et du bornage.

Art. 57. Toutes demandes en délimitation et bornage entre les forêts de l'État et les propriétés riveraines seront adressées au préfet du département.

Note. Les articles 8 et suivans du Code forestier posent les principes du bornage et de la délimitation; les articles 57 et suivans de l'ordonnance d'exécution et déterminent le mode d'y procéder

Art. 58. Si les demandes ont pour objet des délimitations partielles, il sera procédé dans les formes ordinaires.

Dans le cas où, les parties étant d'accord pour opérer la délimitation et le bornage, il y aurait lieu à nommer des experts, le préfet, après avoir pris l'avis du conservateur des forêts et du directeur des domaines, nommera un agent forestier pour opérer comme expert dans l'intérêt de l'État.

Art. 59. Lorsqu'en exécution de l'art. 10 du Code, il s'agira d'effectuer la délimitation générale d'une forêt, le préfet nommera, ainsi qu'il est prescrit par l'article précédent, les agens forestiers et les arpenteurs qui devront procéder dans l'intérêt de l'État, et indiquera le jour fixé pour le commencement des opérations et le point du départ.

Art. 60. Les maires des communes où devra être affiché l'arrêté destiné à annoncer les opérations relatives à la délimitation générale, seront tenus d'adresser au préfet des certificats constatant que cet arrêté a été publié et affiché dans ces communes.

Art. 61. Le procès-verbal de délimitation sera rédigé par les experts suivant l'ordre dans lequel l'opération aura été faite.

Il sera divisé en autant d'articles qu'il y aura de propriétaires riverains, et chacun de ces articles sera clos séparément et signé par les parties intéressées.

Si les propriétaires riverains ne peuvent pas signer ou refusent de le faire, si même ils ne se présentent ni en personne ni par un fondé de pouvoir, il en sera fait mention.

En cas de difficultés sur la fixation des limites, les réquisitions, dires et observations contradictoires seront consignés au procès-verbal.

Toutes les fois que, par un motif quelconque, les lignes de pourtour d'une forêt, telles qu'elles existent actuellement, devront être rectifiées de manière à déterminer l'abandon d'une portion du sol forestier, le procès-verbal devra énoncer les motifs de cette rectification, quand même il n'y aurait à ce sujet aucune contestation entre les experts.

Art. 62. Dans le délai fixé par l'art. 11 du Code forestier, notre ministre des finances nous rendra compte des motifs qui pourront déterminer l'approbation ou le refus d'homologation du procès-verbal de délimitation, et il y sera statué par nous sur son rapport.

A cet effet, aussitôt que ce procès-verbal aura été déposé au secrétariat de la préfecture, le préfet en fera faire une copie entière qu'il adressera sans délai à notre ministre des finances.

Art. 63. Les intéressés pourront requérir des extraits duement certifiés du procès-verbal de délimitation, en ce qui concernera leurs propriétés.

Les frais d'expédition de ces extraits seront à la charge des requérans, et réglés à raison de soixante-quinze centimes par rôle d'écriture, conformément à l'article 37 de la loi du 25 juin 1794 (7 messidor an 2).

Art. 64. Les réclamations que les propriétaires pourront former, soit pendant les opérations, soit dans le délai d'un an, devront être adressées au préfet du département, qui les communiquera au conservateur des forêts et au directeur des domaines pour avoir leurs observations.

Art. 65. Les maires justifieront, dans la forme prescrite par l'art. 60, de la publication de l'arrêté pris par le préfet pour faire connaître notre résolution relativement au procès-verbal de délimitation. Il en sera de même pour l'arrêté par lequel le préfet appellera les riverains au bornage, conformément à l'art. 12 du Code forestier.

Art. 66. Les frais de délimitation et de bornage seront établis par articles séparés pour chaque propriétaire riverain, et supportés en commun entre l'administration et lui.

L'état en sera dressé par le conservateur des forêts et visé par le préfet. Il sera remis au receveur des domaines, qui poursuivra, par voie de contrainte, le paiement des sommes à la charge des riverains, sauf l'opposition, sur laquelle il sera statué par les tribunaux conformément aux lois.

SECTION II.

Des aménagemens.

Art. 67. Il sera procédé à l'aménagement des forêts dont les coupes ne sont pas fixées régulièrement ou conformément à la nature du sol et des essences.

Notre ministre des finances nous présentera, au mois de janvier de chaque année, l'état des aménagemens effectués durant l'année révolue.

Note. On a vu, page 43, que l'aménagement est réglé par ordonnances. Ce principe reçoit ici son application et ses développemens.

Art. 68. Les aménagemens seront réglés principalement dans l'intérêt des produits en matière et de l'éducation des futaies.

En conséquence, l'administration recherchera les forêts et parties de forêts qui pourront être réservées pour croître en futaie, et elle en proposera l'aménagement, en indiquant celles où le mode d'exploitation par éclaircie pourrait être le plus avantageusement employé.

Art. 69. Dans toutes les forêts qui seront aménagées à l'avenir, l'âge de la coupe des taillis sera fixé à vingt-cinq ans au moins, et il n'y aura d'exception à cette règle que pour les forêts dont les essences dominantes seront le châtaignier et les bois blancs, ou qui seront situées sur des terrains de la dernière qualité.

Art. 70. Lors de l'exploitation des taillis, il sera réservé cinquante baliveaux de l'âge de la coupe par hectare. En cas d'impossibilité, les causes en seront énoncées aux procès-verbaux de balivage et de martelage.

Les baliveaux modernes et anciens ne pourront être abattus qu'autant qu'ils seront dépérissans ou hors d'état de prospérer jusqu'à une nouvelle révolution.

Art. 71. Seront considérées comme coupes extraordinaires, et ne pourront en conséquence être effectuées qu'en vertu de nos ordonnances spéciales, celles qui intervertiraient l'ordre établi par l'aménagement ou par l'usage observé dans les forêts dont l'aménagement n'aurait pu encore être réglé, toutes les coupes par anticipation, et celles des bois ou portions de bois mis en réserve pour croître en futaie, et dont le terme d'exploitation n'aurait pas été fixé par l'ordonnance d'aménagement.

Cette disposition se rattache à l'art. 16 du Code.

Art. 72. Pour les forêts d'arbres résineux où les coupes se feront en jardinant, l'ordonnance d'aménagement déterminera l'âge ou la grosseur que les arbres devront atteindre avant que la coupe puisse en être ordonnée.

SECTION III.

Des assiettes, arpentages, balivages, martelages et adjudications des coupes.

Art. 73. Chaque année, les conservateurs adresseront au directeur général les états des coupes ordinaires à asseoir, conformément aux aménagemens, ou selon les usages actuellement observés dans les forêts qui ne sont pas encore aménagées.

Ces états seront soumis à l'approbation de notre ministre des finances.

Les conservateurs adresseront pareillement au directeur général, pour chaque coupe extraordinaire à autoriser par nos ordonnances, un procès-verbal qui énoncera les motifs de la coupe proposée, l'état, l'âge, la consistance et la nature des bois qui la composeront, le nombre d'arbres de réserve qu'elle comportera, et les travaux à exécuter dans l'intérêt du sol forestier.

Art. 74. Lorsque les coupes ordinaires et extraordinaires auront été autorisées, les conservateurs désigneront ou feront désigner par les agens forestiers les arbres d'assiette, et feront procéder aux arpentages.

Art. 75. Les arpenteurs ne pourront, sous peine de révocation et sans préjudice de toutes poursuites en dommages-intérêts, donner aux laies et tranchées qu'ils ouvriront pour le mesurage des coupes plus d'un mètre de largeur.

Les bois qui en proviendront feront partie de l'adjudication de chaque coupe, ou seront vendus suivant la forme des menus marchés.

Art. 76. Les coupes seront délimitées par des pieds corniers et parois : lorsqu'il ne se trouvera pas d'arbres sur les angles pour servir de pieds corniers, les arpenteurs y suppléeront par des piquets, et emprunteront au dehors ou au dedans de la coupe les arbres les plus apparens et les plus propres à servir de témoins.

L'arpenteur sera tenu de faire usage au moins de l'un des pieds corniers de la précédente vente.

Tous les arbres de limites seront marqués au pied, et le plus près de terre qu'il sera possible, du marteau de l'arpenteur, savoir : les pieds corniers sur deux faces, l'une dans la direction de la ligne qui sera à droite, et l'autre dans celle de la ligne qui sera à gauche ; et les parois sur une seule face, du côté et en regard de la coupe.

L'arpenteur fera, au-dessus de chaque empreinte de son marteau, dans la même direction, et à la hauteur d'un mètre, une entaille destinée à recevoir l'empreinte du marteau royal.

Art. 77. Les arpenteurs dresseront des plans et procès-verbaux d'arpentage des coupes qu'ils auront mesurées, et ils y indiqueront toutes les circonstances nécessaires pour servir à la reconnaissance des limites de ces coupes, lors du récolement.

Ils en enverront immédiatement deux expéditions à l'inspecteur ou à l'agent qui en remplira les fonctions dans l'arrondissement.

ART. 78. Il sera procédé à chaque opération de balivage et de martelage par deux agens au moins; le garde du triage devra y assister, et il sera fait au procès-verbal mention de sa présence.

ART. 79. Les pieds corniers, les parois et les arbres à réserver dans les coupes seront marqués du marteau royal, savoir : les arbres de limites à la hauteur d'un mètre, et les arbres anciens, les modernes et les baliveaux de l'âge du taillis à la hauteur et de la manière qui seront déterminées par les instructions de l'administration.

Les baliveaux de l'âge du taillis pourront être désignés par un simple griffage ou toute autre marque autorisée par l'administration, lorsque ces arbres seront trop faibles pour recevoir l'empreinte du marteau royal.

Il sera fait mention dans les affiches et dans le procès-verbal d'adjudication du mode de martelage ou de désignation des arbres de réserve.

ART. 80. Dans les coupes qui s'exploitent en jardinant ou par pieds d'arbres, le marteau royal sera appliqué aux arbres à abattre, et la marque sera faite au corps et à la racine.

ART. 81. Les procès-verbaux de balivage et de martelage indiqueront le nombre et les espèces d'arbres qui auront été marqués en réserve, avec distinction en baliveaux de l'âge, modernes et anciens, pieds corniers et parois.

Ces procès-verbaux, revêtus de la signature de tous les agens qui auront concouru à l'opération, seront adressés, dans le délai de huit jours, au conservateur.

L'estimation des coupes sera faite par un procès-verbal séparé qui sera adressé au conservateur dans le même délai.

ART. 82. Les conditions générales des adjudications seront établies par un cahier de charges délibéré chaque année par la direction générale des forêts, et approuvé par notre ministre des finances.

Les clauses particulières seront arrêtées par les conservateurs.

Les clauses et conditions, tant générales que particulières, seront toutes de rigueur, et ne pourront jamais être réputées comminatoires.

Art. 83. Quinze jours avant l'époque fixée pour l'adjudication, l'agent forestier chef de service fera déposer au secrétariat de l'autorité administrative qui devra présider à la vente,

1° Les procès-verbaux d'arpentage, de balivage et de martelage des coupes;

2° Une expédition du cahier des charges générales et des clauses particulières et locales.

Le fonctionnaire qui devra présider à la vente apposera son visa au bas de ces pièces pour en constater le dépôt.

Art. 84. Les affiches indiqueront le lieu, le jour et l'heure où il sera procédé aux ventes, les fonctionnaires qui devront les présider, la situation, la nature et la contenance des coupes, et le nombre, la classe et l'essence des arbres marqués en réserve.

Elles seront rédigées par l'agent supérieur de l'arrondissement forestier, approuvées par le conservateur, et apposées, sous l'autorisation du préfet, à la diligence de l'agent forestier, lequel sera tenu de rapporter les certificats d'apposition que les maires délivreront aux gardes ou autres qui les auront placardées.

Les préfets et sous-préfets emploieront au surplus les autres moyens de publication qui seront à leur disposition.

Il sera fait mention dans les procès-verbaux d'adjudication des mesures qui auront été prises pour donner aux ventes toute la publicité possible.

Note. Voyez, relativement à l'indication de l'*heure*, ce qui est dit ci-dessus, page 52.

Art. 85. Il sera fait dans les affiches et dans les actes de vente des coupes extraordinaires, mention des ordonnances spéciales qui les auront autorisées.

Art. 86. Les adjudications des coupes ordinaires et extraordinaires auront lieu par-devant les préfets et sous-préfets, dans les chefs-lieux d'arrondissement.

Toutefois les préfets, sur la proposition des conservateurs, pourront permettre que les coupes dont l'évaluation n'excèdera pas cinq cents francs soient adjugées au chef-lieu d'une des communes voisines des bois et sous la présidence du maire.

Les adjudications se feront, dans tous les cas, en présence des agens forestiers et des receveurs chargés du recouvrement des produits.

Art. 87. Les adjudications se feront aux enchères et à l'extinction des feux.

Avant l'ouverture des enchères, le conservateur, ou l'agent forestier qui le remplacera pour l'adjudication, fera connaître au fonctionnaire qui présidera la vente le montant de l'estimation des coupes, et les feux ne seront allumés que lorsque les offres seront égales à l'estimation.

Si cependant les offres se rapprochaient de l'estimation, les feux pourraient être allumés sur la proposition de l'agent forestier.

Art. 88. Quant aux bois à couper par éclaircie, le directeur général pourra ordonner qu'ils soient exploités et façonnés pour le compte de l'État, et l'entreprise en sera adjugée au rabais.

Les bois façonnés seront vendus par lots dans la forme ordinaire des adjudications aux enchères, et à la charge par ceux qui s'en rendront adjudicataires, de payer le prix de l'abattage et de la façon desdits bois.

Art. 89. Lorsque, faute d'offres suffisantes, les adjudications n'auront pu avoir lieu, elles seront remises, séance tenante, au jour qui sera indiqué par le président, sur la proposition de l'agent forestier.

Le directeur général pourra, au surplus, autoriser le renvoi de l'adjudication à l'année suivante, et même ordonner, s'il y a lieu, et avec l'approbation de notre ministre des finances, que l'exploitation des coupes pour le compte de l'État et la vente des bois soient effectuées de la manière qui est autorisée par l'article précédent pour les exploitations par éclaircie.

Art. 90. Les frais à payer comptant par les adjudicataires

seront réglés par le préfet, sur la proposition du conservateur, et l'état en sera affiché dans le lieu des séances, avant l'ouverture et pendant toute la durée de la séance d'adjudication.

Art. 91. Les procès-verbaux des adjudications seront signés sur-le-champ par tous les fonctionnaires présens et par l'adjudicataire ou son fondé de pouvoirs ; et dans le cas d'absence de ces derniers, ou s'ils ne veulent ou ne peuvent signer, il en sera fait mention au procès-verbal.

SECTION IV.

Des exploitations.

Art. 92. Le permis d'exploiter sera délivré par l'agent forestier local chef de service, aussitôt que l'adjudicataire lui aura présenté les pièces justificatives exigées à cet effet par le cahier des charges.

Art. 93. Dans le mois qui suivra l'adjudication, pour tout délai, et avant que le permis d'exploiter soit délivré, l'adjudicataire pourra exiger qu'il soit procédé, contradictoirement avec lui ou son fondé de pouvoirs, au souchetage et à la reconnaissance des délits qui auraient été commis dans la vente ou à l'ouïe de la cognée.

Cette opération sera exécutée dans l'intérêt de l'État et sans frais par un agent forestier accompagné du garde du triage.

Le procès-verbal qui en sera dressé constatera le nombre des souches qui auront été trouvées, leur essence et leur grosseur. Il sera signé par l'adjudicataire ou son fondé de pouvoirs, ainsi que par l'agent et le garde forestier présent.

Les souches seront marquées du marteau de l'agent forestier.

Art. 94. Le facteur ou garde-vente de l'adjudicataire tiendra un registre sur papier timbré, coté et paraphé par l'agent forestier ; il y inscrira, jour par jour et sans lacune, la mesure et la quantité des bois qu'il aura débités et vendus, ainsi que les noms des personnes auxquelles il les aura livrés.

Art. 95. Tout adjudicataire de coupes dans lesquelles il y

aura des arbres à abattre sera tenu d'avoir un marteau dont la forme sera déterminée par l'administration, et d'en marquer les arbres et bois de charpente qui sortiront de la vente.

Le dépôt de l'empreinte de ce marteau au greffe du tribunal et chez l'agent forestier local devra être effectué dans le délai de dix jours, à dater de la délivrance du permis d'exploiter, sous les peines portées par l'article 32 du Code forestier. Il sera donné acte de ce dépôt à l'adjudicataire par l'agent forestier.

Art. 96. Les prorogations de délai de coupe ou de vidange ne pourront être accordées que par la direction générale des forêts.

Il n'en sera accordé qu'autant que les adjudicataires se soumettront d'avance à payer une indemnité calculée d'après le prix de la feuille et le dommage qui résultera du retard de la coupe ou de la vidange.

Note. Cet article se réfère au quarantième du Code, qui admet le principe de la prorogation des délais.

SECTION V.

Des réarpentages et récolemens.

Art. 97. Le réarpentage des coupes sera exécuté par un arpenteur autre que celui qui aura fait le premier mesurage, mais en présence de celui-ci, ou lui dûment appelé.

Art. 98. L'opération du récolement sera faite par deux agens au moins, et le garde du triage y sera appelé.

Les agens forestiers en dresseront un procès-verbal qui sera signé tant par eux que par l'adjudicataire ou son fondé de pouvoirs.

Art. 99. Les préfets ne délivreront aux adjudicataires les décharges d'exploitation qu'après avoir pris l'avis des conservateurs.

SECTION VI.

Des adjudications de glandée, panage et paisson, et des ventes de chablis, de bois de délit, et autres menus marchés.

ART. 100. Le conservateur fera reconnaître, chaque année, par les agens forestiers locaux, les cantons des bois et forêts où des adjudications de glandée, panage et paisson pourront avoir lieu sans nuire au repeuplement et à la conservation des forêts. Il autorisera en conséquence ces adjudications.

ART. 101. Les gardes constateront le nombre, l'essence et la grosseur des arbres abattus ou rompus par les vents, les orages, ou tous autres accidens. Ils en dresseront des procès-verbaux qu'ils remettront à leur chef immédiat dans les dix jours de la rédaction.

La reconnaissance de ces chablis sera faite sans délai par un agent forestier, qui les marquera de son marteau.

ART. 102. Les conservateurs autoriseront et feront effectuer les adjudications des chablis, ainsi que celles des bois provenant de délits, de recépages, d'élagages ou d'essartemens et qui n'auront pas été vendus sur pied, et généralement tous autres menus marchés.

ART. 103. Les arbres sur pied, quoique endommagés, ébranchés, morts ou dépérissans, ne pourront être abattus et vendus, même comme menus marchés, sans l'autorisation spéciale de notre ministre des finances.

ART. 104. Les adjudications mentionnées dans les articles 100, 102 et 103 ci-dessus seront effectuées avec les mêmes formalités que les adjudications des coupes ordinaires de bois.

SECTION VII.

Des concessions à charge de repeuplement.

ART. 105. Lorsque, au lieu d'opérer par adjudication à prix d'argent ou par économie des semis ou plantations dans les forêts, l'administration jugera convenable d'en concéder temporairement les vides et clairières àcharge de repeuplement, les agens forestiers procèderont d'abord à la reconnaissance des lieux, et le procès-verbal qu'ils en dresseront constatera le nombre, l'essence et les dimensions des arbres existans sur les terrains à concéder.

Le conservateur transmettra à la direction générale ce procès-verbal, avec ses observations, et un projet de cahier de charge spécial pour chaque concession, par lequel les concessionnaires devront particulièrement être assujettis aux dispositions des articles 34, 41, 42, 44 et 46 du Code forestier.

Art. 106. Le directeur général des forêts soumettra à notre ministre des finances les projets de concession avec toutes les pièces à l'appui.

Art. 107. Les concessions de cette nature ne pourront être effectuées que par voie d'adjudication publique, avec les mêmes formalités que les adjudications des coupes de bois.

Art. 108. La réception des travaux, la reconnaiss ancedes lieux et le récolement seront effectués, ainsi qu'il est prescrit par les articles 98 et 99 de la présente ordonnance pour le récolement des coupes de bois.

SECTION VIII.

Des Affectations à titre particulier dans les forêts de l'Etat.

Art. 109. Lorsque les délivrances en vertu d'affectations à titre particulier devront être faites par coupes ou parpieds d'arbres, les ayans-droit ne pourront en effectuer l'exploitation qu'après que la désignation et la délivrance leur en auront été faites régulièrement et par écrit par l'agent forestier chef de service.

Les opérations d'arpentage, de balivage et de martelage, ainsi que le réarpentage et le récolement, seront effectuées par les agens de l'administration forestière, de la même manière que pour les coupes des bois de l'État et avec les mêmes réserves.

Les possesseurs d'affectations se conformeront, pour l'exploitation des bois qui leur seront ainsi délivrés, à tout ce qui est prescrit aux adjudicataires des bois de l'État pour l'usance et la vidange des ventes.

Note. Cet article et les deux suivans règlent l'exécution de l'art. 58 du Code.

Art. 110. Lorsque les délivrances devront être faites par stères, elles seront imposées comme charges aux adjudicataires des coupes, et les possesseurs d'affectations ne pourront enlever les bois auxquels ils auront droit qu'après que le comptage en aura été fait contradictoirement entre eux et l'adjudicataire, en présence de l'agent forestier local.

Art. 111. Lorsqu'il y aura lieu d'estimer la valeur des bois à délivrer aux affouagistes, il sera procédé à l'estimation par un agent forestier nommé par le préfet et un expert nommé par l'affouagiste ; en cas de partage, un troisième expert sera nommé par le président du tribunal.

SECTION IX.

Des droits d'usage dans les bois de l'Etat.

Art. 112. Lorsqu'il y aura lieu d'affranchir les forêts de l'État des droits d'usage en bois au moyen d'un cantonnement, le conservateur en adressera la proposition au directeur général qui la soumettra à l'approbation de notre ministre des finances.

Note. Le principe du cantonnement est admis dans l'art. 63 du Code ; ici se trouve le mode d'y procéder.

Art. 113. Le ministre des finances prescrira au préfet, s'il y a lieu, de procéder aux opérations préparatoires du cantonnement.

A cet effet, un agent forestier désigné par le conservateur, un expert choisi par le directeur des domaines, et un troisième expert nommé par le préfet, estimeront :

1° D'après les titres des usagers, les droits d'usage en bois, en indiquant par une somme fixe en argent la valeur représentative de ces divers droits, tant en bois de chauffage qu'en bois de construction ;

2° Les parties de bois à abandonner pour le cantonnement, dont ils feront connaître l'assiette, l'abornement, la contenance, l'essence dominante et l'évaluation en fonds et en superficie, en distinguant le taillis de la futaie et mentionnant les claires-voies, s'il y en a;

3° Les procès-verbaux indiqueront en outre les routes, rivières ou canaux qui servent aux débouchés, et les villes ou usines à la consommation desquelles les bois sont employés.

La proposition de cantonnement, ainsi fixée provisoirement, sera signifiée par le préfet à l'usager.

Art. 114. Si l'usager donne son consentement à cette proposition, il sera passé entre le préfet et lui, et sous la forme administrative, acte de l'engagement pris par l'usager d'accepter sans nulle contestation le cantonnement tel qu'il lui a été proposé, sauf notre homologation.

Cet acte, avec toutes les pièces à l'appui, sera transmis par le préfet à notre ministre des finances, qui, après avoir pris l'avis des directions générales des domaines et des forêts, soumettra le projet de cantonnement à notre homologation.

Art. 115. Si l'usager refuse de consentir au cantonnement qui lui est proposé, et élève des réclamations, soit sur l'évaluation de ses droits d'usage, soit sur l'assiette et la valeur du cantonnement, le préfet en référera à notre ministre des finances, lequel lui prescrira, s'il y a lieu, d'intenter action contre l'usager devant les tribunaux, conformément à l'art. 63 du Code forestier.

Art. 116. Lorsqu'il y aura lieu d'effectuer le rachat d'un droit d'usage quelconque, autre que l'usage en bois, suivant la faculté accordée au Gouvernement par l'art. 64 du Code forestier, il sera procédé de la manière prescrite pour le cantonnement des usages en bois par les art. 112, 113, 114 et 115 ci-dessus.

Toutefois, si le droit d'usage appartient à une commune, notre ministre des finances, avant de prononcer sur la proposition de l'administration forestière, la communiquera au préfet, lequel donnera des renseignemens précis et son avis motivé sur l'absolue nécessité de l'usage pour les habitans.

Lorsque le ministre aura prononcé, le préfet, avant de faire procéder à l'estimation préparatoire, notifiera la proposition de rachat au maire de la commune usagère, en lui prescrivant de faire délibérer le conseil municipal, pour qu'il exerce, s'il le juge à propos, le pourvoi qui lui est réservé par le § 2 de l'art. 64 du Code forestier.

Le procès-verbal des experts ne contiendra que l'évaluation en argent des droits des usagers, d'après leurs titres.

Note. Cette disposition règle le mode d'exécution de l'art. 64 du Code.

Art. 117. En cas de contestation sur l'état et la possibilité des forêts et sur le refus d'admettre les animaux au pâturage et au panage dans certains cantons déclarés non défensables, le pourvoi contre les décisions rendues par les conseils de préfectures, en exécution des art. 65 et 67 du Code forestier, aura effet suspensif jusqu'à la décision rendue par nous en conseil d'état.

Art. 118. Les maires des communes et les particuliers jouissant du droit de pâturage ou de panage dans les forêts de l'État remettront annuellement à l'agent forestier local, avant le 31 décembre pour le pâturage et avant le 30 juin pour le panage, l'état des bestiaux que chaque usager possède, avec la distinction de ceux qui servent à son propre usage et de ceux dont il fait commerce.

Art. 119. Chaque année, les agens forestiers locaux constateront par des procès-verbaux, d'après la nature, l'âge et la situation des bois, l'état des cantons qui pourront être délivrés pour le pâturage, la glandée et le panage dans les forêts soumises à ces droits; ils indiqueront le nombre des animaux qui pourront y être admis et les époques où l'exercice de ces droits d'usage pourra commencer et devra finir.

Les propositions des agens forestiers seront soumises à l'approbation du conservateur avant le 1er février pour le pâturage, et avant le 1er août pour le panage et la glandée.

Art. 120. Les pâtres des communes usagères seront choisis par le maire, et agréés par le conseil municipal.

Note. Cet article se réfère à l'art. 72 du Code.

Art. 121. Le dépôt du fer servant à la marque des animaux, et de l'empreinte de ce fer devra être effectué par l'usager, ainsi que le prescrit l'art. 74 du Code forestier, avant l'époque fixée pour l'ouverture du pâturage ou du panage, sous les peines portées par cet article.

L'agent forestier local donnera acte de ce dépôt à l'usager.

Art. 122. Les bois de chauffage qui se délivrent par stère seront mis en charge sur les coupes adjugées, et fournis aux usagers par les adjudicataires, aux époques fixées par le cahier des charges.

Pour les communes usagères, la délivrance des bois de chauffage sera faite au maire qui en fera effectuer le partage entre les habitans.

Lorsque les bois de chauffage se délivreront par coupes, l'entrepreneur de l'exploitation sera agréé par l'agent forestier local.

Art. 123. Aucune délivrance de bois pour constructions ou réparations ne sera faite aux usagers que sur la présentation de devis dressés par des gens de l'art et constatant les besoins.

Ces devis seront remis, avant le 1er février de chaque année, à l'agent forestier local, qui en donnera reçu ; et le conservateur, après avoir fait effectuer les vérifications qu'il jugera nécessaires, adressera l'état de toutes les demandes de cette nature au directeur général, en même temps que l'état général des coupes ordinaires, pour être revêtu de son approbation.

La délivrance de ces bois sera mise en charge sur les coupes en adjudication et sera faite à l'usager par l'adjudicataire à l'époque fixée par le cahier des charges.

Dans le cas d'urgence constatée par le maire de la commune, la délivrance pourra être faite en vertu d'un arrêté du préfet rendu sur l'avis du conservateur. L'abattage et le façonnage des arbres auront lieu aux frais de l'usager, et les branchages et remanens seront vendus comme menus marchés.

TITRE III.

Des bois et forêts qui font partie du domaine de la couronne.

Art. 124. Toutes les dispositions de la présente ordonnance

concernant les forêts de l'État seront applicables aux bois et forêts de la couronne, sauf les exceptions qui résultent du titre IV du Code forestier.

TITRE IV.

Des bois et forêts qui sont possédés par les princes à titre d'apanage, et par des particuliers à titre de majorats réversibles à l'Etat.

Art. 125. Toutes les dispositions des 1re et 2e sections du titre II de la présente ordonnance relativement à la délimitation, au bornage et à l'aménagement des forêts de l'État, à l'exception de l'art. 68, sont applicables aux bois et forêts qui sont possédés par les princes à titre d'apanage, ou par des particuliers à titre de majorats réversibles à l'État.

Art. 126. Les possesseurs auront droit d'intervenir comme parties intéressées dans tous débats et actions relativement à la propriété.

Art. 127. Les visites que l'art. 89 du Code forestier prescrit à l'administration de faire faire dans ces bois et forêts auront pour objet de vérifier s'ils sont régis et administrés conformément aux dispositions de ce code, aux titres constitutifs des apanages ou majorats, et aux états ou procès-verbaux qui ont été ou seront dressés en exécution de ces titres.

Ces visites ne seront faites que par des agens forestiers qui seront désignés par le conservateur local ou par le directeur général des forêts. Elles auront lieu au moins une fois par an.

Les agens dresseront des procès-verbaux du résultat de leurs visites, et remettront ces procès-verbaux au conservateur, qui les transmettra sans délai, avec ses observations, au directeur général des forêts.

TITRE V.

Des bois des communes et des établissemens publics.

Art. 128. L'administration forestière dressera incessamment un état général des bois appartenant à des communes ou établissemens publics, et qui doivent être soumis au régime forestier, aux termes des art. 1er et 90 du Code, comme étant susceptibles d'aménagement ou d'une exploitation régulière.

S'il y a contestation à ce sujet de la part des communes ou établissemens propriétaires, la vérification de l'état des bois sera faite par les agens forestiers, contradictoirement avec les maires ou administrateurs.

Le procès-verbal de cette vérification sera envoyé par le conservateur au préfet qui fera délibérer les conseils municipaux des communes ou les administrateurs des établissemens propriétaires, et transmettra le tout, avec son avis, à notre ministre des finances, sur le rapport duquel il sera statué par nous.

ART. 129. Lorsqu'il y aura lieu d'opérer la délimitation des bois des communes et des établissemens publics, il sera procédé de la manière prescrite par la 1re section du titre II de la présente ordonnance pour la délimitation et le bornage des forêts de l'État, sauf les modifications des articles suivans.

ART. 130. Dans les cas prévus par les articles 58 et 59, le préfet, avant de nommer les agens forestiers chargés d'opérer comme experts dans l'intérêt des communes ou établissemens propriétaires, prendra l'avis des conservateurs des forêts et celui des maires et administrateurs.

ART. 131. Le maire de la commune, ou l'un des administrateurs de l'établissement propriétaire, aura droit d'assister à toutes les opérations, conjointement avec l'agent forestier nommé par le préfet. Ses dires, observations et oppositions seront exactement consignés au procès-verbal.

Le conseil municipal ou les administrateurs seront appelés à délibérer sur les résultats du procès-verbal avant qu'il soit soumis à notre homologation.

ART. 132. Lorsqu'il s'élèvera des contestations ou des oppositions, les communes ou établissemens propriétaires seront autorisés à intenter action ou à défendre, s'il y a lieu, et les actions seront suivies par les maires ou administrateurs, dans la forme ordinaire.

Art. 133. L'état des frais de délimitation et de bornage, dressé par le conservateur et visé par le préfet, sera remis au receveur de la commune ou de l'établissement propriétaire, qui percevra le montant des sommes mises à la charge des riverains, et, en cas de refus, en poursuivra le paiement par toutes les voies de droit au profit et pour le compte de ceux à qui ces frais seront dus.

Art. 134. Toutes les dispositions des 2e, 3e, 4e, 5e et 6e sections du titre II de la présente ordonnance sont applicables aux bois des communes et des établissemens publics, à l'exception des articles 68 et 88, et sauf les modifications qui résultent du titre VI du Code forestier et des dispositions du présent titre.

Art. 135. Nos ordonnances d'aménagement ne seront rendues qu'après que les conseils municipaux ou les administrateurs des établissemens propriétaires auront été consultés sur les propositions d'aménagement, et que les préfets auront donné leur avis.

Art. 136. Les mêmes formalités seront observées lorsqu'il s'agira de faire effectuer des travaux extraordinaires, tels que recépages, repeuplemens, clôtures, routes, constructions de loges pour les gardes, et autres travaux d'amélioration.

Si les communes ou établissemens propriétaires n'élèvent aucune objection contre les travaux projetés, ces travaux pourront être autorisés par le préfet sur la proposition du conservateur. Dans le cas contraire, il sera statué par nous sur le rapport de notre ministre des finances.

Art. 137. Dans les coupes des bois des communes et des établissemens publics, la réserve prescrite par l'article 70 de la présente ordonnance sera de quarante baliveaux au moins et de cinquante au plus par hectare.

Lors de la coupe des quarts en réserve, le nombre des arbres à conserver sera de soixante au moins et de cent au plus par hectare.

Art. 138. Les indemnités que les adjudicataires des bois des communes et des établissemens publics devront payer, en exécution de l'article 96 de la présente ordonnance, lorsqu'il leur sera accordé des délais de coupe et de vidange, seront versées dans les caisses des receveurs des communes ou établissemens propriétaires.

Art. 139. Il ne pourra être fait, dans les bois des communes et des établissemens publics, aucune adjudication de glandée, panage ou paisson, qu'en vertu d'autorisation spéciale du préfet, qui devra consulter à ce sujet les communes ou établissemens propriétaires, et prendre l'avis de l'agent forestier local.

Art. 140. Hors le cas de dépérissement des quarts en réserve, l'autorisation de les couper ne sera accordée que pour cause de nécessité bien constatée, et à défaut d'autres moyens d'y pourvoir.

Les demandes de cette nature, appuyées de l'avis des préfets, ne nous seront soumises par notre ministre des finances qu'après avoir été par lui communiquées à notre ministre de l'intérieur.

Art. 141. Les communes qui ne sont pas dans l'usage d'employer la totalité des bois de leurs coupes à leur propre consommation, feront connaître à l'agent forestier local la quantité de bois qui leur sera nécessaire, tant pour chauffage que pour constructions et réparations, et il en sera fait délivrance, soit par l'adjudicataire de la coupe, soit au moyen d'une réserve sur cette coupe; le tout conformément à leur demande et aux clauses du cahier des charges de l'adjudication.

Art. 142. Les administrateurs des établissemens publics donneront chaque année un état des quantités de bois, tant de chauffage que de construction dont ces établissemens auront besoin. Cet état sera visé par le sous-préfet, et transmis par lui à l'agent forestier local.

Les quantités de bois ainsi déterminées seront mises en charge lors de la vente des coupes, et délivrées à l'établissement par l'adjudicataire, aux époques qui seront fixées par le cahier des charges.

Art. 143. Lorsqu'il y aura lieu à l'expertise prévue par l'article 105 du Code forestier, cette expertise sera faite, dans le procès-verbal même de la délivrance, par le maire de la commune ou son délégué, par l'agent forestier et par un expert au choix de la partie prenante.

Le procès-verbal sera remis au receveur municipal par l'agent forestier.

Art. 144. Dans le cas prévu par le § 2 de l'article 109 du Code, le préfet, sur les propositions de l'agent forestier local et du maire de la commune, déterminera la portion de coupe affouagère qui devra être vendue aux enchères pour acquitter les frais de garde, la contribution foncière et l'indemnité attribuée au trésor par l'article 106 du Code.

Le produit de cette vente sera versé dans la caisse du receveur municipal pour être employé à l'acquittement de ces charges.

Art. 145. Lorsqu'il y aura lieu d'user de la faculté accordée par le Code forestier aux communes et aux établissemens publics, d'affranchir leurs bois de droits d'usage, le conseil municipal ou les administrateurs de la commune ou de l'établissement propriétaire seront d'abord consultés sur la convenance et l'utilité soit du cantonnement, soit du rachat, et le préfet soumettra leur délibération, avec les observations de l'agent forestier et son propre avis en forme d'arrêté, à notre ministre des finances, qui nous soumettra un projet d'ordonnance, après s'être concerté avec notre ministre de l'intérieur.

Il sera ensuite procédé de la manière prescrite par les articles 113, 114 et 116 de la présente ordonnance : mais le second expert, au lieu d'être nommé par le directeur des domaines, sera choisi par le maire, sauf l'approbation du conseil municipal, ou par les administrateurs de l'établissement.

S'il s'élève des contestations, il sera procédé conformément à l'article 115 de la présente ordonnance. Toutefois, les actions seront suivies devant les tribunaux par le maire ou les administrateurs, suivant les formes prescrites par les lois.

Art. 146. Toutes les dispositions de la section IX du titre II de la présente ordonnance, sur l'exercice des droits d'usage dans les bois de l'État, sont applicables à la jouissance des communes et des établissemens publics dans leurs propres bois, sauf les modifications qui résultent du présent titre, et à l'exception des articles 121 et 123.

TITRE VI.

Des bois indivis qui sont soumis au régime forestier.

Art. 147. En exécution des articles 1er et 113 du Code forestier, toutes les dispositions de la présente ordonnance relatives aux forêts de l'État sont applicables aux bois dans lesquels l'État a des droits de propriété indivis, soit avec des communes ou des établissemens publics, soit avec des particuliers.

Ces dispositions sont également applicables aux bois indivis entre le domaine de la couronne et les particuliers, sauf les modifications qui résultent du titre IV du Code forestier et du titre III de la présente ordonnance.

Quant aux bois indivis entre des communes ou des établissemens publics et les particuliers, ils seront régis conformément aux dispositions du titre VI du Code forestier et du titre V de la présente ordonnance.

Art. 148. Lorsqu'il y aura lieu d'effectuer des travaux extraordinaires pour l'amélioration des bois indivis, le conservateur communiquera aux co-propriétaires les propositions et projets de travaux.

Art. 149. L'administration des forêts soumettra incessamment à notre ministre des finances le relevé de tous les bois indivis, entre l'État et d'autres propriétaires, en indiquant quels sont ceux dont le partage peut être effectué sans inconvénient.

Notre ministre des finances décidera s'il y a lieu de provoquer le partage, et l'action sera, en conséquence, intentée et suivie conformément au droit commun et dans les formes ordinaires.

Lorsque les parties auront à nommer des experts, ces experts seront nommés :

Dans l'intérêt de l'État, par le préfet, sur la proposition du directeur des domaines qui devra se concerter à ce sujet avec le conservateur, pour désigner un agent forestier;

Dans l'intérêt des communes, par le maire, sauf l'approbation du conseil municipal;

Dans l'intérêt des établissemens publics, par les administrateurs de ces établissemens.

TITRE VII.

Des bois des particuliers.

Art. 150. Les gardes des bois des particuliers ne seront admis à prêter serment qu'après que leurs commissions auront été visées par le sous-préfet de l'arrondissement.

Si le sous-préfet croit devoir refuser son visa, il en rendra compte au préfet, en lui indiquant les motifs de son refus.

Ces commissions seront inscrites dans les sous-préfectures sur un registre où seront relatés les noms et demeures des propriétaires et des gardes, ainsi que la désignation et la situation des bois.

Art. 151. Lorsque les propriétaires ou les usagers seront dans le cas de requérir l'intervention d'un agent forestier pour visiter les bois des particuliers, à l'effet d'en constater l'état et la possibilité ou de déclarer s'ils sont défensables, ils en adresseront la demande au conservateur, qui désignera un agent forestier pour procéder à cette visite.

L'agent forestier ainsi désigné dressera procès-verbal de ses opérations, en énonçant toutes les circonstances sur lesquelles sa déclaration sera fondée.

Il déposera ce procès-verbal à la sous-préfecture, où les parties pourront en réclamer des expéditions.

TITRE VIII.

Des affectations spéciales de bois à des services publics.

SECTION I.

Des bois destinés au service de la marine.

Art. 152. Dans les bois dont la régie est confiée à l'administration forestière, aussitôt après la désignation et l'assiette des coupes ordinaires ou extraordinaires, le conservateur en adressera l'état au directeur ou au sous-directeur de la marine.

Dès que le balivage et le martelage des coupes auront été effectués, les agens forestiers chefs de service dans chaque inspection en donneront avis aux ingénieurs, maîtres ou contre-maîtres de la marine, qui procéderont immédiatement à la recherche et au martelage des bois propres au service de la marine royale.

Outre l'expédition des procès-verbaux de martelage que les agens de la marine doivent, aux termes de l'article 126 du Code forestier, faire viser par le maire et déposer à la mairie de la commune où le martelage aura eu lieu, ils en remettront immédiatement une seconde expédition aux agens forestiers chefs de service.

Le résultat des opérations des agens de la marine sera toujours porté sur les affiches des ventes, et tout martelage effectué ou signifié aux agens forestiers après l'apposition des affiches sera considéré comme nul.

Art. 153. Quant aux arbres épars qui devront être abattus sur les propriétés des communes ou des établissemens publics non soumises au régime forestier, les maires et administrateurs en feront la déclaration telle qu'elle est prescrite par les articles 124 et 125 du Code forestier.

Art. 154. Les déclarations prescrites par l'article 125 du Code indiqueront l'arrondissement, le canton et la commune de la situation des bois, les noms et demeures des propriétaires, le nom du bois et sa contenance, la situation et l'étendue du terrain sur lequel se trouveront les arbres, le nombre et les espèces d'arbres qu'on se proposera d'abattre et leur grosseur approximative.

Elles seront faites et déposées à la sous-préfecture, en double minute, dont l'une, visée par le sous-préfet, sera remise au déclarant.

Les sous-préfets qui auront reçu les déclarations les feront enregistrer, les transmettront immédiatement au directeur du service forestier de la marine, et en donneront avis à l'agent forestier local.

Art. 155. Dès que les déclarations leur seront parvenues, les agens de la marine procéderont à la reconnaissance et au martelage des arbres propres aux constructions navales, et se conformeront exactement aux dispositions de l'article 126 du Code forestier, pour les procès-verbaux qu'ils doivent dresser de cette opération.

Art. 156. Les arbres qui auront été marqués pour le service de la marine devront être abattus du 1er octobre au 1er avril.

La notification de l'abattage de ces arbres sera faite à la sous-préfecture et transmise aux agens de la marine, de la manière qui est prescrite par l'article 145 ci-dessus, pour les déclarations de volonté d'abattre.

Art. 157. Dès que la notification de l'abattage leur sera parvenue, les agens de la marine feront la visite des arbres abattus, et en dresseront un procès-verbal dont ils déposeront une copie à la mairie de la commune où les bois sont situés.

Art. 158. Les arbres qui auront été marqués pour le service de la marine dans les bois soumis au régime forestier, comme sur toute propriété privée, seront livrés en grume et en forêt; mais les adjudicataires ou les propriétaires pourront traiter de gré à gré avec les agens de la marine relativement au mode de livraison des bois, à leur écarrissage et à leur transport sur les ports flottables ou autres lieux de dépôt.

Art. 159. Dans les cas prévus par l'article 131 du Code forestier, le maire, sur la réquisition du propriétaire des arbres sujets à déclaration pour le service de la marine, constatera par un procès-verbal le nombre d'arbres dont ce propriétaire aura réellement besoin pour constructions ou réparations, l'âge et les dimensions de ces arbres.

Ce procès-verbal sera déposé à la sous-préfecture et transmis aux agens de la marine, de la manière qui est prescrite par l'article 154 de la présente ordonnance, pour les déclarations de volonté d'abattre.

Art. 160. Les procès-verbaux que les agens de la marine

sont autorisés, par l'article 134 du Code, à dresser pour constater les délits et les contraventions concernant le service de la marine seront remis par eux, dans le délai prescrit par les articles 15 et 18 du Code d'instruction criminelle, aux agens forestiers chargés de la poursuite devant les tribunaux.

Art. 161. Notre ministre de la marine présentera incessamment à notre approbation l'état des départemens, arrondissemens et cantons qui ne seront point soumis à l'exercice du droit de martelage pour les constructions navales : cet état, approuvé par nous, sera inséré au Bulletin des lois.

Les mêmes formalités seront observées lorsqu'il y aura lieu d'assujétir de nouveau à l'exercice du droit de martelage l'un des départemens, arrondissemens ou cantons qui en auront été ainsi affranchis. Nos ordonnances à ce sujet seront toujours publiées avant le 1er mars pour l'ordinaire suivant.

SECTION II.

Des bois destinés au service des ponts et chaussées, pour le fascinage du Rhin.

Art. 162. Chaque année, avant le 1er août, le conservateur fournira aux préfets des départemens du Haut et du Bas-Rhin un tableau des coupes des bois de l'Etat, des communes et des établissemens publics qui devront avoir lieu dans ces départemens, sur les rives et à la distance de cinq kilomètres du fleuve.

Ce tableau, divisé en deux parties, dont l'une comprendra les bois de l'Etat et l'autre ceux des communes et des établissemens publics, indiquera la situation de chaque coupe et les ressources qu'elle pourra produire pour les travaux d'endigage et de fascinage.

Cette disposition et celles qui suivent organisent l'exécution des articles 136 et suivans du Code.

Art. 163. Les déclarations prescrites aux propriétaires par l'article 137 du Code forestier, seront faites dans les formes et de la manière qui sont déterminées par l'article 154 de la présente ordonnance, pour le service de la marine.

Elles seront transmises immédiatement au préfet par les sous-préfets.

ART. 164. Le préfet, sur le rapport des ingénieurs des ponts et chaussées constatant l'urgence, prendra un arrêté pour désigner, à proximité du lieu où le danger se manifestera, les propriétés où seront coupés les bois nécessaires pour les travaux.

Il adressera cet arrêté à l'agent forestier supérieur de l'arrondissement et à l'ingénieur en chef des ponts et chaussées.

ART. 165. Lorsque la réquisition portera sur des bois régis par l'administration forestière, les agens forestiers locaux procéderont sur-le-champ, et dans les formes ordinaires, à la désignation du canton où la coupe devra être faite et aux opérations de balivage et de martelage.

Lorsque les bois sur lesquels frappera la réquisition appartiendront à des particuliers, l'agent forestier en fera faire, par un garde, la signification au propriétaire.

ART. 166. La déclaration à laquelle est tenu, en vertu de l'art. 140 du Code forestier, le propriétaire qui préférera exploiter lui-même les bois requis, sera faite à la sous-préfecture, et dans les formes qui sont prescrites pour les déclarations de volonté d'abattre, par l'article 145 de la présente ordonnance.

Le sous-préfet en donnera avis immédiatement au préfet et à l'ingénieur des ponts et chaussées chargé de l'exécution des travaux.

ART. 167. Dans le cas d'urgence prévu par l'article 138 du Code forestier, le propriétaire qui, pour des besoins personnels, serait obligé de faire couper sans délai des bois soumis à la déclaration devra faire constater l'urgence de la manière qui est prescrite par l'article 159 de la présente ordonnance.

Le procès-verbal sera transmis au préfet par le sous-préfet.

ART. 168. Pour l'exécution des dispositions de l'art. 141 du Code forestier, l'abattage des bois requis sera constaté, dans les bois régis par l'administration forestière par un procès-verbal d'un agent forestier, et dans les autres bois par un procès-verbal dressé par le maire de la commune.

Lorsqu'il y aura lieu de nommer des experts pour la fixation des indemnités, l'expert dans l'intérêt de l'administration des ponts et chaussées sera nommé par le préfet.

Les ingénieurs des ponts et chaussées ne délivreront aux entrepreneurs des travaux le certificat à fin de paiement pour solde, qu'autant qu'ils justifieront avoir entièrement payé les sommes mises à leur charge pour le prix des bois requis et livrés.

TITRE IX.

Police et conservation des bois et forêts qui sont régis par l'administration forestière.

Art. 169. Dans les bois et forêts qui sont régis par l'administration forestière, l'extraction de productions quelconques du sol forestier ne pourra avoir lieu qu'en vertu d'une autorisation formelle délivrée par le directeur général des forêts, s'il s'agit des bois de l'État, et s'il s'agit de ceux des communes et des établissemens publics, par les maires ou administrateurs des communes ou établissemens propriétaires, sauf l'approbation du directeur général des forêts, qui, dans tous les cas, réglera les conditions et le mode d'extraction.

Quant au prix, il sera fixé, pour les bois de l'État, par le directeur général des forêts; et pour les bois des communes et des établissemens publics, par le préfet, sur les propositions des maires ou administrateurs.

Art. 170. Lorsque les extractions de matériaux auront pour objet des travaux publics, les ingénieurs des ponts et chaussées, avant de dresser le cahier des charges des travaux, désigneront à l'agent forestier supérieur de l'arrondissement les lieux où ces extractions devront être faites.

Les agens forestiers, de concert avec les ingénieurs ou conducteurs des ponts et chaussées, procéderont à la reconnaissance des lieux, détermineront les limites du terrain où l'extraction pourra être effectuée, le nombre, l'espèce et les dimensions des arbres dont elle pourra nécessiter l'abattage, et désigneront les chemins à suivre pour le transport des matériaux. En cas de contestations sur ces divers objets, il sera statué par le préfet.

Art. 171. Les diverses clauses et conditions qui devront, en conséquence des dispositions de l'article précédent, être imposées aux entrepreneurs, tant pour le mode d'extraction que pour le rétablissement des lieux en bon état, seront rédigées par les agens forestiers, et remises par eux au préfet, qui les fera insérer au cahier des charges des travaux.

Art. 172. L'évaluation des indemnités dues à raison de l'occupation ou de la fouille des terrains, et des dégâts causés par l'extraction, sera faite conformément aux articles 55 et 56 de la loi du 16 septembre 1807.

L'agent forestier supérieur de l'arrondissement remplira les fonctions d'expert dans l'intérêt de l'État; et les experts dans l'intérêt des communes ou des établissemens publics seront nommés par les maires ou les administrateurs.

Art. 173. Les agens forestiers et les ingénieurs et conducteurs des ponts et chaussées sont expressément chargés de veiller à ce que les entrepreneurs n'emploient pas les matérieux provenant des extractions à d'autres travaux que ceux pour lesquels elles auront été autorisées.

Les agens forestiers exerceront contre les contrevenans toutes poursuites de droit.

Art. 174. Les arbres et portions de bois qu'il serait indispensable d'abattre pour effectuer les extractions seront vendus comme menus marchés, sur l'autorisation du conservateur.

Art. 175. Les réclamations qui pourront s'élever relativement à l'exécution des travaux d'extraction et à l'évaluation des indemnités seront soumises aux conseils de préfecture, conformément à l'article 4 de la loi du 17 février 1800 (28 pluviôse an 8).

Art. 176. Quand les arbres de lisière qui ont actuellement plus de trente ans auront été abattus, les arbres qui les remplaceront devront être élagués, conformément à l'article 572 du

Code civil, lorsque l'élagage en sera requis par les riverains.

Les plantations ou réserves destinées à remplacer les arbres actuels de lisière, seront effectuées en arrière de la ligne de délimitation des forêts, à la distance prescrite par l'art. 671 du Code civil.

La rédaction de cet article confirme l'interprétation donnée à l'article 150 du Code lors de la discussion à la chambre des pairs. Voyez, page 257, ce qu'a dit, à ce sujet, M. le vicomte de Martignac, commissaire du roi.

Art. 177. Les établissemens et constructions mentionnés dans les articles 151, 152, 153, 154 et 155 du Code forestier ne pourront être autorisés que par nos ordonnances spéciales.

Lorsqu'il s'agira des fours à chaux ou à plâtre, des briqueteries et des tuileries dont il est fait mention en l'article 151 de ce code, il sera d'abord statué par nous sur la demande d'autorisation, sans préjudice des droits des tiers et des oppositions qui pourraient s'élever. Il sera ensuite procédé suivant les formes prescrites par le décret du 15 octobre 1810 et par nos ordonnances des 14 janvier 1815 et 29 juillet 1818.

Art. 178. Les demandes à fin d'autorisation pour construction de maisons ou fermes, en exécution des §§ 1 et 2 de l'article 153 du Code, seront remises à l'agent forestier supérieur de l'arrondissement, en double minute, dont l'une, revêtue du visa de cet agent, sera rendue au déclarant.

Art. 179. Dans le délai de six mois, à dater de la publication de la présente ordonnance, les propriétaires des usines et constructions mentionnées dans les articles 151, 152 et 155 du Code forestier, et non compris dans les dispositions exceptionnelles de l'article 156 du même Code, seront tenus de remettre aux conservateurs les titres en vertu desquels ces usines ou constructions ont été établies.

Les conservateurs adresseront ces titres avec leurs observations à la direction générale des forêts qui les soumettra à notre ministre des finances.

Si les propriétaires ne font pas le dépôt de leurs titres dans le délai ci-dessus fixé, ou si les titres ne justifient pas suffisamment de leurs droits, l'administration forestière poursuivra la démolition de leurs usines et constructions en vertu des lois et réglemens antérieurs à la publication du Code forestier, ainsi qu'il est prescrit par le § 2 de l'article 218 de ce code.

Art. 180. Les possesseurs des scieries dont il est fait mention en l'article 155 du Code forestier seront tenus, chaque fois qu'ils voudront faire transporter dans ces scieries ou dans les bâtimens et enclos qui en dépendent, des arbres, billes ou tronces, d'en remettre à l'agent forestier local une déclaration détaillée, en indiquant de quelles propriétés ces bois proviennent.

Ces déclarations énonceront le nombre et le lieu de dépôt des bois : elles seront faites en double minute, dont une sera visée et remise au déclarant par l'agent forestier, qui en tiendra un registre spécial.

Les arbres, billes ou tronces seront marqués sans frais, par le garde forestier du canton ou par un des agens forestiers locaux, dans le délai de cinq jours après la déclaration.

TITRE X.

Des poursuites exercées au nom de l'administration forestière.

Art. 181. Les agens et les gardes dresseront, jour par jour, des procès-verbaux des délits et contraventions qu'ils auront reconnus.

Ils se conformeront, pour la rédaction et la remise de ces procès-verbaux, aux articles 16 et 18 du Code d'instruction criminelle.

Art. 182. Dans le cas où les officiers de police judiciaire désignés dans l'article 161 du Code forestier refuseraient, après avoir été légalement requis, d'accompagner les gardes dans leurs visites et perquisitions, les gardes rédigeront procès-verbal du refus, et adresseront sur-le-champ ce procès-verbal à l'agent forestier, qui en rendra compte à notre procureur près le tribunal de première instance.

Il en sera de même dans le cas où l'un des fonctionnaires dénommés dans l'article 165 du même code aurait négligé ou refusé de recevoir l'affirmation des procès-verbaux dans le délai prescrit par la loi.

Art. 183. Lorsque les procès-verbaux porteront saisie, l'expédition qui, aux termes de l'article 167 du Code forestier, doit en être déposée au greffe de la justice de paix dans les vingt-quatre heures après l'affirmation sera signée et remise par l'agent ou le garde qui aura dressé le procès-verbal.

Art. 184. Lorsque le juge de paix aura accordé la main-levée provisoire des objets saisis, il en donnera avis à l'agent forestier local.

Art. 185. Aux audiences tenues dans nos cours et tribunaux pour le jugement des délits et contraventions poursuivis à la requête de la direction générale des forêts, l'agent chargé de la poursuite aura une place particulière à la suite du parquet de nos procureurs et de leurs substituts. Il y assistera en uniforme et se tiendra découvert pendant l'audience.

Art. 186. Les agens forestiers dresseront, pour le ressort de chaque tribunal de police correctionnelle et au commencement de chaque trimestre, un mémoire, en triple expédition, des citations et significations faites par les gardes pendant le trimestre précédent ; cet état sera rendu exécutoire, visé et ordonnancé conformément au réglement du 18 juin 1811.

Art. 187. A la fin de chaque trimestre, les conservateurs adresseront au directeur général des forêts un état des jugemens et arrêts rendus à la requête de l'administration forestière, avec une indication sommaire de la situation des poursuites intentées et sur lesquelles il n'aura pas encore été statué.

TITRE XI.

De l'exécution des jugemens rendus à la requête de l'administration forestière ou du ministère public.

Art. 188. Les extraits des jugemens par défaut seront remis par les greffiers de nos cours et tribunaux aux agens forestiers, dans les trois jours après celui où les jugemens auront été prononcés.

L'agent forestier supérieur de l'arrondissement les fera signifier immédiatement aux condamnés, et remettra en même temps au receveur des domaines un état indiquant les noms des condamnés, la date de la signification des jugemens, et le montant des condamnations en amendes, dommages-intérêts et frais.

Quinze jours après la signification du jugement, l'agent forestier remettra les originaux des exploits de signification au receveur des domaines, qui procèdera alors contre les condamnés conformément aux dispositions de l'article 211 du Code forestier.

Si, durant ce délai, le condamné interjette appel ou forme opposition, l'agent forestier en donnera avis au receveur.

ART. 189. Quant aux jugemens contradictoires, lorsqu'il n'aura été fait par les condamnés aucune déclaration d'appel, les greffiers en remettront l'extrait directement aux receveurs des domaines dix jours après celui où le jugement aura été prononcé, et les receveurs procéderont contre les condamnés conformément aux dispositions de l'article 211 du Code forestier.

L'extrait des arrêts ou jugemens rendus sur appel sera remis directement aux receveurs des domaines par les greffiers de nos cours et tribunaux d'appel quatre jours après celui où le jugement aura été prononcé, si le condamné ne s'est point pourvu en cassation.

ART. 190. A la fin de chaque trimestre, les directeurs des domaines remettront au directeur général de l'enregistrement et des domaines un état indiquant les recouvremens effectués en exécution de jugemens correctionnels en matière forestière, et les condamnations pécuniaires tombées en non-valeur par suite de l'insolvabilité des condamnés.

ART. 191. Les condamnés qui, en raison de leur insolvabilité, invoqueront l'application de l'article 213 du Code forestier, présenteront leur requête, accompagnée des pièces justificatives prescrites par l'article 420 du Code d'instruction criminelle, à nos procureurs qui ordonneront, s'il y a lieu, que les condamnés soient mis en liberté à l'expiration des délais fixés par l'article 213 du Code forestier, et en donneront avis aux receveurs des domaines.

TITRE XII.

Dispositions transitoires sur le défrichement des bois.

Art. 192. Les déclarations prescrites par l'article 219 du Code forestier indiqueront le nom, la situation et l'étendue des bois que les particuliers se proposeront de défricher. Elles seront faites en double minute, et remises à la sous-préfecture, où il en sera tenu registre.

L'une des minutes, visée par le sous-préfet, sera rendue au déclarant, et l'autre sera transmise par le sous-préfet à l'agent forestier supérieur de l'arrondissement.

Art. 193. L'agent forestier procédera à la reconnaissance de l'état et de la situation des bois, et en dressera un procès-verbal, auquel il joindra un rapport détaillé indiquant les motifs d'intérêt public qui seraient de nature à influer sur la détermination à prendre à cet égard. Il remettra le tout, sans délai, au conservateur, avec la déclaration du propriétaire.

Art. 194. Si le conservateur estime que le bois ne doit pas être défriché, il fera signifier au propriétaire une opposition au défrichement, et en référera au préfet, en lui transmettant les pièces avec ses observations.

Dans le cas contraire, le conservateur en référera, sans délai, au directeur général des forêts qui en rendra compte à notre ministre des finances.

Art. 195. Le préfet statuera sur l'opposition, dans le délai d'un mois, par un arrêté énonçant les motifs de sa décision.

Dans le délai de huit jours, le préfet fera signifier cet arrêté à l'agent forestier supérieur de l'arrondissement, ainsi qu'au propriétaire des bois, et le soumettra, avec les pièces à l'appui, à notre ministre des finances, qui rendra et fera signifier au propriétaire sa décision définitive dans les six mois à dater du jour de la signification de l'opposition.

Art. 196. Lorsque des maires et adjoints auront dressés des procès-verbaux pour constater des défrichemens effectués en contravention au titre XV du Code forestier, ils seront tenus, indépendamment de la remise qu'ils en doivent faire à nos procureurs, d'en adresser une copie certifiée à l'agent forestier local.

Art. 197. Nos ministres secrétaires d'État aux départemens de la justice, de l'intérieur, de la marine et des finances, sont chargés, chacun en ce qui le concerne, de l'exécution de la présente ordonnance, qui sera insérée au Bulletin des lois.

Donné en notre château de Saint-Cloud, le premier jour du mois d'août l'an de grâce 1827, et de notre règne le troisième.

NOTE.

Pour compléter les documens relatifs à la nouvelle législation forestière, je dois consigner ici le témoignage auguste de bienveillance que le roi a donné à la commission qui a préparé l'ordonnance d'exécution du Code forestier. Sa Majesté a voulu que les membres de la commission lui présentassent eux-mêmes leur travail. Ils ont, en conséquence, eu l'honneur d'être admis, le 29 juillet, dans le cabinet du roi, qui les a reçus avec bonté et leur a exprimé toute sa satisfaction (1).

(1) Voyez plus haut, page 346, les noms des membres de cette commission.

Tableau *de la division territoriale du royaume en vingt conservations forestières, indiquant les chefs-lieux et les départemens qui forment chaque conservation.*

NUMÉROS et chefs-lieux des conservations.	DÉPARTEMENS.
1re Paris.	Eure-et-Loir. Loiret. Oise. Seine. Seine-et-Marne. Seine-et-Oise.
2e Troyes.	Aube. Marne (Haute). Yonne.
3e Rouen.	Calvados. Eure. Manche. Seine-Inférieure.
4e Douai.	Aisne. Nord. Pas-de-Calais. Somme.
5e Châlons.	Ardennes. Marne. Meuse.
6e Nancy.	Meurthe. Moselle. Vosges.
7e Colmar.	Doubs. Rhin (Bas). Rhin (Haut).
8e Dijon.	Côte-d'Or. Jura. Saône (Haute). Saône-et-Loire.
9e Bourges.	Allier. Cher. Indre. Nièvre.
10e Niort.	Charente. Charente-Inférieure. Sèvres (Deux). Vendée. Vienne.
11e Le Mans.	Indre-et-Loir. Loir-et-Cher. Maine-et-Loire. Mayenne. Orne. Sarthe.
12e Toulouse.	Ariége. Aude. Garonne (Haute). Pyrénées-Orientales. Tarn. Tarn-et-Garonne.
13e Grenoble.	Ain. Alpes (Hautes). Drôme. Isère. Loire. Rhône.
14e Rennes.	Côtes-du-Nord. Finistère. Ille-et-Vilaine. Loire-Inférieure. Morbihan.
15e Clermont.	Cantal. Corrèze. Creuse. Loire (Haute). Puy-de-Dôme. Vienne (Haute).
16e Bordeaux.	Dordogne. Gironde. Lot. Lot-et-Garonne.
17e Pau.	Gers. Landes. Pyrénées (Basses). Pyrénées (Hautes).
18e Nîmes.	Ardèche. Aveyron. Gard. Hérault. Lozère.
19e Aix.	Alpes (Basses). Bouches-du-Rhône. Var. Vaucluse.
20e Bastia.	Corse (Ile de).

TABLE

DES MATIÈRES CONTENUES DANS CE VOLUME.

CODE FORESTIER.

FIN DE LA TABLE DES MATIÈRES.

TABLE

DES MATIÈRES PAR ORDRE ALPHABÉTIQUE.

amendes appliquées en exécution de l'article 192 du Code forestier, 342. — Les remises ou modérations d'amendes sont soumises au ministre des finances, 349. Voyez *Animaux* et *Jugement*.

ANIMAUX. Peines contre ceux dont les animaux de charge ou de montures sont trouvés dans les forêts, hors des routes et chemins ordinaires, 247, 248, 304 et 305.

APANAGE. Les bois qui en dépendent sont soumis au régime forestier, 13. — Dispositions qui les régissent, 145. — Rejet d'un amendement relatif à la délimitation et au bornage, 147. — Refus d'assimiler les agens et gardes à ceux de l'État et de la couronne, *ibid.* et suiv. — Exposé de la législation qui concerne les apanages, 149 et suiv. — Les agens et gardes ne jouissent point de la garantie résultant de l'acte du 22 frimaire an VIII, 152. — Les gardes sont officiers de police judiciaire, *ibid.* — Dispositions de l'ordonnance d'exécution sur les apanages, 377.

APPEL. Peut être interjeté par les agens forestiers au nom de l'administration forestière, 283. — Ces agens ne peuvent s'en désister sans une autorisation spéciale, *ibid.* — Peut aussi être interjeté par le ministère public, *ibid.* Voyez *Procédure*.

ARBRES. Se divisent en deux classes pour l'application des amendes, 293. — Peines contre ceux qui les éhouppent, écorcent ou mutilent, ou en coupent les principales branches, 304.

ARBRES FRUITIERS. Sont de la première classe, 293.

ARMES. Comment les gardes peuvent être armés, 354

ARPENTAGE. Il est attaché à la direction générale des forêts un vérificateur général des arpentages, 349. — Dispositions concernant l'arpentage des coupes, 365. Voyez *Bois indivis*.

ARPENTEUR. Chaque adjudicataire a le droit d'en désigner un pour les réarpentages, 76. — Est passible des erreurs par lui commises, *ib.* — Dans quel cas, *ibid.* — Travaux dont les arpenteurs sont chargés, leurs rétributions et leur costume, 352. — Ils constatent les délits, 353. — Obligations qui leur sont imposées, *ibid.*

ARRONDISSEMENS FORESTIERS. Les changemens dans leur circonscription sont soumis au ministre des finances, 349.

ARTILLERIE. Le droit qu'elle avait de prendre du bois pour son service est supprimé, 242.

ASSIETTE. Ne peut recevoir aucun changement après l'adjudication, 63. — Comment elle est réglée, 364.

ASSOCIATION SECRÈTE. Peines contre toute association secrète ou manœuvre frauduleuse tendant à nuire aux enchères, 57.

ATELIERS. Les agens forestiers indiquent, par écrit, aux adjudicataires, où ils peuvent en établir; et ceux-ci ne peuvent en faire dans d'autres lieux, 68.

AUDIENCES. Dans les audiences des cours et tribunaux, une place

et de l'acte d'affirmation, 277. — Peut être faite par les gardes de l'administration forestière, *ibid.* — Au commencement de chaque trimestre, il doit être fait un état des citations et significations faites par les gardes dans le trimestre précédent, 392. Voyez *Procédure.*

CLASSE. Les arbres se divisent en deux classes pour l'obligation des amendes, 293.

CLOCHETTE. Voyez *Bestiaux.*

COCHON. Voyez *Animaux.*

CODE FORESTIER. Comment il a été préparé, 4, 5 et 11.

CODE PÉNAL. Est applicable aux cas non spécifiés par le Code forestier, 316.

COGNÉE. Peines contre ceux qui sont trouvés avec cognées dans les bois et forêts, hors des routes et chemins ordinaires, 247.

COMMISSION. Nommée pour la rédaction de l'ordonnance d'exécution, 346. Celle des gardes des communes et des établissemens publics est délivrée par l'administration forestière, 168.

COMMUNES. Leurs bois sont soumis au régime forestier, 13. — sont responsables des condamnations pécuniaires prononcées contre leurs pâtres ou gardiens, non des amendes, 127. — Limites de cette responsabilité, *ibid.* — Principes généraux sur les bois des communes et des établissemens publics, 152. — Ces bois ne sont soumis au régime forestier que lorsqu'ils sont reconnus susceptibles d'aménagement, 155. — Disposition sur la conversion en bois de terrains en pâturage, 156. — Développement de cette disposition, *ibid.* et *suiv.* — Nomination des gardes des communes et établissemens publics, 167 et 168. — Comment il est pourvu au choix d'un garde, si les communes et établissemens ne le font pas, 169. — A qui appartient sa nomination, lorsqu'il doit garder un canton de bois de l'état et un canton de bois appartenant à une commune ou établissement public, 170. — Comment son salaire est payé, *ibid.* — Suspension et destitution des gardes des communes et des établissemens, 171. — Réglement de leur salaire, *ibid.* — Observation sur la nécessité d'un garde provisoire en cas de suspension du garde en exercice, 172. — Ils sont assimilés à ceux de l'état, 172 et 173. — Ils sont soumis aux mêmes agens, prêtent serment dans les mêmes formes, et leurs procès-verbaux ont les mêmes effets, 173. — Mode d'indemniser le gouvernement des frais d'administration des bois des communes et des établissemens publics, 180. — Les communes et les établissemens restent chargés du salaire de leurs gardes, 184. — Affectation des coupes au paiement des frais de garde et de la contribution foncière, 185. — Mode de paiement des charges pour les coupes délivrées en nature, *ibid.* — Loi qui suspend l'exécution des art. 106 et 107 du Code forestier, en ce qui concerne le mode d'indemniser le gouvernement des frais d'administration des

d'état sur cette matière, 266. — Défense d'établir dans lesdites maisons ou fermes aucun atelier à façonner le bois, aucun chantier ou magasin pour faire le commerce de bois, sans la permission spéciale du gouvernement, 268. — Faculté de retirer la permission à ceux qui ont subi une condamnation pour délits forestiers, 269. — Défense de construire, sans autorisation, dans l'enceinte et à moins de deux kilomètres des bois et forêts soumis au régime forestier, aucune usine à scier le bois, *ibid.* — Sont exceptées de toutes ces prohibitions les maisons et usines qui font partie des villes, villages ou hameaux, *ibid.* — Visites des agens forestiers dans lesdites usines et autres établissemens, 270. — Il doit être référé au ministre des finances de ce qui se rattache aux constructions à la proximité des forêts, 349. Mode de procéder pour les autorisations nécessaires, 390.

CONTRAINTE PAR CORPS. Ses effets contre les individus condamnés à l'amende ou autres réparations pécuniaires, 319. — Mise en liberté des condamnés pour cause d'insolvabilité, *ibid.* — La détention employée comme moyen de contrainte est indépendante de la peine d'emprisonnement prononcée contre les condamnés, 320. — Les particuliers au profit desquels la contrainte par corps est exercée sont tenus de consigner les alimens, *ibid.* — Mise en liberté des condamnés ainsi détenus dans l'intérêt des particuliers, 321.

COUPE EXTRAORDINAIRE. Dans les bois de l'Etat, ne peut avoir lieu qu'en vertu d'une ordonnance spéciale insérée au bulletin des lois, 45. — Il doit être référé au ministre des finances par le directeur général des forêts, 349. — Ce qu'on entend par *coupe extraordinaire,* 364. Voyez *Bois indivis.*

COURONNE. Voyez *Domaine de la couronne.*

DÉCHARGE D'EXPLOITATION. Quand et par qui elle est délivrée, 76 et 370.

DÉCIME. Suppression du prélèvement du décime pour franc sur les ventes de bois des communes et des établissemens publics, 184.

DÉCLARATION DE COMMAND. Quand doit être faite, 69.

DÉFAUT. Voyez *Procédure.*

DÉFENSABILITÉ. Difficile à constater dans les bois exploités en jardinant, 115. — Est déclarée par l'administration forestière, 116. — Dispositions relatives à cette matière, 375.

DÉFRICHEMENT. Interdit aux communes et établissemens publics sans autorisation, 163. — Discussion sur cette autorisation, 164. — Examen de la question de savoir si le défrichement doit être également prohibé dans les bois des particuliers, 194 et 326. — Défense pendant vingt ans aux particuliers d'arracher ou défricher leurs bois sans une déclaration préalable, 328. — Pendant six mois, l'administration peut s'opposer au défrichement, *ibid.* — Mode de statuer sur les déclarations de défrichement, 329. — peines

baux, *ibid.* — Si le facteur ou garde-vente ne fait pas son rapport des délits commis, l'adjudicataire en est responsable, 72. — L'agent forestier doit donner récépissé du rapport, *ibid.* — Registre que doit tenir chaque facteur ou garde-vente, 369.
GARDIENS. Voyez *Communes, Pâtres.*
GAZON. L'extraction en est interdite sans autorisation, 242. — Sous quelles peines, 243.
GENÊTS. L'extraction en est interdite sans autorisation, 142. — Sous quelles peines, 143.
GLANDS. Défense d'abattre, ramasser ou emporter des glands, faines ou autres fruits; semences ou autres productions des forêts, 78. — Autre défense d'enlever les glands, faines et autres fruits ou semences, 242. — Peines qu'elle entraîne, 243. Voyez *Usagers.*
GLANDÉE. Ce que c'est, et comment s'en fait l'adjudication, 77. — La durée n'en peut excéder trois mois, 116. — L'époque de l'ouverture en est fixée par l'administration forestière, *ibid.* — Les agens forestiers font connaître aux usagers les cantons défensables où la glandée peut être exercée, et le nombre des bestiaux qui y sont admis, 120. — A quelle époque, *ibid.* — Les maires en font la publication dans les communes usagères, *ibid.* — Dispositions relatives aux adjudications de glandée, 371. Voyez *Bois des particuliers, Rachat.*
GRAIRIE. Ce que c'est, 192.
GRURIE. Ce que c'est, 192.
HACHE. Peines contre ceux qui sont trouvés avec haches dans les bois et forêts, hors des routes et chemins ordinaires, 247.
HAMEAU. Voyez *Constructions.*
HANGAR. Voyez *Maison.*
HERBAGES. L'extraction en est interdite sans autorisation, 242. — Sous quelles peines, 243.
HÊTRE. Arbre de première classe, 293.
INCENDIE. Peines contre les usagers qui, en cas d'incendie, refuseraient de porter des secours dans les bois soumis à leur droit d'usage, 249.
INCOMPATIBILITÉ. Les emplois forestiers sont incompatibles avec toutes autres fonctions, 22.
INDEMNITÉ. Voyez *Pacage, Rachat.*
INDIVIS. Voyez *Bois indivis.*
INSCRIPTION DE FAUX. Formalités à suivre pour s'inscrire en faux contre un procès-verbal, 280 et suiv.
INSOLVABILITÉ. Voyez *Contrainte par corps.*
INSPECTEURS. Sont nommés par le ministre des finances, 350.
INSTRUCTIONS. Le directeur-général doit soumettre des instructions générales au ministre des finances, 349.
JARDINAGE. Réflexions sur la difficulté de déclarer la défensabilité

marqués, 219. — Obligation des agens de la marine, *ibid.* — Réglement du prix des arbres marqués et pris pour la marine, 221. — Obligations de la marine et droits des propriétaires de bois, 224. — Faculté d'annuler le martelage jusqu'à ce que les arbres soient abattus, 231. — Nécessité pour la marine de prendre tous les arbres abattus, ou de les abandonner en totalité, *ibid.* — Nécessité d'une nouvelle déclaration si, au bout d'un an, les arbres ne sont pas abattus, 232. — Abattage d'arbres dans les cas de besoins personnels pour réparations et constructions, *ibid.* — Le gouvernement déterminera les formalités à remplir pour les déclarations et pour la constatation des besoins, 233. — Défense de distraire de leur destination les arbres marqués pour le service de la marine, *ibid.* — Défense de les écarrir avant la livraison, ni de les détériorer avec haches, scies, sondes, etc., 234. — Constatation des délits et contraventions qui concernent le service de la marine, *ibid.* — Le martelage n'a lieu que dans les localités où il est jugé indispensables pour le service de la marine, 235. — Obligations du gouvernement à ce sujet, *ibid.* — Les poursuites des délits et contraventions en cette matière sont exercées par l'administration forestière, 272. — Disposition de l'ordonnance d'exécution sur cette matière, 383 et suiv.

MARQUE. Voyez *Bestiaux*.

MARTEAUX. Dépôt de leur empreinte, 29 et 65. — Un adjudicataire ne peut en avoir plus d'un, ni ne marquer d'autres bois que ceux provenant de sa vente, 65.—Dispositions qui les concernent, 355 et 370.

MARTELAGE. Disposition qui le concernent, 366.

MÉLÈZE. Arbre de première classe, 293.

MERISIER. Arbre de première classe, 293.

MINERAI. L'extraction n'en peut avoir lieu qu'avec une autorisation, 242. — Sous quelles peines, 243.

MISE EN JUGEMENT. Des gardes forestiers de l'état ne peut avoir lieu qu'en vertu d'un e autorisation du gouvrnement, 25 et suiv. — Dans quels cas, par qui et comment elle s'accorde, 27 et suiv. — ce qui se fait à cet égard pour les gardes des forêts de la couronne, 143. — L'autorisation n'est pas nécessaire pour les agens et gardes des bois d'apanage et de majorat, 152. — La mise en jugement du sous-inspecteur et des agens au-dessus de ce grade, doit être soumise au ministre des finances, 349. — celle des autres agens ou préposés est soumise au conseil d'administration, *ibid.* — Dispositions nouvelles sur la mise en jugement, 356.

MOUTONS. L'entrée des forêts de l'état leur est interdite, 131.—Peut néanmoins être autorisée dans certaines localités, 132. — Interdite aussi dans les bois des communes et des établissemens publics, 186. — Peut être autorisée par ordonnances du Roi. *ibid.* Voyez *Pacage*.

NOMINATIONS. Comment elles se font pour l'avancement, 350.

bestiaux des usagers sont trouvés hors des cantons défensables ou des chemins désignés, 129. — Peine contre l'usager qui introduit au pâturage un plus grand nombre de bestiaux que celui fixé, 131. Voyez *Bois des particuliers*, *Chemins*.

PECHE. Le Code ne s'en occupe pas, 6. — Pourquoi, *ibid.*

PEINES. Dans quels cas elles sont doublées, 305. — L'art. 463 du Code pénal est inapplicable aux matières forestières, *ibid.*

PEINES ARBITRAIRES. Sont abolies, 291.

PENSIONS. La liquidation en est soumise au ministre des finances, 349.

PERMIS D'EXPLOITER. Doit être obtenu avant l'exploitation, 63. — Quand et par qui il est délivré, 369.

PEUPLIER. Arbre de deuxième classe, 293.

PIEDS-CORNIERS. Servent de limites aux coupes, 365. — Comment il y est suppléé, *ibid.*

PIN. Arbre de première classe, 393.

PIERRES. L'extraction en est interdite sans autorisation, 242. — Sous quelles peines, 243.

PLANT. Défense d'en arracher dans les bois et forêts, 303.

PLATANE. Arbre de première classe, 293.

PONTS ET CHAUSSÉES. Il n'est point dérogé au droit de l'administration des ponts et chaussées d'indiquer les lieux où doivent être faites les extractions de matériaux pour les travaux publics, 246.

PORCS. L'adjudicataire de la glandée, panage et paisson ne peut en introduire dans les forêts un plus grand nombre que celui désigné dans l'acte d'adjudication, 77. — Ils sont marqués d'un fer chaud, 78. — Dépôt de l'empreinte et du fer servant à la marque, *ibid.* — Peines qu'encourt l'adjudicataire, si les porcs sont trouvés hors des cantons ou chemins désignés, *Ibid.* — Par qui est fixé le nombre de porcs admis au panage, 120. — Peine dans le cas où ce nombre est dépassé, 131. Voyez *Bestiaux*.

POSSIBILITÉ DES FORÊTS. Voyez *Etat et possibilité des forêts*.

POUDRES (Administration des). Suppression du droit de prendre du bois de bourdaine pour la fabrication des poudres, 241.

POURSUITES. Se font au nom de l'administration forestière pour tous délits ou contraventions commis dans les bois et forêts soumis au régime forestier, autres que ceux de la couronne, 272. — Se font au nom de la même administration pour les contraventions relatives au martelage de la marine, aux travaux du Rhin et au défrichement dans les bois des particuliers, *ibid.* — Elles sont exercées au nom de ladite administration par ses agens, *ibid.* — Elles sont portées devant les tribunaux correctionnels, 277. — Formalités de la citation, *ibid.* — Les gardes de l'administration forestière font toutes citations et significations, excepté les saisies-exécution, *ibid.* — Rétributions de leurs actes, *ibid.* — A la fin de chaque trimestre, les conservateurs adressent au directeur général un état contenant l'indication et la situation des poursuites sur lesquelles il n'a pas été statué, 392. Voy. *Procédure*.

POURVOI. Peut être formé par les agens forestiers contre les arrêts et jugemens en dernier ressort, 283. — Peut l'être aussi par le ministère public, *ibid*.

POURVOI AU CONSEIL D'ÉTAT. Le directeur-général des forêts doit en référer au ministre des finances, 349.

PRÉ-BOIS. Voyez *Communes*.

PRÉFET. Doit approuver la fixation du nombre des gardes des communes et établissemens publics, 167. — Prononce sur leur choix en cas de dissentiment entre le maire ou les administrateurs des établissemens et l'administration forestière; 168. — Pourvoit à la vacance d'un emploi de garde, faute par la commune ou établissement d'y nommer, 169. — Destitue ces gardes, et règle leur salaire, 171.

PRESCRIPTION. Des actions en réparation de délits et contraventions, 284. — Les contraventions, délits de malversation des agens, préposés ou gardes, sont soumis aux prescriptions déterminées par le Code d'instruction criminelle, 285. Voyez *Défrichement*.

PREUVE. La preuve des délits et contraventions se fait par procès-verbaux et par témoins, 278. Voyez *Procès-verbal*.

PROCÉDURE. Disposition qui concerne les formes de procédure pour les délits et contraventions commis dans les bois soumis au régime forestier, 285. — Disposition qui concerne la procédure en matière de délits et contraventions commis dans les bois particuliers, 288.

PROCÈS-VERBAL. Les gardes doivent écrire eux-mêmes et signer leurs procès-verbaux, 274. — Du cas où ils sont empêchés de les écrire, 275. — Dépôt à la justice de paix du procès-verbal portant saisie, *ibid*. — Enregistrement des procès-verbaux, 276 et 277. — Signés par deux agens ou gardes forestiers, ils font preuve jusqu'à inscription de faux, 279. — Dressés et signés par un seul agent ou garde, ils ne font foi, jusqu'à inscription de faux, qu'autant qu'il s'agit d'un délit ou d'une contravention n'entraînant pas une condamnation de plus de cent fr., 280. — Ils peuvent être corroborés et combattus par toutes les preuves légales, quand ils ne font pas foi et preuve suffisante, *ibid*. — Les procès-verbaux dressés par les gardes particuliers ne font foi que jusqu'à preuve contraire, 286. — Ils doivent être affirmés et remis au procureur du roi ou au juge de paix, 290. — Les agens et gardes doivent dresser, jour par jour, des procès-verbaux des délits et contraventions, 391. Voyez *Affirmation*.

PROPRIÉTÉ. Dispositions relatives à l'exception de propriété ou autre droit réel, élevée par le prévenu d'un délit ou d'une contravention, 282.

PROROGATION. Le délai pour la coupe et la vidange peut être pro-

rogé par l'administration forestière, 69.—Dispositions relatives à cette prorogation, 370.
PUBLICATIONS. Doivent précéder les ventes, 50 et 52.
PUNITIONS CORPORELLES. Sont abolies, 291.
QUART DE RÉSERVE. Est obligatoire pour les communes et établissemens publics, et dans quel cas, 165. — Exception pour les bois peuplés totalement en arbres résineux, *ibid.* Voyez *Coupe extraordinaire.*
QUESTION PRÉJUDICIELLE. Voyez *Propriété.*
RACHAT. Les droits d'usage autres que les usages en bois dans les forêts de l'État peuvent être rachetés moyennant indemnité, 106. — Cas dans lequel le rachat de pâturage n'est point admis, *ibid.* — La question de rachat est soumise au ministre des finances par le directeur général des forêts, 349. — Formalités à remplir en cette matière, 374.
RÉARPENTAGE. Il y est procédé pour chaque vente, 74. — Dans quelle formes, *ibid.* et suivantes. — Par qui, 370.
RECEVEUR DES COMMUNES, ne peut prendre part à la vente des coupes des bois communaux, 174.
RÉCIDIVE entraîne le doublement de la peine, 305. — Dans quel cas elle a lieu, *ibid.*
RÉCOLEMENT. Il y est procédé pour chaque vente, 74. — Dans quelle forme, *ibid.* et suiv. — Par qui, 370.
RECOURS EN CASSATION. Voyez *Procédure.*
RÉGIME FORESTIER. Bois et forêts qui y sont soumis, 13.
REGISTRES. Ceux que les agens forestiers sont tenus d'avoir, 351
RESPONSABILITÉ. Disposition qui concerne celle des maris, pères, mères, tuteurs, maîtres et commettans, 306. Voyez *Communes.*
RESTITUTION. A toujours lieu des objets enlevés ou de leur valeur, 304.
RESTITUTIONS appartiennent au propriétaire, 306. — Sont recouvrées par les receveurs des domaines pour les délits et contraventions commis dans les bois soumis au régime forestier, 318. Voyez *Bois indivis*, *Jugement.*
RHIN. Voy. *Travaux du Rhin.*
SABLE. L'extraction en est interdite sans autorisation, 242. — Sous quelles peines, 243.
SAISIE. Les gardes sont autorisés à saisir les bestiaux trouvés en délit, les instrumens, voitures et attelages des délinquans, et à les mettre en séquestre, 273. — Ils suivent les objets enlevés et les mettent en séquestre, *ibid.* — Mais ils ne peuvent s'introduire dans les maisons, bâtimens, etc.; si ce n'est en présence du juge de paix ou de son suppléant, du maire, de son adjoint ou du commissaire de police, *ibid.* — Ces fonctionnaires ne peuvent se refuser à accom-

pagner les gardes, lorsqu'ils en sont requis, *ibid.* — Ils signent le procès-verbal du séquestre ou de la perquisition, 274. — Le procès-verbal portant saisie doit être déposé à la justice de paix, 275. — Le juge de paix peut donner main-levée provisoire des objets saisis, moyennant caution, *ibid.* — Il statue sur la solvabilité de la caution, *ibid.* — Vente des bestiaux saisis, *ibid.* — Prélèvement des frais de séquestre et de vente, et dépôt du surplus, 276. — Droits du propriétaire qui ne réclame les bestiaux saisis qu'après la vente, *ibid.* — Quand les bestiaux sont saisis dans les bois des particuliers, le dépôt du prix se fait à la caisse des dépôts et consignations, 288. — Ce que doivent faire les gardes lorsque les officiers de police judiciaire désignés dans l'article 161 du Code forestier refusent de les accompagner dans leurs visites et perquisitions, 391. — Remise d'une expédition du procès-verbal portant saisie, 392. — Main-levée provisoire des objets saisis, *ibid.* Voyez *Force publique.*

SAPIN. Arbre de première classe, 293.

SAULE. Arbre de deuxième classe, 293.

SCIE. Peines contre celui qui est trouvé avec scies et autres instrumens, dans les bois et forêts, hors les routes et chemins ordinaires, 247. Voyez *Peines.*

SCIERIE. Formalités à observer pour l'introduction de tout arbre, bille ou tronce dans les usines à scier le bois, établies en vertu de l'art. 155 du Code forestier, 270. — Dispositions de l'ordonnance d'exécution sur cette matière, 391. Voyez *Constructions.*

SEMENCE. Voyez *Glands.*

SEMIS. Exemption d'impôt pendant vingt ans pour les semis et plantations de bois sur le sommet et le penchant des montagnes, et sur les dunes, 337. — Abrogation de l'article 6, titre XXVII, de l'ordonnance de 1669, sur la prohibition de planter bois à cent perches des forêts royales, 340. Voyez *Concessions.*

SÉQUESTRE. Voyez *Saisie.*

SERMENT. Doit être prêté par les agens forestiers, avant d'entrer en fonctions, devant le tribunal de première instance de leur résidence, 24. — Enregistrement de l'acte de prestation, *ibid.* — En cas de changement de résidence, un nouveau serment n'est pas nécessaire, *ibid.* Voyez *Communes*, *Gardes des particuliers.*

SERPE. Peines contre ceux qui sont trouvés avec serpes dans les bois et forêts, hors des chemins et routes ordinaires, 247.

SORBIER. Arbre de première classe, 293.

SOUCHETAGE. L'adjudicataire a le droit de l'exiger, 369. — Ce que droit contenir le procès-verbal qui le constate, *ibid.* — Comment les souches sont marquées, *ibid.*

SOUS-INSPECTEUR. Sont nommés par le ministre des finances, 350.

établissemens publics. Mêmes dispositions, sauf quelques modifications, 189. Voyez *bois des particuliers, glandée, incendie, panage, pâturage, rachat.*

USAGERS. Ceux qui ont droit à des livraisons de bois doivent en recevoir la délivrance, 138.—Ceux qui n'ont que le droit de prendre le bois mort, sec et gissant, ne peuvent se servir de crochets ou ferremens, *ibid.*—Si les bois de chauffage se délivrent par coupes, l'exploitation s'en fait par un entrepreneur spécial, et le partage n'a lieu qu'après l'exploitation, *ibid.*—Il est défendu aux usagers de vendre ou échanger les bois qui leur sont délivrés, et de les détourner de leur destination, 139.— Les bois de construction doivent être employés dans un délai de deux ans, que l'administration forestière peut proroger : passé ce délai, elle peut disposer des arbres non employés, 140.—Défense de ramasser et d'emporter des glands, faines ou autres fruits, semences ou productions des forêts, 141.—Dispositions concernant la délivrance de bois de chauffage par stère ou par coupes, 376.—Disposition relative à la délivrance des bois de construction, *ibid.* Voyez *Entrepreneur spécial, Incendie.*

USINE. Voyez *Affectation, Construction, Scierie.*

VACHE. Voyez *Animaux,*

VEAU. Voyez *Animaux.*

VENTE. Dans les bois de l'état, ne peut avoir lieu que par voie d'adjudication publique, à peine de nullité, et d'amende contre les fonctionnaires et agens qui l'auront effectuée ou ordonnée, 50. — Également nulle, si elle n'a pas été précédée de publication et affiches, ou si elle a été faite dans d'autre lieux et à un autre jour que ceux indiqués, 52. — *Quid?* si elle a lieu avant l'heure indiquée, *ibid.*— Personnes qui ne peuvent y prendre part directement ou indirectement, 54. — Comment elle se fait pour les bois des communes et des établissemens publics, 173. — Quelles personnes sont incapables d'y prendre part, 174. — Par quels fonctionnaires elles doivent être faites, 367. — En présence de qui elles ont lieu, 368. — Formalités à observer, *ibid.* Voyez *Adjudication, Saisie.*

VÉRIFICATEUR. Voyez *Arpentage.*

VIDANGE. La coupe et la vidange doivent être faites dans le délai fixé par le cahier des charges, ou prorogé par l'administration forestière, 69.

VILLAGE. Voyez *Constructions.*

VILLE. Voyez *Constructions:*

VISITES. Voyez *Briqueterie, Constructions, Maison, Tuilerie.*

VOITURE. Peines contre ceux dont les voitures sont trouvées dans les forêts, hors des routes et chemins ordinaires, 247 et 248.

FIN DE LA TABLE ALPHABÉTIQUE.

www.ingramcontent.com/pod-product-compliance
Lightning Source LLC
Chambersburg PA
CBHW060951220326
41599CB00023B/3676